Jüdische Wissenskulturen und Allgemeine Literaturwissenschaft

Jüdische Wissenskulturen und Allgemeine Literaturwissenschaft

Herausgegeben von
Claudia Olk und Susanne Zepp

DE GRUYTER

ISBN 978-3-11-152133-6
e-ISBN (PDF) 978-3-11-070811-0
e-ISBN (EPUB) 978-3-11-070818-9
DOI https://doi.org/10.1515/9783110708110

[cc] BY-NC-ND

Dieses Werk ist lizenziert unter der Creative Commons Namensnennung - Nicht-kommerziell - Keine Bearbeitung 4.0 International Lizenz. Weitere Informationen finden Sie unter https://creativecommons.org/licenses/by-nc-nd/4.0/.

Library of Congress Control Number: 2022938849

Bibliografische Information der Deutschen Nationalbibliothek
Die Deutsche Nationalbibliothek verzeichnet diese Publikation in der Deutschen Nationalbibliografie; detaillierte bibliografische Daten sind im Internet über http://dnb.dnb.de abrufbar.

© 2024 bei den Autoren, Zusammenstellung © 2022 Claudia Olk und Susanne Zepp, publiziert von Walter de Gruyter GmbH, Berlin/Boston
Dieser Band ist text- und seitenidentisch mit der 2022 erschienenen gebundenen Ausgabe. Dieses Buch ist als Open-Access-Publikation verfügbar über www.degruyter.com.

Einbandabbildung: Collage aus den 1960er Jahren von Leah Goldberg, Gnazim-Archiv für hebräische Literatur des Hebräischen Schriftstellerverbands, Tel Aviv, Israel.
Satz: Integra Software Services Pvt. Ltd.

www.degruyter.com

Inhaltsverzeichnis

Vorwort —— VII

Anselm Haverkamp
Aufgabe Lesen: Harold Bloom (1930–2019) und die Yale School of Deconstruction —— 1

Claudia Olk
Die Kunst der Kritik – Peter Szondis (1929–1971) Traktat „Über philologische Erkenntnis" —— 11

Judith Meinschaefer
Noam Chomsky (geb. 1928). Sprachforschung zwischen Tradition und Transition —— 27

Natasha Gordinsky
Lea Goldberg (1911–1970): Essay, Übersetzung und Sonett als Formen literaturwissenschaftlicher Reflexion —— 49

Andrea Krauß
Biographie in Zeiten des Traditionsbruchs. Hannah Arendts Rahel-Projekt (1930–1959) —— 65

Philipp Lenhard
Lyrik eines Heimatlosen: Theodor W. Adorno (1903–1969), Heinrich Heine und der *Deutsch-jüdische Parnass* —— 103

Hans-Jürgen Schings
Auch eine Apologie der Fiktion. Käte Hamburger (1896–1992) und ihre *Logik der Dichtung* —— 117

Martin von Koppenfels
Narben und Strümpfe: Erich Auerbachs *Mimesis* (1946) —— 141

Barbara Hahn
Gedankenreiche: Margarete Susmans (1872–1966) *Gestalten und Kreise* (1954) —— 159

Erika Fischer-Lichte
Wie Max Herrmann (1865–1942) die Theaterwissenschaft erfand —— 169

Enno Ruge
„Ich bin auch nicht fertig geworden." Die Anglistin Helene Richter (1861–1942) —— 181

Joachim Küpper
Henri Bergson (1859–1941), *Le rire* —— 203

Veronika Fuechtner
Freud (1856–1939) und die Literatur: Die Anfänge der psychoanalytischen Erotik des Lesens —— 225

Biographien —— 251

Vorwort

Der Umschlag dieses Bandes zeigt eine Collage von Leah Goldberg, die im Nachlass der Autorin im *Gnazim*-Archiv für hebräische Literatur aufbewahrt wird.[1] Das genaue Entstehungsdatum des Kunstwerks ist nicht bekannt, jedoch hatte Goldberg einen Großteil ihrer künstlerischen Arbeiten in den 1960er Jahren geschaffen. Die Collage verbindet Schichten fotografischer, bildnerischer und textueller Fragmente zu einem Bild-Text-Komplex, in dem sich dokumentarische Teile und historisch-markierte Versatzstücke reflexiv zueinander verhalten.

Bereits ab 1950 hatte Goldberg begonnen, eigene Studien zu Dante zu verfassen, die in die Collage integrierten Textfragmente stammen vermutlich aus einer Reproduktion von Jacopo Mazzonis *Della Difesa Della Comedia Di Dante Distinta In Sette Libri* (1572/1587), eine Studie, welche die *Divina Comedia* im Lichte ihrer Apologie gleichsam neu zutage förderte. Die 1911 in Königsberg geborene Leah Goldberg hatte ab 1930 in Berlin und in Bonn studiert, wo sie 1933 mit einer philologischen Studie über Pentateuchübersetzungen promoviert wurde, bevor sie Deutschland kurz darauf verlassen musste. Sie sollte nicht nur eine der wichtigsten hebräischsprachigen Schriftstellerinnen des 20. Jahrhunderts werden, sondern begründete auch das Fach der Allgemeinen und Vergleichenden Literaturwissenschaft an der Hebräischen Universität Jerusalem. Es war ihre Nachfolge, für die Gershom Scholem Peter Szondi hatte gewinnen wollen.

In ihren Tagebüchern spricht Goldberg immer wieder von inneren Landschaften, deren collagenhaftes Gelände ihr literarisches wie ihr literaturwissenschaftliches Œuvre markierten. Auch Szondi nutzte in jenem Brief an Scholem vom 3. Mai 1969, in dem er ihm seine Entscheidung mitteilte, nicht an die Hebräische Universität zu wechseln, analog den Begriff der inneren Geographie. Szondi bezieht sich in diesem Brief auf seinen dreimonatigen Aufenthalt in Jerusalem, der dazu geführt hätte, „aus Israel einen Fixpunkt in meiner inneren Geographie zu machen, der künftig bei allen Überlegungen, die ich als *self displaced person* anstelle, eine wichtige Rolle spielen wird. Heimweh ist eine seltsame Sache. Man kann in drei Monaten seine Heimat (wieder)finden ohne es zu merken und ohne sie zu akzeptieren. Aber das ist kein Briefthema."[2]

---

[1] Wir danken dem Nachlassverwalter Yair Landau und unserem Kollegen Giddon Ticotsky, Professor für hebräische Literatur an der Hebrew University Jerusalem, für den Hinweis auf die Datierung sowie die großzügige Erlaubnis, diese Collage für unseren Band verwenden zu dürfen.

[2] Peter Szondi, *Briefe*, hrsg. von Christoph König und Thomas Sparr (Frankfurt am Main: Suhrkamp, 1993), 267.

Dieser Band erinnert an die Bedeutung geschichtlicher Erfahrungen in Literaturwissenschaft und Philosophie, die in diesen Disziplinen nicht nur Gegenstand theoretischer Überlegungen sind, sondern diese auch sprachlich verdichten. Das Bild der inneren Geographie erlaubt mithin auch die Anteile jüdischer Tradition und Wissenskulturen in den jeweiligen Werkzusammenhängen aufzusuchen, ohne sie zu essentialisieren. Es interessiert vielmehr, wie an Überlieferungen jeweils angeknüpft und deren Verfahren in eine wissenschaftliche Praxis umgesetzt wurden. Dabei überschneiden sich in den hier versammelten Beiträgen wissenssoziologische Fragestellungen mit literaturtheoretischen und literaturgeschichtlichen Zugriffen.

Für diesen Band boten nicht nur individuelle Topographien wichtige Anregungen, sondern auch deren Verbindungen zu den literarischen und theoretischen Werken ihrer Autorinnen und Autoren, insbesondere die Beziehungen von Erfahrungsgeschichte, dichterischem Werk und wissenschaftlichem Erkenntnisinteresse. So interpretierte Szondi den Beginn von Paul Celans „Engführung": „Verbracht ins Gelände mit der untrüglichen Spur" als eine Überlagerung, gar Koinzidenz des lesenden Subjekts mit dem Textsubjekt, in der die Erfahrung des ‚verbracht Werdens' im Gedicht vergegenständlicht wird.

Dieser Band bietet Lektüren literaturtheoretischer Texte, die als Standardwerke der Allgemeinen und Vergleichenden Literaturwissenschaft gelten können. Sie sind ein bedeutender Teil allgemeiner Wissensgeschichte und haben die Literaturtheorie des 20. Jahrhunderts maßgeblich geprägt. In den hier versammelten Studien geht es indes weder darum eine spezifisch jüdische Wissenskultur kategorial einzuhegen, noch eine schlichte Gleichsetzung von Herkunft, Zugehörigkeit und Denkstil vorzunehmen. Die Protagonistinnen und Protagonisten dieses Bandes würden einer solchen Gleichsetzung mit Nachdruck widersprechen – und haben es zum Teil auch deutlich getan. Es geht in diesem Band also nicht um Identitätspolitik, sondern um Versuche, Geschichtserfahrung und literaturwissenschaftliche Arbeit einander anzunähern. Diese Fragen sind komplex, aber sie nicht zu stellen bedeutete, historische Konstellationen und Prozesse von Theoriebildung nicht zusammen zu denken. Entsprechend ist dieser Band einem Verständnis von Geschichtserfahrung als hermeneutischer Kategorie verpflichtet. Wie die einzelnen Beiträge zeigen, geht es dabei auch um ein Verstehen, das zugleich seine hermeneutische Resistenz exponiert. Die in diesem Band diskutierten Texte problematisieren ihre eigene Lesbarkeit im Blick auf einlinige Zuschreibungen und bringen konventionelle Kategorien der Beschreibung wie auch die Sprache selbst an ihre Grenzen.

Seit der 1896 in Lemberg geborene Ludwik Fleck im Jahre 1935 seine Überlegungen über die „Entstehung und Entwicklung einer wissenschaftlichen Tatsache" bei Benno Schwabe & Co. in Basel veröffentlicht hat, erinnert sein

Begriff des Denkstils an den Umstand, dass Erkenntnis ein historisch, sozial und kulturell bedingtes Phänomen ist. Die hier im Mittelpunkt stehenden literaturwissenschaftlichen Werke werden ebenso nicht als unmittelbarer Ausdruck von Erfahrung verstanden, die jene schlicht „widerspiegelt", sondern als Transformation und Praxis *sui generis*, die sich immer wieder der Aufgabe gestellt hat, unterschiedliche Erfahrungsbereiche und philologische Erkenntnis zusammenzuführen. Dies gestattet auch, die Bedeutung von Erinnerung, Erfahrung und Geschichte in der literaturwissenschaftlichen Praxis unabhängig von den Formen individueller Erfahrung als eine theoretisch erschlossene und gegenstandsbezogene historische Reflexion zu begreifen.

Der Band umfasst ein breites Spektrum an theoretischen Positionen und Interpretationen. Es werden darin so unterschiedliche Texte wie Henri Bergsons „Le Rire" (1900) von Joachim Küpper betrachtet, und Erika Fischer-Lichte widmet sich Max Herrmanns „Forschungen zur deutschen Theatergeschichte des Mittelalters und der Renaissance" von 1914. Veronika Füchtner nimmt das Verhältnis Sigmund Freuds zur Literatur allgemein in den Blick. Martin von Koppenfels untersucht Erich Auerbachs im Exil zwischen 1942 und 1945 entstandenes Buch *Mimesis*, Barbara Hahn analysiert Margarete Susmans „Gestalten und Kreise" (1954) und Hans-Jürgen Schings Käte Hamburgers *Die Logik der Dichtung* (1957). Natascha Gordinsky wendet sich dem literaturwissenschaftlichen Werk Leah Goldbergs zu und Judith Meinschaefer betrachtet das linguistische Werk von Noam Chomsky seit seiner 1957 veröffentlichten Studie *Syntactic Structures*. Hinzu kommen Andrea Krauß' Studie über Hannah Arendts Biografie der Berliner Salonière und Schriftstellerin Rahel Varnhagen von Ense (1959) und Anselm Haverkamps Essay über Harold Bloom und jenen Moment in den 1970er Jahren, als das Werk von Jacques Derrida von ihm und drei weiteren Literaturwissenschaftlern der englischen Abteilung in Yale aufgegriffen und erprobt wurde. Enno Ruges Beitrag würdigt das Werk der Wiener Anglistin Helene Richter, Claudia Olk liest Peter Szondis „Traktat über philologische Erkenntnis" und Philipp Lenhard untersucht die Heine-Lektüren Theodor W. Adornos.

So erinnert die Umschlagabbildung von Leah Goldbergs nicht nur an das ästhetische Prinzip der Collage, sondern auch an Walter Benjamins Überlegungen über die erkenntnistheoretische Funktion dieses Prinzips. Die in seinen Werken zu beobachtende Montage historischer Fragmente war der Hoffnung auf noch nicht bewusstes Wissens vom Gewesenen verpflichtet. So ist Benjamin in diesem Band präsent, auch wenn ihm kein eigener Beitrag gewidmet ist. Und dies ist kein Einzelfall. Denn ein Sammelband vermag eben nur einen kleinen Teil jener vielfältigen und reichen Geschichte darzustellen, an die er erinnern möchte. Die hier präsentierten Konstellationen sind deshalb nicht weniger der

Dringlichkeit, ja der existentiellen Bedeutung dieser Zusammenhänge in Geschichte und Gegenwart verpflichtet.

Dank der großzügigen Förderung der Fritz-Thyssen-Stiftung konnten wir im Rahmen einer Ringvorlesung im Sommersemester 2017 bereits einige Kapitel dieser Geschichte wahrnehmen. Frau Tina Fink danken wir für ihre engagierte und sorgfältige Arbeit in der Vorbereitung bei der Drucklegung dieses Bandes. Zudem danken wir dem Verlag de Gruyter, namentlich Frau Dr. Ulrike Krauß und Frau Katja Lehming, für die freundliche Aufnahme dieses Bandes in das Verlagsprogramm und die stets angenehme, kooperative Begleitung bis zur seiner Veröffentlichung.

München und Berlin, im Juli 2022
Claudia Olk und Susanne Zepp

Anselm Haverkamp
Aufgabe Lesen: Harold Bloom (1930–2019) und die Yale School of Deconstruction

Der Literaturwissenschaftler Harold Bloom, neben Stanley Cavell der originellste Leser Freuds in Amerika, traf im Yale der sechziger Jahre auf die Spuren des romanistischen Komparatisten Erich Auerbach, während im English Department der katholische New Criticism der Cleanth Brooks und Hugh Kenner ausklang, mit James Joyce als Säulenheiligem einer etablierten Moderne. In der Berufungspolitik, die Bloom und Geoffrey Hartman als berüchtigte ‚hermeneutic mafia' betrieben, zeichnete sich ein Paradigmenwechsel ab, der mit einer programmatischen gemeinsamen Publikation, dem sogenannten ‚Yale Manifesto' *Deconstruction and Criticism*, schulbildend wurde. Es vereinte die Schulhäupter in der alphabetischen Reihenfolge Harold Bloom, Paul de Man, Jacques Derrida, Geoffrey H. Hartman und J. Hillis Miller (Bloom et al. 1979).[1] Der Spiritus Rector und Redaktor Hartman unterschied in der Einleitung salomonisch – es ist der meist-zitierte Satz des Bandes – den Blick in den „abysm of words", den sich „boa-deconstructors" wie de Man, Derrida und Miller leisteten, von Blooms und Hartmans eigenem Ethos des professionellen Einhaltens vor dem Abgrund der zuende gedachten Dekonstruktion, wie er von Mark Tansey als Ringen Derridas mit de Man über Schrift-Klüften ins Bild gesetzt wurde. Der Bloom'sche *Agon* (1982), den das Ringen ins Bild setzt, ist über dem kontroversen Gegenstand (in Tanseys Bild identifizierbare Text-Fetzen aus de Mans *Blindness and Insight,* die Grundlage seiner Berufung nach Yale) leicht zu übersehen.[2] Den zweifellos intrikaten Detail-Referenzen, zu denen es eine ausufernde Literatur gibt, zeichnet die implizite Referenz auf Blooms agonistische Theorie eine im Theorie-Fieber leicht zu überlesende biblische Pointe ein, bei der Paul de Man die Rolle des Engels zufiele, und sei es auch nur im Sinne des von Bloom gefeierten Satans Miltons als des ‚precursor's' von ‚deconstruction' – des gefallenen Luzifer.

Von poetologischem Interesse ist das explizite Eingeständnis, ja Zurückschrecken der dekonstruktiven Praktiker vor der Schwelle, *auf* der (und nicht

---

[1] Hartman's Preface, S. ix. Ich modifiziere im folgenden meinen Handbuch-Eintrag „Poetik als Dekonstruktion" (Haverkamp 2018a: 351).
[2] Mark Tansey, „Derrida Queries de Man" (1990), zeitweise im Museum of Fine Arts, Boston. Siehe das Kapitel „Querying, Quarrying: Mark Tansey's Paintings of Theory's Grand Canyon" in Marc Redfield's späterer Darstellung (Redfield 2016) mit Tanseys Bild auf dem Umschlag. Detaillierter Kommentar bei McQuillan (2020).

Abb. 1: Mark Tansey, *Derrida Queries De Man*, 190, Oil on canvas, 83 3/4 × 55 inches, ©Mark Tansey. Courtesy Gagosian.

erst jenseits von der) Literaturwissenschaft als „Return to Philology" dekonstruktiv wird: "as a rhetoric and poetics *prior* [meine Hervorhebung] to being taught as a hermeneutics and a history", erläuterte de Man (1985 [1982], 25). Auf der Schwelle zu einer Wildnis (*Criticism in the Wilderness* war Hartmans nächster Titel 1980) fühlte sich der Philologe angesichts der bedeutungs-konstitutiven Bedingtheit, in der die bedeutungs-aufschiebende Grundbewegtheit dekonstruktiver Vektoren als ‚différance' – Derridas pointierter Ausdruck – in Texten greifbar ist. Pathos und Ethos gerieten in eine verschärfte Alternative, die sub specie des unendlichen Aufschubs der Bedeutungen (Zusatzbedeutung von ‚différance') quasi ‚apathisch' mache oder aber, andererseits, angesichts von Entscheidungen, deren zweifelhafter Ort die Lektüre ist, ‚relevant' und ‚politisch' zu werden drohe. So der Tenor der Selbst-Kritik vor der ‚Boa' der Dekonstruktion (die Literatur ist uferlos).

Die Linie, die in ‚boa-deconstruction' überschritten scheint, markiert die Grenzen einer Hermeneutik, die den Rest der als ‚hermeneutic' denunzierten eher denn reklamierten Theorie in Yale bei der Stange hielt. Was Hartman und Bloom diesseits dieser Linie als jüdische Theoretiker bewegte, läßt sich Blooms Titelessay am Anfang von *Deconstruction and Criticism* ablesen: „The Breaking of Form." Er ist als jüdisches Motiv von Bloom wenig später zur Maxime erhoben worden: *The Breaking of the Vessels* war die programmatische erste seiner *Wellek Library Lectures* 1982 in Irvine. Was als „Breaking of Form" den Inbegriff des *New* Criticism, die ‚Form', an den Rand seiner Kapazität brachte (Hartmans Titel war *Beyond Formalism* 1970) benannte die kritische Schwelle, die das professionelle Caveat Hartmans in *Deconstruction and Criticism* so fasste: „[...] whereas the ethos of literature is not dissociable from its pathos, for deconstructionist criticism literature is precisely that use of language which can purge pathos, which can show that it too is figurative, ironic or aesthetic". Die dritte *Lecture* Blooms präzisierte und reparierte in einem: „Transumption: Towards a Diachronic Rhetoric (Blanks, Leaves, Cries)" (Bloom 1982). Die Boa in ‚deconstruction' ist Geschichte, ‚diachronic rhetoric', und sie tritt unter dem rhetorischen Generalnenner der ‚transumption' auf. Frank Lentriccia, prominenter Gegenspieler der Dekonstruktion, der Bloom in perfekter Ironie der Geschichte einführte bei dieser Gelegenheit, versuchte Bloom prompt zurückzuziehen an das rettende, von Hartman mit List verteidigte hermeneutische Ufer. Er hatte Gründe, die im fehlenden (positivistisch reduzierten) Geschichtsbegriff des New Criticism vor dem New Historicism lagen. Blooms hermeneutische Situierung nahm kein Blatt vor den Mund: „The interpreter here is a Jewish Gnostic" (Bloom 1987a). Was das heißen sollte, war dem rhetorischen *terminus* der *transumptio* nur okkasionell und ex negativo zu entnehmen, einem lateinischen Begriff wie Auerbachs *figura*, aber dessen gerades Gegenteil. War *figura* der metaphorologische Inbegriff der jüdisch-christlichen Tradition in der Nachfolge eines Neuen Testamentes, so benannte die *transumptio* eine rhetorisch neutrale, vor- oder sogar un-christliche, pur literarische Alternative.

Deren historische Wirkung wird bei Bloom allerdings erst spät, in der reformatorischen ‚revision' des Neuen Testaments nach antiken Maßen spruchreif, mit einer Pointe, die der christlichen *figura* durch die Renaissance zugewachsen war – so durchaus auch Auerbachs These der Umbesetzung der jenseitigen *figura* der christlichen Typologie in den Realismus einer hiesigen Welt (*Dante als Dichter der irdischen Welt* war der programmatische Titel 1929). Hans Blumenbergs Rede vom ‚gnostischen Rezidiv', das die christliche Dogmatik in Wellen erschütterte und die *Legitimität der Neuzeit* (1965) begleitete, wird bei Bloom literarisch illustriert durch *Paradise Lost* und die an Milton orientierte

Romantik.³ Shakespeare hatte die von Bloom gefeierten sprachlichen und darstellerischen Voraussetzungen geliefert, während Milton – das machte ihn zu einem idealen Ur-Amerikaner und Bloom zu seinem *propagator fidei* – das literarische Modell lieferte und zugleich das Paradigma war, das Auerbachs *figura* als *prima ratio* einer literarisch vergeblichen, verunglückten jüdischen Assimilation aus dem Felde schlug. Es erwies Amerika – nicht das von Shakespeare in seinen christlichen Verirrungen portraitierte Europa – als den prädestinierten Ort jüdischer Anknüpfungen. Blooms katholischer Antipode in der Sache, der Dantist John Freccero, vertrat dagegen im selben Yale und auf der selben Schwelle zur Dekonstruktion, eine augustinische *Poetics of Conversion*, der Bloom wie der *figura* Auerbachs mit Milton widersprach.⁴ Die Prominenz der Yale School lag nicht zuletzt darin, wie in ihr die europäischen Nachkriegs-Hypotheken präsent geblieben waren und neu ausgehandelt wurden – „re-loading the canon" wurde durch Bloom, nicht zuletzt durch seine Schülerinnen, zum umfassenden amerikanischen Projekt. Das alteuropäische Konzept der T.S. Eliot oder C.S. Lewis dagegen, die Bloom keiner weiteren Rede wert hielt, hatte Miltons Epos als ‚secondary epic' zwar gewürdigt, aber als Standard durch Joyce, in Yale von Hugh Kenner gefeiert, übertroffen gefunden und ad acta gelegt. Nicht so Blooms Amerika. Die von Hartman als hermeneutische Differenz markierte Kluft innerhalb der Dekonstruktion hatte in der Differenz der literarischen Paradigmen – in Milton und Wordsworth für Bloom und Hartman, in Pascal und Rousseau für Derrida und de Man, in Dante für Freccero wie für Auerbach, in Joyce für Miller wie für Kenner – ihren umkämpften Untergrund. Worin sich der ‚Konflikt der Interpretationen' (Ricoeurs treffende Diagnose zu zitieren) von den geistesgeschichtlichen Kämpfen anderen Orts grundlegend unterschied, war die Priorität der Texte, deren säkulare Gestalt die der biblischen Testamente relativierte, um im Prinzip der *scriptura* das unter jeder historischen *figura* wirksame Moment der – idealtypisch amerikanischen – ‚self-reliance' aufzutun.

Ruin the Sacred Truths war das demonstrative, umfassende Résumé, das die amerikanische Wende Blooms besiegelte (Bloom 1987b). Sie hätte nicht effektiver verkündet werden können als Thanksgiving 1984 in der *New York Review of Books* vom 22. November 1984, ein Jahr nach de Mans Tod. „Mr. America" war die Überschrift und Emerson der Autor, der von Bloom in Miltons Rolle am rechten Ort

---

3 Vgl. Haverkamp 2018b, 59 ff. und 245 ff. Bloom hat Blumenberg nicht gelesen, aber Hans Robert Jauß, und blieb mit diesem einig über Abgründe hinweg. Jauß hatte zu der Zeit einen Ruf nach Yale auf einen von Bloom und Hartman als Auerbach-Nachfolge deklarierten Lehrstuhl, den er nach einem Gastsemester ablehnte, der aber einen jahrelangen Austausch der Yale School mit der Konstanzer Schule der Literaturwissenschaft begründete.
4 Freccero (1986) enthält die für die Danteforschung prägenden Aufsätze.

gefeiert wurde (wobei Milton selbst, nota bene, wie Moses im Ausblick auf das Gelobte Land zurückblieb). Thanksgiving 1984 proklamierte Bloom den zu erneuernden, nach ‚deconstruction' revidierten *post*-philosophischen ‚state of the art' wie folgt:

> Emerson is a critic and essayist who based his work on observation of himself and of American experience. He is not a transcendental philosopher. This obvious truth always needs restating, perhaps more now than ever, when literary criticism is over-influenced by contemporary French heirs of the German tradition of idealist or transcendental philosophy. Emerson is the mind of our climate; he is the principal source of the American difference in poetry and criticism and in pragmatic postphilosophy.   (Bloom 1984)

‚Revision' ersetzte ‚deconstruction' in einem ‚misreading' von exemplarischer Güte und epochaler Konsequenz. Cavell konterte umgehend und explizit unter dem seinerseits revidierenden Titel des *New Yet Unapproachable America* (1989). Der Name Bloom fällt nicht explizit, steht aber mit dem Titel „Mr. America" im Literaturverzeichnis:

> Others take Emerson to advise America to ignore Europe; to me his practice means that part of the task of discovering philosophy in America is discovering terms in which it is given to us to inherit the philosophy of Europe."[5]   (Cavell 1989, 70)

Der Konflikt, in den der Strukturalismus nach Saussure die Hermeneutik verstrickt hatte und der im Poststrukturalismus auf methodische Konsequenzen drängte, nimmt bei Bloom ein unversöhnliches, in der Neuzeit angebahntes literarisches Ende: *Ruin the Sacred Truths* setzt der ehrgeizigen mittleren Phase, in der Bloom die Yale School mit prägte, ein ebenso ehrgeiziges Ende. „Deconstruction *as* criticism", die praktizierte literarische Kritik, blieb im Ansatz des historischen Kompromisses, Hartmans Projekt, stecken; Rodolphe Gasché hat die philosophischen Mißverständnisse früh aufgeklärt, die Hartman in dem schönen Aperçu von der „French Connection" versteckt hatte (Gasché 1979).[6]

Bloom hat den Kompromiss, so gut gemeint er war, für untauglich befunden und suchte ihn zurückzubiegen. Das Ergebnis, die Zwickmühle eines betont amerikanischen Konservatismus, der auf *The Western Canon* (1994), *Shakespeare:*

---

[5] Stanley Cavell, *This New Yet Unapproachable America: Lectures after Emerson and Wittgenstein* (Albuquerque NM: Living Batch Press 1989), „Work in Progress" (1987), S. 1–28, Quintessenz S. 70.

[6] Rodolphe Gasché, „Deconstruction as Criticism", im einschlägigen Organ *Glyph* 6 nahm den gesamten literarischen Anteil von *Deconstruction and Criticism* aufs Korn, von Bloom und Hartman bis Miller, und löste Derrida aus dem Yale Kontext. „The French connection" ist Hartman's witziger Einfall, die polemische Charakteristik Blooms im „Sacred Jungle" der English Studies lautet nun „Hebrew Gothic" (Hartman 1980, 60).

Invention of the Human (1994), *How to Read and Why* (2000), *Genius* (2002) lautete, soll hier nicht weiter interessieren. Zwar lassen sich auch diese Titel als ein trotziges ‚reclaiming' der durch die Theorie-Debatte angeblich ruinierten gelehrten Tugenden lesen, aber das spielte beim Erfolg dieser Bücher keine Rolle. Erleichtert nahm ein größeres Publikum sie als Erledigung einer misslichen Kontroverse. Gleichwohl hat Bloom zur selben Zeit in der Neuausgabe der *Map of Misreading* (2003) die Widmung an Paul de Man erneuert und bei der Gelegenheit dessen Diffamierung (an der er selbst nicht unbeteiligt war) zurückgenommen.[7] Schon ein Reader seiner kleineren Schriften unter dem Titel *Poetics of Influence* (1988)[8] trug auf der Rückseite in großen Lettern ein Zitat von de Man, worin dieser Bloom als „ahead of everybody else all along" prophezeit hatte (Bloom 1988). An der Verbindung zu de Man blieb ihm bis zum Schluss gelegen, und das hatte tiefere Gründe, die mit der verblassenden theoretischen Phase seines Werks nicht erledigt sein sollten. Das bestätigt die Bedeutung der sorgfältig ergänzten *Map of Misreading* und der in ihr der *figura* Auerbachs entgegengesetzten Figur der ‚transumption', die die proto-amerikanische ‚self-reliance' Emersons quasi prospektiv ermöglicht hätte.

Ruin the Sacred Truths schließt das in *Anxiety of Influence* und *Map of Misreading* doppelt begründete Projekt einer als *Poetics of Influence* figurierenden Theorie ab. Das Motiv des *Breaking of the Vessels*, das in der Destruktion der christlich-jüdischen *figura* kulminiert und im *Ruin* aller *Sacred Truths* (Plural) ihr Ziel findet, hatte in den Begriffen der ‚anxiety' und des ‚misreading' psychologisch artikulierte Termini favorisiert, die ihre Quelle, den von Bloom als literarische Errungenschaft ersten Grades gefeierten Bloomsbury-Freud nicht verhehlten: „Bringing the Gospel to Bohemia" betitelte die *New York Times* zu Neujahr 1986 eine Rezension des von Blooms Lieblings-Schüler Perry Meisel herausgegebenen Briefwechsels der Freud-Übersetzer.[9] Als psychoanalytische Revision bringt dieser Freud die ‚self-reliance' Emersons auf den Stand der Gegenwart, wird ‚starkes Lesen' zum harten Kern amerikanischer Bildung. Das verband Bloom aufs erste mit Cavells *Conditions Handsome and Unhandsome* (1988) und der literarischen Vorgeschichte Shakespeare in *Disowning Knowledge* (1987) als radikalisierter Skepsis vis à vis des *New Yet Unapproachable America* (1989). Der Differenzen von Blooms literarischer Ironie und Cavells philosophischer

---

[7] „My late friend, Paul de Man, to whom this book continues to be dedicated" (Bloom 2003 [1975], xiii).
[8] Mit ergänzenden Studien zu *The Anxiety of Influence* (1973).
[9] Peter Stansky, Rez. von Meisel und Kendrick 1985. *The New York Times*, Dec. 29, 1985, Sec. 7. Vgl. auch Meisel (2007, 2–3) zur historischen Neubestimmung von ‚modern criticism' nach Derrida und Bloom.

Skepsis unbeschadet, verbindet beide ein Maß an selbst-kritischer Reflexion, das auch in Blooms Anteil krasser kaum denkbar ist. Die vernichtende Quintessenz von Blooms *American Religion* (1992) – emblematisch „the foetus and the flag" – war schlichtweg „religion is bad poetry". Der junge Cavell hätte kaum anders geredet. Aber die Verbindung hielt nicht lange. „Deconstruction Is/As Neo-pragmatism" war die praktische Anschlussfrage, der Bloom auswich, während Cavell aus seiner Sympathie für Derrida nie einen Hehl machte und ‚deconstruction' auf seine Weise und ohne Aufhebens um das verpönte Wort mit praktizierte (Haverkamp 1995, 1–13). Die analytische Seite, in der es Cavell mit de Man und Derrida hielt, verdient eine genauere Aufmerksamkeit, als sie Bloom bei aller kritischen Routine noch aufbringen wollte (Vgl. Haverkamp 2009, 36–42).

Den Vorbehalt des psychologistischen Kurzschlusses der *Anxiety of Influence* hatte de Man in der zitierten, von unverhohlener Ironie durchzogenen Rezension vorgebracht, die ihm die Widmung der *Map of Misreading* einbrachte: „In his description of influence as a cunning malicious distortion of tradition [hatte de Man bestätigt] Bloom gives a displaced version of a very genuine problem" (de Man 1983, 273).[10] Entgegen der ersten Rezeption und dem fortdauernden Eindruck, den Blooms Theorie machte, sei deshalb entscheidend: „We can forget about the temporal scheme and about the pathos of the oedipal son; [denn] underneath the book deals with the difficulty or, rather, the impossibility of reading and, by inference, with the indeterminacy of literary meaning." (de Man 1983, 273). De Man unterläuft den jüdisch-christlichen Konflikt der gnostischen Inszenierung, in der Miltons Satan für Bloom die böswillige Verdrehung der *figura* aufdeckt und zur modernen Urszene des starken literarischen Genies macht. In der *conversio* des Augustinus – dazu bot sie sich an – war dies eine Verkennung des ödipalen Dramas, das Freud neu aufdeckte: eine Sackgasse, die für de Man wie für Lacan seit Pascal ein andauerndes Skandalon darstellte: „Unlesbarkeit dieser Welt" war die treffende, in diesen Kreisen viel zitierte Celan-Zeile aus *Schneepart* (1971). Sie entspricht „a deeper skepticism about language in general", unterstrich de Mans Freund Frederic Jameson, in „what DeMan calls reading" (Jameson 1991, 242). Emersons Postulat der ‚self-reliance', für Cavell ein Grund zu höchster Skepsis, für Bloom Anlass mutig lesender Selbststärke, verlangte allemal historische Anknüpfung qua ‚transumption'. Deren Figur provoziert das ‚misreading', und zwar aufgrund einer Einsicht, die Cavell an Freud gewinnt, die Bloom aber verkennt (oder unterschätzt): „our coming to know what we cannot just not know"

---

[10] de Mans Rezension von Harold Bloom's ‚Anxiety of Influence' erschien erstmals in *Comparative Literature* 26 (1974), 269–276.

(Cavell 1987, 191). Die Stärke des Bloom'schen Lesers entspricht einer Schwäche, die Bloom mit dem ultra-protestantischen Mut des blinden Milton im Amerika Emersons für überwindbar (wiewohl nicht schon für überwunden) hält oder doch stark erhofft. Wieweit er auf diese Weise der *figura* Auerbachs – und sei es in der Gestalt eines starken ‚misreading' – doch wieder unterliegt, ist die Frage, die bleibt. Für Cavells Amerika ist das keine Frage, bleibt die Skepsis ein akutes Soll.

Die Figur der ‚transumption' die der *Map of Misreading* die Orientierung vorgibt, bleibt – mindestens im historischen Feld des Milton-Paradigmas – unentschieden. Bloom erweitert die *ratio* der „Four Master Tropes", die Kenneth Burke ihm vorgab und die Miltons Anschluss an Ramus' Rhetorik-Reform entspricht (Burke 1945 [1941], 503–517), auf sechs Haupt-Tropen.[11] In diesem revidierten neuen Ensemble ist die meta-figurale Priorität der Metapher bei Aristoteles, die von Ramus bis Vico Bestand hatte und von Burke effektiv neu bestätigt worden war, gebrochen: Statt der ‚Übertragung' als meta-metaphorischem Modell erkennt Bloom die stellen-neutrale Metalepsis als Grundvoraussetzung *und* als die entscheidende Ermöglichung literarischer Traditionsbildung: schiere Umbesetzbarkeit an der Stelle figuraler Teleologie. Derridas de Saussure'sche ‚différance' ging kaum einen Schritt weiter – darauf zielte Hartmans hermeneutischer Kompromiss (Hartman 1981, 56). De Mans Rekonstruktion der selben Konstellation lag im dekonstruktiven Aufweis einer Ironie, die als „ironische Allegorie" die *Allegorien des Lesens* (1979) prägt, aber in Pascals Unlesbarkeit statt der psychologischen Figuren der Selbst-Täuschung endet, die Emersons ‚self-reliance' bedrohen (de Man 1979, 301). Cavells Formel des „what we cannot just not know" weiß das, und Blooms ‚misreading' überspielt es (ohne Auerbachs Gottvertrauen noch aufbringen zu wollen, zu können).

Literaturverzeichnis

Bloom, Harold. *The Anxiety of Influence*. New York: Oxford University Press, 1973.
Bloom, Harold, Paul de Man, Jacques Derrida, Geoffrey H. Hartman und J. Hillis Miller. *Deconstruction & Criticism*. New York: Seabury Press / London: Routledge & Kegan Paul, 1979.

---

11 Burkes unterschätzte, fast vergessene gleichzeitige Musteranalye, „Symbolic Action in a Poem by Keats", in der Avantgarde-Zeitschrift des New Criticism *Accent* 1943 veröffentlicht, in *A Grammar of Motives*, S. 447–463, hatte den von Bloom der Schwäche geziehenen Keats zum Gegenstand, dessen Part von de Man in der von John Hollander initiierten Romantiker-Reihe der Signet Classics übernommen hatte (Bloom, *Shelley* 1966; de Man, *Keats* 1966; Hartman, *Wordworth* 1970) – dem ersten gemeinsamen, die Yale School etablierenden Projekt. Vgl. Haverkamp (2021, 63 ff.).

Bloom, Harold. *The Breaking of the Vessels*. Chicago: University of Chicago Press, 1982.
Bloom, Harold. „Mr. America". *New York Review of Books*, 22.11.1984.
Bloom, Harold. Vorlesungsreihe am City College of New York (City College Papers, No 20). *The Strong Light of the Canonical: Kafka, Freud and Scholem as Resisionists of Jewish Culture and Thought*. New York: City College New York, 1987a.
Bloom, Harold. *Ruin the Sacred Truths: Poetry from the Bible to the Present*. Cambridge MA: Harvard University Press, 1987b.
Bloom, Harold. *Poetics of Influence. New and selected criticism*. Hg. John Hollander. New Haven: Schwab, 1988.
Bloom, Harold. *A Map of Misreading (With a new Preface)*. New York: Oxford University Press, 2003 [1975].
Burke, Kenneth. „Four Master Tropes" [1941]. *A Grammar of Motives*. Berkeley: University of California Press, 1945. 503–517.
Burke, Kenneth. „Symbolic Action in a Poem by Keats" [1943]. *A Grammar of Motives*. Berkeley: University of California Press, 1945. 447–463.
Cavell, Stanley. *Disowning Knowledge in Six Plays of Shakespeare*. Cambridge: Cambridge University Press, 1987.
Cavell, Stanley. *This New Yet Unapproachable America: Lectures after Emerson and Wittgenstein*. Albuquerque: Living Batch Press, 1989.
de Man, Paul. *Allegories of Reading*. New Haven: Yale University Press, 1979.
de Man, Paul. *Blindness and Insight: Essays in the Rhetoric of Contemporary Criticism*. Hg. Wlad Godzich. Minneapolis: University of Minnesota Press, 1983.
de Man, Paul. „The Return to Philology" [1982]. *The Resistance to Theory*. Minneapolis: University of Minnesota Press, 1986. 21–26.
Freccero, John. *Dante – The Poetics of Concersion*. Cambridge MA: Harvard University Press, 1986.
Gasché, Rodolphe. „Deconstruction as Criticism". *Glyph* 6 (1979). 177–215.
Hartman, Geoffrey H. *Criticism in the Wilderness: The Study of Literature Today*. New Haven: Yale University Press, 1980.
Hartman, Geoffrey H. *Saving the Text: Literature/Derrida/Philosophy*. Baltimore: The Johns Hopkins University Press, 1981. (Sperrung im Titel vom Autor).
Haverkamp, Anselm. „Deconstruction Is/As Neopragmatism", Introduction. *Deconstruction Is/In America: A New Sense of the Political*. Hg. Anselm Haverkamp. New York: New York University Press, 1995. 1–13.
Haverkamp, Anselm. „The Days of Cavell". Happy Days: Lebenswissen nach Cavell. Hg. Kathrin Thiele und Katrin Trüstedt. München: Fink, 2009. 36–42.
Haverkamp, Anselm. „Poetik als Dekonstruktion". *Poetik und Poetizität* (Grundthemen der Literaturwissenschaft, Bd. IX). Hg. Ralf Simon. Berlin/ Boston: De Gruyter, 2018a. 342–358.
Haverkamp, Anselm. *Klopstock/Milton: Teleskopie der Moderne*. Stuttgart: Metzler, 2018b.
Haverkamp, Anselm. *Fernahnend: Hölderlin und Keats*. Berlin: Kadmos, 2021. 63 ff.
Jameson, Frederic. *Postmodernism or the Cultural Logic of Late Capitalism*. Durham: Duke University Press, 1991.
McQuillan, Martin. „Derrida Queries de Man". *After Derrida: Literature, Theory and Criticism in the 21st Century*. Hg. Jean-Michel Rabaté. Cambridge: Cambridge University Press, 2020. 80–94.

Meisel, Perry, und Walter Kendrick (Hg.). *Bloomsbury/ Freud: The Letters of James and Alix Strachey, 1924–25*. New York: Basic Books, 1986.
Meisel, Perry. *The Literary Freud*. London: Routledge, 2007.
Redfield, Marc. „Querying, Quarrying: Mark Tansey's Paintings of Theory's Grand Canyon". *Theory at Yale: The Strange Case of Deconstruction in America*, New York: Fordham University Press, 2016. 158–186.

Claudia Olk
Die Kunst der Kritik – Peter Szondis (1929–1971) Traktat „Über philologische Erkenntnis"

„Kunst heißt nicht: Alternativen pointieren, sondern, durch nichts anderes als ihre Gestalt, dem Weltlauf widerstehen" (Adorno 1965, 114). Theodor W. Adorno beschreibt in seinen *Noten zur Literatur* die Kritik, das Widerständige der Kunst als Element, gar als Existenzform von Kunstwerken, in der sie Stellung zur Realität beziehen. Kunstwerke verzichten seiner Beobachtung zufolge darauf, alternative Positionen zu behaupten. Vielmehr sei eine kritische Relation zur Wirklichkeit bereits im Kunstwerk sowie in dessen immanenten Bezügen enthalten. In Abgrenzung zur *littérature engagée* wendet sich Adorno damit gegen eine Instrumentalisierung der Kunst, die sie nach externen Maßstäben beurteilt und damit letztlich obsolet macht: „Sobald jedoch die engagierten Kunstwerke Entscheidungen veranstalten und zu ihrem Maß erheben, geraten diese auswechselbar" (Adorno 1965, 114).

Peter Szondi wurde bereits früh, als Doktorand Anfang der 1950er Jahre, mit dem Werk Adornos vertraut, das, wie auch die Dichtung Paul Celans, die Schriften Walter Benjamins und Georg Lukács, für die Entwicklung seiner eigenen literaturtheoretischen Position von anhaltender Bedeutung war. Wie Adorno verteidigt Szondi die inhärent kritische Kraft des Kunstwerks. Darüber hinaus ist die epistemische Dimension seines Ansatzes dadurch gekennzeichnet, dass er Kritik als ein sich im Kunstwerk entfaltendes Vermögen betrachtet, das durch interpretatorischen Nachvollzug sowie die heuristischen Grundoperationen des Unterscheidens und Vergleichens zur Erkenntnis wird. In diesem Beitrag soll Szondis Werk zunächst im Lichte der Konstellationen der Literaturwissenschaft der 1960er Jahre situiert werden, bevor näherhin auf seinen vielbeachteten Traktat „Über philologische Erkenntnis" eingegangen wird, in dem er Grundzüge seiner Wissenschaftskritik und insbesondere sein Verständnis der Literaturwissenschaft als Kunstwissenschaft entwickelt.

Peter Szondi (1929–1971) war seit den frühen 1960er Jahren nicht nur eine der bedeutendsten Stimmen in der Literaturwissenschaft weltweit, sondern seine kritischen Werke, wie sein wissenschaftliches Wirken insgesamt, gaben entscheidende Impulse zu ihrer methodischen und institutionellen Neukonzeption. Diese betrachtete er in den 1950er und 1960er Jahren als vordringliches Desiderat und Verpflichtung der Wissenschaft. Wissenschaftliche, politische und soziale Wandlungsprozesse vollzogen sich zudem in der Zeit des sogenannten

‚Kalten Krieges', sowohl im Lichte der unverarbeiteten traumatischen Erfahrungen des Zweiten Weltkrieges als auch angesichts der seit 1945 real gewordenen Bedrohung durch die Möglichkeit nuklearer Vernichtung. Frank Bies beschreibt die in Deutschland vorherrschende Angst der Nachkriegszeit nicht nur als eine nationale Pathologie, sondern als Resultat der allgegenwärtigen Erinnerung an eine katastrophale Vergangenheit, die mit der angstbesetzten Antizipation einer apokalyptischen Zukunft korrelierte (Bies 2019, 19).

Szondi zieht 1959 aus der Schweiz und über Paris nach Berlin, wo die Kriegszerstörungen allgegenwärtig wahrnehmbar waren. Gleichermaßen präsent waren im zeitgenössischen Leben auch die Eskalationsszenarien totalisierender Systeme und hegemonialer Ideologien auf beiden Seiten des politischen Spektrums. Auch entgegen dieser Polarisierungen und Totalitarismen entwickelt der Literaturwissenschaftler Szondi ein Denken der Differenz, das zum einen die analytische Tätigkeit des Vergleichens und Unterscheidens fördert, zum anderen, im Sinne einer allgemeinen Literaturwissenschaft, systematisch das ihr Gemeinsame und Grundlegende erforscht ohne Gegensätze zu verabsolutieren.

Weniger ging es ihm darum, an die Zeit der 1920er Jahre vor dem Krieg anzuknüpfen, sondern er stand im Dialog mit den Werken zeitgenössischer Philosophen und Kulturkritiker, die, wie Walter Benjamin und Theodor Adorno, auch danach fragten, welche Ressourcen in der Kunst und Literatur zu finden seien, um dem Versagen des Liberalismus entgegenzutreten und die politische Krise, die zum Zweiten Weltkrieg geführt hatte, zu erklären. Szondis Ansatz ist charakterisiert durch die Absicht, Literatur und Kunst von ihrer Indienstnahme durch abstrakte Kategorien wie ‚das Nationale' oder den vielbeschworenen ‚Geist der Zeit, der aus ihnen spräche' (Szondi 2012, 12), zu lösen und den interpretierenden Zugang zu ihr zu individualisieren. Er betrachtet Dichtung nicht als sekundär zu einer historischen Realität, die sie lediglich repräsentiert, sondern als künstlerisch geschaffene und zugleich schaffende Wirklichkeit. In den *Celan-Studien* formuliert Szondi pointiert: „Die Dichtung ist nicht Mimesis, keine Repräsentation mehr: sie wird Realität. Poetische Realität freilich, Text, der keiner Wirklichkeit mehr folgt, sondern sich selbst als Realität entwirft und begründet" (1978, 348–349). Interpretation beruht daher keineswegs, wie Szondi z. B. an klassisch gewordenen Positionen wie der Gottfried Herders kritisiert (Szondi 1975, 136; 139), auf einer gleichsam naturgegebenen ‚Einfühlung' in den Autor oder einen Zeitgeist, sondern sie ist Ergebnis eines kritischen wie künstlerischen Nachvollzugs des Werkes und seiner Kompositionslogiken. Die Aufgabe der Literaturwissenschaft, postuliert Szondi in seinem Traktat „Über philologische Erkenntnis", in Weiterentwicklung der Hermeneutik Schleiermachers (Lämmert 2005, 80; 83),[1] läge in nichts Geringerem als im *„vollkommenen Verstehen einer Schrift"* (1967, 9).

Diese grundsätzlichen Fragen des Textverständnisses blieben in der zeitgenössischen Germanistik, wie Szondi zu Beginn des „Traktats" diagnostiziert, jedoch ebenso ausgeblendet, wie Fragen der theoretischen Hermeneutik generell. Die „Lage der Germanistik in Deutschland, [sei] trist genug [...]" (1993, 247; 245–246), schreibt Szondi an Geoffrey Hartmann in Yale, der seinen Rat bei der dort bevorstehenden Besetzung germanistischer Lehrstühle gesucht hatte und ihn bat, auch über einen Aufenthalt dort, sei es auch nur als Gastprofessor, nachzudenken. Szondi bezog sich damit nicht nur auf einzelne Vertreter des Faches, sondern auf dessen allgemeine Verfassung Mitte der 1960er Jahre, das der Literaturtheorie gegenüber kaum aufgeschlossen und weiterhin durch seine Vergangenheit während des Faschismus belastet war. Entschieden wandte sich Szondi wiederholt gegen Versuche, Nationalphilologien auf der Basis einer angenommenen und gleichsam naturalisierten Teilhabe an überindividuellen Größen wie „Geist", „Volk" und „Nation" zu legitimieren. Die weitere Vereinnahmung der Literatur im Lichte nationaler Interessen, eine, wie Eberhard Lämmert es formuliert, mitunter: „völkisch pervertierte[n] Komparatistik" (1994, 12) galt es nach 1945 zu überwinden. Zu dieser Neuorientierung der Geisteswissenschaften, nicht nur in Deutschland, hat Peter Szondi erheblich beigetragen.

Nicht erst seit dem Antritt seiner Professur an der Freien Universität Berlin im Jahr 1965 stand Szondis Wirken im Zeichen einer Öffnung der Literaturwissenschaft über nationale Grenzen hinweg, in Richtung einer, wie Gert Mattenklott anlässlich des 30. Geburtstags des später nach Szondi benannten Instituts betonte: „transnationale[n] Ästhetik und Poetologie." 1967 wurde er als erster deutscher Lehrstuhlinhaber eingeladen, ein Semester an der Hebrew Universität in Jerusalem zu verbringen. Die Lösung von einer verengten fachlichen Perspektive auf die isolierte Betrachtung einzelner Nationalphilologien war für Szondi eine der wichtigsten Aufgaben in Forschung und Lehre. Sie ging einher mit der Internationalisierung der Literaturwissenschaft sowie einer grundlegenden institutionellen wie ideellen Restitution ihres Wissenschaftsverständnisses.

Auf vielen Ebenen bot die Situation der Wissenschaft im Deutschland der 1960er Jahre Anlass für Szondis Kritik, die sich auch aus seinen Erfahrungen während des Krieges speiste und seine internationale Perspektive auf die Literaturwissenschaft weiter fundierte. Szondi selbst sprach dezidiert von der „Kategoriale[n]

---

[1] Vgl. auch Geisenhanslüke 2017, 116: „Szondi's great problem remains the fact that the tradition of hermeneutics from Schleiermacher to Heidegger failed to elaborate a convincing concept of literary hermeneutics, which in Szondi's eyes is also the reason why literary theory still has to search for philologcal understanding".

Verschiedenheit von Dichtung und Biographie, von Kunst und Leben" (1978, 266) und praktizierte diese nicht nur in der Auseinandersetzung mit seinen Gegenständen, sondern auch in der Reflexion seiner eigenen jüdischen Herkunft. Diese war für den intellektuellen Szondi, wie Andreas Isenschmid beobachtet, ein weiteres *movens* seiner Kritik: „Das Judentum bestimmte seine Haltung zur Vergangenheit. Es bestimmte seine unbestechliche und penible Kritik der Gegenwart" (2013, 82).

Szondi, seine Eltern und seine Schwester erlitten während des Krieges einschneidende persönliche Erfahrungen von Diskriminierung, Flucht und Deportation. Bereits Jahre vor der deutschen Invasion in Ungarn war die jüdische Familie Szondi den Repressalien der mit Deutschland verbündeten Horty-Regierung ausgesetzt gewesen. Szondis Vater Leopold Szondi erhielt als Psychiater und Leiter des ungarischen Forschungslabors für Psychopathologie und Psychotherapie Berufsverbot, die Familie musste ihre Wohnung verlassen und an Szondis Schule wurden Quoten für jüdische Schüler verhängt (Riechers 2020, 23; Isenschmid 2013, 64). Im Frühsommer 1944 wurde die Familie Szondi von Budapest in das Konzentrationslager Bergen-Belsen deportiert, von wo sie sechs Monate später, im Dezember, als Teil einer Gruppe von zweihundert Personen, im sogenannten Kasztner-Transport ausgelöst wurde und in die Schweiz gelangen konnte – eine ‚Rettung' die Szondi zeitlebens mit größter Ambivalenz betrachtete.[2]

In der Schweiz legte Szondi 1948 seine Matura ab, nahm in Zürich sein Studium auf und promovierte mit seiner *Theorie des modernen Dramas* (1956) bei Emil Staiger. Seine Dissertation machte Szondi schnell bekannt und berühmt. Bis heute zählt sie zu den meist rezipierten wissenschaftlichen Arbeiten nach 1945. Bald nach seiner Habilitation (1961), *Versuch über das Tragische*, an der Freien Universität Berlin wurde er dorthin berufen und gründete das erste deutsche Institut für Allgemeine und Vergleichende Literaturwissenschaft.

Wie Berichte von Zeitgenossen belegen, war Szondi nicht nur für seine große Disziplin, sondern auch für seine Diskretion bekannt, in der Vieles, so auch die Umstände seiner Deportation, unausgesprochen blieben. Andreas Isenschmid, der die Rolle Szondis im Nachkriegsdeutschland beschreibt, hebt hervor, dass Szondis Zurückhaltung so weit ging, dass ihm nicht selten entgegengebracht wurde: „Sie als Schweizer haben ja keine Ahnung, wie der Krieg war" (2013, 63). Klaus Reichert erinnert an die feinsinnige Subtilität, mit der sein Lehrer Szondi es vermochte, das Wesentliche einer Situation oder eines

---

[2] Christoph König zufolge fand „[d]ie Treue zu dieser Erfahrung, d. h. die Erinnerung an den Lageraufenthalt und die als Schuld empfundene Befreiung […] in der unerbittlichen Rationalität, nach der Szondi sein Leben einrichtete, den Rückhalt […]." (König 2014, 103).

Textes pointiert zu entfalten: „Im Nacherzählen zeigte sich Szondis an Benjamin geschulter Blick für die Signifikanz des Insignifikanten, des Unerheblichen, des scheinbar Nebensächlichen, eines Für-sich-Sprechens, das mehr sagt als ein Darüber-Sprechen. Es ist die Methode, die Szondi für die Lektüre poetischer Sprache entwickelte" (Reichert 2005).

Insbesondere in seinen Briefen finden sich viele Belege für die von ihm selbst reflektierte und in der Forschung häufig beschriebene ‚Zerrissenheit', Exklusion und Heimatlosigkeit (Isenschmid, passim; König, 105). Szondi bezeichnete sich selbst in einem vielzitierten Brief an Gershom Scholem als „self displaced person", die es „verlernt habe, zu Hause zu sein" (1993, 266–267; 303). Eine solche, auch selbstauferlegte Perspektive des Außenstehenden impliziert nicht nur eine verzweiflungsvolle Dissoziation, sondern auch die Unabhängigkeit eines Standpunktes, der eine mit jüdischer Erfahrung verbundene, aufgeklärte Weltläufigkeit vertrat. In Budapest hatte die Familie Szondi einem bürgerlich-intellektuellen Milieu angehört, das durch einen lebendigen Austausch mit der Literatur und Kunst geprägt war. Eberhard Lämmert beschreibt den Lebensbereich der Familie im Kontext einer jüdischen Wissenskultur:

> In Ungarn hatten sich nach der Auflösung der k.u.k. Monarchie Künste und Wissenschaften nur umso entschiedener einen europaweiten Horizont zugeeignet, und Budapest war mit seiner Akademie und mit seiner ungewöhnlichen Versammlung bedeutender jüdischer Gelehrter, von denen unter anderen Georg Lukács und Karl Kerényi für Szondi wichtig geworden sind, Zentrum einer künstlerischen und intellektuellen Produktivität geworden, die ihrerseits weit und nahezu gleichmäßig in alle Richtungen Europas ausstrahlte.
> (1994, 3)

Die Selbstverständlichkeit eines gesellschaftlich-kulturellen Lebens, eines sachorientierten wissenschaftlichen Dialogs über weltanschauliche und nationale Grenzen hinweg, in der dieser nicht als Bedrohung, sondern als Bereicherung betrachtet wurde, war mit dem Zweiten Weltkrieg verloren. Dan Diner prägte im Anschluss an Max Horkheimer den Begriff „Zivilisationsbruch" zur Bezeichnung eines Faschismus, der in einem bis dahin unvorstellbaren industrialisierten Massenmord kulminierte: „a universal break in civilization simultaneously manifested itself. This break lies in the fact that an arbitrary and unfathomable annihilation of human beings became possible – and actually took place" (2000, 98).

Der Frage, wie die Wissenschaft, wie die Literatur und Kunst nach 1945 dieser Zerstörung der Zivilisation begegnen können, widmete sich Szondi grundlegend. Auf Adornos bekanntes Diktum: „nach Auschwitz ein Gedicht zu schreiben, ist barbarisch" (1955, 31) repliziert Szondi, dass dies in der Dichtung Celans widerlegt sei: „Nach Auschwitz ist kein Gedicht mehr möglich, es sei denn auf Grund von

Auschwitz" (Szondi 1978, 384).[3] In Anerkenntnis der unumkehrbaren geschichtlichen Realität der Katastrophe denkt Szondi wie Celan an die Gestaltung eines Bereichs, in dem Sprache und Denken neu eingesetzt werden können. Celan betonte die dafür notwendige dialektische Bewegung, der sich die Sprache selbst unterziehen muss:

> [Sie] mußte nun hindurchgehen durch ihre eigenen Antwortlosigkeiten, hindurchgehen durch furchtbares Verstummen, hindurchgehen durch die tausend Finsternisse todbringender Rede. Sie ging hindurch und gab keine Worte her für das, was geschah [...] Ging hindurch und durfte wieder zutage treten [...].[4]   (1968, 128)

Den Hindurchgang durch die Erfahrung der Negation und des Schweigens beschreibt Szondi in seiner metaphorischen Interpretation von Celans Gedicht „Engführung". Analog zur Komposition der Fuge in der Musik verbindet und verdichtet sich wortwörtlich in Celans Dichtung das Gegensätzliche: „Die wirkliche Existenz vereint sich mit Nicht-Existenz, genauer, ist Existenz nur, wenn sie der Nicht-Existenz treu bleibt, sich ihrer erinnert" (Szondi 1973, 61–62). Die Dichtung wie die künstlerische Form konnten in der Bewahrung des Nicht-Vergessens, des Unausgesprochenen zu einer solchen Zone werden, in der sich historische Erfahrung ereignet. Szondi betrachtet „historische [...] Erkenntnis [als stets] durch den historischen Standort des Erkennenden mitbedingte" (Szondi 2012, 405) und kritisiert u. a. in seinen Vorlesungen zur „Einführung in die literarische Hermeneutik" (1967/1968) Positionen, die den „eigenen geschichtlichen Standort auslöschen und sich in eine Epoche der Vergangenheit zurückversetzen [...] können" (Szondi 2012, 14).

Szondi entwickelte seine kritische Position nicht in Zurückgezogenheit, sondern er korrespondierte mit zeitgenössischen Dichtern und Philosophen wie Hans-Georg Gadamer, Theologen wie Gerhard Ebeling oder jüdischen Religionskritikern wie Gershom Scholem und insbesondere mit Vertretern der anglo-amerikanischen Komparatistik wie René Wellek, den er im Herbst 1966 an die Freie Universität Berlin einlud. An seinem Lehrstuhl wurde Internationalität und Interdisziplinarität gelebt. Nach Harvard, Yale und Princeton, wo er ein Trimester als Gastprofessor verbrachte, unterhielt Szondi enge Verbindungen und sein aus den USA berufener Assistent Samuel Weber bot u. a. Seminare über Jacques Lacan an. Thomas Sparr resümiert:

---

3 Eberhard Lämmert fasst diesen Gedanken zusammen: „nicht Auschwitz ist Thema oder Sujet von Celans Gedichten, vielmehr sind die Gedichte dieses Autors in sprechender Form Auschwitz" (Lämmert 1994, 25). Vgl. auch Riechers 2020, 234.
4 Ansprache anlässlich der Entgegennahme des Literaturpreises der Freien Hansestadt Bremen.

> Die internationale Vernetzung der deutschsprachigen Geisteswissenschaften musste damals nach Selbstisolation, Exil und Holocaust während des Nationalsozialismus erst wieder neu aufgebaut werden. Auch darin war Szondi, der ab 1965 Jacques Derrida, Hans Robert Jauß, Geoffrey Hartman, Robert Minder, Jean Bollack oder Paul Celan an das von ihm begründete Institut für Allgemeine und Vergleichende Literaturwissenschaft nach Berlin-Dahlem einlud, im deutschsprachigen Raum ein Wegbereiter. (2014, 432)

Diese internationalen Verbindungen waren es, die sich als prägend für seinen Aufbau der Komparatistik in Deutschland erweisen sollten, für die sich Szondi, wie seine nachgelassenen Briefe belegen, gegen zahlreiche institutionelle Widerstände engagierte:

> [E]s ist mir gelungen, durch zusätzliche Bestimmungen zu erreichen, dass Komparatistik nicht als ‚billiges' Ersatzfach für Germanistik oder ein anderes philologisches Fach genommen wird [...] es ist vielmehr so, dass jeder, der Komparatistik als Haupt- oder Nebenfach wählt, ein weiteres philologisches Fach als Hauptfach studieren muss.
> (1993, 81; 200–201)

Passagen wie diese, die das Studium einer weiteren Philologie als Mindestanforderung für Komparatisten einfordern, verdeutlichen Szondis Ziel einer umfassenden philologischen Bildung in ihrer systematischen Breite und analytischen Tiefe. Szondis Anspruch an seine Studierenden war hoch. Er gab umfangreiche Lektürelisten aus und erwartete, dass seine Studierenden Texte in drei Sprachen im Original lesen konnten und mit der englischen, französischen sowie deutschen Literatur von der Renaissance bis in die Gegenwart vertraut waren.

Mit Verve opponierte Szondi gegen die Empfehlungen des Wissenschaftsrats zu einer Neuordnung des Studiums an wissenschaftlichen Hochschulen vom 14. Mai 1966, die eine Studienzeitbefristung vorsahen. Im Januar 1967 schreibt er an den ZEIT-Journalisten Rudolf Walter Leonhardt:

> Als wären die besonders begabten Studenten nicht u. U. die, denen ein Zweifächerstudium nicht genügt, die entweder zunächst möglichst viele Disziplinen ihrer Fakultät kennen lernen wollen oder die nach zwei Jahren Germanistik-Geschichte einsehen, dass sie die deutsche Literatur ohne anglistische und romanistische Kenntnisse nicht verstehen können und deshalb auch diese Fächer nebenbei studieren wollen. [...] sie merken, dass der Fachvertreter an der Universität, an der sie angefangen haben, wenig taugt, und wollen die Universität wechseln. [...] Oder: schon nach drei Semestern Romanistik in Göttingen wollen sie für ein Jahr nach Paris, um nach der niedersächsischen auch die dort verbreitete Aussprache des Französischen kennenzulernen Etc. (Szondi 1993, 86; 209)

Szondi argumentiert für eine grundsätzlich komparatistische Literaturwissenschaft und in Abwehr aller Versuche, individuelle Wahlmöglichkeiten des Fächerstudiums wie des Studienorts zu reglementieren.

Viele seiner grundlegenden Überlegungen zu einer inhaltlichen Erneuerung der Literaturwissenschaft finden sich bereits in dem kurzen, aber vielbeachteten Text: „Über philologische Erkenntnis" der erstmals im Jahr 1962 unter dem Titel „Zur Erkenntnisproblematik in der Literaturwissenschaft" in der von Samuel Fischer begründeten *Neuen Rundschau* veröffentlicht wurde und später als erster Text in den *Hölderlin-Studien* erschien. Darin plädiert Szondi gleich zu Beginn für die Wiedereinführung des Erkenntnisbegriffs sowie der Methode einer theoretischen Hermeneutik in die Philologie. Bereits in seinen „Bemerkungen zur Forschungslage der literarischen Hermeneutik" monierte er, dass „die Hermeneutik auf dem Gebiet der Philologie über den Stand des 19. Jahrhunderts kaum hinausgekommen" sei (Szondi 2012, 404). Ein Ausgangspunkt seiner Argumentation in diesem Text ist wiederum der gegenwärtige Zustand des Faches:

> In keinem der germanistischen Lehrbücher wird der Student mit den prinzipiellen Fragen des Textverständnisses bekannt gemacht; kaum je werden diese Fragen in den Diskussionen der Gelehrten aufgeworfen und als häufige Quelle ihrer Meinungsverschiedenheiten erkannt. (Szondi 1967, 9)

Szondis Kritik richtet sich auf eine Wissenschaft, die ihre eigenen Voraussetzungen sowie ihr eigenes methodisches Vorgehen nicht reflektiert. Ausgehend von Schleiermacher, der in seinen Werken eine theoretische Begründung der traditionellen Hermeneutik der exegetischen Wissenschaften erarbeitet hatte, versteht Szondi die Hermeneutik, das „*Verstehen einer Rede oder Schrift*" (1967, 9) als Kunst. Kunst wird mithin als produktiver Prozess, als Werden, als Entfaltung betrachtet. Zugleich unterscheidet sie sich von der jeweils realhistorischen Wirklichkeit und steht in einem kritischen, reflektierenden Verhältnis zu dieser. Dementsprechend darf „Literaturwissenschaft", so formuliert Szondi pointiert, „nicht vergessen, daß sie eine Kunstwissenschaft ist; sie sollte ihre Methodik aus einer Analyse des dichterischen Vorgangs gewinnen" (1967, 30). Das Kunstwerk verlangt den kritischen Mitvollzug, fordert seine Betrachter, Leser, Hörer auf, teilzuhaben an seiner Komposition und nachzuvollziehen, mit welchen Verfahren seine Wirkungsweisen entstehen können.

Szondis Entwurf steht im Kontext der Schriften Roman Ingardens, René Welleks und Käte Hamburgers, die eine ‚Logik der Dichtung' aus ihrer Differenz zu ihrem historischen Entstehungskontext, zur Person des Autors oder einem überindividuellen ‚Geist der Zeit' konzipieren (Lämmert 1994, 6). Vielmehr besteht das philologische Erkennen im Erfassen der ästhetisch-poetischen Gestalt eines Werkes und im Begreifen von dessen eigener Temporalität, die mit alltäglichen Zeiterfahrungen nicht kongruent ist und dennoch auf diese reflektiert.

Indem Szondi für seinen Text „Über philologische Erkenntnis" die Gattung des Traktats, der wissenschaftlichen Abhandlung, im Englischen *treatise*, wählt, löst er diese Forderung nach Erkenntnis als einer Tätigkeit auch performativ ein. Szondi zitiert Ludwig Wittgensteins *Tractatus logico-philosophicus*, in dem jener schreibt: „Die Philosophie' [...] ist keine Lehre, sondern eine Tätigkeit" (Szondi 1967, 12). Für die Wissenschaft geht mit der Erkenntnis der inhärenten Dynamik und Produktivität ihrer Entwicklung die Notwendigkeit einher, die Voraussetzungen und Bedingungen unter denen sie zu ihren Erkenntnissen gelangt, mit zu reflektieren. Szondi problematisiert wiederholt den zeitgenössischen Wissenschaftsbegriff, der auf einem statischen Verständnis von Wissen beruhe. Demgemäß sei Wissen eher ein gesicherter Zustand denn ein fortschreitender Prozess, in dem man sich auf ‚Kenntnis' anstelle von ‚Erkenntnis' konzentriere (Szondi 1967, 13). Dagegen plädiert Szondi für die Betrachtung von Wissen als „perpetuierte[r] Erkenntnis" (1967, 11).

Die primäre Orientierung an vermeintlich objektiv gesicherten Wissensbeständen und Fakten beschreibt er im Rückblick auf die Wissenschaftsgeschichte des 19. Jahrhunderts, insbesondere auf die Entstehung einer positivistischen Geschichtswissenschaft als Gegenbewegung zum deutschen Idealismus. Szondi bezeichnet die „Bevorzugung des Positivismus" wiederholt als „eine Selbsttäuschung" (1967, 13), die willentlich ausblende, dass Tatsachen oft selbst das Resultat von Interpretationen und mithin nicht unabhängig vom historischen Standpunkt eines erkennenden Subjekts sind. Er kritisiert die Verabschiedung der subjektiven Erkenntnis aus einer rein tatsachengestützten und vermeintlich objektiven Empirie: „Indem die Forschung sich der Empirie ausliefert, kann sie sich der subjektiven Erkenntnis auch als bloßer Kontrollinstanz nicht mehr bedienen" (1967, 14). Zugleich wendet er sich jedoch gegen eine mit der radikalen Subjektivierung von Erkenntnis assoziierte Willkür oder Beliebigkeit, die er aus dem Subjektbegriff der Psychologie der Jahrhundertwende herleitet:

> Nichts verständlicher, als daß die Lebensphilosophie und die Psychologie der Jahrhundertwende auf die Überbetonung des objektiv faktischen Moments im Positivismus mit der Überbetonung des subjektiven Moments der Einfühlung geantwortet hat. Das macht weite Bereiche der Forschung jener Zeit heute unlesbar. (Szondi 2012, 168)

In den *Celan-Studien* verweist Szondi wiederholt auf den Umstand, dass die Kriterien der Interpretation sich aus dem Text, seiner Struktur und seiner formalsprachlichen Materialität entwickeln müssen: „keineswegs bedeutet, die Lektüre könne ihr Objekt nach Belieben erschaffen –, sondern, da der Text Textur des Wortes ist, fügt die Interpretation ihm nichts Fremdes hinzu, wenn sie versucht, das Wort-Gewebe zu beschreiben" (Szondi 1973, 59). Im Rahmen seiner Kritik an einem szientistisch-verobjektivierten Wissenschaftsbegriff erinnert er auch daran, dass Literaturwissenschaft im Englischen nicht, wie oft irrtümlich angenommen, als ‚literary science' bezeichnet wird, sondern als ‚literary criticism', impliziere eine ‚literary science' doch den performativen Selbstwiderspruch der Geisteswissenschaften, die sich, um ihre Wissenschaftlichkeit zu legitimieren, den Naturwissenschaften anzuähneln versuchen.

Im Gegensatz zu dem für die sogenannten exakten Naturwissenschaften reklamierten Begriff der ‚science' (z. B. natural sciences) basiert ‚literary criticism' auf dem Begriff der Kritik und impliziert keine Eindeutigkeit oder positive Gewissheit (Szondi 1973, 60). Bereits die griechische Herkunft des Wortes κρίνειν in der Bedeutung von unterscheiden, scheiden oder abwägen, verweist auf eine Tätigkeit. Literaturkritik basiert mithin auf einem methodischen Vorgehen, das sich aus Kontrastierung, Relationierung, Scheidung und Unterscheidung speist und zudem systematisierend verfährt, in Szondis Worten: ‚ent-scheidet': „Kritik entscheidet sich selbst, indem sie Erkenntnis ist" (Szondi 1967, 12).

Vor Szondi hatte u. a. bereits T. S. Eliot in seinem Essay „Tradition and the Individual Talent" „contrast and comparison" als ästhetische Grundoperationen beschrieben (1960, 49), die auch für Prozesse der Kanonisierung und Literaturgeschichtsschreibung gelten können. Wenn Szondi dennoch postuliert, „daß jedem Kunstwerk ein monarchischer Zug zu eigen ist" (Szondi 1967, 21), bezieht sich dies nicht auf eine programmatisch exponierte Originalität, sondern auf die poetische Verfasstheit des Kunstwerks als einem „Mikrokosmos", einem Ganzen, das für sich selbst stehen kann und das ausdrückt, wovon es handelt. Im Anschluss an Valéry formuliert Szondi, dass das Kunstwerk „allein durch sein Dasein alle anderen Kunstwerke zunichte machen möchte" (Szondi 1967, 21). Literaturgeschichtsschreibung führt nicht zur normativen Festsetzung von Standards, an denen sich alle später erscheinenden Werke zu messen hätten, sondern es verhält sich genau umgekehrt: Jedes neue Werk verändert die Perspektive auf das Ganze wie das Vorherige. Ähnlich beschreibt auch Eliot diese transformative Reziprozität der literarhistorischen Perspektiven: „the past should be altered by the present as much as the present is directed by the past" (1960, 50).

Szondis Forderung einer theoretischen Reflexion der literaturwissenschaftlichen Praxis schließt ferner eine Überprüfung des ihr zugrunde gelegten Wissensbegriffs ein. Ausgehend von dem anglo-amerikanischen Begriff des ‚criticism' setzt Szondi voraus, „daß die Erkenntnis von Werken der Kunst ein anderes Wissen bedingt und ermöglicht, als es die übrigen Wissenschaften kennen." (Szondi 1967, 10) Insbesondere die Geschichtswissenschaft verortet Szondi näher an den „exakten Naturwissenschaften" (Szondi 1967, 10) als der Literaturwissenschaft. Die Geschichtswissenschaft, die sich etwa der Erforschung des Dreißigjährigen Kriegs widmet, nähert sich ihrem Gegenstand in anderer Weise als die Literaturwissenschaft, die ein zur gleichen Zeit entstandenes Sonett Andreas Gryphius' betrachtet. Nicht nur beziehe sich die Geschichtswissenschaft im Unterschied zur Literaturwissenschaft auf realhistorische Kontexte in der Vergangenheit, sondern den Gegenständen der Literaturwissenschaft eigne eine „unverminderte Gegenwärtigkeit auch noch der ältesten Texte" (Szondi 1967, 11), an der sich das philologische Wissen zu bewähren habe.

In ähnlicher Weise bestimmte der englische Renaissancedichter und -kritiker Sir Philip Sidney die über das sprachliche Zeichen und dessen historische Referenz hinausweisende Potentialität literarischer Texte. Sidneys „Defense of Poesy" (1580, gedruckt 1595), die grundlegend für alle späteren englischen Poetiken sein sollte, wandte sich ebenso gegen eine empirisch-historische Bestimmung der Gegenstände künstlerischer Imagination. Diese seien als schöpferische Weisen des Hervorbringens von etwas zu verstehen, das seine eigene Evidenz erzeugt und nicht auf einen objektiv gültigen Wahrheitsgehalt zu befragen oder gar zu reduzieren ist. Sidney, auf den Szondi mehrfach in seinen Vorlesungen rekurriert, kontrastiert die Gegenstände und Methoden der Geschichtswissenschaft und der Dichtung: „the Historian, [...] is so tyed, not to what shoulde bee but to what is, to the particuler truth of things and not to the general reason of things, that hys example draweth no necessary consequence, and therefore a lesse fruitfull doctrine" (1904, 164).[5]

Die Gegenwärtigkeit des Kunstwerks, von der Szondi in seinem „Traktat" spricht, besteht somit nicht in der Abrufbarkeit kumulativ angelernter und daraus abzuleitender Wissensbestände ‚dessen was war', sondern wird als dynamischer Prozess verstanden, der in der beständigen Auseinandersetzung mit den Texten, Szondi spricht noch eindringlicher von der „Konfrontation" (Szondi 1967, 11) mit ihnen, besteht. Das Wissen der Literaturwissenschaft mündet schließlich in das Erkennen des Vermögens poetischer Texte, sich zu jeder Gegenwart neu in Beziehung setzen zu lassen und mithin potentiell unabschließbare Interpretationen und Lektüren zu erzeugen.

Die Gegenstände, die Kunstwerke selbst sind es, die diese dynamische Entwicklung der Erkenntnis bedingen und herausfordern. Nicht die Anhäufung eines abschließbaren Wissensvorrats oder die selbstgenügsame Gewissheit, ein komplexes Gedicht ein für alle Mal entschlüsselt zu haben, kennzeichnen die Haltung der Interpreten, sondern auch hier versteht Szondi Kritik als eine Tätigkeit: Sie besteht in der Produktion von Lesarten, die ihrerseits neue Erkenntnis

---

5 Szondi rekurriert im Kontext seiner Ausführungen zur Gattungspoetik (1974, 39) sowie seiner Theorie des bürgerlichen Trauerspiels im achtzehnten Jahrhundert auf Sidneys Aristoteles-Rezeption (1973, 44; 46).

befördern. Ein hermetisches Gedicht etwa, sei „ein Schloß, das immer wieder zuschnappt, die Erläuterung darf es nicht aufbrechen wollen" (Szondi 1967, 12). Szondi wendet sich gegen ein erstarrtes, ‚geronnenes' Wissen, das sich über seine Gegenstände erhebt und im Grunde hinter ihrer Dynamik zurückbleibt. Die adäquate Weise der Auseinandersetzung mit diesen dynamischen Gegenständen, mit Kunstwerken, die sich von der realhistorischen Wirklichkeit unterscheiden und selbst eine Form der Kritik sind, ist das Fragen. Forschen bedeutet Fragen zu stellen und ist nicht allein Suchen, da dies das Finden einer einzigen Antwortmöglichkeit impliziert.

Anhand einiger Beispiele zeitgenössischer gleichsam zur Konvention erstarrter Praktiken zeigt Szondi die Indifferenz einer Literaturwissenschaft, die die Dimension des Fragens vernachlässigt hat. Szondi hebt u. a. die sogenannte ‚Parallelstellenmethode' hervor. Diese stützte sich auf den synoptischen Vergleich von Textstellen, an denen der gleiche Ausdruck vorkommt und beruhte auf der „Annahme, daß dieselbe Wendung an verschiedenen Stellen auch dieselbe Bedeutung hat" (Szondi 1973, 47). Szondi demonstriert die Fragwürdigkeit einer nivellierenden Betrachtung dekontextualisierter Textstellen anhand seiner Lektüre von Hölderlins Hymne *Friedensfeier*. Die Suche nach Parallelstellen verdecke, so Szondi, die Eigenarten des Werkes zugunsten von Verallgemeinerungen und der Etablierung nur scheinbarer Gesetzmäßigkeiten. Zudem folge sie einem Faktizitätsideal, das sich auf das rein quantitative Auftreten von Worten als ‚Indizien' berufe anhand derer der Text gleichsam überführt würde. Wenn in einem Werk ein Wort verwendet wird, bedeutet dies, wie Szondi argumentiert, jedoch nicht zwangsläufig, dass das gleiche Wort in einem anderen Gedicht die gleiche Bedeutung hat. Vielmehr gelte es, jede einzelne Stelle für sich in ihrem Aussagegehalt zu interpretieren und z. B. aus der Häufigkeit der Verwendung von Metaphern in Hölderlins *Friedensfeier* nicht auf eine allgemeine Evidenz dieser Stellen in seinem Gesamtwerk zu schließen. „Texte geben sich als Individuen, nicht als Exemplare" (Szondi 1967, 20), formuliert Szondi, sie stehen nicht beispielhaft für bestimmte, mimetisch einholbare Sachverhalte. Ein Werk in seiner Einzigartigkeit verstehen lernen und nicht als Repräsentation von etwas bedeutet hingegen nicht, seine Historizität zu leugnen. Diese sei Resultat einer Betrachtung, die, wie Szondi fordert, „die Geschichte im Kunstwerk" nicht aber verallgemeinernd, im Sinne einer Perpetuierung von Epochenklischees „das Kunstwerk in der Geschichte" zu analysieren. Insbesondere in Bezug zur Geschichtswissenschaft kritisiert Szondi wiederholt die Tendenz einer Literaturwissenschaft, die ihre Wissenschaftlichkeit dadurch beweisen möchte, dass sie sich durch Verobjektivierungen und Distanz zu ihren Gegenständen versucht Geltung zu verschaffen.

Er betrachtet es als Willkür, „wenn den Fakten um eines aus anderen Disziplinen übernommenen Wissenschaftsideals willen eine objektive Beweiskraft zugeschrieben wird, die ihnen auf diesem Gebiet nicht eigen ist" (Szondi 1967, 24). Neben einer grundlegenden „positivistischen Verfestigung" in der Geschichtskonzeption kritisiert Szondi Interpretationsverfahren, die Faktizität und Objektivität als letztgültigen Horizont des Verstehens betrachten: „Die Beweisführung, die nur mit Fakten zu arbeiten meint, scheitert daran, daß ihre erkenntnistheoretischen Voraussetzungen zuwenig bedacht werden, und sie werden zuwenig bedacht, weil den Fakten blind vertraut wird" (Szondi 1967, 22).

Szondi bedient sich wie bereits in der Diskussion von Textstellen als ‚Indizien' eines juridischen Sprachregisters und wendet dies ironisch auf das Ideal vermeintlicher Faktizität an. Er stellt damit Versuche einer Objektivierung des künstlerischen Gegenstandes an sich in Frage. Nicht nur habe jedes „Faktum erst als gedeutetes die Richtigkeit einer Deutung zu beweisen" (Szondi 1967, 24), sondern Texte konfrontieren ihre Leser mit „faktische[r] Mehrdeutigkeit" (Szondi 2012, 43). Sie entziehen sich der Eindeutigkeit durch Ambiguitäten, Mehr- und Doppeldeutigkeiten. Für die Literaturwissenschaft reklamiert Szondi einen Anspruch auf Wissenschaft, der nicht bei anderen Disziplinen „Schutz sucht" und sich durch ein ihr fremdes Wissenschaftsideal zu legitimieren anschickt: „Die Literaturwissenschaft muß sich hüten, ihren Gegenstand, die Literatur, nach den vermeintlichen Kriterien ihrer Wissenschaftlichkeit umzumodeln, hört sie doch gerade dadurch auf, Wissenschaft zu sein" (Szondi 1967, 26).

Die Einsicht in die subjektive Bedingtheit und Interpretierbarkeit vermeintlicher Tatsachen darf, wie Szondi auf den letzten Seiten des Traktats diskutiert, nicht zu dem Bestreben führen, ein Werk durch die Hypothese einer Autorintention zu bewerten. Die bereits von W.K. Wimsatt und M.C. Beardsley in einem einflussreichen Aufsatz von 1946 als ‚intentional fallacy' bezeichnete Annahme, dass ein literarischer Gegenstand lediglich die Wiedergabe von Gedanken oder Vorstellungen eines Autors sei, ist ein Fehlschluss, der laut Szondi in die fruchtlose Diskussion darüber einleite, „welche Bedeutungen von dem Dichter gemeint waren und welche nicht" (Szondi 1967, 27). Weder ist die Intention eines Autors oder einer Autorin verfügbar, noch ist es wünschenswert, dass sie uns zugänglich wäre. Auch ließe die Entschlüsselung der Intention alle weiteren Interpretationen obsolet werden. Das Postulat eines produktionsästhetischen Ursprungs des Textes in der Autorintention führt somit zu einem Ende der Interpretationen, da ein Werk durch die Kenntnis der Intention ein für alle Mal erschlossen wäre.

Szondis Traktat opponiert gegen Versuche der Vereindeutigung, Verobjektivierung und letztlich der Reduktion des Kunstwerks. Literarische Hermeneutik sowie philologische Erkenntnis werden als Kritik verstanden, die sich gegen

Beliebigkeit und Willkür der Interpretation sowie gegen jeglichen Anspruch an eine Dienstleistung der Kunst wenden. Wie sein Zeitgenosse, der polnische Philosoph und Phänomenologe Roman Ingarden bereits 1931 in *Das Literarische Kunstwerk* ausführte, steht der Akt eines „sich versenkens" des Rezipienten in das Kunstwerk am Beginn von dessen Erkenntnis. „[W]irkliche Erkenntnis", schreibt Szondi weiter, könne sie „nur von der Versenkung in die Werke, in ‚die Logik ihres Produziertseins' erhoffen" (Szondi 1967, 30). Szondi rekurriert mit dieser Formulierung zum Ende des „Traktats" erneut auf Theodor Adorno. Der Umgang mit Kunst im Sinne einer literarischen Hermeneutik bedeutet Kritik. Kritik wiederum bedeutet künstlerische Teilhabe am Werk. Gleichwohl geht Szondi nicht den Schritt, den Oscar Wilde in seinem Kunstdialog „The Critic as Artist" vorschlägt, und den er in seinen Vorlesungen zum Ästhetizismus und zum *Fin de siècle* als „die Verklärung des Lebens zum Kunstwerk, der Wille, die Realität nur noch als ästhetische zu berücksichtigen" (1975, 178) beschreibt. Dem Teilnehmer und Beobachter der Realgeschichte in der Mitte des 20. Jahrhunderts, dem Literaturwissenschaftler Szondi geht es nicht um den „Verzicht auf die übrigen Bindungen des Ich an die Wirklichkeit" (1975, 178), sondern seine Kritik verbindet nicht nur Hermeneutik und Philologie, sondern auch Ästhetik und Ethik.

Literaturverzeichnis

Adorno, Theodor W. *Noten zur Literatur* III. Frankfurt am Main: Suhrkamp, 1965.
Adorno, Theodor W. *Prismen: Kulturkritik und Gesellschaft*. Frankfurt am Main: Suhrkamp, 1955.
Bies, Frank. *Republik der Angst. Eine andere Geschichte der Bundesrepublik*. Rowohlt: Reinbek, 2019.
Celan, Paul. *Ausgewählte Gedichte. Zwei Reden*. Nachwort von Beda Allemann. Frankfurt am Main: Suhrkamp, 1968.
Diner, Dan. *Beyond the Conceivable: Studies on Germany, Nazism, and the Holocaust*. Berkeley et al: University of California Press, 2000.
Eliot, T.S. „Tradition and the Individual Talent". *The Sacred Wood. Essays on Poetry and Criticism*. London: Methuen, 1960. 47–59.
Geisenhanslüke, Achim. „Philological Understanding in the Era After Theory". *Komparatistik. Jahrbuch der Deutschen Gesellschaft für Allgemeine und Vergleichende Literaturwissenschaft 2017*. Bielefeld: Aisthesis, 2018. 113–121.
Isenschmid, Andreas. „Peter Szondi: Philologie und jüdische Erfahrung". *„Ich staune, dass Sie in dieser Luft atmen können". Jüdische Intellektuelle in Deutschland nach 1945*. Hg. Monika Boll und Raphael Gross. Frankfurt am Main: Fischer, 2013. 62–86.
König, Christoph. *Philologie der Poesie. Von Goethe bis Peter Szondi*. Berlin und Boston: DeGruyter, 2014.

Lämmert, Eberhard. „Peter Szondi. Ein Rückblick zu seinem 65. Geburtstag". *Poetica* 26 (1994): 1–30.
Lämmert, Eberhard. „Theorie und Praxis der Kritik. Peter Szondis Hermeneutik". *Literaturwissenschaft als kritische Wissenschaft*. Hg. Michael Klein und Sieglinde Klettenhammer, u.M.v Brigitte Messner. Wien: LIT, 2005. 77–99.
Mattenklott, Gerd. „Peter Szondi als Komparatist". *Vermittler. Deutsch-Französisches Jahrbuch* 1 (1981): 127–142.
Sidney, Philip. „An Apology for Poetry". *Elizabethan Critical Essays*. Hg. G. Gregory Smith. Oxford: Oxford University Press, 1904. 148–207.
Szondi, Peter. *Briefe*. Hg. Christoph König. Frankfurt am Main: Suhrkamp, 1993.
Szondi, Peter. *Einführung in die literarische Hermeneutik*. Studienausgabe der Vorlesungen Band 5. Hg. Jean Bollack und Helen Stierlein. Frankfurt am Main: Suhrkamp, 2012 [1975].
Szondi, Peter. *Das Lyrische Drama des Fin de siècle*. Studienausgabe der Vorlesungen Bd. 4. Hg. Henriette Beese. Frankfurt am Main: Suhrkamp, 1975.
Szondi, Peter. „Intention und Gehalt. Hofmannsthal ad se ipsum". *Schriften II. Essays: Satz und Gegensatz, Lektüren und Lektionen, Celan Studien*. Frankfurt am Main: Suhrkamp, 1978. 266–272.
Szondi, Peter. *Celan-Studien*. Frankfurt am Main: Suhrkamp, 1973.
Szondi, Peter. *Hölderlin-Studien. Mit einem Traktat über philologische Erkenntnis*. Frankfurt am Main: Insel, 1967.
Szondi, Peter. „Zur Erkenntnisproblematik in der Literaturwissenschaft". *Neue Rundschau* 73 (1962): 146–165.
Reichert, Klaus. „Zum Bilde Szondis". https://www.nzz.ch/articleCI5YN-ld.333223. *NZZ*. 19.02.2005 (01. April 2022).
Riechers, Hans-Christian. *Peter Szondi. Eine intellektuelle Biographie*. Frankfurt/New York: Campus, 2020.
Sparr, Thomas. „Peter Szondi: Über philologische Erkenntnis". *Textgelehrte. Literaturwissenschaft und literarisches Wissen im Umkreis der Kritischen Theorie*. Hg. Nicolas Berg. Göttingen: Vandenhoeck & Ruprecht, 2014. 427–438.

Judith Meinschaefer
Noam Chomsky (geb. 1928). Sprachforschung zwischen Tradition und Transition

1 Einleitung

Noam Chomsky hat, wie Neil Smith es in seiner Monographie *Chomsky. Ideas and Ideals* ausdrückt, die Form, wie wir Menschen uns selbst sehen, grundlegend verändert. In der Ideengeschichte kommt ihm, so Smith, eine Position auf gleicher Höhe wie Darwin oder Descartes zu (Smith 1999:6). Im Folgenden steht Chomskys prägende Rolle in der Sprachwissenschaft des zwanzigsten Jahrhunderts im Vordergrund: Noam Chomsky hat auf der Grundlage der zwei in der ersten Hälfte des Jahrhunderts herrschenden sprachtheoretischen Modelle, dem Strukturalismus und dem Behaviorismus, ein völlig neues wissenschaftliches Paradigma erschaffen, welches die Sprachwissenschaft bis heute, fast ein dreiviertel Jahrhundert später, dominiert. Dabei versuchen die folgenden Überlegungen nicht, Chomskys Beitrag zur Sprachwissenschaft aus seiner jüdischen Sozialisation abzuleiten, wie sie z. B. von Barsky (1998) beschrieben wird. Eines meiner Ziele ist es vielmehr, das, was ich als Chomskys wesentliche Beiträge in der Sprachwissenschaft erachte, auf eine auch für Nicht-Linguisten zugängliche Weise zu beschreiben. Dieses Vorhaben sieht sich im Kontext der allgemeineren Frage, worin wissenschaftlicher Fortschritt besteht und unter welchen Bedingungen er sich vollziehen kann. Als Folie dient die Frage, ob die Sozialisation in einer jüdischen Wissenstradition, in den Praktiken und Auffassungen des Judaismus, in einem weiteren Sinne, hierfür günstig sein können.

2 Hintergründe

Noam Chomsky kam im Jahre 1928 in Philadelphia zur Welt, als Sohn aschkenasischer Juden, die aus der Ukraine und aus Weißrussland nach USA immigriert waren. Sein Vater hatte an der Johns Hopkins University studiert und wurde später Direktor der Schule der Mikveh Israel Synagoge, einer der ältesten jüdischen Gemeinden Philadelphias, und schließlich Professor am Gratz College in Philadelphia. Noam Chomsky und sein Bruder wurden im jüdischen Glauben erzogen (Barsky 1998). Sein Vater William Chomsky, der von der New York Times in ihrem

Nachruf als "one of the world's foremost Hebrew grammarians" (1977) bezeichnet wird, ist der Verfasser einer wichtigen Monographie über die heilige Sprache des Judentums, das Hebräische (William Chomsky 1957). Schon zu Beginn des Buches *Hebrew: The eternal language*, erschienen 1957, wirft William Chomsky eine oft gestellte Frage auf, nämlich die Frage, was "Judaismus" bedeute.

> The meaning of the terms 'Jews' and 'Judaism' has, likewise, been a source of confused thinking. Are the Jews a race, a nation, a religious group, or what? Is Judaism only a body of beliefs and practices, or of nationalistic symbols and slogans, or of cultural ideas and literary compilations, such as could be conveyed by one linguistic vehicle or another?
> (William Chomsky 1957:8–9)

Juden sind – für William Chomsky wie für viele andere – die 'Menschen des Buches', ein Terminus, dessen religionssoziologische Implikationen hier nur angerissen werden können. Genügen soll der kurze Hinweis:

> The Jews are 'the people of the Book'. The Jews have been referred to, since the days of Mohammed, as 'the people of the Book', and appropriately so. The Book, or the Bible [...] occupies a central place in Jewish life and tradition. Its original texts were guarded most zealously and scrupulously. [...] The rabbis, the exponents of the living Jewish tradition, while admonishing against tampering with the original texts of the Bible, displayed nevertheless considerable latitude with regard to interpretation. (William Chomsky 1957:152)

Prägendes Moment der Arbeitsweise von Noam Chomsky ist gleichfalls die Hinwendung zu "den Büchern", welche die europäische Geistes- und Philosophiegeschichte geprägt haben: Platon, Descartes, Humboldt und viele andere mehr. Viele der großen Weltreligionen tradieren ein Korpus heiliger Texte, verfasst in den alten Sprachen, die nicht mehr die Sprachen der modernen Gläubigen sind. Im Christentum ist dies, unter anderem, das Lateinische; im brahmanischen Hinduismus das Sanskrit der Veden, im Islam das klassische Arabisch des Korans. Das Judentum basiert, vielleicht mehr als andere Religionen, auf der Überzeugung, dass die hebräischen Texte in ihrer ursprünglichen sprachlichen Form Mittel der Offenbarung und Gegenstand des religiösen Studiums und der religiösen Praxis sein können.

Diese Zitate aus William Chomskys Monographie evozieren ein Bild der jüdischen Wissenskultur, in der Noam Chomsky aufgewachsen ist (Barsky 1998); das Fundament für die sorgfältige, kritische und kreative Beschäftigung mit der europäischen und nordamerikanischen sprachphilosophischen und mathematischen Tradition, auf deren Grundlage Chomsky die sprachwissenschaftlichen Paradigmen seiner Zeit überwinden konnte. In seinen Arbeiten beruft sich Chomsky auf – neben vielen anderen – Platon, Renée Descartes, John Locke, die Grammatiker von Port-Royal, Wilhelm von Humboldt, Charles Sanders Peirce und Ludwig

Wittgenstein, mit denen er sich zum Teil auch in Monographien auseinandergesetzt hat – und auf deren Arbeiten viele seiner Ideen zurückgehen.

Ein zentrales Thema der sprachwissenschaftlichen Arbeiten von Noam Chomsky ist der sprachliche Universalismus, den er unter anderem auf Schriften von Wilhelm von Humboldt zurückführt, und der seine Wurzeln vielleicht im Hellenistischen Judaismus hat: Die Idee, dass der Gott Abrahams der Gott aller Völker ist, und dass alle Menschen, auch die bedürftigsten, und selbst die Sklaven, auf grundlegende Weise vor ihrem Schöpfer gleich sind, oder, wie Kant es ausdrückt, dass sie über die gleichen apriorischen Grundzüge des Denkens, Wollens und Fühlens verfügen. Chomsky entwickelt in seinen Schriften eine ähnliche Idee, ohne religiöse Dimension, aber vielleicht doch mit einer gewissen ethischen Bedeutung, die ein zentrales Postulat der modernen Linguistik geworden ist: die Annahme, dass alle Menschen, unabhängig von ihrer Herkunft und ihren kognitiven Möglichkeiten, über eine gleichrangige und universale Fähigkeit verfügen, Sprache zu erlernen und zu gebrauchen, und dass alle natürlichen Sprachen in allen Teilen der Erde eine grundsätzlich vergleichbare Komplexität und Wohlstrukturiertheit aufweisen.

Seit Chomsky gehen weite Teile der theoretischen Sprachwissenschaft davon aus, dass die Forschungsobjekte der Sprachwissenschaft nicht beobachtbare Sprachsysteme seien, sondern das sprachliche Wissen der Sprecher, also die allen Menschen gegebene Sprachfähigkeit. Als weitgehend akzeptiert kann auch die Annahme gelten, dass alle menschlichen Sprachen auf einer abstrakten Ebene strukturelle Parallelen zeigen, die sich durch eine "universale Grammatik" kennzeichnen lassen, und deren Erforschung sich die Sprachtypologie zur Aufgabe gemacht hat. Diese "universale Grammatik" ist zugleich das, was die allen Menschen gleichermaßen gegebene Sprachfähigkeit kennzeichnet, zumindest auf einer abstrakten Ebene. Vielleicht weniger allgemein akzeptiert, dafür aber in den letzten Dekaden forschungspraktisch überaus fruchtbar, ist die auf Chomsky zurückgehende Auffassung, dass die Linguistik – wenngleich eine Geisteswissenschaft im genuinen Sinne – eine Teildisziplin der Biologie sei; dass die menschliche Sprachfähigkeit eine genetische Basis haben müsse; und dass der evolutionäre Sprung zur natürlichen Sprache vielleicht in der Möglichkeit der Selbsteinbettung oder Rekursivität liegt, also in der Möglichkeit, in einen Satz einen weiteren Satz einzubetten, um auf diese Weise – zumindest in der Theorie – eine unendliche Menge von Sätzen zu äußern.

Auf das Thema des sprachlichen Universalismus komme ich später zurück. Zunächst wird es darum gehen, wie Chomsky dem in der ersten Hälfte des zwanzigsten Jahrhunderts herrschenden linguistischen Strukturalismus eine neue Konzeption von Sprache als "Sprachwissen" entgegensetzt, die er freilich auf Sprachphilosophen wie James Beattie, den Enzyklopädisten César Chesneau Du

Marsais, die Grammatiker um Port-Royal, auf Diderot und Humboldt zurückführt. Chomskys mentalistische Auffassung der menschlichen Sprachfähigkeit, die auch aus seiner Beschäftigung mit den Arbeiten von Descartes entsteht (Chomsky 1966), wendet sich auch gegen den Behaviorismus, der zur selben Zeit die psychologische Forschung dominiert. Chomsky wird die Frage, wie Kinder ein so komplexes System wie die natürliche Sprache lernen können, als eine der zentralen Fragen der Linguistik etablieren – wenngleich sie bislang unbeantwortet bleibt.

3 Sprache als Sprachkompetenz

Im Jahre 1945 beginnt Noam Chomsky im Alter von 17 Jahren ein Studium an der *University of Pennsylvania*. Das Studium finanziert er, indem er Hebräisch-Unterricht gibt (Barsky 1998:47). Während seines Studiums wird er wesentlich durch den Strukturalisten Zellig S. Harris geprägt, der ihn mit der theoretischen Sprachwissenschaft bekannt macht, ein Fach, in welchem Chomsky schließlich seine Bachelor-Arbeit über das Lautsystem und die Wortbildung, strukturalistisch ausgedrückt, über die "Morphophonemik des Modernen Hebräischen" schreibt, in der er Harris' strukturalistische Methoden auf diese Sprache anwendet. Eine wesentliche Überarbeitung der Bachelorarbeit zum modernen Hebräischen reicht er 1951 als Masterarbeit ein; viel später, nämlich 1979, wird die Studie als Buch publiziert, in der Reihe *Outstanding Dissertations in Linguistics* bei Garland (Chomsky 1979). Im Jahre 1955 wird Chomsky, ebenfalls an der *University of Pennsylvania*, mit einer Arbeit zur Syntaxtheorie promoviert, deren zentrale Ideen 1957 unter dem Titel *Syntactic Structures* veröffentlicht werden (Noam Chomsky 1957). Diese Monographie hat nicht nur die moderne Sprachwissenschaft revolutioniert – wie es unter anderem der 2018 erschienene Band *Syntactic Structures after 60 Years* (Hornstein et al. 2018) dokumentiert, eine Neuauflage von *Syntactic Structures*, ergänzt durch aktuelle Arbeiten verschiedener anderer Forscher und Forscherinnen – sondern auch die theoretische Informatik maßgeblich beeinflusst (Davis, Sigal & Weyuker 1994). Im gleichen Jahr wird Chomsky *Assistant Professor*, kurze Zeit später *Associate* und schließlich 1961 *Full Professor* am *Massachusetts Institute of Technology* (MIT), wo er bis zu seiner Emeritierung lehrt und von wo aus er nachfolgende Generationen noch immer prägt.

Zu Chomskys Mentoren in Cambridge gehörte auch Roman Jakobson, der noch in Moskau studiert hatte und 1941 in die USA kam, wo er von 1949 an in Harvard lehrte (Kučera 1983), auch er eine der Schlüsselfiguren des europäischen Strukturalismus, eben jenes Paradigmas, dem Chomsky eine neue Perspektive auf Sprache entgegensetzt: Die Perspektive auf das sprachliche Wissen, das jedes Menschenkind auf der Basis einer nur dem Menschen gegebenen, im menschlichen Genom kodierten, universalen Sprachfähigkeit erwerben kann, allein dadurch, dass es im kritischen Alter, also in der frühen Kindheit, durch menschliche Interaktion Zugang zu einer beliebigen Sprache hat. Der amerikanische Strukturalismus, gegen den sich Chomsky mehr als gegen den europäischen richtet, entwickelte sich vor allem aus Bestrebungen, die indigenen nordamerikanischen Sprachen, von denen viele keine Schrifttradition und keine Tradition des Redens über Sprache und der Sprachbeschreibung besitzen, zu dokumentieren und zu beschreiben. Diese Aufgabe stellte die amerikanischen Sprachwissenschaftler des beginnenden zwanzigsten Jahrhunderts, welche – wie Edward Sapir, Leonard Bloomfield, Kenneth Pike oder Charles F. Hockett, aber auch Franz Boas – meist im Kontext der philologischen Tradition der europäischen, größtenteils indoeuropäischen, Sprachen ausgebildet worden waren, vor völlig neue Probleme. Die europäischen Philologen des 19. Jahrhunderts, darunter auch Ferdinand de Saussure, arbeiteten mit weit in die Geschichte zurückreichenden schriftlichen Texten, die sich in eine bereits gut erforschte Sprachgeschichte einordnen ließen. Die nordamerikanischen Sprachforscher hingegen hatten ihr Interesse auf Sprachen ohne Schriftkultur gerichtet, ohne historische Tradition des Schreibens über Sprache. Ihre Forschung war unmöglich ohne die Sprecher dieser Sprachen, die keine Schriftsprache kannten. Forschende, die an Sprachen arbeiten, die sie selbst nicht beherrschen, haben keinen Zugang zum intuitiven, unbewussten sprachlichen Wissen, das alle Menschen von ihrer Muttersprache – oder besser Erstsprache – besitzen; sie sind auf die Zusammenarbeit mit anderen Menschen angewiesen, die die zu erforschenden Sprachen verinnerlicht haben. Die Sprecher der nordamerikanischen indigenen Sprachen allerdings, die 'Informanten', die oft weder lesen noch schreiben konnten, hatten wenig Übung darin, über ihre eigene Sprache zu reden – im Gegensatz zu vielen Menschen, die das französische, das britische oder das chinesische Bildungssystem durchlaufen, und die schon in der Grundschule ganz selbstverständlich lernen, Laute, Wörter und Sätze als solche zu erkennen und zu benennen, um dann Schriftzeichen wie von den Konventionen vorgesehen verwenden zu lernen. Nur zu leicht vergessen wir, dass diese kulturelle Selbstverständlichkeit zum einen ohne die unbewussten, abstrakten mentalen sprachlichen Kategorien, über die alle Menschen verfügen, nicht denkbar wäre, und dass sie zugleich eine große kulturelle Errungenschaft ist. Auf ihr unbewusstes sprachliches Wissen allerdings können viele Menschen nur dann diskursiv zugreifen, wenn sie dies gelernt haben – wie es in unserer Gesellschaft zu den selbstverständlichen Aufgaben des Bildungssystems gehört.

Eine weitere Herausforderung für die Sprachforscher des beginnenden zwanzigsten Jahrhunderts bestand in der Tatsache, dass die indigenen amerikanischen Sprachen zu anderen Sprachfamilien als die bestens erforschten indoeuropäischen Sprachen gehören, wie die romanischen und die slawischen Sprachen, wie das Altgriechische, das Hethitische oder das Sanskrit, allesamt Sprachen mit einer zum Teil bis in die Antike zurückreichenden Schrifttradition. Über die ganz anders strukturierten nordamerikanischen Sprachfamilien war zu Beginn des 20. Jahrhunderts kaum etwas bekannt. Für diese Sprachen bestand die Aufgabe zunächst darin, das Lautsystem zu rekonstruieren und ähnlich klingende Laute als funktional gleich oder funktional verschieden zu erkennen (Sapir 1921), mit anderen Worten, ein Alphabet zu erfinden. Nur durch komplexe Methoden des Umstellens und des Ersetzens von Lautfolgen kann es dann gelingen, Wörter zu identifizieren, Wortgrenzen zu erkennen und die Strukturen, zu denen sich Wörter zusammenfügen, zu erarbeiten – und all dies war zu leisten, während die Bedeutungen der Wörter und Sätze der Sprache, die zu beschreiben war, noch gar nicht bekannt waren. Unterstützung für diese herausfordernde und zeitaufwändige Aufgabe versprachen sich die amerikanischen Strukturalisten von der Entwicklung formaler Berechnungsoperationen, die zumindest potentiell auch von automatischen Rechenmaschinen, oder 'Computern', würden durchgeführt werden können.

Ein wichtiger Theoretiker dieses Paradigmas war Zellig S. Harris, als Kind mit seinen Eltern aus der Ukraine in die Vereinigten Staaten emigriert (Matthews 1999), auf den unter anderem die heute noch als Grundtechniken der Satzanalyse gelehrten Methoden der Konstituentenstrukturanalyse zurückgehen, wie der Verschiebetest, der Ersetzungstest und andere (Harris 1951). Harris' strukturalistische Analysetechniken, die er nicht nur auf indigene nordamerikanische Sprachen anwendete (Koerner 2002), sondern auch auf phönizische und kanaanäische Varietäten (Gzella 2008), zielten, wie das zeitgleich in der Psychologie herrschende Paradigma des Behaviorismus, darauf ab, die wissenschaftliche Erforschung der Sprache – bei Harris – und der Psyche – bei Skinner – allein auf empirisch beobachtbaren Kategorien zu gründen.[1]

Harris, der an der *University of Pennsylvania* Chomskys Lehrer und Mentor war (Barsky 1998:chap. 2), arbeitete daran, die den sprachlichen Äußerungen zugrunde liegenden Strukturen durch strikte formale Prozeduren aufzudecken, mit dem langfristigen Ziel, die – auch heute noch mühsame – Arbeit der linguisti-

---

[1] Ein differenzierteres Bild von Harris' Erkenntniszielen und seiner strukturalistischen Methode hat die wissenschaftshistorische Forschung allerdings in den vergangenen Jahren entwickelt (Lin 2002).

schen Analyse sprachlicher Strukturen von Computerprogrammen durchführen zu lassen, die auf der Basis eines Sprachkorpus einer gegebenen Sprache voll automatisiert die Phonologie, Morphologie und Syntax einer Sprache in Form eines Regelapparates ausgeben. Harris' Forschungsziele sind auch heute nicht erreicht, trotz der noch immer wachsenden Rechenkapazität moderner Computer – und sie sind auch ganz grundsätzlich nicht erreichbar, wie Chomsky früh erkennt. Die Ordnung menschlicher Sprache basiert nämlich auf Kategorien, die nicht allein aus distributionellen Regelmäßigkeiten sprachlicher Formative entstehen, oder 'emergieren', wie die moderne Konstruktionsgrammatik behauptet (Chaves 2019). Es sind dies die dem Menschen, und zwar jedem Menschen, gegebenen mentalen Kategorien, die jedem Wesen und jeder Maschine, die sie nicht schon kennen, unsichtbar bleiben – und die auch nicht automatisiert entdeckt oder 'gelernt' werden können.

Chomsky verschreibt sich als Student zunächst Harris' Forschungsprogramm (Barsky 1998:52) und beschäftigt sich mit den Möglichkeiten der mathematischen Beschreibung natürlicher – also menschlicher – Sprache. In seiner 1956 erschienenen Studie mit dem Titel "Three models for the description of language" (Chomsky 1956) entwickelt er die "Chomsky-Hierarchie", eine Klassifikation von Typen formaler Grammatiken, die auch heute noch zu den Grundkonzepten der Informatik gehört (Davis, Sigal & Weyuker 1994). Seine Studien zur formalen Beschreibung natürlicher Sprache führt Chomsky schließlich in seiner Dissertation *Syntactic Structures* zusammen (Noam Chomsky 1957). In *Syntactic Structures* steht die formale Beschreibung der Grammatik natürlicher Sprache im Vordergrund (Pullum 2010). Zentrale Begriffe seines Forschungsprogramms werden eingeführt, wie das Konzept der "Transformation", das er von Harris übernimmt (Harris 1951:vi), und der Terminus "generativ", den er – wie in *Aspects* vermerkt (Chomsky 1965:9) – aus den mathematisch-logischen Arbeiten von Emil Leon Post entlehnt, der als Kind mit seinen Eltern aus dem Russischen Reich in die Vereinigten Staaten emigriert war (Alasdair 2009).

Dennoch wendet Chomsky sich in *Syntactic Structures* entschieden gegen Harris' strukturalistische Konzeption der – wie er es nennt – "discovery procedures", die er durch "evaluation procedures" ersetzen will (Noam Chomsky 1957:50–51). Ein Argument, das Chomsky in *Syntactic Structures* vorbringt, ist, dass ein gegebenes Sprachkorpus – mithin eine Sprache – auf zahlreiche verschiedene Weisen analysiert werden kann, wobei jede dieser Analysen (oder "Grammatiken") für sich genommen in empirischer Hinsicht äquivalent ist, also die gleiche Menge an Sprachdaten durch Analyseprozeduren beschreiben kann bzw. durch generative Regeln generieren. Was die linguistische Theorie eigentlich leisten muss, ist, so Chomsky, eine Reihe von Kriterien für die Auswahl der "besten" Analyse bereitzustellen. Doch was ist nun die "beste" Analyse oder "Grammatik"? An dieser Stelle sollen nicht die Argumente aus *Syntactic Structures* (Chapter 6, "On the goals of linguistic theory") wiederholt werden, sondern diese Frage ist unter einem breiteren Blickwinkel zu betrachten.

In *Aspects of the Theory of Syntax* (Chomsky 1965:para. 1) führt Chomsky eine zentrale Dichotomie seines Modell der natürlichen Sprache ein, die freilich Ähnlichkeiten mit der strukturalistischen Unterscheidung von *langue, parole* und *langage* (Saussure 1969:chaps. III–IV) aufweist, nämlich die Unterscheidung zwischen dem Sprachverhalten oder der "performance" auf der einen Seite, mit anderen Worten, der Sprachverwendung in konkreten Situationen, und der "competence" des Sprechers, d. h. dem System unbewussten sprachlichen Wissens auf der anderen Seite. Die variable, von den akzidentiellen Bedingungen der Kommunikation abhängende und störanfällige Sprachperformanz steht nur in einer mittelbaren Beziehung zur Sprachkompetenz, dem abstrakten Sprachwissen des Sprechers und des Hörers. Aufgrund eben dieser Mittelbarkeit lässt sich die Kompetenz, das abstrakte Wissenssystem, welches das Verhalten bedingt, nicht vollautomatisiert aus der Beobachtung des Verhaltens (oder seinem Produkt, einem Sprachkorpus) gewinnen – sondern nur über den Umweg der in das Bewusstsein des Sprechers gebrachten Inhalte seines sprachlichen Wissens. Doch genau dieses sprachliche Wissen ist der Gegenstand, den die Sprachwissenschaft erforscht. Die "beste Grammatik" ist also jene – aus einer Menge von Grammatiken, die ein gegebenes Sprachkorpus gleichermaßen analysieren oder generieren können –, welche die beste Theorie des sprachlichen Wissens eines Sprechers und Hörers bietet. Damit ist die "beste" Grammatik – als eine Theorie der Sprache – mentalistisch, denn sie ist eine Theorie der Sprachkompetenz, wie das folgende Zitat ausführt:

> The problem for the linguist, as well as for the child learning the language, is to determine from the data of performance the underlying system of rules that has been mastered by the speaker-hearer and that he puts to use in actual performance. Hence, in the technical sense, linguistic theory is mentalistic, since it is concerned with discovering a mental reality underlying actual behavior. (Chomsky 1965:4)

Nach der Publikation von *Syntactic Structures* erkennt Chomsky bald, dass das mathematisch motivierte Modell der Sprachbeschreibung, welches er darin entwirft, erweitert werden muss, um eine adäquate Beschreibung natürlicher Sprache leisten zu können, denn die Bedeutung sprachlicher Äußerungen findet in *Syntactic Structures* noch keine Berücksichtigung. Eine wichtige Rolle bei der Erweiterung des Modells kommt der Beobachtung zu, dass sich Sätze mit gleicher Oberflächenform dennoch in ihrer Bedeutung – und zwar in struktureller Hinsicht, nicht nur im Hinblick auf die Wortbedeutung – wesentlich unterscheiden können, wie die Beispiele in (1a–b) zeigen. In beiden Sätzen ist *John* das Subjekt, dem eine Wortfolge bestehend aus der Kopula *is*, dem Adjektiv (*eager* bzw. *easy*) und dem Infinitiv *to please* folgt.

(1) a. John is eager to please.
"John ist eifrig damit beschäftigt, [anderen] zu gefallen."
b. John is easy to please.
Es ist [für jeden anderen] leicht, John zu gefallen.

Die semantische Struktur der Sätze ist jedoch nicht dieselbe, was sich z. B. daran zeigt, dass das Satzsubjekt *John* in (1a) die Rolle des 'logischen Subjekts' des Infinitivs *to please* innehat, in Satz (1b) jedoch die Rolle des 'logischen Objekts' des Infinitivs *to please*. Zugleich können Sätze mit unterschiedlicher Oberflächensyntax dieselbe Bedeutung haben, wie die Beispiele in (2a–b) zeigen.

(2) a. Anna sah Max.
b. Max wurde von Anna gesehen.

Weil die Beziehung zwischen Satzoberfläche und Interpretation nur mittelbar ist, muss eine adäquate Analyse der Satzstruktur deshalb eine Ebene umfassen, die jenseits der Oberflächenform liegt und die nicht durch eine naive Analyse der Anordnung der Wörter erschlossen werden kann. Im Jahr 1965 veröffentlicht Chomsky mit *Aspects of the Theory of Syntax* (Chomsky 1965) eines der Bücher, die ihn berühmt gemacht haben und dessen erstes Kapitel – aus dem weiter oben schon zitiert wurde – noch immer auf der Leseliste von Studierenden des Fachs Sprachwissenschaft steht. In *Aspects* zeigt Chomsky, dass Unterschiede und Gemeinsamkeiten der Bedeutung von Sätzen in vielen Fällen unter Rückgriff auf eine Ebene der "Tiefenstruktur" erfasst werden können, auf deren Basis die Oberflächenform durch Anwendung abstrakter "Transformationen", oder "Umstellungsregeln", abgeleitet wird.

Chomsky selbst wird sein *Aspects*-Modell in Zusammenarbeit mit anderen Linguisten immer wieder überarbeiten und durch neue Modelle ersetzen: Die "Standardtheorie" des *Aspects*-Modell (Chomsky 1965) der sechziger Jahre wird durch die "Erweiterte Standardtheorie" (Chomsky 1973) und die "Revidierte erweiterte Standardtheorie" (Bach 1977) der siebziger Jahre ersetzt, später folgt die "Rektions- und Bindungstheorie" (Chomsky 1981), das *Barriers*-Modell (Chomsky 1986a), das "Prinzipien- und Parameter-Modell" (Chomsky & Lasnik 1993) und andere. Das derzeit herrschende Modell ist – seit gut fünfundzwanzig Jahren – das *Minimalist Program* (Chomsky 1995), in welchem Chomsky die Unterscheidung von Tiefenstruktur und Oberflächenstruktur wieder aufgibt, ebenso wie einen weiteren zentralen Begriff früherer Theorieversionen, nämlich die x-bar-

Theorie, welche er 1970 in seinem Aufsatz "Remarks on Nominalization" ausgearbeitet hatte (Chomsky 1970) und die über mehr als zwei Jahrzehnte als eines der Dogmen der generativen Syntax galt.

4 Sprache als Sprachwissen

Gegenstand der linguistischen Theoriebildung ist für Chomsky seit *Aspects* die Sprachkompetenz, das sprachliche Wissen des Sprechers und Hörers, als Gegenpart zur Performanz, die bis dahin im Fokus eines primär deskriptiven sprachlichen Forschens an Sprachkorpora – diachronen wie synchronen – stand. Chomsky geht mit seinem Forschungsprogramm aber noch weiter: Er rückt die menschliche Sprachfähigkeit selbst, als ein Aspekt der kognitiven Fähigkeiten des Menschen, in den Fokus der Linguistik. Wie er in *Cartesian Linguistics* (Chomsky 1966) ausführt, besitzt der Mensch

> a species-specific capacity, a unique type of intellectual organization which cannot be attributed to peripheral organs or related to general intelligence and which manifests itself in what we may refer to as the "creative aspect" of ordinary language use – its property being both unbounded in scope and stimulus-free. (Chomsky 1966:4)

Diese menschliche Sprachfähigkeit ist es, die das Untersuchungsobjekt in allen seinen folgenden Arbeiten, bis heute, bildet. Mit dieser Perspektive, welche die Sprachwissenschaft nicht nur an die Philosophie Descartes', sondern auch an die Psychologie anbindet, wendet sich Chomsky noch entschiedener gegen den zu jener Zeit noch einflussreichen Strukturalismus, aber auch gegen die damals herrschende Strömung in der Psychologie, den Behaviorismus.

Eine radikale Anwendung des Behaviorismus auf die menschliche Sprachfähigkeit war 1957 – im selben Jahr, in dem auch *Syntactic Structures* (Noam Chomsky 1957) und *Hebrew. The Eternal Language* (William Chomsky 1957) veröffentlicht wurden – mit Skinners Monographie *Verbal Behavior* (Skinner 1957) erschienen, der Sprachverhalten konsequent als Reiz-Reaktionsverhalten zu beschreiben versucht, ohne jeden Rekurs auf mentale Begrifflichkeiten. Der kindliche Erstspracherwerb wird von Skinner als operante Konditionierung modelliert, also als ein Prozess, in dessen Verlauf das spontan auftretende Sprachverhalten des Kindes, wie die ersten Lautäußerungen in der Babbelphase, durch die Reaktion der Umwelt verstärkt, also konditioniert wird – unter anderem durch Faktoren wie Deprivation, z. B. das Vorenthalten von Aufmerksamkeit. 1959 veröffentlicht Chomsky in der Zeitschrift *Language* eine auch heute noch lesenswerte polemische Rezension zu Skinners Monographie (Chomsky 1959), in der Chomsky unter anderem argumentiert, dass die Annahme, das Kind, welches sprechen lernt, könne derart konditioniert werden, mit der Äußerung *Paris* auf den Stimulus *Hauptstadt von Frankreich* zu antworten, nicht erklären kann, dass die Reaktion *Paris* gleichfalls eine Antwort auf den Stimulus *Sitz der französischen Regierung*, auf den Stimulus *Ausgangsort der Standardvarietät des modernen Französisch* oder schließlich auch auf den Stimulus *Hauptziel des deutschen Blitzkriegs* sein kann (Chomsky 1959:52).

Chomskys maßgebliche Kritik gegen Skinner entzündet sich daran, dass Skinner nichts über den Erwerb der verborgenen strukturellen Komplexität der Sprache zu sagen hat, wie sie sich in (3a–b) zeigt, oder in den Beispielen in (1a–b) oben. Den strukturellen Unterschied der Sätze (3a–b), die aus fast identischen Wortfolgen bestehen, kann jede Sprecherin des Deutschen verstehen, die die Bedeutung der deutschen Wörter *zwingen* und *versprechen* kennt: In Satz (3a) ist es Max, also das direkte Objekt des Verbs *zwingen*, der den Rasen mäht, in Satz (3b) hingegen obliegt es Anna, also dem Subjekt von *versprechen*, den Rasen zu mähen.

(3)   a. Anna hat Max gezwungen, den Rasen zu mähen.
      b. Anna hat Max versprochen, den Rasen zu mähen.

Mithin handelt es sich bei *zwingen* um ein Objektkontrollverb, also um ein Verb, dessen direktes Objekt das leere, nicht hörbare, logische Subjekt des Infinitivkomplements 'kontrolliert', also seine Interpretation bestimmt, *versprechen* hingegen ist ein Subjektkontrollverb, dessen Subjekt als bedeutungsgleich mit dem leeren, aber mitgedachtem 'logischen Subjekt' des Infinitivsatzes interpretiert wird. Das Wissen von der verborgenen strukturellen Komplexität kann, so Chomskys Argumentation, durch operante Konditionierung prinzipiell nicht erworben werden, und aus Erfahrung wissen wir, das es auch nicht durch die Erwachsenen, die den Erwerb bereits abgeschlossen haben, an die Kinder, die eine Sprache lernen, weitergegeben wird: Denn wer hätte seinem Kind diesen Unterschied je erklärt – oder auch nur selbst darüber nachgedacht, wie sich die deutschen Verben *zwingen* und *versprechen* unterscheiden? Dennoch wird jedes Menschenkind – unabhängig davon, ob es hochbegabt oder nur mittelmäßig talentiert ist –, das in der frühen Kindheit Deutsch lernt, diesen Unterschied bald beherrschen, lange bevor es Lesen und Schreiben lernt. Und schließlich ist dies keine Besonderheit der deutschen Sprache, vielmehr zeigt sich dieser strukturelle Unterschied zwischen Objekt- und Subjektkontrollverben in vielen, wenn nicht sogar allen, Sprachen der Welt.

Ein wichtiger Gegenstand, den die Sprachwissenschaft erklären muss, ist also das sprachliche Wissen, in einem dezidiert mentalistischen Sinne, welches es Sprechern ermöglicht, den Unterschied zwischen den Sätzen (3a) und (3b) zu verstehen: Wie ist dieses sprachliche Wissen beschaffen, und wie wird es gelernt? Gelernt werden kann es nur, so Chomsky, weil der Mensch – und zwar jeder Mensch, unabhängig von seinen Talenten, doch nur der Mensch, und keine andere Tierart – über eine Sprachfähigkeit verfügt, die Teil des menschlichen Geistes, Teil der kognitiven Ausstattung der menschlichen Spezies ist.

Mit dieser Auffassung steht Chomsky in der philosophischen Tradition des siebzehnten Jahrhunderts, einer Tradition, in welcher 'Geist' etwas ist, das allein dem Menschen zukommt – wenn auch nicht dem Menschen als der am weitesten entwickelten Spezies der Primaten, so doch dem Menschen als Ebenbild Gottes. Wie Descartes in seinen *Meditationes* (Descartes 1897) ausführt, können die klaren und eindeutigen Vorstellungen des Menschen nur von Gott gegeben sein, denn seine sich beständig wandelnden sinnlichen Wahrnehmungen können ihn täuschen. Ein Stück Bienenwachs beispielsweise verändert unter dem Einfluss von Hitze seine Form und Ausdehnung, seine Farbe und seinen Geruch – wie könnte der Mensch es in seinen verschiedenen Erscheinungsformen als solches erkennen, wenn nicht Gott ihm eine Vorstellung der Substanz gegeben hätte? Eine weitere Idee von Descartes, mit der sich Chomsky in seiner cartesianischen Linguistik auseinandersetzt, ist die folgende: Wie Descartes argumentiert, zeigt die Sprache des Menschen, dass der menschliche Geist nicht in einem beliebigen physischen Mechanismus residieren kann, denn Maschinen mögen zwar so gebaut sein, dass sie – in einem gewissen Rahmen – 'sprechen' können, doch könnten sie niemals auf die unendlich vielgestaltige Weise sprechen, wie der Mensch es kann. Gäbe es Maschinen, die aussähen wie wir und die auch in ihrem Verhalten die größtmögliche Ähnlichkeit zu uns Menschen aufwiesen, so könnten wir dennoch erkennen, dass sie keine wirklichen Menschen seien und nicht aus Erkenntnis handelten, sondern dass ihr Handeln in jedem Moment nur durch die jeweilige Disposition ihrer Organe zustande komme (Descartes 1902). Maschinen also, so Descartes, handeln nicht aus Erkenntnis, wie der Mensch, sondern weil ihr physischer Mechanismus diese Handlungen hervorbringt.

Doch ist dies nicht so zu verstehen, dass Chomskys Sprachtheorie auf der Annahme basiere, der Mensch habe ein metaphysisches Sprachorgan, das den Tieren fehle, oder dass seine Theorie auf einem modernen cartesianischen Leib-Seele-Dualismus gründe. Vielmehr setzt Chomsky diesem Dualismus, zumindest für die menschliche Sprachfähigkeit und die sprachliche Kreativität, zwei Gedanken entgegen: zum einen den Gedanken, dass die sprachliche Kreativität des Menschen, anders als von Descartes angenommen, durchaus mechanisch nachgebildet werden kann; zum anderen den Gedanken, dass sie als im menschlichen Gehirn lokalisiert verstanden werden kann. Der erste Punkt wird in diesem Absatz weiterverfolgt, der zweite in den folgenden Absätzen.

Chomsky war vielleicht einer der ersten, die erkannt hatten, dass Descartes Argumentation falsch war, zumindest was die Kreativität, oder besser, die 'Generativität' der natürlichen Sprache betrifft. Die mathematische Theorie formaler Sprachen, wie sie zu Beginn des zwanzigsten Jahrhunderts von Mathematikern wie Alan Turing, Emil Leon Post, Alonzo Church und anderen entwickelt worden war, zeigt, so Chomsky, dass Automaten – oder 'Computer', wie sie heute von Menschen täglich genutzt werden – durchaus zur Erzeugung einer unendlichen Menge von Ausdrücken, wie sie die natürliche Sprache auszeichnet, in der Lage sind – jedoch nur, wenn sie über die formale Prozedur der Selbsteinbettung – oder Rekursion – verfügen (Chomsky 1956). Rekursion meint, auf die natürliche Sprache bezogen, die Möglichkeit, in einen gegebenen Ausdruck einen weiteren Ausdruck desselben Typs einzubetten, also beispielsweise einen Satz in einen übergeordneten Satz, wie in (4a–c).

(4) a. Die Katze jagt den Hund.
b. Die Katze, die vor der Maus flüchtet, jagt den Hund.
c. Die Katze, die vor der Maus, die den Floh verfolgt, flüchtet, jagt den Hund.

Rekursion ist nicht beschränkt auf natürliche – oder formale – Sprachen; als *mise en abyme* ist sie als ästhetisches Verfahren in Sprach- und Bildkunst bekannt (Nünning 2008:502), als Fraktal in der Geometrie. Ist die Möglichkeit der Selbsteinbettung in der Sprache erst einmal gegeben, ist die Länge, und damit auch die Menge, der Sätze, die geäußert werden können, unendlich – allein die Kapazität des menschlichen Arbeitsgedächtnisses setzt der Komplexität der Satzeinbettung eine Grenze, jenseits welcher eingebettete Strukturen zumindest ohne Papier und Bleistift vom Menschen nicht mehr verstanden werden können. Die Rekursion ist, wie Chomsky vielfach ausgeführt hat, derjenige Mechanismus, der es möglich macht, dass Sprecher natürlicher Sprachen auf der Basis einer endlichen Menge von Kombinationsregeln eine unendliche Menge von Sätzen äußern können, auch solche, die sie nie zuvor gehört haben, und welche zum Ausdruck aller möglichen mentalen Zustände dienen können: "it permits infinite use of finite means, to borrow Wilhelm von Humboldt's aphorism" (Chomsky & Lasnik 2014). So wie die rekursive Einbettung, der 'bedingte Sprung', die generative Kapazität von Computerprogrammen unbeschränkt macht (Rojas 2014), so kann die Möglichkeit der Selbsteinbettung im Bereich der biologisch entstandenen Kommunikationssysteme, zu denen auch die natürliche Sprache gehört, als "evolutionärer Sprung" betrachtet werden, in Folge dessen die unbeschränkte generative Kapazität menschlicher Sprache, im Sinne von Descartes, entstanden ist.

Heute, in der Zeit von *DeepL*, *Siri* und *Google Translate*, hat die Vorstellung, dass auch die kreativen Aspekte natürlicher Sprache mechanisch nachgebildet werden können, weithin Akzeptanz gefunden. Eine ganze Disziplin, die Kognitionswissenschaft, basiert auf der Annahme, dass die 'denkende Sache', die *res cogitans*, wie eine Computersoftware ist. Sie erfordert eine materielle Verkörperung, existiert aber unabhängig von dieser. Körper und Geist sind, unter dieser Sichtweise, weniger disjunkt, als Descartes annimmt, und es gibt keinen prinzipiellen Grund, warum formale mathematische Systeme nicht geeignet sein sollten, die menschliche Sprache nachzubilden. Der Geist und seine Verkörperung bilden in Noam Chomskys Konzeption des Sprachwissens, wie auch in der Wortsemantik des klassischen Hebräisch, keine Gegensätze. Sein Vater William Chomsky hat dies mit Bezug auf die Semantik der hebräischen Wörter für Geist und Seele wie folgt ausgedrückt,

> [...] the Hebrew words *ruah* (spirit) and *nefesh* (soul) do not have the implications of a disembodiment, such as are indicated by their English equivalents. There is no dichotomy in the Hebrew mind between body and spirit or soul. One is not the antithesis of the other.
> (William Chomsky 1957:4)

5 Spracherwerb als zentrales Problem der Sprachwissenschaft

Dass es zu den zentralen Fragen der Sprachwissenschaft gehört, zu erklären, wie Kinder natürliche Sprache lernen, kann als einer der wissenschaftshistorisch bedeutsamen Beiträge von *Aspects of the Theory of Syntax* (Chomsky 1965) gelten. Doch wie ist es möglich, dass Kinder sprechen lernen, wenn nicht durch naive, deprivationsgetriebene Konditionierung, auf bestimmte Reize mit bestimmten Reaktionen zu antworten, wie der Behaviorist Skinner argumentiert, oder durch Habituation, wie es in der Nachfolge des Behaviorismus die gebrauchsbasierte Linguistik und die Konstruktionsgrammatik glauben? Ein Computer wird auf einen 'Reiz' oder eine Eingabe mit einer 'Reaktion' oder einer Ausgabe so antworten, wie seine Algorithmen es deterministisch oder stochastisch bedingen – selbstständig lernen kann er jedoch nur, wenn er über eine Lernprozedur verfügt, die eigens konzipiert ist für die Art von Datenstrukturen, die er lernen soll. Verfügt auch das Menschenkind über eine solche Lernprozedur, die schon vor jeder Erfahrung mit menschlicher Sprache zur Verfügung steht?

Wie Chomsky immer wieder argumentiert hat, ist ein besonderes Problem im Spracherwerb – das er auch 'Platons Problem' nennt – die 'Armut der Reize', "the poverty of the stimulus", ein Thema, das er in *Knowledge of Language* erstmals formuliert (Chomsky 1986b:7) und seitdem immer wieder aufgegriffen hat (Berwick et al. 2011; Berwick, Chomsky & Piattelli-Palmarini 2012). Wie kann ein Kind einen Satz verstehen, den es nie zuvor gehört hat und dessen Bedeutung es nicht gelernt hat? Wie kann ein Kind Sätze äußern, die anders sind als alle Sätze, die es je zuvor verarbeitet hat? Und wie kann ein Kind Zugang zu den verborgenen syntaktischen Strukturunterschieden von Satzpaaren wie in (1a–b) und (3a–b) oben erlangen? Kann der situative Kontext, in dem Kinder Sprache lernen, überhaupt je so eindeutig sein, dass sie – ohne explizite Erklärungen – die unterschiedlichen Strukturen daraus ableiten könnten?

Die Antwort, die Chomsky gibt, führt er in seinem Buch *Knowledge of Language*, erschienen 1986, neben anderen, auf Roger Bacon und John Stuart Mill zurück. Kinder können, so Chomsky, Sprache nur erwerben, weil sie über eine Lernprozedur verfügen, die es ihnen ermöglicht, die sie umgebenden fragmentarischen und unvollkommenen sprachlichen Reize als strukturiert und bedeutungsvoll zu interpretieren. Aufgabe der Sprachwissenschaft ist es, diese Lernprozedur zu ergründen, indem sie sich die Beschaffenheit natürlicher Sprachen, in allen ihren Ähnlichkeiten und Unterschieden, zum Gegenstand macht, denn diese müssen durch die Natur der Lernprozedur bedingt sein. Die Sprachwissenschaft erforscht, so Chomsky, "those aspects of form and meaning that are determined by the 'language faculty', which is understood to be a particular component of the human mind", mit dem Ziel der Entdeckung der "principles and elements common to attainable human languages; this theory is now often called 'universal grammar' (UG), adapting a traditional term to a new context of inquiry." (Chomsky 1986b:3).

Diese Universalgrammatik, ein Terminus, den Chomsky auf Humboldt zurückführt (Chomsky 1999), also das allen natürlichen Sprachen gleichermaßen zugrundeliegende System von Prinzipien, ist wiederum genetisch determiniert: "UG may be regarded as a characterization of the genetically determined language faculty" (Chomsky 1986b:3). Und diese angeborene Universalgrammatik ist es schließlich, was die Voraussetzung für den Spracherwerb ist, wie das folgende Zitat ausführt.

> One may think of this faculty as a 'language acquisition device', an innate component of the human mind that yields a particular language through interaction with presented experience, a device that converts experience into a system of knowledge attained: knowledge of one or another language." (Chomsky 1986b:3)

Wie Chomsky selbst betont, ist diese Konzeption der Universalgrammatik weniger eine abschließende Antwort auf die Frage, wie Kinder Sprache lernen, als ein Forschungsprogramm. Akzeptiert man die Grundannahmen dieses Forschungsprogramms, so stellen sich drei Fragen: Worin besteht sprachliches Wissen? Wie wird es erworben, und wie wird es verwendet? Das Forschungsprogramm, das hinter diesen drei Fragen steht, ist maximal umfassend: Es umfasst keineswegs nur die Syntax im engeren Sinne, wie Chomsky oft vorgeworfen wird, sondern es schließt in seiner Konzeption auch die Sprachverwendung im konkreten Kontext, also die Performanz (Chomsky 1992) mit ein – dies ist ein wichtiger Aspekt, der sowohl von Anhängern wie von Gegnern Chomskys oft ignoriert wird.

Die Spracherwerbsforschung ist mit der These, Kinder verfügten über eine angeborene, genetisch vorspezifizierte, in der physiologischen Beschaffenheit des Gehirns und seiner ontogenetischen Entwicklung angelegte Universalgrammatik also nicht am Ende, sondern erst am Anfang. Auch heute noch bleibt die Auffassung einer genetisch determinierten Sprachfähigkeit eine unbelegte These – kann doch bisher niemand, weder die Generative Grammatik noch die gebrauchsbasierte Linguistik (Lieven & Tomasello 2008) oder andere Schulen, die Frage beantworten, wie Kinder lernen, den Unterschied zwischen Satz (1a) und (1b), oder (3a) und (3b), zu verstehen, und wie sie lernen, solche Sätze auf produktive Weise korrekt zu verwenden.

Zwar verfügen wir heute über sehr viel mehr Detailwissen zum Erwerb ganz bestimmter Aspekte einzelner Sprachen, wie die Subjekt-Verb-Kongruenz, die Artikelverwendung oder die Kombination von Verben und ihren nominalen Ergänzungen. Eine theoretische Konzeption jedoch, welche Chomskys Grundfragen nach dem Erwerb der verborgenen syntaktischen Struktur angesichts der Armut der sprachlichen Reize erklären könnte, ist Chomskys Theorie der angeborenen Universalgrammatik in den letzten vierzig Jahren nicht zur Seite gestellt worden.

6 Sprachwissenschaft als Teildisziplin der Biologie

Während seine sprachwissenschaftlichen Arbeiten zu Anfang seiner Karriere von der Theorie formaler Sprachen beeinflusst waren, hat Chomsky – der schon in den sechziger Jahren mit dem 1933 mit seinen Eltern aus Deutschland geflohenen Neuropsychologen Eric H. Lenneberg (Lenneberg 1967) zusammengearbeitet hatte – sich in späteren Dekaden mehr und mehr der Biologie zugewendet und die Sprachwissenschaft als Teildisziplin der Humanbiologie betrachtet (Chomsky 1980). Chomskys Arbeiten bilden die Basis und den Bezugspunkt für die 'Biolinguistik' (Boeckx, Martins & Leivada 2017; Boeckx & Martins 2016), deren Forschungsprogramm sich heute viele generativistisch orientierte Sprachwissenschaftlerinnen verschrieben haben. Chomskys These der Universalgrammatik hat die linguistische Forschung in zwei Hinsichten maßgeblich beeinflusst: Zum einen hat er den Weg für die Exploration der genetischen Grundlagen der Sprache bereitet, auf welchem die Linguistik als Teildisziplin einer nun naturwissenschaftlich konzipierten 'Wissenschaft der Sprache' erscheint, die doch zugleich eine genuine Geisteswissenschaft ist; zum anderen hat sich die Konzeption einer Universalgrammatik in ihrer konkreten Ausarbeitung in Form der Prinzipien- und Parametertheorie (Chomsky & Lasnik 1993) als fruchtbar für die vergleichende Sprachwissenschaft und die Spracherwerbsforschung erwiesen.

Wissen wir heute mehr über die genetische Basis der Sprache, die, so Chomsky (2005), der Forschungsgegenstand der Universalgrammatik ist? Die menschliche Sprachfähigkeit ist weitgehend unabhängig von der Intelligenz und davon, wie gut andere kognitive Anlagen bei einem Menschen entwickelt sind, und sie ist so speziell, dass ein Schimpanse, dessen Intelligenz der eines Kleinkinds vergleichbar scheint (Premack 1976; Premack 2004) und der einen Großteil seines Genoms mit dem Menschen teilt (The Chimpanzee Sequencing and Analysis Consortium 2005), kaum einen Bruchteil der sprachlichen Komplexität erwerben kann, welche natürliche Sprachen auszeichnet. Beides spricht für eine starke genetische Komponente in der Entwicklung der menschlichen Sprache.

Einwenden lässt sich allerdings, dass die Annahme einer genetisch determinierten Sprachfähigkeit mehr Verschiedenheit zwischen den Menschen erwarten ließe, als Chomsky mit seinem Postulat einer für alle Menschen gleichartigen Universalgrammatik impliziert: Alles, was biologisch determiniert ist, unterliegt genetischer Variation. Wäre die menschliche Sprachfähigkeit genetisch determiniert, würden wir nicht mehr Variation in der Ausprägung dieser Fähigkeit erwarten? Beim Menschen finden wir beispielsweise genetische Variation in der Augenfarbe und in der Haarfarbe, in der Fähigkeit, Milch oder Alkohol abzubauen und in der Disposition für bestimmte Krankheiten. Wäre nicht dieselbe Art genetisch determinierter Variation auch bei der menschlichen Sprachfähigkeit zu erwarten, vielleicht in Form von unterschiedlichen Prädispositionen für bestimmte Sprachstrukturen, wie z. B. für Tonsprachen, die vor allem in Afrika und Südostasien vorkommen, oder für polysynthetische Sprachen, die sich auf dem amerikanischen Kontinent und in Ostsibirien häufen? Es finden sich keine Hinweise, dass dies so sein könnte. Ein Kind europäischer Eltern, das in China aufwächst, wird Chinesisch genauso schnell und gut lernen und genau dieselben Entwicklungsstufen durchlaufen wie ein Kind chinesischer Eltern. Es scheint so, als basiere die Sprachfähigkeit auf einer sehr abstrakten genetischen Grundlage, die allen Menschen gemeinsam ist, und die auch zwischen Individuen unterschiedlichen Geschlechts, von unterschiedlicher geographischer Herkunft, oder mit unterschiedlicher Intelligenz und unterschiedlichen kognitiven Fähigkeiten, keine – oder doch zumindest nur zufällige, aber niemals systematische – Variation aufweist.

Erste Hinweise auf eine genetische Basis der menschlichen Sprachfähigkeit haben dennoch Studien geliefert, die ausgeprägte Abweichungen von der universalen Fähigkeit zum Erwerb der vollen Komplexität natürlicher Sprachen untersuchen, wie sie sich im Falle von Spracherwerbsstörungen zeigen. In der letzten Dekade des zwanzigsten Jahrhunderts erschienen erste Forschungsarbeiten zu einer britischen Familie, in der Forschung die "KE-Familie" genannt (Fisher & Vernes 2015), in welcher ein Teil der Familienmitglieder eine Spracherwerbsstörung aufweist, die von den Forschern zunächst als primär grammatische Störung beschrieben wurde und die sich zum Beispiel in einem verzögerten und unvollständigen Erwerb von Subjekt-Verb-Kongruenz (*ich sag-e* gegenüber *sie sag-t*) und von Kasusflexion (*ich sehe die Kinder* gegenüber *ich helfe den Kindern*) offenbart. Genauere Untersuchungen zeigten allerdings, dass von dieser Sprachstörung betroffene Personen nicht nur Defizite im Hinblick auf das Verständnis und die Verwendung grammatischer Strukturen haben, sondern auch ein weniger leistungsfähiges Arbeitsgedächtnis sowie Störungen der Artikulation und eine allgemein niedrigere Intelligenz als nicht-betroffene Familienmitglieder. Genetische Studien haben zu der Annahme geführt, dass die Ursache für diese erbliche Sprachstörung in einer Mutation des FoxP2-Gens liegt (Fisher, Lai & Monaco 2003). Doch handelt es sich hierbei wirklich um das Gen, welches die, oder doch zumindest eine, Basis für die menschliche Sprachfähigkeit ist? Derzeit steht die Forschung noch ganz am Anfang. Zum einen sind die Defizite der betroffenen Mitglieder der KE-Familie nicht nur sprachlicher Art, sondern mit dem verzögerten Spracherwerb geht eine insgesamt reduzierte kognitive Leistungsfähigkeit einher (Friederici 2006). Zum anderen besitzen auch Singvögel, Fledermäuse oder Ratten ein FoxP2-Gen, dessen Inaktivierung bei diesen Tieren zu ganz unterschiedlichen, teils rein physiologischen, teils kommunikativen, Defiziten führt (White et al. 2006). Auch Genetiker wissen noch nicht genau, welche Funktion FoxP2 im Organismus erfüllt. Neben einer Beteiligung an der Hirnreifung scheint das Gen z. B. auch für die Entwicklung der Lunge wichtig zu sein.

Derzeit ist also nur wenig über die genetische Basis der menschlichen Sprache bekannt. Sicher ist nur: Die genetische Besonderheit des Menschen, die unverzichtbar ist für den Erwerb menschlicher Sprache, muss so allgemein sein, dass sie bei allen Menschen in gleicher Weise ausgeprägt ist, und zugleich so spezifisch, dass sie den Menschen klar vom Menschenaffen trennt. Eine Annäherung an diese genetische Besonderheit führt vielleicht über die Beschreibung der – auf der Verhaltensebene –allgemeinsten Besonderheit, welche die natürliche Sprache von den Kommunikationssystemen und den kognitiven Funktionen unterscheidet, die wir bei Tieren finden. Chomsky selbst ist der Auffassung, dass diese Besonderheit der natürlichen Sprache in der formalen Eigenschaft der 'Rekursivität' zu finden ist. Rekursivität meint hier die Möglichkeit, in einen Ausdruck A einen zweiten Ausdruck A' desselben Typs einzubetten:

> An infinite class of deep structures [...] can be generated by very simple rules that express a few rudimentary grammatical functions, if we assign to these rules a recursive property – in particular, one that allows them to embed structures of the form [s ...]s within other structures. Grammatical transformations will then iterate to form, ultimately, a surface structure that may be quite remote from the underlying deep structure. [...] Knowledge of a language – 'linguistic competence,' in the technical sense of this term [...] – involves a mastery of these grammatical processes. (Chomsky 1986b:27)

Diese Eigenschaft menschlicher Sprache ist, so Chomsky, der Auslöser dafür, dass menschliche Sprache eine vielfach größere Komplexität als tierische Kommunikationssysteme haben kann, so dass viele Strukturen natürlicher Sprachen z. B. von Schimpansen grundsätzlich nicht gelernt werden können. Hat die Evolution erst einmal den Sprung vollzogen – vielleicht in eben dieser Form der Entwicklung der Fähigkeit zur rekursiven Einbettung – so ist das Gehirn aller Individuen dieser Spezies gleichermaßen zum Erwerb und Gebrauch aller menschlicher Sprachen in der Lage. Gewiss beeinflusst die Ausprägung allgemeiner kognitiver Fähigkeiten, wie auch Alterungsprozesse oder Krankheiten, die Art und Weise, wie ein Individuum Sprache in komplexen kommunikativen Kontexten zu gebrauchen in der Lage ist, doch an der grundlegenden Fähigkeit, beispielsweise die drei Argumente ditransitiver Verben mit konventionell festgelegten Kasusmarkierungen zu verwenden und zu verstehen, oder die Kongruenz zwischen Subjekt und Verb zu markieren, ändert sich hierdurch nichts – es sei denn, ein Individuum leidet an sehr selektiven Hirnläsionen, welche die inzwischen relativ genau lokalisierbaren neuronalen Substrate der menschlichen Sprachfähigkeit zerstört haben.

Als der Linguist Daniel Everett 2005 behauptet, die von ihm untersuchte Sprache Pirahã, die im Amazonasgebiet gesprochen wird, zeige keine Hinweise auf die Möglichkeit der Selbsteinbettung und sei auch in anderen Hinsichten weniger komplex als die meisten natürlichen Sprachen (Everett 2005), stößt er eine noch immer andauernde Kontroverse an, wie die sprachlichen Daten aus dem Pirahã zu interpretieren seien. Unabhängig vom Ausgang der Diskussion steht jedoch fest: Mitglieder der Gemeinschaft der Pirahã, welche die Gruppe als kleine Kinder verlassen und unter Sprechern des Portugiesischen aufwachsen, beherrschen Rekursion und andere sprachliche Komplexitäten ebenso gut wie ihre brasilianischen Altersgenossen mit asiatischen, europäischen oder afrikanischen Vorfahren. Es mag sein, dass das Pirahã tatsächlich weniger komplex als die meisten natürlichen Sprachen ist; die Ursache hierfür ist aber nicht eine andersartige genetische Ausstattung seiner Sprecher, sondern – vielleicht – eine anders beschaffene Erfahrungswelt im Amazonasgebiet.

7 Schluss

Nicht nur alle Menschen, sondern auch alle natürlichen Sprachen, so ein Postulat der modernen Sprachwissenschaft, sind auf fundamentale Weise 'gleich', d. h. gleich komplex – es gibt keine primitiven Sprachen und keine primitiven Sprachgemeinschaften in einem linguistisch relevanten Sinne. Diese Grundüberzeugung, auf die Chomsky in seinem Werk immer wieder zurückgekommen ist, lässt sich nicht nur, wie er an vielen Stellen betont, auf Wilhelm von Humboldt und andere Sprachphilosophen zurückführen, sondern findet vielleicht ihren letzten Grund in Chomskys frühester Erfahrungsgeschichte, in der das Judentum prägenden Idee, dass vor ihrem Schöpfer alle Menschen gleich sind. Die epochalen Neuerungen, welche die Sprachwissenschaft des zwanzigsten Jahrhunderts dem Gelehrten Noam Chomsky zu verdanken hat, resultieren aus seiner außerordentlichen Textgelehrsamkeit, seiner profunden Kenntnis der Hauptwerke der europäischen und nordamerikanischen Sprachphilosophie und Mathematik von Platon bis Bertrand Russell, aber vielleicht auch einer spezifisch jüdischen Wissenskultur und Erfahrungsgeschichte, die es begünstigt hat, ganz neue Wege zu gehen, welche indes die Tradition nicht nur überwinden, sondern alle Neuerungen zugleich vielfach an sie anknüpfen.

Literaturverzeichnis

Alasdair, UrquharT. 2009. Emil Post. In Dov M Gabbay & John Woods (eds.), *Logic from Russell to Church*, vol. 5, 617–666. Amsterdam: North-Holland.

Bach, Emmon. 1977. Comments on the paper by Chomsky. In Peter W. Culicover, Thomas Wasow & Adrian Akmajian (eds.), *Formal syntax*. New York: Academic Press.

Barsky, Robert F. 1998. *Noam Chomsky: A Life of Dissent*. Cambridge, Mass: The MIT Press.

Berwick, Robert C., Noam Chomsky & Massimo Piattelli-Palmarini. 2012. Poverty of the Stimulus Stands: Why Recent Challenges Fail. In Massimo Piattelli-Palmarini & Robert C. Berwick (eds.), *Rich Languages From Poor Inputs*, 18–42. Oxford: Oxford University Press.

Berwick, Robert C., Paul Pietroski, Beracah Yankama & Noam Chomsky. 2011. Poverty of the Stimulus Revisited. *Cognitive Science* 35(7). 1207–1242.

Boeckx, Cedric & Pedro Tiago Martins. 2016. Biolinguistics. *Oxford Research Encyclopedia of Linguistics*, 1–14. Oxford University Press.

Boeckx, Cedric, Pedro Tiago Martins & Evelina Leivada. 2017. Biolinguistics. In Adam Ledgeway & Ian Roberts (eds.), *The Cambridge Handbook of Historical Syntax*, 629–641. Cambridge: Cambridge University Press.

Chaves, Rui P. 2019. 3. Construction Grammar. In András Kertész, Edith Moravcsik & Csilla Rákosi (eds.), *Current Approaches to Syntax*, vol. 3, 49–96. Berlin: De Gruyter.

Chomsky, Noam. 1956. Three models for the description of language. *IEEE Transactions on Information Theory* 2(3). 113–124.
Chomsky, Noam. 1957. *Syntactic Structures*. The Hague: De Gruyter Mouton.
Chomsky, Noam. 1959. A Review of B. F. Skinner's Verbal Behavior. *Language* 35(1). 26.
Chomsky, Noam. 1965. *Aspects of the Theory of Syntax*. Cambridge, Mass.: The MIT Press.
Chomsky, Noam. 1966. *Cartesian Linguistics*. New York: Harper & Row.
Chomsky, Noam. 1970. Remarks on Nominalization. In Roderick A. Jacobs & Peter S. Rosenbaum (eds.), *Readings in English Transformational Grammar*, 184–221. Waltham, MA: Ginn.
Chomsky, Noam. 1973. Conditions on transformations. In Stephen R. Anderson & Paul Kiparsky (eds.), *A Festschrift for Morris Halle*, 232–286. New York: Holt, Rinehart and Winston.
Chomsky, Noam. 1979. *Morphophonemics of Modern Hebrew*. New York: Garland.
Chomsky, Noam. 1980. *Rules and representations. Woodbridge lectures*. New York: Columbia University Press.
Chomsky, Noam. 1981. *Lectures on government and binding. Studies in generative grammar*. Dordrecht: Foris.
Chomsky, Noam. 1986a. *Barriers*. 2. print. Cambridge, Mass.: MIT Press.
Chomsky, Noam. 1986b. *Knowledge of Language*. New York: Praeger.
Chomsky, Noam. 1992. Explaining Language Use. *Philosophical Topics* 20(1). 205.
Chomsky, Noam. 1995. *The minimalist program*. Cambridge, Mass.: MIT Press.
Chomsky, Noam. 1999. Language and freedom. *Resonance* 4(3). 86–104.
Chomsky, Noam. 2005. Three Factors in Language Design. *Linguistic Inquiry* 36(1). 1–22.
Chomsky, Noam & Howard Lasnik. 1993. The Theory of Principles and Parameters. In Joachim Jacobs, Armin von Stechow & Joachim Sternefeld (eds.), *Syntax: An international handbook of contemporary research*, 506–569. Berlin: De Gruyter.
Chomsky, Noam & Howard Lasnik. 2014. The Theory of Principles and Parameters. In Noam Chomsky (ed.), *The Minimalist Program*. Cambridge, Mass.: The MIT Press.
Chomsky, William. 1957. *Hebrew. The eternal language*. Philadelphia: Jewish Publication Society of America.
Davis, Martin D, Ron Sigal & Elaine J Weyuker. 1994. Context-Sensitive Languages. In Martin D Davis, Ron Sigal & Elaine Weyuker (eds.), *Computability, Complexity, and Languages*, 327–344. San Francisco: Elsevier.
Descartes, René. 1897. *Oeuvres de Descartes, IX. Méditations et Principes*. (Ed.) Charles Adam & Paul Tannery. Paris: J. Vrin.
Descartes, René. 1902. *Oeuvres de Descartes. VI. Discours de la méthode & Essais*. (Ed.) Charles Adam & Paul Tannery. Paris: J. Vrin.
Everett, Daniel L. 2005. Cultural Constraints on Grammar and Cognition in Pirahã Another Look at the Design Features of Human Language. *Current Anthropology* 46(4).
Fisher, Simon E., Cecilia S.L. Lai & Anthony P. Monaco. 2003. Deciphering the genetic basis of speech and language disorders. *Annual Review of Neuroscience* 26(1). 57–80.
Fisher, Simon E & Sonja C Vernes. 2015. Genetics and the Language Sciences. *Annual Review of Linguistics* 1(1). 289–310.
Friederici, Angela D. 2006. The neural basis of language development and its impairment. *Neuron* 52(6). 941–52.
Gzella, Holger. 2008. A Portrait of the Artist as a Young Man: Zellig S. Harris and his Contribution to Semitic Philology. *Zutot* 5(1). 179–186.

Harris, Zellig S. 1951. *Methods in Structural Linguistics*. Chicago: The University of Chicago Press.
Hornstein, Norbert, Howard Lasnik, Pritty Patel-Grosz & Charles Yang. 2018. *Syntactic Structures after 60 Years*. (Ed.) Norbert Hornstein, Howard Lasnik, Pritty Patel-Grosz & Charles Yang. Berlin, Boston: De Gruyter.
Koerner, E.F.K. 2002. Zellig Sabbettai Harris. In Bruce E. Nevin (ed.), *The Legacy of Zellig Harris: Language and information into the 21st century. Volume 1: Philosophy of science, syntax and semantics*, 305–316. Amsterdam: Benjamins.
Kučera, Henry. 1983. Roman Jakobson. *Language* 59(4). 871–883.
Lenneberg, Eric Heinz. 1967. *Biological foundations of language*. New York: Taylor and Francis.
Lieven, Elena & Michael Tomasello. 2008. Children's first language acquisition from a usage-based perspective. In Peter Robinson & Nick C Ellis (eds.), *Handbook of Cognitive Linguistics and Second Language Acquisition*, 168–196. New York, London: Routledge.
Lin, Francis. 2002. 4. On Discovery Procedures. In Bruce E. Nevin (ed.), *The Legacy of Zellig Harris: Language and information into the 21st century. Volume 1: Philosophy of science, syntax and semantics*, 69–86. Amsterdam: Benjamins. https://doi.org/10.1075/cilt.228.08lin.
Matthews, Peter H. 1999. Zellig Sabbettai Harris. *Language* 75(1). 112–119.
Nünning, Ansgar (ed.). 2008. *Metzler Lexikon Literatur- und Kulturtheorie*. Stuttgart: J.B. Metzler.
Premack, David. 1976. Language and Intelligence in Ape and Man: How much is the gap between human and animal intelligence narrowed by recent demonstrations of language in chimpanzees? *American Scientist* 64(6). 674–683.
Premack, David. 2004. Is Language the Key to Human Intelligence? *Science* 303(5656). 318–320.
Pullum, Geoffrey K. 2010. Creation Myths of Generative Grammar and the Mathematics of Syntactic Structures. In Michaelis J. Ebert C., Jäger G. (ed.), *The Mathematics of Language*, 238–254. Berlin: Springer.
Rojas, Raúl. 2014. Konrad Zuse und der bedingte Sprung. *Informatik-Spektrum* 37(1). 50–53.
Sapir, Edward. 1921. *Language: An Introduction to the Study of Speech*. New York: Harcourt, Brace & Co.
Saussure, Ferdinand de. 1969. *Cours de linguistique générale*. (Ed.) Charles Bally. 3. éd. Paris: Payot.
Skinner, B F. 1957. *Verbal Behavior*. Acton: Copley.
Smith, Neilson V. 1999. *Chomsky: Ideas and ideals. Chomsky: Ideas and Ideals*. Repr. Cambridge: Cambridge University Press.
The Chimpanzee Sequencing and Analysis Consortium. 2005. Initial sequence of the chimpanzee genome and comparison with the human genome. *Nature* 437(7055). 69–87.
White, S. A., S. E. Fisher, D. H. Geschwind, C. Scharff & T. E. Holy. 2006. Singing Mice, Songbirds, and More: Models for FOXP2 Function and Dysfunction in Human Speech and Language. *Journal of Neuroscience* 26(41). 10376–10379.
Dr. William Chomsky, 81, Hebrew Grammarian, Di. *The New York Times*. New York.1977.

Natasha Gordinsky
Lea Goldberg (1911–1970): Essay, Übersetzung und Sonett als Formen literaturwissenschaftlicher Reflexion

Das Werk der 1911 in Königsberg geborenen und in Litauen aufgewachsenen Lea Goldberg verbindet dichterische Praxis, literaturwissenschaftliche Reflexion und literarische Übersetzungen mit publizistischen Interventionen im öffentlichen Raum des Jischuv und Israels. In diesem vielfältigen Œuvre nahm die Form des Essays eine zentrale Rolle ein.[1] Dies gilt in mehrfacher Hinsicht: Der Essay verband in seiner Ausgestaltung durch die spätere Leiterin der Abteilung für Allgemeine Literaturwissenschaften an der Hebräischen Universität Jerusalem nicht nur wissenschaftliche Erkenntnissuche und sprachlich-künstlerische Gestalt, sondern vergegenständlichte auch ihr Bemühen, die humanistische Tradition Europas mit der hebräischen Sprache zu verschmelzen. Denn seit Michel de Montaigne seine Reflexionen mit dem Titel *Essais* (1580), dem französischen Wort für „Versuch" ausgestattet hat, gilt diese Form nicht nur als Verbindung wissenschaftlichen und künstlerischen Schreibens, sondern auch als Ausdruck eines humanistischen Geschichtsdenkens.

Lea Goldberg war sich dieser Formgeschichte genau bewusst, als sie am 30. April 1945 im Jischuv einen hebräischsprachigen Essay mit dem Titel „Euer Europa" veröffentlichte. Die dort enthaltene Antwort auf die Frage, was für „uns" – und von diesem kollektiven Textsubjekt wird im Folgenden noch die Rede sein – Europa gewesen sei, lautete: „Dante, Giotto und Michelangelo. Goethe und Flaubert und Mozart und Stendal, und Verlaine, Rilke und Rodin, Cézanne und Strawinsky, und James Joyce" (Goldberg 1945). Europa besteht in der Logik dieses Essays aus der Kultur des Humanismus, der Aufklärung und der Moderne. Diese Bilanz ist angesichts des Zivilisationsbruchs, der am Erscheinungsdatum des Essays der Welt vor Augen stand, alles andere als Zufall, bedarf jedoch der Kommentierung.

Die Sprachen und Kulturen Europas nahmen in der intellektuellen Biographie Lea Goldbergs schon früh eine zentrale Rolle ein. Die Autorin hatte das

---

[1] Die Hinweise zu Leben und Werk im ersten Teil dieses Aufsatzes stützen sich auf meine bisherigen Veröffentlichungen zum Werk Lea Goldbergs, insbesondere auf meine in der Schriftenreihe des Simon-Dubnow-Instituts für jüdische Geschichte und Kultur erschienene Studie „*Ein elend-schönes Land*": *Gattung und Gedächtnis in Lea Goldbergs hebräischer Literatur*, die von Rainer Wenzel aus dem Hebräischen übersetzt wurde und 2019 in Göttingen erschien.

Open Access. © 2022 bei den Autoren, publiziert von De Gruyter. Dieses Werk ist lizenziert unter der Creative Commons Namensnennung - Nicht-kommerziell - Keine Bearbeitung 4.0 International Lizenz.
https://doi.org/10.1515/9783110708110-004

Hebräische Gymnasium in Kaunas besucht, wo sie neben Deutsch und Französisch auch Latein und Litauisch gelernt hatte. Seit sie neun Jahre alte war, lernte und schrieb sie auch auf Hebräisch. Nach dem Schlussabschluss begann Goldberg ein Studium an der Universität Kaunas, das sie erst in Berlin und dann an der Universität Bonn am Orientalischen Seminar fortsetzte, wo sie im Jahre 1933 mit einer Arbeit über die Tora-Übersetzung der Samaritaner promoviert wurde.[2]

Der genannte Essay „Euer Europa" erschien, wie bereits erwähnt, am 30. April 1945. Der Text bündelt indes Überlegungen der Dichterin, die bereits ab der Mitte der 1930er Jahre und während des Zweiten Weltkriegs dokumentiert sind. Goldbergs Theorie und Praxis des Essays als Form ist eng verbunden mit ihrem Nachdenken über Friedrich Schillers ästhetische Erziehung. Sie hat diese Reflexion in ihrer kulturellen Praxis umzusetzen gesucht. Dies geht sowohl aus ihren ästhetischen wie politischen Schriften hervor. Eine zentrale Rolle nimmt dabei Goldbergs Übersetzung der Briefe von Rosa Luxemburg aus dem Gefängnis ein. Vor diesem Horizont werden die Stationen in Goldbergs intellektueller Biographie in der Nachkriegszeit erkennbar.

1 Versuche

Lea Goldbergs Karriere als Literaturwissenschaftlerin etablierte sich institutionell ab Mitte der 1950er Jahre. 1945 hatte sie zunächst eine befristete Stelle an der Abteilung für Allgemeine Literaturwissenschaft an der Hebräischen Universität Jerusalem erhalten, wo bis zu diesem Zeitpunkt ihr enger Freund Ludwig Strauss tätig gewesen war. Der Essay als literaturwissenschaftliche Form war zu diesem Zeitpunkt bereits fester Bestandteil der Schreibpraxis der Autorin. Goldbergs erste literaturwissenschaftliche Essays entstehen zwanzig Jahre bevor sie Dozentin wird. Erst sehr viel später sollte sie zur Professorin für Vergleichende Literaturwissenschaft an der Hebräischen Universität Jerusalem ernannt werden.

Ein Klärungsversuch, warum in ihrem Schreiben der Essay so zentral wurde, kann sich auf Adornos programmatischen Nachkriegs-Aufsatz „Der Essay als Form" stützen. Für Adorno war im nicht-systematischen Denken des Essays so-

---

[2] Die Angaben zur intellektuellen Biographie stützen sich auf die Studie *Lea Goldberg: Lehrjahre in Deutschland 1931–1933* von Yfaat Weiss (2011), die als erste diese transformativen Jahre in Goldbergs Vita untersucht hat.

wohl die Abwehr gegen das Fetischisieren der Begriffe enthalten, wie auch die Reflexion über die Rolle des Subjekts in der sprachlichen Darstellung:

> Nichts läßt sich herausinterpretieren, was nicht zugleich hineininterpretiert wäre. Kriterien dafür sind die Vereinbarkeit der Interpretation mit dem Text und mit sich selber, und ihre Kraft, die Elemente des Gegenstandes mitsammen zum Sprechen zu bringen. Durch diese ähnelt der Essay einer ästhetischen Selbständigkeit, die leicht als der Kunst bloß entlehnt angeklagt wird, von der er gleichwohl durch sein Medium, die Begriffe, sich unterscheidet und durch seinen Anspruch auf Wahrheit bar des ästhetischen Scheins.
> (Adorno 2003 [1958], 12)

Theorie und Begriffe können im Essay in einer anderen Weise erkundet werden als in sonstigen Formen. Diese epistemische Kontur des Essays war für Goldberg ausschlaggebend für ihre Versuche, ihre Gegenstände zu begreifen. In ihrer Deutung des berühmten Textes von Adorno hat die Germanistin Katja Garloff darauf verwiesen, dass die metaphorische Sprache, die Adorno nutzt, um das Vorgehen des Essays zu beschreiben, mit seiner eigenen Exilerfahrung als deutsch-jüdischer Denker tief verbunden ist. Dabei argumentiert sie wie folgt: „This link between the uprooted Jew and the essay indicates that Adorno transposes his philosophical valorization of diaspora onto the very form of the essay" (Garloff 2002, 82). Man könnte im Anschluss formulieren, dass der Essay für Adorno eine diasporische Gattung ist. Vor diesem Horizont berühren sich die Reflexion von Adorno und Goldbergs essayistischer Praxis. Der Essay als Form ermöglichte auch Goldberg die Konstituierung eines essayistischen Selbst, in dem ihre Geschichtserfahrung aufgehoben war. Die ausgehend von Garloff beschreibbare diasporische Dimension des Essays ist in Adornos Reflexionen explizit zu finden:

> Wie der Essay die Begriffe sich zueignet, wäre am ehesten vergleichbar dem Verhalten von einem, der in fremdem Land gezwungen ist, dessen Sprache zu sprechen, anstatt schulgerecht aus Elementen sie zusammenzustümpern. Er wird ohne Diktionär lesen. Hat er das gleiche Wort, in stets wechselndem Zusammenhang, dreißigmal erblickt, so hat er seines Sinnes besser sich versichert, als wenn er die aufgezählten Bedeutungen nachgeschlagen hätte, die meist zu eng sind gegenüber dem Wechsel je nach dem Kontext, und zu vag gegenüber den unverwechselbaren Nuancen, die der Kontext in jedem einzelnen Fall stiftet. Wie freilich solches Lernen dem Irrtum exportiert bleibt, so auch der Essay als Form; für seine Affinität zur offenen geistigen Erfahrung hat er mit dem Mangel an jener Sicherheit zu zahlen, welchen die Norm des etablierten Denkens wie den Tod fürchtet.
> (Adorno [1958], 21)

Das essayistische Schreiben von Goldberg auf Hebräisch, in einer für sie fremden Sprache, ist als ihr diasporischer Raum zu verstehen, in dem sie das essayistische Textsubjekt in einer Vielfalt von Kulturerfahrungen situieren konnte. Diese Subjektkonstitution erlaubte zugleich eine Suche nach dem damit verbundenen kulturellen Gedächtnis, die sich im Prozess des Schreibens vollzieht. Das Textsubjekt in Goldbergs Essay emergiert aus dem Verhandeln der eigenen Erfahrung als Dichterin und deren Deutung in Sprache.

Im September 1939, zu Beginn des Zweiten Weltkriegs, veröffentlichte Goldberg in einer hebräischsprachigen Zeitung einen Essay mit dem Titel „Zum selben Thema", der viel Aufmerksamkeit auf sich zog, da sie hier zum ersten Mal ihre Sicht auf das Verhältnis von Kunst und Krieg offenlegte. In diesem Essay argumentiert Goldberg gegen Kriegsdarstellungen in der Dichtung. Da der Krieg keinerlei Legitimation habe, dürfe er auch nicht zum ästhetischen Objekt werden: „In Schreckenszeiten haben Dichter nicht nur das Recht, über Natur, über blühende Bäume und lachende Kinder zu schreiben. Es ist vielmehr ihre Pflicht" (Goldberg 1939). Dieser explizite Widerspruch zu Bertolt Brechts Gedicht „An die Nachgeborenen", das am 15. Juni 1939 in der Pariser Zeitschrift *Die neue Weltbühne* veröffentlicht wurde (Verse 6–8 von Brechts Gedicht lauten „Was sind das für Zeiten, wo / Ein Gespräch über Bäume fast ein Verbrechen ist / Weil es ein Schweigen über so viele Untaten einschließt!" [Brecht 1939]), ist indes kein ästhetischer Eskapismus, sondern vehementer Ausdruck von Goldbergs Überzeugung, dass Dichtung der Bewahrung universeller humanistischer Werte zu dienen habe.

Hinzu kommt Goldbergs tiefe Überzeugung, dass Dichtung für die ästhetische Erziehung wesentlich sei. Der Essay ist auch als ein Versuch zu lesen, Schillers Programmatik in die entstehende säkulare hebräische Kultur zu integrieren. Goldberg war erst dreizehn Jahre alt, als sie die Abhandlung „Über die ästhetische Erziehung des Menschen" von 1795 zum ersten Mal las. In ihren Briefen an eine Freundin berichtet sie davon, wie sehr sie der Text begeistert habe (Weiss und Ticotsky 2009, 24). Seit dem 19. Jahrhundert hatte Schiller einen besonderen Platz in der jüdischen Kultur des östlichen Europas. Seine Schriften waren zentraler Bestandteil der jüdischen kulturellen Agenda, wie Andreas Kilcher gezeigt hat (Kilcher 2007). Für viele europäische Jüdinnen und Juden war der deutsche Dichter Symbol einer humanistischen Moderne, die das Versprechen enthielt, dass das Judentum einen gleichberechtigten Ort in der europäischen Kultur haben werde.

Seit dem Ende der 1930er Jahre waren Schillers Überlegungen zur Autonomie der Kunst wesentlich für Goldberg. Sie sah in der Bewahrung künstlerischer Unabhängigkeit eine der wichtigsten Aufgaben ihrer Zeit. Ihre publizistische Tätigkeit hatte kein geringeres Ziel, als diese universellen Werte der Kunst für die hebräische Literatur zu präzisieren und an ihre Leserinnen und Leser weiterzugeben. Eine Woche nach den Novemberpogromen bekräftigte sie ihre Überzeugung mit den folgenden Worten: „Die letzten Felder der geistigen Welt, wir werden euch nicht verlassen, wir werden euch nicht verraten" (Goldberg 1938).

Bis auf eine Ausnahme sollte Goldberg bei ihrem Entschluss bleiben, keine Kriegsgedichte zu verfassen. Doch je weiter sich der Krieg nach Osten ausbreitete, umso schwerer fiel es ihr, überhaupt Gedichte zu verfassen. Angesichts der sich mehrenden Nachrichten über die Vernichtung der europäischen Jüdinnen und Juden, die ab November 1943 den Jischuv erreichten, hatte Goldberg nur einzelne Gedichte geschrieben, fast alle davon bezogen sich stark auf die liturgische Tradition der *Kina*, des Klagelieds. Goldberg bemühte sich dennoch, ihrem Glauben an die Maxime der ästhetischen Erziehung treu zu bleiben. Ihre ab dieser Zeit vermehrte Übersetzungsarbeit literarischer Werke, sowohl für Erwachsene als auch für Kinder, ist vor diesem Horizont zu verstehen.

2 *Briefe aus dem Gefängnis*

1942 übersetzte Lea Goldberg Rosa Luxemburgs *Briefe aus dem Gefängnis* aus dem Deutschen ins Hebräische. Auf den ersten Blick erscheint die Beziehung zwischen der hebräischsprachigen Dichterin und der polnischen Revolutionärin jüdischer Herkunft überraschend. Doch beim Lesen der Briefe, die Rosa Luxemburg an ihre enge Freundin Sophie Liebknecht von 1916 bis 1918 schrieb, und angesichts von Lea Goldbergs Überzeugung einer ethischen Aufgabe der Literatur während des Zweiten Weltkriegs, wird offenbar, dass diese Entscheidung ganz bewusst getroffen wurde. Die Übersetzung der *Briefe aus dem Gefängnis* hatte für Lea Goldberg eine doppelte Funktion: Zunächst wollte sie ihren hebräischsprachigen Lesern eine andere Seite Rosa Luxemburgs zeigen als die der politischen Kämpferin und Denkerin. Darüber hinaus sollten die Briefe Goldbergs eigene Position stärken, als gleichsam historischer Beleg dafür, dass ihre Entscheidung, keine Kriegsgedichte zu schreiben, sich auf andere Fürsprecherinnen stützen konnte.

Nahezu dreißig Jahre trennen Rosa Luxemburg und Lea Goldberg. Ihre Biographien nahmen völlig unterschiedliche Wege. Doch die beiden Frauen teilten eine Bildungsgeschichte, wie sie auch viele andere gebildete jüdische Frauen im östlichen Europa erlebt hatten. Sowohl Goldberg als auch Luxemburg stammten aus säkularen Familien; sie besuchten das Gymnasium, eigneten sich bereits in jungem Alter mehrere Fremdsprachen an und absolvierten ihr Doktorat im Ausland. Beide fanden ihr geistiges Zuhause in der russischen Literatur, entwickelten jedoch auch eine besondere Sensibilität für die deutsche Kultur und Sprache. Sie verließen, wenngleich aus unterschiedlichen Gründen, im Alter von 27 (Luxemburg) bzw. 24 Jahren (Goldberg) ihr Heimatland und verfassten ihre Schriften nicht in ihrer Muttersprache. Mehr als alles andere verband sie der

Glaube an universale, humanistische Werte. Diese Überzeugung war in einem Gefühl gesellschaftlicher Verantwortung begründet, welches sie veranlasste, sich – jede auf ihre Weise – dafür einzusetzen, die Notwendigkeit dieser Werte anerkannt und realisiert zu sehen. So dürften Luxemburgs intellektueller Hintergrund und ihre humanistische Einstellung bei Goldberg den Eindruck geweckt haben, eine Schicksalsgefährtin gefunden zu haben.

Ariel Hirschfeld hat Goldbergs Naturdarstellung mit Schillers Kategorien der naiven und sentimentalischen Dichtung gedeutet und dabei gezeigt, wie konsequent die naive Dichtung in Goldbergs Werk bewahrt wurde (Hirschfeld 2000, 136). Zwei Monate vor dem Ausbruch des Zweiten Weltkriegs hat sie in ihrem Tagebuch festgehalten: „Ich brauche Gärten, Wälder, Flüsse. All das, was es hier nicht gibt. Und absolute Ruhe. All das, was es hier nicht geben wird."[3] Dies erinnert an das Gärtchen, das sich Rosa Luxemburg im Gefängnis in Wronke anlegen konnte, und mit dessen Beschreibung sie einen ihrer berühmtesten und schönsten Briefe eröffnet. Luxemburg schrieb den Brief Ende Mai 1917:

> Ich sitze nun versteckt zwischen grünen Sträuchern. Rechts von mir die gelbe Zierjohannisbeere, die nach Gewürznelken duftet, links ein Ligusterstrauch, über mir reichen ein Spitzahorn und ein junger, schlanker Kastanienbaum einander ihre breiten, grünen Hände, und vor mir rauscht langsam mit ihren weißen Blättern die große, ernste und milde Silberpappel.[4]

Die Dichterin hat diese Zeilen ins Hebräische übersetzt. Das Feingefühl Rosa Luxemburgs für die Tier- und Pflanzenwelt muss ihr wie eine Bestätigung ihrer eigenen Sehnsucht nach einem Rückzug in die Natur erschienen sein. Goldberg hat Luxemburgs Briefe wie Naturgedichte gelesen und war bestrebt, diese Eigenart ins Hebräische zu übertragen, um den Bestand an Metaphern und Bildern aus der „Sprache der Natur" in der hebräischen Kultur zu erweitern. Hinzu kommt, dass Luxemburgs Texte nicht für eine Veröffentlichung bestimmt waren, sondern in einem viel intimeren Rahmen entstanden sind. Das Schreiben der Briefe war für Luxemburg ästhetischer Modus der Selbstversicherung in existentiell bedrohlichen Zeiten.

Lea Goldberg muss Ende 1941 mit der Übersetzung der Briefe von Rosa Luxemburg begonnen haben. Dies lässt vermuten, dass Goldberg in den Briefen von Luxemburg Dokument und Beleg ihrer eigenen Überzeugung gefunden hat, dass die Dichtung gerade in Zeiten tiefer Krisen nur sich selbst, nicht der Außenwelt, verpflichtet war. Ein Tagebucheintrag von ihr aus dem Sommer 1942 erin-

---

[3] Tagebucheintrag vom 27. Juli 1939 (Goldberg 2005, 261).
[4] Rosa Luxemburg an Sophie Liebknecht (Luxemburg 1986, Bd. V, 249) (hier auf den 3. Juni 1917, in den Briefen aus dem Gefängnis auf Ende Mai datiert).

nert an einen Aufenthalt im „Haus Alisa" auf dem Carmel-Berg in der Nähe von Haifa:

> Hier – ein grüner Berg, Piniengeruch. [...] Kleine Vögel auf den Bäumen, friedliche Stille. Nur wenn ich mich abends schlafen lege, kommt der Alptraum des Krieges hoch. Gestern Nachmittag saß ich im Sessel auf der Terrasse, hinter mir das dunkle Grün des Johannisbrotbaums und ein tiefblaues Meer. Zwischen Johannisbrotbaum und Pinie, über der weißen Geraniumblüte, hing ein silberner Streifen, den ich stundenlang betrachten konnte. Ich nickte ein. Immer wenn ich meine Augen öffnete, flogen Vögel vorbei... Wahrscheinlich Bülbüls. N i e z u v o r h a b e i c h N a t u r, d i e l e b t u n d b l ü h t, s o e m p f u n d e n.[5]

3 Die humanistische Tradition Europas und die hebräische Literatur

Nach dem Ende des Krieges begann Lea Goldberg wieder vermehrt lyrische Texte zu schreiben. Die während der Kriegsjahre intensivierte Reflexion des humanistischen Erbes Europas beschäftige sie jedoch weiterhin. Ende März des Jahres 1948, also weniger als zwei Monate vor der Gründung des Staates Israel, veröffentlichte Goldberg einen Essay, der drei deutschsprachige Romane: Thomas Manns *Dr. Faustus*, Hermann Hesses *Das Glasperlenspiel* und Hermann Brochs *Der Tod des Vergil* in den Blick nimmt. In keinem anderen Essay Goldbergs aus der Nachkriegszeit findet sich ein vergleichbarer Versuch einer Zwischenbilanz deutscher Literatur. Die Entscheidung, sich in diesem historischen Moment, kurz vor der Staatsgründung Israels, der deutschen Literatur in hebräischer Sprache zuzuwenden, war alles andere als selbstverständlich. Im Zentrum des Essays „Sefarim ahronim" („Die letzten Bücher") steht die für Goldberg existenzielle Frage nach der politischen und ethischen Verantwortung in der Literatur und der Kunst allgemein nach dem Zivilisationsbruch. Doch für die innere Logik von Goldbergs intellektuellen Interessen ist ihre Entscheidung, in diesem historischen Moment ausgerechnet deutschsprachige Romane zu diskutieren, durchaus konsequent. Wie sie gleich am Anfang ihres Essays vertritt, ist es vor allem den Schriftstellern im Exil zu verdanken, Zeugnis von der Zerstörung der deutschen Kultur abgelegt zu haben. So ist der Essay eben jenen gewidmet, „deren Volk und Kultur sie aus ihrem Land vertrieben und entwurzelt haben" (Goldberg 1977, 291). In diesem Sinne bezeichnet Goldberg die Romane Brochs, Hesses und Manns als Werke, die jene im letzten Augenblick, „an der Grenze zum Leben", als eine Art Bekenntnis geschrieben

---

5 Tagebucheintrag vom 11. September 1942 (Goldberg 2005, 279 [meine Hervorhebung, N.G.]).

haben, um die „Wand der Zeit" zu durchbrechen und „durch den Riss einen Blick in die Zukunft zu werfen" (Goldberg 1977, 291).

Die drei Schriftsteller waren gezwungen, aus der Ferne auf die europäische Kultur zu blicken. Es sei also kein Zufall, so Goldberg, dass in diesen drei sehr unterschiedlichen Romanen der Protagonist ein Künstler sei, da die Reflexion der ethischen Aufgabe der Kunst zu dessen zentralen Aufgaben gehöre. Für Goldberg sollte sich Brochs *Tod des Vergil* als die wichtigste literarische Entdeckung Ende der 1940er Jahre erweisen. Insbesondere die im Roman enthaltenen philosophischen Überlegungen zum Zusammenbruch der Europäischen Kultur – die Goldberg mit den Worten Alexander Blocks als „Zerstörung des Humanismus" (Goldberg 1977, 298) bezeichnete – waren ihr so wichtig, dass anzunehmen ist, dass die Lektüre von Brochs Roman ein wichtiger Impuls für Goldbergs Hinwendung zu den klassischen Texten des europäischen Humanismus gewesen ist.

Einige Jahre später, im Alter von 40 Jahren, hatte Lea Goldberg begonnen Italienisch zu lernen, um Petrarca und Dante im Original lesen zu können. Mit Beginn ihrer Lehrtätigkeit an der Hebräischen Universität Jerusalem im Jahr 1954 hatte Goldberg eine Vorlesungsreihe und Seminare über Dantes *La Divina Commedia* und das Werk Petrarcas konzipiert, die sie zu dieser Zeit schon flüssig auf Italienisch lesen konnte. Ihre ehemaligen Studierenden berichten von hunderten Besucherinnen und Besuchern dieser Vorlesungen und Seminare. Im gleichen Jahr erschien ihre philologische Einführung zu Petrarca, in der sich folgende Formulierung finden lässt:

> Das Geheimnis des Verhältnisses zur römischen Antike war nicht bloß formal oder ästhetisch, sondern bestand in der Suche nach einem neuen Lebensweg, nach der Erschaffung einer neuen säkularen Gesellschaft, und nach neuen Zusammenhängen zwischen dem Individuum und der Nation. Im Gegensatz zur scholastischen Wissenschaft des Mittelalters, entdeckten die Menschen der Renaissance in der lateinischen Kultur eine Quelle ihrer neuen Ethik, für das Verhältnis zwischen Mensch und Gesellschaft. Sie haben einen neuen Gegenstand gefunden und dies waren die Studii Humaniora, die Wissenschaften vom Menschen, ein Begriff, aus dem sich später das Konzept des Humanismus entfalten sollte. (Goldberg 1977, 298)

Zur gleichen Zeit übersetzte Goldberg eine Reihe von Petrarcas Sonetten – dies sind die ersten Übersetzungen des Autors ins Hebräische. Der israelische Literaturkritiker und Übersetzer Shimon Sandbank hat herausgearbeitet, wie markant Goldbergs Petrarca-Übersetzungen ihre eigene Dichtung beeinflusst haben (Sandbank 1975). Dies manifestierte sich auch in der Übernahme der Form des petrarkischen Sonetts in ihre eigene Dichtung. Goldberg war die erste Dichterin, welche die Form des Sonetts in der modernen hebräischen Lyrik kultiviert und sogar eine eigene Variation des Sonetts entwickelt hat. Insgesamt verfasste sie mehr als hundert Sonette, davon zirka vierzig petrarkische Sonette. Ihr in diesem Zusammenhang entstandener Gedichtzyklus *Teresa de Meun* über eine fiktive historische Protagonistin war für Goldberg von zentraler Bedeutung. Im Kontext des Bandes sind die biographischen Daten der Hauptfigur wie folgt benannt:

> Teresa de Meun war eine Frau aus dem französischen Adel, die Ende des 16. Jahrhunderts in der Umgebung von Avignon, in der Provence ansässig war. Im Alter von etwa 40 Jahren verliebte sie sich in einen jungen Italiener, den Hauslehrer ihrer Söhne, und widmete ihm 41 Sonette. Nachdem der junge Italiener ihr Haus verlassen hatte, verbrannte sie all ihre Gedichte und zog sich in ein Kloster zurück. Ihre Gedichte blieben nur wie eine Legende im Gedächtnis ihrer Generation erhalten. (Goldberg 2001, 156)

Eines der Sonette lautet:

> Oh nein, nein blind hat sie mich nicht,
> die Liebe. Bei Verstand die Augen offen,
> taghell, mit nichts als Klarsicht angetroffen
> so gleißt jetzt alles hier von mir im Licht.
>
> Aus einem unfruchtbaren Truggesicht
> weists täglich mich wenn ich erwache
> Enttäuscht zum Morgen, hoffnungslos zum Bache
> Zum Borne des Wissens, der nur Bitteres spricht.
>
> Die Sehkraft des Verstands wird nie besiegt,
> auf wüstem Land kein Halm, der sich schwer biegt,
> vor Erntesegen, ich weiß ja!
>
> Ha, du alles Lebens Mutter sei bekriegt,
> der Lebensbaum uns macht eins verliebt,
> und deine Wissensfrucht war Gift, Chawa![6]

Während sich bei Petrarca ein männliches lyrisches Ich an ein weibliches Du wendet, findet sich in Goldbergs Sonett ein weibliches lyrisches Ich, das sich an ein männliches lyrisches Du wendet. Die fiktive historische Figur steht zum einen für die Übertragung vom Italienischen ins Hebräische und zum anderen für den Wandel vom weiblichen Objekt in Petrarcas Lyrik zum Subjekt bei Goldberg. Zugleich veranschaulicht das hier zitierte Sonett, wie dieser Zyklus zwei literarische Traditionen verbindet, wenn biblische und Bilder der Renaissancedichtung zusammengeführt werden. Im Zentrum dieses Gedichts steht eine Reflexion über die Entstehung des Liebesdiskurses. Das lyrische Ich stellt seine eigene Liebegeschichte als Kampf zwischen Verstand und Gefühlen dar,

---

[6] Übersetzt von Gundula Schiffer. Die Übersetzung ist nicht publiziert, Gundula Schiffer hat es mir genehmigt, sie zu benutzen.

in dem ersterer nie besiegt werden kann. Die Fähigkeit zu lieben war das Geschenk des Lebensbaums Eden an die Menschheit, dem Chawa zu verdanken sei. Dieses Gedicht aus dem Zyklus um Theresa De Meun deutet so auch eine der wichtigsten Stellen in „Sefer Bereshit". Chawa (= Eva) ist Trägerin von Wissen und Vernunft. Chawa wird ausdrücklich nicht als Sünderin im biblischen Sinne dargestellt, sondern sie erscheint als intellektuelle Figur, der die Konstituierung des Liebesdiskurses Wissen überhaupt erst ermöglicht.

Erst nach einer langen Phase der Beschäftigung mit der Epoche der Renaissance begannen Goldbergs slawistische Forschungen. Zu diesem Zeitpunkt war die Wissenschaftlerin bereits Anfang fünfzig. Auch wenn Goldbergs Muttersprache Russisch war, war sie keine ausgebildete Slawistin. Sie hatte zwar einige Semester die Geschichte der russischen Literatur an der Universität Kaunas studiert, doch sie musste sich den russischen Kanon aus literaturwissenschaftlicher Perspektive erst erschließen. Die slawistischen Arbeiten sind entsprechend nicht als Ausdruck eines sentimentalen Rückblicks auf die Welt ihrer Kindheit zu verstehen. Lea Goldberg schrieb vielmehr aus komparatistischer Perspektive über die russische Literatur in hebräischer Sprache, aus der Sicht einer anderen Kultur. Nur aus dieser Perspektive vermochte Goldberg überhaupt sich mit der russischen Literatur zu beschäftigen. Dies erinnert an einen Hinweis der Komparatistin Svetlana Boym:

> Some things could be only written in a foreign language; they are not lost in translation, but conceived by it. Foreign verbs of motion could be the only ways of transporting the ashes of familiar memory. After all, a foreign language it is like art – an alternative reality, a potential world. (Boym 1998, 260)

Um sich der russischen Kultur- und Literaturgeschichte zuwenden zu können, war die hebräische Sprache wesentlich für Goldberg, im Sinne einer Erweiterung ihres literarischen Horizonts, aber auch als Etablierung eines neuen Gedächtnisraums. In den 1960er Jahren wuchs im neu gegründeten Staat Israel eine Generation auf, die Hebräisch als erste Sprache lernte und die nicht mehr Russisch im Original lesen konnte. Es war ihr ein Anliegen, dieser Generation die russische Literatur als Teil der Weltliteratur zu vermitteln.

Seit dem Ende der dreißiger Jahre hatte Goldberg in ihrem publizistischen Werk kontinuierlich Texte der russischen Literatur besprochen, neben Werken der deutschen, französischen und amerikanischen Literatur. Doch nur wenige Aufsätze in den unterschiedlichen hebräischsprachigen Zeitungen waren der russischen Poesie gewidmet. Angesichts des Umstands, dass Goldberg der Dichtung in ihrer Muttersprache besonders nah stand, scheint dies kein bloßer Zufall zu sein. Als sie im Jahr 1954 die Prosa von Marina Zwetajewa gelesen hatte, findet sich in ihrem Tagebuch die folgende Anmerkung:

> Ich habe mir Zwetajewas Prosa gekauft. Ich lese sie mit dem größten Vergnügen. Überall wo es etwas über die russische Literatur in der Zeit des Symbolismus gibt, bin ich wie in einer Falle, ich bin gespannt, ich kann es nicht weglegen. Trotz allem scheinen dies die Zeit und die Sprache und die Protagonisten für mich zu sein, entgegen meinem eigenen Willen, das ist meine geistige Heimat. Nur durch Zufall bin ich da nicht gewesen, dort nicht geboren und habe ihre Luft nicht geatmet.[7]

An kaum einer anderen Stelle in Goldbergs Schriften findet sich solch eine tief bewegte Aussage über ihre innere Verbindung zum russischen Modernismus. Die Passage erinnert an den berühmten Satz ihres Lieblingsdichters Rainer Maria Rilke, der in einem Brief an Lou Andreas-Salomé festgehalten hatte: „[...] dass Russland meine Heimat ist, gehört zu jenen großen und geheimnisvollen Sicherheiten, aus denen ich lebe."[8]

Doch im Gegensatz zu Rilke, der ohne jene Ambivalenz von seiner ‚Wahlheimat' sprechen konnte, erscheint Goldbergs Aussage fast wie ein Bekenntnis, weil sie implizit auch eine gewisse Distanz zur hebräischen Kultur zum Ausdruck bringt, der sie zu diesem Zeitpunkt mehr als die Hälfte ihres Lebenswerks gewidmet hatte. Zugleich ermöglicht Goldbergs Selbstreflexion aber auch einen Einblick in ihre ambivalente Sicht auf die russische Kultur, in den Prozess der Verfremdung als Erkenntnisstrategie.

Erst sechs Jahre später, im Jahr 1960, begann Lea Goldberg eine Reihe von Essays über die Dichtung von Alexander Blok, Sergey Yesenin, Anna Achmatowa und Boris Pasternak zu schreiben, also über die Hauptprotagonisten des russischen Modernismus. Warum schrieb sie nicht über Osip Mandelstam und Marina Zwetajewa? Die Antwort auf diese Frage ist eng mit der Deutung von Goldbergs später Hinwendung zur russischen Lyrik verbunden. Die Gedichtbände von Marina Zwetajewa, aber vor allem von Osip Mandelstam, waren in der Sowjetunion der früheren post-stalinistischen Zeit nicht zu erhalten, zu diametral stand ihr Schreiben zur sowjetischen Kulturpolitik. Erst Ende der 1950er Jahre, nach Stalins Tod, hatte man Boris Pasternak erlaubt, eine kleine Auswahl von Zwetajewas Lyrik zu veröffentlichen. Diese dennoch nur anteilige Rehabilitierung von Zwetajewa, aber auch von Isaak Babel und Ivan Bunin war kein Zufall, sondern Ergebnis jenes Prozesses der Entstalinisierung, deren Beginn die Geheimrede Chruschtschows 1956 über den Personenkult markierte und deren Name dem 1950 erschienen Roman Ilya Ehrenburgs, *Tauwetter*, zu verdanken ist. Goldbergs Entscheidung, sich dem russischen Modernismus zu widmen, ist als eine Zeitdiagnose zu verstehen. Lea Goldbergs Forschungen

---

7 Tagebucheintrag vom 25.5.1954 (Goldberg 2005, 338).
8 Brief von Rilke an Lou Andreas-Salomé vom 15. August 1903 (Rilke und Andreas-Salomé 1989, 116).

über die russische Literatur sind eine Reaktion auf die politische Wende im sowjetischen Regime. Goldberg prüfte, was von der russischen Kultur nach Stalin überhaupt noch übriggeblieben war und unter welchen Voraussetzungen – falls überhaupt – sich Reste künstlerischer Freiheit hatten erhalten können.

Goldbergs Essayreihe über die russische Literatur wurde mit einem Essay über Pasternak eröffnet, den Goldberg kurz nach dessen Tod im Mai 1960 verfasste. Der Essay beginnt mit der Feststellung, dass im Israel der 1960er Jahre Pasternak nur für russischsprechende Leser zugänglich sei. Allen anderen sei der Autor unbekannt, obgleich manche den Namen mit der *Doktor Schiwago*-Affäre verbinden konnten. Pasternaks berühmter Roman *Doktor Schiwago* war vom Herausgeber des wichtigen Literaturmagazins *Novy Mir* abgelehnt worden. Doch es gelang Pasternak, das Manuskript 1956 nach Italien zu schmuggeln, wo der Roman auch im gleichen Jahr publiziert wurde. Es war Albert Camus, der Pasternak für den Nobelpreis nominierte. Pasternaks Auszeichnung mit dem Nobelpreis „für seine bedeutende Leistung sowohl in der zeitgenössischen Lyrik als auch auf dem Gebiet der großen russischen Erzähltradition" (Österling 1958) sollte sich zwei Jahre später für den Autor als eine große persönliche wie berufliche Bedrohung erweisen. Die sowjetische Regierung sowie die verschiedenen kulturellen Institutionen begannen mit einer landesweiten Hetzjagdkampagne gegen Pasternak, verbunden mit der Aufforderung, dem Autor die sowjetische Staatsangehörigkeit zu entziehen, da er ein „anti-sowjetisches Propagandabuch" geschrieben habe. In der Folge dieser Kampagne wurde Pasternak einstimmig aus dem Schriftstellerverband ausgeschlossen. Schließlich wurde der Dichter gezwungen, den Nobelpreis abzulehnen. In ihrem Essay vertritt Goldberg die Ansicht, dass es nur diesem politischen Skandal zu verdanken sei, dass Pasternaks Name im Westen bekannt geworden ist:

> Damals haben mich viele gefragt, hast Du schon mal vorher von diesem Dichter, nu, wie heißt er, Pasternak was gehört? Für uns, die in der russischen Dichtung groß geworden waren, klang diese Frage so überraschend, dass es anfänglich schwer zu verstehen war, ob die Frage ernst gemeint war. Es war so als ob ein Mensch, der in der deutschen Poesie zuhause ist, gefragt würde, ob er den Namen von Hofmannsthal schon einmal gehört habe, oder im französischen Kontext, ob ihm der Name Paul Eluard was sage.
>
> (Goldberg 1977, 278)

Es mag wie eine bloße Anekdote klingen, allerdings dokumentiert diese Passage aus Goldbergs Essay eine zentrale Entwicklung in der israelischen Kultur, und zwar den Übergang von einer Kultur der Mehrsprachigkeit in einen monolingualen literarischen Raum. Zugleich legt diese Aussage Goldbergs komparatistisches Denken offen – sie war in allen europäischen Literaturen ‚zuhause'. So erweist sich sowohl dieser Essay im Einzelnen als auch die gesamte Reihe der Essays über die russische Dichtung als Beleg für das komparatistische Vorhaben von Goldberg, die russische Poesie aus dem nationalen Kontext zu lösen und als Teil der Weltliteratur zu betrachten. Goldberg hält fest: „Die fremde Sprache, der Mangel an Möglichkeiten die Dichtung ordentlich zu übersetzen, könnten der Grund dafür sein, dass die russische Poesie keinen Platz im intellektuellen Gepäck eines Europäers hat" (Goldberg 1977, 278). Denn schließlich sei die russische Poesie nicht nur in der hebräischsprachigen Leserschaft kaum bekannt. Umso wichtiger war es für Goldberg, die russische modernistische Lyrik aus der Perspektive einer anderen Sprache zu vermitteln und zu analysieren.

In ihrem Essay vertritt Goldberg zwei Thesen, die sich auf den historisch-poetischen Kontext von Pasternaks Lyrik beziehen und zugleich zentrale poetologische Aspekte von Pasternaks Werk in Augenschein nehmen. Zunächst argumentiert sie, dass in dessen Dichtung im Gegensatz zur hebräischen Poesie die poetische Innovation immer auf das Engste mit Metrik und Rhythmus verbunden sei. Für Pasternak bedeutete Avantgarde keineswegs Abkehr von der Metrik, sondern die Erfindung einer eigenen philosophischen Sprache in metrischer Lyrik. Zugleich entfaltet der Essay eine literarische Genealogie von Alexander Puschkin über Alexander Blok bis hin zu Boris Pasternak. Um Pasternak im russischen Kanon zu situieren, nutzt Goldberg eine Metapher von Alexander Blok, die jener in seiner berühmten Rede zu Puschkins Todestag verwendet hatte, nämlich „die verborgene Freiheit". Goldberg versteht diese Metapher als Verweis auf den schöpferischen Prozess in Zeiten politischer Unruhen. Für Puschkin war es das zaristische Russland, für Blok die Oktoberrevolution, und für Pasternak Stalins Russland gewesen, die die Luft zum Atmen genommen, die Freiheit zu Schreiben in Frage gestellt haben. So deutet Goldberg „die verborgene Freiheit" als Essenz von Dichtung. In Zeiten des stalinistischen Terrors habe Pasternak diese Freiheit in seiner Naturlyrik ausgeübt, die deshalb auf verborgene Weise politisch gewesen sei.

So begann mit der Reihe von Essays über die russische Dichtung für Goldberg eine imaginierte Reise in die russische Kultur. Es war nicht die Sehnsucht nach einer Rückkehr in die Kultur der Kindheit, sondern ein komparatistisches Erkenntnisinteresse, das diese Essayreihe angestoßen hat. Die Form des Essays war Modus dieser Reflexion. Im Anschluss an die Essays zur russischen Literatur, im Sommer 1960, beschloss Goldberg, sich mit Dostojewskis Werk und seiner Wiederentdeckung der Romantik zu beschäftigen.

Diese Studie war eng mit der Reise in eine europäische Stadt verbunden, die für Goldberg eine Art Heterotopie werden sollte. Sie reiste nach Kopenhagen, wo sich eine der größten slawistischen Bibliothekssammlungen befand. Dort entstanden zentrale Kapitel ihres letzten Buches, das sie leider nicht abschließen konnte. Lea Goldbergs Buch mit dem Titel *Ha-drama sheltoda'a* (*Das Drama des Bewusstseins*) konnte nur noch posthum im Jahr 1974 erscheinen.

Lea Goldberg hat ihre Arbeitsprozesse in ihrem Briefwechsel mit dem hebräisch- und deutschsprachigen Dichter Tuvia Rübner festgehalten. Tuvia Rübner war 1924 in Bratislava geboren und starb 2019 in Israel. Rübner hatte die Freundschaft mit der älteren Dichterin ermutigt, auf Hebräisch zu dichten. In dieser Korrespondenz findet sich ein Brief, in dem Goldberg ihm auf der Reise einen kurzen Bericht über die Anfänge ihrer Arbeit gibt. Doch es geht dabei nicht um einen Arbeitsbericht im engeren Sinne, sondern vielmehr um die poetische Darstellung einer Arbeitsatmosphäre, die sie als Dichterin einem ihr nahstehenden Menschen mitteilt:

> Meine Reise ist sehr erfolgreich. Ich war fünf Tage in Holland und habe so viele schöne Sachen gesehen, dass ich danach, als ich hierherkam, nichts mehr sehen wollte außer den Bäumen im Herbstanfang, und den Enten auf dem Wasser und außer den Straßen in einer schönen Stadt. Ich habe niemandem von meinen Bekannten bis jetzt hier kontaktiert und ich bin in der Tat ganz allein mit meiner Arbeit, die meiner Meinung nach, nicht schlecht vorankommt. Die Stunden in der Bibliothek sind schön. Sie steht in einem wunderbaren Garten und der Lesesaal ist so bequem, und die Bibliothekare so freundlich, dass man alles in absoluter Ruhe machen kann. Mein Zimmer ist so klein wie eine Mönchskammer, aber angenehm genug. Jetzt in den Fenstern des Hauses gegenüber widerspiegeln sich die Wolken deren Ränder in der untergehenden Sonne beleuchtet sind. Ich betrachte das und weiß, dass ich eigentlich etwas ganz Schönes bekommen habe.
> (Goldberg und Rübner 2016, 111)

Diese poetische Beschreibung wird nicht nur als Horizont ihrer eigenen Dostojewski-Studien inszeniert, sondern sie reflektiert Goldbergs Art des Schreibens – ihr Arbeitsethos, ihre kontinuierliche Aufmerksamkeit für das kleinste Detail sowie ihre tiefe Überzeugung, dass die Ästhetik einen starken ethischen Impuls in sich tragen kann. Bereits zu Beginn ihrer literarischen Tätigkeit verkörperte der Essay für die Dichterin und die Literaturwissenschaftlerin Goldberg den Versuch, die Ideenwelt mit der Dichtung zu versöhnen. Diesem Versuch ist sie stets treu geblieben. Denn auch als Literaturwissenschaftlerin sollte ihr die Gattung des Essays ermöglichen, ihr philologisches Wissen über die europäische Literatur in einer präzisen und zugleich poetischen Sprache zu entfalten.

Literaturverzeichnis

Adorno, Theodor W. „Der Essay als Form". *Gesammelte Schriften*. 20 Bände. Hg. Rolf Tiedemann unter Mitwirkung von Gretel Adorno, Susan Buck-Morss und Klaus Schultz. Band 11: *Noten zur Literatur*. Frankfurt am Main: Suhrkamp, 2003 [1958]. 9–33.

Brecht, Bertold. „An die Nachgeborenen". *Die neue Weltbühne* (15. Juni 1939). 745.
Boym, Svetlana, "Estrangement as a lifestyle: Shklovsky and Brodsky" in *Exile and Creativity: Signposts, Travelers, Outsiders, Backward Glances*, ed. By Susan Suleiman, Durham: Duke University Press, 1998. 241–263.
Garloff, Katja. „Essay, Exile, Efficacy: Adorno's Literary Criticism". *Monatshefte* 94/1 (2002): 80–95.
Goldberg, Lea. „Letzte Gefilde". *Turim* (16. November 1938) (hebr.).
Goldberg, Lea. „Zum selben Thema". *Ha-schomer ha-za'ir* (1. September 1939) (hebr.).
Goldberg, Lea. „Euer Europa". *Mischmar* (30. April 1945) (hebr.).
Goldberg, Lea. *Seit jeher und jenseits. Untersuchungen und Deutungen zur allgemeinen Literatur.* Tel Aviv: Sifriyat Poalim, 1977 (hebr.).
Goldberg, Lea. *Gedichte*. 3 Bände. Bnei Brak: Sifriyat Poalim, 2001. (hebr.).
Goldberg, Lea: *Tagebücher*. Hg. Aharoni, Rachel und Arie. Bnei Brak: Sifriyat Poalim, 2005. (hebr.).
Goldberg, Lea und Tuvia Rübner: *Briefwechsel*. Hg. Giddon Ticotsky. Bnei Brak: Sifriyat Poalim 2016. (hebr.).
Hirschfeld, Ariel „Auf dem Posten der Naivität. Über die kulturelle Funktion der Lyrik Lea Goldbergs". *Begegnungen mit einer Dichterin. Essays und Forschungen zu Lea Goldbergs Werken*. Hg. Ruth Kartun Blum Anat Weisman. Tel Aviv und Jerusalem: Sifriyat Poalim und Hebräische Universität Jerusalem, 2000. 135–151. (hebr.).
Gordinsky, Natasha. *„Ein elend-schönes Land": Gattung und Gedächtnis in Lea Goldbergs hebräischer Literatur*. Aus dem Hebräischen von Rainer Wenzel. Göttingen: Vandenhoeck und Ruprecht, 2019.
Kilcher, Andreas. *Geteilte Freude: Schiller-Rezeption in der jüdischen Moderne*, München: Lyrik-Kabinett, 2007.
Luxemburg, Rosa. *Gesammelte Briefe*. Hg. Annelies Laschitza. Berlin: Dietz, 1986.
Österling, Anders. „Announcement". NobelPrize.org. Nobel Prize Outreach AB 2022. Wed. 4 May 2022. https://www.nobelprize.org/prizes/literature/1958/press-release/.
Rilke, Rainer Maria und Lou Andreas-Salomé. *Briefwechsel*. Hg. Erst Pfeiffer. Frankfurt am Main: Insel-Verlag, 1989.
Sandbank, Shimon. „Lea Goldberg und das petrarkische Sonnet". *Ha-sifrut* 6/1 (1975): 19–31 (hebr.).
Weiss, Yfaat. *Lea Goldberg: Lehrjahre in Deutschland 1931–1933*. Göttingen: Vandenhoeck und Ruprecht, 2011.
Weiss, Yfaat und Giddon Ticotsky (Hg.). *Hebräisches Jugend*. Tel Aviv: Sifriat Poalim, 2009.

Andrea Krauß
Biographie in Zeiten des Traditionsbruchs.
Hannah Arendts Rahel-Projekt (1930–1959)

I

Am 28. September 1959 erhält Hannah Arendt (1906–1975) den Lessing-Preis der Stadt Hamburg. In ihrer Rede zur Entgegennahme des Preises antwortet Arendt mit eingehenden Überlegungen zur Denkungsart Lessings und diskutiert unter anderem ein Lessing-Zitat, das aufschlussreich ist auch für die Intention ihres eigenen Denkens. Lessing, so Hannah Arendt,

> meinte in allem Ernst: „Ich bin … nicht verpflichtet, alle die Schwierigkeiten aufzulösen, die ich mache. Meine Gedanken mögen immer sich weniger zu verbinden, ja wohl gar sich zu widersprechen scheinen: wenn es denn nur Gedanken sind, bei welchen (die Leser) Stoff finden, selbst zu denken." (Arendt 1999, 15–16)

Arendt zufolge beschreibt dieses Zitat, wie wenig andere, Lessings einzigartige Praxis der Kritik, in der nicht logisch geschlossenes Systemdenken, sondern je spezifische und disparate Relationen am Werk sind. Bedeutsam ist für Arendt, was durch diese Praxis des Denkens und ihre Darstellungsformen möglich wird: ein Dialog mit dem Leser, der im Durchgang von Widersprüchen zum Selbstdenker wird, und im Zuge dieses Dialogs eine Adressierung, die Vielheit und Differenzen, das heißt für Arendt: den „Zwischen-Bereich der Politik" (Arendt 2003, 12), eröffnet. Der sperrige Denker Lessing wird damit zum Kronzeugen nicht der einsamen philosophischen Reflexion, sondern einer Auseinandersetzung mit anderen, in der sich, so Arendts pointierte Formulierung in der Rede, die „Parteinahme für die Welt" (Arendt 1999, 14) zur Geltung bringt. Es ist diese von Arendt wiederholt paraphrasierte Formel, mit der ihre Überlegungen eine zeitdiagnostische Wendung nehmen. Auf der Basis solcher Parteinahme wird Lessing zum Weggefährten im Einspruch gegen einen „Weltverlust" (9), der Arendt zufolge die bundesrepublikanische Nachkriegsrealität prägt. In ihrem Essay *The Aftermath of Nazi Rule: Report from Germany*, der 1950, im unmittelbaren Anschluss an Arendts erste Deutschlandreise nach Kriegsende erschien, gewinnt dieser nachhaltig wirkende Weltverlust Kontur: „[N]owhere", so heißt es in diesem Bericht,

> is this nightmare of destruction and horror less felt and less talked about than in Germany itself. […] Amid the ruins, Germans mail each other picture postcards still showing the cathedrals and market places, the public buildings and bridges that no longer exist. And

> the indifference with which they walk through the rubble has its exact counterpart in the absence of mourning for the dead, or in the apathy with which they react, or, rather, fail to react, to the fate of the refugees in their midst. This general lack of emotion, at any rate this apparent heartlessness [...] is only the most conspicuous outward symptom of a deep-rooted, stubborn, and at times vicious refusal to face and come to terms with what really happened. (Arendt 1994 [1950], 249)

Diese Indifferenz gegenüber der historischen Wirklichkeit des Nationalsozialismus findet ihre Korrelate im politischen Diskurs: Schon früh, so schreibt Ingeborg Nordmann in ihrem Nachwort zu Arendts Preisrede, erhoben sich eine

> immer offener und massiver einsetzende öffentliche Kritik an der Entnazifizierung, auf die alle Parteien [...] mit populistischem Einverständnis reagierten, und entsprechende Gesetzesinitiativen von der Bundesamnestie von 1949 bis zum zweiten Straffreiheitsgesetz von 1954, durch die – so Norbert Frei in einer neueren Untersuchung – „Mitte der fünfziger Jahre fast niemand mehr befürchten (mußte), ob seiner NS-Vergangenheit von Staat und Justiz behelligt zu werden". (Nordmann 1999, 59–60)

Lessings „Parteinahme für die Welt" steht aber nicht nur quer zur deutschen Schlussstrich-Rhetorik. Sie weist darüber hinaus den Weg zu Schwierigkeiten, die die Gestalt auch von Arendts eigenem Denken kennzeichnen. Aufschlussreich ist in diesem Zusammenhang Arendts *Rahel Varnhagen*-Biographie. Diese *Lebensgeschichte einer deutschen Jüdin aus der Romantik* erscheint 1958 zunächst in englischer Übersetzung, in deutscher Sprache dann ein Jahr später, das heißt im Jahr der Lessing-Preisrede 1959. Und sie erkundet ihrerseits, im Vollzug einer bestimmten gedanklichen Komplexität, Phänomene des Weltverlusts in Verbindung mit diesen Weltverlust bedenkenden Möglichkeiten und Bedingungen des Politischen.[1]

Ein Blick in das auf „Herbst 1958" datierte Vorwort des Buches führt die Herausforderungen im Denken Arendts vor Augen. Ungewöhnlich dezidiert beschreibt sie dort ihr methodisches Verfahren, das in Abgrenzung zur herkömmlichen „Biographien-Literatur" entstanden sei:

---

[1] Carolina Armenteros betont die Bedeutung der Biographie für die historische und politische Ausrichtung von Arendts Gesamtwerk: „Memories of Rahel recur repeatedly throughout Arendt's life and work, whether in her political writings on the Jewish question, or in her more philosophical endeavors. Many of the cardinal principles Arendt developed in her philosophy and political theory can be read as abstractions and elaborations of her critiques of Rahel, expanded and rearticulated with the aid of time and experience; and indeed many of the great philosophical themes and psychological methods she elaborated in her intellectual maturity – whether in *The Origins of Totalitarianism* or in *The Human Condition* or in *Eichmann in Jerusalem* – can be found embryonically in Rahel's life, as commentaries and rationalizations of her sorrows." (1998, 81–82).

> Ich hatte niemals die Absicht, ein Buch *über* die Rahel zu schreiben, über ihre Persönlichkeit, die man psychologisch und in Kategorien, die der Autor von außen mitbringt, so oder anders interpretieren und verstehen kann; oder über ihre Stellung in der Romantik und die Wirkung des von ihr eigentlich inaugurierten Goethe-Kultes in Berlin; oder über die Bedeutung ihres Salons in der Gesellschaftsgeschichte der Zeit; oder über ihre Gedankenwelt und ihre „Weltanschauung", sofern sich eine solche aus ihren Briefen konstruieren lassen sollte. Was mich interessierte, war lediglich, Rahels Lebensgeschichte so nachzuerzählen, wie sie selbst sie hätte erzählen können. (Arendt 2020, 133)

Mit der Abkehr vom distanzierten *„über"* verwirft Arendt gängige Formate der Geschichtsschreibung: die psychologische Studie, aber auch Literatur-, Sozial- oder Ideengeschichte. Schreiben will sie vielmehr eine Biographie, die mit dem Gesetz der Gattung bricht; denn der kategoriale Unterschied zwischen der Biographin und ihrem Gegenstand, die objektivierte Darstellung eines Lebens, stehen zur Disposition. Wenn Arendt demgegenüber „nicht mehr wissen" will, „als was Rahel selbst gewußt hat" (136), scheint sie Rahel Varnhagens Autobiographie zu schreiben. Der Konjunktiv im Zitat – „hätte erzählen können" – ist hier angemessen, denn einen solchen Text hat Rahel Varnhagen nicht verfasst. Hinterlassen hat sie hingegen ein umfangreiches Netzwerk von Briefen, das in Dialog tritt mit Familienmitgliedern, einer Vielzahl von Freunden und Freundinnen, namenlosen und namhaften Intellektuellen. Arendt liest diese Briefe und zitiert sie weiträumig in ihrer Biographie. Auf diese Weise kommt Rahels Stimme zur Sprache, und Arendt weiß tatsächlich nicht mehr, „als was Rahel selbst gewußt hat". Auch ist die erzählerische Gestaltung dieser Zitate bemerkenswert. Sie stehen häufig in Anführungszeichen, in vielen anderen Fällen fehlt indes jede Markierung: Zitat und Erzählstimme fügen sich ineinander ein. So entsteht das kunstvolle Geflecht einer Art erlebter Rede, in der die narrative Instanz und Rahels Worte oszillieren; gleichzeitig macht genau diese seltsam verfremdete Doppelsichtigkeit Differenzen auffällig und Fragen der perspektivischen Zuordnung wie Verortung virulent.

Diese ‚Distanzlosigkeit' im Erzählverfahren des Buches ist kalkuliert, denn sie spiegelt eine Distanzlosigkeit im Leben Rahel Varnhagens. „Worauf es" Rahel „ankam", so wieder Arendt im Vorwort, war,

> sich dem Leben so zu exponieren, daß es sie treffen konnte „wie Wetter ohne Schirm" [...] und weder Eigenschaften noch Meinungen [...] dazu zu benutzen, sich selbst einigermaßen zu schützen. [...] Was ihr zu tun verblieb, war ein „Sprachrohr" des Geschehenen zu werden, das Geschehene in ein Gesagtes umzuwandeln. (133–134)

Vor dem Hintergrund von Arendts Lessing-Preisrede und ihrem *Report from Germany*, drängt sich die Aktualisierung im Kontext der 1950er Jahre auf. Rahels Zuwendung zum Leben und ihr Talent, Erlebtes in Gesagtes zu transformieren, qualifizierte sie dann ähnlich wie Lessing zur „Parteinahme für die

Welt" und zur Weggefährtin im Kampf gegen den geschichtlichen Wirklichkeitsverlust. Indessen zeigt sich im Falle Rahels, dass genau diese Parteinahme für die Welt nicht ohne weiteres gelingt, dieser Weltbezug vielmehr gehemmt ist. Dies liegt Arendt zufolge am „romantische[n] Element", das Rahels Leben prägte und im Vorwort wie folgt erläutert wird:

> Das Leben so zu leben, als sei es ein Kunstwerk, zu glauben, daß man aus seinem eigenen Leben durch „Bildung" eine Art Kunstwerk machen könne, ist der große Irrtum, den Rahel mit ihren Zeitgenossen teilte, oder vielleicht auch nur das Selbstmißverständnis, das unausweichlich war, wollte sie ihr Lebensgefühl – die Entschlossenheit, das Leben und die Geschichte, die es den Lebendigen diktiert, wichtiger und ernster zu nehmen, als die eigene Person – in den Kategorien ihrer Zeit verstehen und aussprechen. (134)

Rahels spezifisches Lebensgefühl, das geeignet wäre, die dem Leben zustoßenden Geschehnisse ernst zu nehmen und dieses Zustoßende als Geschichte zu begreifen, verliert dieses Potential, sobald es im Rahmen des romantischen Bildungsideals interpretiert wird. Bildung im Sinne kunstvoller Lebensgestaltung ist andererseits das herrschende Deutungsmodell um 1800, und in diesem Horizont bleibt Rahel unausweichlich gefangen, „wollte sie ihr Lebensgefühl [...] in den Kategorien ihrer Zeit verstehen und aussprechen." Arendts Kommentar kreiert komplizierte Bedingungsverhältnisse. Denn in welchen anderen Kategorien hätte Rahel ihr Leben interpretieren können, um von dort her den ausstehenden Weltbezug zu verwirklichen? Wie wäre das in ihrer Zeit unausweichliche Selbstmissverständnis vermeidbar gewesen, kann sie doch aus dieser Zeit nicht heraustreten? Oder kann dies nur dann, wenn die Biographin Arendt Kategorien bereitstellt, die diese Distanznahme ermöglichen.

Der Leser gewinnt eine erste Ahnung von den Schwierigkeiten, mit denen ihn das Denken Arendts herausfordert: Das strikte Diktat, nur das zu sagen, was Rahel selbst hätte erzählen können, die Ästhetik erlebter Rede, kollidiert ersichtlich mit einem Urteil, das diese Immanenz durchkreuzt. Dass nämlich die romantische Bildungsidee zur Selbstinterpretation Rahels ungeeignet war, kann nur gesagt werden im Rückblick neu und anders gewonnener Einsichten. Referenzpunkt dieser kommentierenden Distanz ist die Erzählgegenwart Hannah Arendts, das Jahr 1958, und ist, wie sie im Vorwort weiter mitteilt, die „Geschichte der deutschen Juden". Diese zu rekonstruieren, sei eine „historische Aufgabe ersten Ranges", die aber „erst heute" nach dem „Untergang[] des deutschen Judentums" in „Angriff genommen werden kann", zu einem Zeitpunkt, an dem diese Geschichte „zu Ende ist". (135) Das Projekt, Rahel eine Stimme zu geben, nur das zu schreiben, was diese selbst gewußt hat und hätte sagen können, tritt in Spannung zur historischen Wirklichkeit nach 1945. Sie tritt in Spannung zur Thematisierung der nationalsozialistischen Verbrechen, das heißt zu jener Realität, die im Weltverhältnis der Bundesrepublik geleugnet wird. Aus dieser Perspektive des Rückblicks teilt Arendt mit, warum Bildung zur Selbstinterpretation Rahels ungeeignet ist: Bildung für Rahel, Bildung aus der Sicht einer Jüdin im Zeitalter der Romantik, bedeutet „Assimilation" und ist das „Sich-Assimilieren an das geistige und gesellschaftliche Leben der Umwelt" (135). Diese Geschichte der jüdischen Assimilation in Deutschland ist mit den Verbrechen der Nationalsozialisten zu Ende gegangen.

Arendts methodisches Verfahren, das Spiel zwischen fremder und eigener Stimme, lässt sich genauer beschreiben. Deutlich genug inszeniert es eine Spannung zwischen demonstrativ geforderter Nähe und geschichtlichem Abstand. Was sich zwischen diesen Polen mit Lessing gesprochen „zu verbinden, ja wohl gar sich zu widersprechen schein[t]", eröffnet *in nuce* die Grundstruktur der hermeneutischen Situation: Horizontverschmelzung unter der Bedingung historischer Differenz. Die notwendige Vermittlung ist ohne Zweifel zu leisten, in der Annahme etwa, Arendt habe im Blick auf Rahel nicht deren, sondern die eigene Geschichte geschrieben, das entfernte Leben identifikatorisch angeeignet. Im Unterschied zu dieser von Arendt-Forschern vielfach vertretenen Position[2] möchte ich am gewonnenen Lektürebefund festhalten: Der im Vorwort des Buches erkennbare, ja exponierte *Spannungs*bogen zwischen Horizontverschmelzung und historischer Differenz legt zunächst einmal nahe, *inmitten der Verschränkung* von Stimmen deren *Unterschiede* zu rekonstruieren. Arendts Denken in Widersprüchen schärft auf diese Weise die Aufmerksamkeit für Darstellungsformen des Geschichtlichen und den Blick dafür, wie, in welchen Formen Vergangenes gestaltet und angeeignet wird. Es markiert mit anderen Worten ein *Problem* der historischen Überlieferung, nicht dessen Lösung.[3]

---

2 Vgl. etwa Weissberg 1997 und Young-Bruehl 2004, 85–92, auch Benhabib 1995, 11; dagegen kritisch Leibovici 2007, 906–907, sowie Volkening 2006, 173–232. Jaspers' Interpretation der Biographie in seinen Briefen an Arendt bahnt solche Lesarten: „Die Darstellung ist absolut sachlich, der Leser wird nicht gedrängt, an die Verfasserin zu denken. Mir aber scheint diese Arbeit doch als Ihre Auseinandersetzung mit Grundfragen jüdischen Daseins am Leitfaden der Realität Rahels zu Ihrer eigenen Klärung und Befreiung." (Arendt/Jaspers 1985, 228).
3 Keedus situiert Arendts hermeneutisches Verfahren (nicht nur der frühen Schriften) im Kontext Historismus-kritischer Diskurse der 1920er Jahre. Die im Rahel-Buch ins Werk gesetzte ‚nahferne' Geschichtslegierung reflektierte dann auch diskursgeschichtliche Genealogien und kommentierte den Spannungsbogen zwischen Aneignung und Differenz: „The linear and progressivist ideas of human history dominant in the nineteenth century made little or no sense in the context of the newly dehumanised post-war world. Moreover, the young generation had no patience for the acclaimed objectivism and value-neutrality of historically oriented scholarship that had dominated disciplines as diverse as philosophy and jurisprudence, theology and *Staatswissenschaften*. [...] The historical approach either refuses to distinguish between right

Kein Zufall ist es in diesem Zusammenhang, dass die ersten drei Seiten des Vorworts, der Beginn also des gesamten Buches, die fragile Quellenlage, ein Überlieferungsproblem, vor Augen rücken. Hannah Arendt weist hier darauf hin, dass die Rahel-Biographie zum Zeitpunkt ihrer Emigration 1933 „bis auf die letzten beiden Kapitel" und einen „ausführlichen Anhang" von „ungedruckte[m] Brief- und Tagebuchmaterial[]" aus dem „Varnhagen-Archiv" der „Preußischen Staatsbibliothek" nahezu „fertig" gewesen sei. Dieser geplante Anhang ließ sich indessen nicht realisieren, weil das Archiv während des Krieges „in eine der östlichen Provinzen Deutschlands ausgelagert" wurde und nach dem Ende des Krieges „nicht wieder nach Berlin zurückgekehrt" sei. (131) In diesen Worten Arendts verschränkt sich die Jahrzehnte zurückliegende Entstehung des Buches mit dem Ausbruch des Krieges und einer geschichtlichen Dynamik, in der die historische Zeit gewaltsam in die Lebenszeit des Individuums einbricht. Dessen Absichten werden durchkreuzt, und das gemäß dieser Absichten geplante Buch mit Anhang erfährt eine Gestaltung, die dem Durchgriff der auktorialen Intention entzogen ist. Wenn Arendt schreibt, dass Rahel sich dem Leben exponierte, das „sie treffen konnte ‚wie Wetter ohne Schirm'", und dass sie dadurch zum „‚Sprachrohr' des Geschehenen" wurde, so gilt dies auch für die von Arendt geschriebene Lebensgeschichte. Diese Biographie ist auch deshalb keine historische Studie „*über*" Rahel, weil sie geschichtlichen Ereignissen selbst ausgesetzt war, von Geschichte getroffen wurde. Entscheidend scheint mir, wie sich dieses Getroffensein durch Geschichte im Buch manifestiert und welche Schwierigkeiten damit zur Geltung kommen: Arendt schreibt eine Lebensgeschichte, die den Einbruch des Geschicht-

---

and wrong, in its first incarnation, or wants to distinguish between them, but is unable to, in its second version – claimed its critics." (309) Die Gründe für das fehlende Urteilsvermögens lokalisierten Kritiker im historischen Verfahren, der positivistisch instruierten und scheinbar neutralisierten Faktensammlung: „By cutting off its bonds to the present, by refusing to judge the past it had in fact *silenced* the sources. Far from revealing the past ‚as it actually was' – as ran the famous Rankean dictum – historicism had imposed its own narrow-minded scientism on the past. It had rendered the humanities barren and unable to relate in any way meaningfully to life, either in the sense of doing justice to its richness or in bringing clarity to ethical predicaments." Ziel der Kritik war demgegenüber „to open the possibility of accessing an original horizon of interrogation in human sciences." Die hermeneutische Aufgabe bestand entsprechend darin – und hier klingen meines Erachtens Arendts Intentionen an – „to give voice to the ‚tensions' [...] expressed in the sources [...]. The readers should not expect sources to confirm contemporary ideas and beliefs, but allow for incompatibilities, even antagonisms between the past and the present – and thus let the past open perspectives to inspire a radical questioning of the present." (2014, 309–310).

lichen als Einschnitt in das (und den) Korpus der Biographie wie auch als widersprüchliche Struktur historischer Aneignung in Szene setzt. Wie Rahel wandelt dann auch Arendt „Geschehenes in Gesagtes" um. Und sie tut dies so, dass im Jahr 1959 und hinsichtlich der *Lebensgeschichte einer deutschen Jüdin* der Traditionsbruch des Nationalsozialismus als Formproblem der Geschichtsschreibung kenntlich wird.

II

Wie genau Arendts Rahel-Biographie im historischen Geschehen steht, zeigt deren Entstehungsgeschichte. Einmalig in Arendts Gesamtwerk erstreckt sich die Genese des Buches über einen Zeitraum von dreißig Jahren und ist sie geprägt von markanten Zäsuren. Bis zurück in das Jahr 1925 reicht Arendts Interesse an den Briefen Rahel Varnhagens. Zu diesem Zeitpunkt studierte sie Philosophie in Marburg, unter anderem bei Martin Heidegger. Auch nach ihrem Wechsel nach Heidelberg, wo sie mit Karl Jaspers arbeitet und 1928 ihre Dissertation zum „Liebesbegriff bei Augustinus" abschließt, hält dieses Interesse an. Im Jahr 1929, parallel zur Überarbeitung ihrer Dissertation für den Druck, bemüht sich Arendt um die Finanzierung eines Folgeprojektes: ihrer inzwischen zum Forschungsvorhaben gewählten Rahel-Studien. Im Briefwechsel mit Jaspers, der Arendts Stipendiumsantrag mit einem Empfehlungsschreiben unterstützte, lassen sich frühe Spuren im Entstehungsprozess der Biographie wie auch der konzeptionellen Orientierung des Projektes nachzeichnen. Erstmals erwähnt wird das Rahel-Projekt am 20. März 1930, in einem Brief von Jaspers an Arendt. Gegenstand seines Kommentars ist ein Vortrag Hannah Arendts, den diese explizit als „*Vor*arbeit" (Arendt/Jaspers 1985, 47) der Rahel-Biographie bezeichnet. Jaspers' Einwände gegen diesen Vortrag betreffen die Art und Weise, wie Arendt „[d]ie ‚jüdische Existenz' [...] existenz-philosophisch objektiviert – und damit dem existentiellen Philosophieren der Möglichkeit nach vielleicht die Wurzel abgegraben" habe. „Mit dem Auf-sich-selbst-angewiesen-Sein", so Jaspers weiter, werde „dann nicht mehr völliger Ernst gemacht, wenn dieses jüdisch-schicksalhaft *begründet* wird, statt in sich selbst zu wurzeln." (46). Offenkundig verfährt Arendts (leider nicht überlieferter) Vortrag auf eine Weise, die Jaspers' philosophische Prämissen herausfordert. Die Unstimmigkeiten ergeben sich aus Verbindungen, die Arendt zum Denken der *Existenz* herstellt: Fragwürdig wird Existenz, wenn sie „jüdisch" perspektiviert ist; ihre Grundlage verliert sie, wenn eine andere Begründung, die „jüdisch-schicksalhaft[e]" Objektivität, den existentiellen Selbstbezug differenziert. Philosophisch grundlegend kann das „‚Jüdische'" indessen nicht sein, denn es ist aus Jaspers' Sicht eine „façon de parler oder eine Erscheinungsform eines Selbstseins [...], nicht begründbar aus der historischen Lage, aber Schicksal, dem die Lösung aus der verzauberten Burg nicht widerfuhr". (46–47) Was Objektivieren hier bedeuten könnte, lässt sich annähernd umschreiben: Jaspers zufolge erschließt Arendt Rahels Lebensgeschichte anhand des *„Jüdischen"* und bezieht dadurch „Selbstsein" auf die „historische[] Lage", auf *konkrete* Geschichte als fundierende und darin zugleich *allgemein-objektive* Überlegungen anstoßende Begründung.[4] „Selbstsein" nach Jaspers transzendiert aber jede äußerliche (auch geschichtliche) Bedingung und ist im Vollzug freier Entscheidung ungebunden, nur auf sich selbst angewiesen.[5] Das „Jüdische" kann des-

---

4 In seiner *Philosophie* (1932) unterscheidet Jaspers „zwischen dem, wie etwas von einem Standpunkt erscheint, und wie es auch ohne diesen Standpunkt in sich selbst ist". Zur Erscheinung als demjenigen, was für jemanden da ist, wird dann im *„objektivierenden* Sinn" ein „objektiv Zugrundeliegende[s]" als Allgemeines hinzugedacht. (Jaspers 1948, 17).
5 Existentielles Selbstsein ist Jaspers zufolge authentisches und eigentliches Selbstsein des Einzelnen. Dieser muss auf der Suche nach Selbstverwirklichung die Möglichkeiten seiner Existenz durch freien Entschluss und unbedingtes Handeln ergreifen; existentielles Selbstsein ist dem Einzelnen also nicht gegeben, sondern aufgegeben. Jaspers konfrontiert in diesem Zusammenhang Dasein und Existenz. Im immanenten Dasein, den alltäglichen Lebensbezügen, ist der Mensch gebunden, sein Handeln zweckorientiert, durch allgemein vorgegebene Strategien der Daseinssicherung bedingt. Der *Sprung* oder *Aufschwung* von Dasein zu Existenz vollzieht sich im Verhältnis des Ich zu sich selbst als transzendierende Bewegung freier Selbstwahl. Existenz realisiert sich anders gesagt im Übersteigen bloßer Daseinsinteressen und im unbedingten Entschluss, sich selbst und seinen existentiellen Möglichkeiten verantwortlich zu sein. In Jaspers' Worten: „Sein heißt, es ursprünglich *entscheiden.* Für meine Selbstbetrachtung zwar bin ich, wie ich nun einmal bin; obgleich Individuum bin ich Fall eines Allgemeinen, unterworfen dem Kausalgesetz oder folgend der gültigen Forderung des objektiv fixierten Sollensgebotes. Wo ich aber Ursprung meiner selbst bin, ist noch nicht alles nach allgemeinen Gesetzen und im Grunde entschieden. [...] Dieser in objektiver Vergegenständlichung unvollziehbare Gedanke ist das *Freiheits*bewußtsein möglicher Existenz. In ihm kann ich nicht denken, daß schließlich ja alles seinen Gang gehe, und ich nur tun möge, was mir grade am besten gefällt, und es rechtfertigen dürfe mit immer zur Verfügung stehenden allgemeinen Argumenten. Sondern in aller Abhängigkeit und Bestimmtheit meines Daseins wird mir gewiß, daß etwas zuletzt allein an mir liegt. Was ich ergreife oder fahren lasse, was ich als das Erste und das Eine vorziehe, wo ich noch in der Haltung der Möglichkeit bleibe, und wo ich verwirkliche, das ergibt sich nicht aus allgemeinen Regeln, nach denen als den rechten ich handle [...], sondern entspringt in der Unruhe meines Daseins durch die Gewißheit des Selbstseins aus Freiheit." (Jaspers 1948, 13–14) Durchaus sind freier Entschluss und unbedingtes Handeln geschichtlich situiert. Sie gehen, so Jaspers, aus konkreten Situationen im Leben Einzelner hervor: „Da ich nur durch Eintritt ins Dasein geschichtlich werde, kann ich mich vor der Welt nicht zurückhalten, ohne dadurch mein Sein als Verwirklichung möglicher Existenz zu verlieren. Ich *muß,* wie in partikularen Daseinsinteressen, so überhaupt erst einmal als Dasein beteiligt sein, ohne damit schon zu wissen, was ich eigentlich will. Bin ich dabei, so stehe ich in Situationen, sehe, was ist und was herankommt, und

halb dieses unbedingte Selbstsein als eigentümlich-individuelle „Erscheinungsform", eine Art Stil, umkleiden, nicht jedoch im Kern affizieren. Selbstsein als Grundbegriff der Existenz und der Jaspers'schen Existenzphilosophie bleibt vom „Jüdischen" – dessen historisches „Schicksal" ins Sagenhafte (die „verzauberte[] Burg") entrückt ist – unberührt.[6]

Arendts Antwort perspektiviert die von Jaspers ins Spiel gebrachten Denkfiguren. Sie „habe nicht versucht" die „Rahelsche Existenz jüdisch zu ‚begrün-

---

kann nun erst erfahren, was ich will, und dann durch mein Tun zur geschichtlichen Erscheinung meiner Möglichkeit werden." (411–412) Gleichzeitig ist die *„faktische* Gebundenheit" (402) im Dasein stets Sprungbrett der *„freie[n] Aneignung"* (401) dieses Geschichtlichen, in der das Ich dem eigenen konkreten Erleben unbedingt gegenübertreten und so die „Möglichkeit" transzendierender „Nichtidentifizierung" mit dem zeitlich Gegebenen ergreifen kann. (402) „[D]urch gegebene Notwendigkeiten bedingte Situationen" werden zu „Möglichkeiten der Freiheit" (403) und des dann „zeitlose[n] Selbstsein[s]". (400).

6 Leibovici erläutert diesen Aspekt mit Blick auf die für Jaspers wichtige Vorstellung von „Grenzsituationen". Diese „boundary situations" sind es, die den Übergang von empirischem Dasein als „network of objective communications, the legal, political, cultural, and economical order" in Existenz anstoßen: „Experiencing our limits, confronting our necessary failure within the world is conceived of as the first moment of philosophizing. Philosophizing – rather than philosophy – is an act or a leap of transcendency, starting not from an intellectual consideration, but from the experience of boundary situations like guilt, conflict, or death. Then the individual confronts him- or herself with his or her own possibilities, with which he or she can freely engage. In Jaspers' terms, the individual jumps to that which is the most fundamental in him- or herself, the source from which freedom springs." (2007, 909–910) Während alltägliche Situationen im weltlichen Dasein auftreten und durch zweckförmiges Handeln bewältigt werden, erschüttern Grenzsituationen das Dasein radikal. Gleichzeitig bilden letztere die Grundbedingung des menschlichen Lebens, insofern dieses endlich und von bestimmten Konflikten geprägt ist. Jaspers schreibt: „Situationen wie die, daß ich immer in Situationen bin, daß ich nicht ohne Kampf und ohne Leid leben kann, daß ich unvermeidlich Schuld auf mich nehme, daß ich sterben muß, nenne ich Grenzsituationen. Sie *wandeln sich nicht*, sondern nur in ihrer Erscheinung; sie sind, auf unser Dasein bezogen, endgültig. Sie sind *nicht überschaubar*; in unserem Dasein sehen wir hinter ihnen nichts anderes mehr. Sie sind wie eine Wand, an die wir stoßen, an der wir scheitern. Sie sind durch uns nicht zu verändern, sondern nur zur Klarheit zu bringen, ohne sie aus einem Anderen erklären und ableiten zu können. Sie sind mit dem Dasein selbst." (Jaspers 1948, 469) In Grenzsituationen versagen eingeübte Bewältigungsstrategien und manifestiert sich ein Scheitern des Daseins in seinem Wissen wie seinen praktisch-lösungsorientierten Operationen. Jaspers' Einschätzung des „Jüdischen" hat hier seinen Platz: „Jewishness does not belong to *Existenz* but to *Dasein*. According to him ‚*das jüdische Dasein*' is nothing else but one occasion inter alia in which one experiences universal boundary situations, such as failure in Rahel Varnhagen's case." (Leibovici 2007, 910) Rahels Judentum wäre danach Schauplatz der allgemeinen Grenzsituation ‚Scheitern', ohne dieses Scheitern – für Jaspers die Gelegenheit zum immer möglichen Aufschwung des Daseins in freie Existenz – grundlegend zu bedingen: etwa hinsichtlich seines ‚produktiven' Potentials einzuschränken.

den'". Durchaus aber ginge es ihr um „eine bestimmte Möglichkeit der Existenz", die auf dem „Boden des Judeseins [erwachsen *kann*]", und zwar insofern dieser Boden zugleich „Grund einer Bodenlosigkeit" sei, nämlich „*nur* in der Abgelöstheit vom Judentum" zutage trete (47). Im „Boden", der den philosophischen „Grund" erdet und kontaminiert, erscheint erneut die konkrete historische Situation. Denn die „Abgelöstheit vom Judentum" ist zu Rahels Lebzeiten Voraussetzung der „bürgerlichen Verbesserung der Juden'" (Arendt 2020, 140) oder „ähnliche[r] Emanzipationstheorien" (141). Diese ‚jüdische Emanzipation oder Befreiung' verknüpft Arendt mit einem bestimmten existentiellen, das heißt frei gewählten Selbstsein, das sie im unbedingten Boden bodenlosen Judeseins verankert. Diese unbedingte Existenz erwächst aus Bodenlosigkeit, einer grundlegenden Grundlagenkrise. Von solchem spezifisch gewendeten Existenzdenken aus ergeben sich weitere Modifikationen:

> Eine Objektivation in bestimmtem Sinne liegt wirklich vor: aber nicht eine Objektivation der jüdischen Existenz [...], sondern eines geschichtlichen Lebenszusammenhangs, von dem ich allerdings glaube, daß mit ihm etwas gemeint sein kann (aber keine objektive Idee oder etwas Ähnliches). Es scheint, als seien bestimmte Personen in ihrem eigenen Leben (und nur in diesem, nicht etwa als Personen!) derart exponiert, daß sie gleichsam Knotenpunkte und konkrete Objektivationen „des" Lebens werden. Bei der Rahel liegt meiner Objektivation schon eine Selbstobjektivation zu Grunde, die nicht eine reflektierende, also nachträgliche ist, sondern von vornherein der ihr eigentümliche Modus des „Erlebens", der Erfahrung. Was dieses alles eigentlich ist: Schicksal, Exponiertheit, es ist mit dem Leben etwas gemeint – kann ich nicht (und merke es im Schreiben) in abstracto sagen, sondern höchstens vielleicht exemplifizierend aufweisen. Gerade deshalb will ich auch eine Biographie schreiben. Interpretation hat hier eigentlich den Sinn der Wiederholung. (48)

Die Intervention ist präzise. Arendt weist zunächst den Begriff der „jüdischen Existenz" zurück, als wolle sie vorgegebenen Formeln ausweichen. Bezugsgröße der minutiös umkreisten ‚Objektivation' ist demgegenüber jene von Jaspers verworfene historische Situation. Ausgehend von einem „geschichtlichen Lebenszusammenhang" will „Objektivieren" dasjenige herausfinden, was mit diesem Lebenszusammenhang „gemeint sein kann". Dies gelingt nicht allgemein, im Spiegel eines philosophischen Schemas (des „Selbstseins" etwa), sondern nur angesichts des Lebens einer „bestimmte[n] Person", deren spezifisch angeeignetes Leben zur *konkreten* Objektivation des Lebens wird. Kaum zufällig mündet ‚konkretes Objektivieren' nicht seinerseits in eine philosophische Kategorie, sondern vollzieht sich als Mimesis oder wiederholende Lektüre. Denn Arendt rekonstruiert in ihrer Auseinandersetzung mit Rahels Briefen eine darin bereits wirksame „Selbstobjektivation", die nicht „reflektier[t]", indem sie „Erfahrung" kategorial durchdringt und „nachträglich[]" zum Selbst vergegenständlicht, sondern Manifestationen des Selbst im „Modus des ‚Erlebens'", durch Briefe und ihre Schreibpraxis hindurch vermittelt. Dieser Spur folgend „merk[t]" Arendt „im Schreiben", dass sie ihrerseits – Rahels denkenden Erlebnismodus wiederholend – nicht „in abstracto", anhand einer „objektive[n] Idee oder etwas Ähnliche[m]", reflektieren kann, sondern die für Rahels Selbstobjektivation angemessene Darlegungs- und Darstellungsform erst (er)finden muss. Entsprechend kann sie nicht sagen, „was dieses alles", von dem sie spricht, „eigentlich ist", was das „Sein" von „Schicksal, Exponiertheit" philosophisch gefasst wäre; sie kann es „höchstens vielleicht exemplifizierend aufweisen", das heißt durch einen besonderen Fall hindurch zeigen. Biographie wird in diesem Zusammenhang jenes Genre, das – indem es unvorhersehbar erzählt – Problemstellungen des Lebens in „konkrete", das heißt *partikulare* Objektivationen übersetzt und dergestalt Räume eröffnet für das „Jüdische" als insistierende Herausforderung existenzphilosophischer Schematisierung. Aus dieser Perspektive werden Theoretisierungen notwendig, die den existenzphilosophischen Diskurs so umordnen oder neu ausrichten, dass „mit ihm" um 1930 „etwas gemeint sein kann".

Anderthalb Jahre nach diesen beiden Briefen, im November 1931, informiert Arendt über den stockenden Fortgang ihrer „Rahelarbeit" (50); ein gutes Jahr später, im Januar 1933 und nur wenige Monate vor ihrer Flucht aus Deutschland, erfährt Jaspers, das Rahel-Buch sei „schon zu einem großen Teil fertig" (53). Begleitet wird dieser stockend-zügige Entstehungsprozess des Buches von einzelnen Aufsätzen und Essays, die im näheren Kontext des Buches stehen und in Zeitschriften veröffentlicht werden: einer dieser Essays, der im April 1933 unter dem Titel *Originale Assimilation* in der Jüdischen Rundschau erscheint, beginnt mit dem Absatz:

> Die jüdische *Assimilation* scheint heute in Deutschland ihren Bankrott anmelden zu müssen. Der allgemein gesellschaftliche und offiziell legitimierte Antisemitismus trifft in erster Linie das assimilierte Judentum, das sich nicht mehr durch Taufe und nicht mehr durch betonte Distanz vom Ostjudentum entlasten kann. (Arendt 1933, 143)

Die Geschichte jüdischer Assimilation in Deutschland steht 1933 vor ihrem Ende. Einem Ende in Ausweglosigkeit, in der das „assimilierte Judentum" dem herrschenden Antisemitismus nicht nur nicht zu entkommen vermag, sondern diesen Antisemitismus direkt auf sich zieht. Zwei Monate später verlässt Hannah Arendt Deutschland und flieht nach Paris, nachdem sie kurz zuvor wegen Archiv-Recherchen zur Geschichte des Antisemitismus von den Nazis inhaftiert und nach einer knappen Woche wieder entlassen worden war. In Frankreich arbeitet Arendt bis 1940 für verschiedene zionistische Organisationen und befasst sich eigenen Aussagen zufolge ab 1937 wieder verstärkt mit dem Rahel-Buch, das sie

1938 „zu Ende"[7] schreibt. Es ist nicht klar, wie diese „*Pariser Fassung*" (Hahn 2020, 874) aussah und welche Teile 1938 noch ergänzt wurden. Das Typoskript ist nicht überliefert. Gesichert ist eine „New Yorker Version", die basierend auf der Pariser Fassung im Jahr 1956 angefertigt wurde:

> Da sowohl die deutsche wie die englische Buchfassung von der New Yorker Version abweichen, hat Arendt auch diese noch einmal überarbeitet. Dabei führte sie achtzehn Kapitel zu dreizehn zusammen, schrieb das erste Kapitel um und redigierte die anderen unterschiedlich stark. (876)

Nicht zu klären ist demnach, inwieweit das 1938 erstellte Ende der Pariser Fassung mit jenem des publizierten Buches korrespondiert.[8] Das gedruckte Vorwort insistiert, dass das „Manuskript dieses Buches" im Jahr 1933 „bis auf die letzten beiden Kapitel fertig [war], [...] und auch die beiden letzten Kapitel vor mehr als zwanzig Jahren", das heißt in der zweiten Hälfte der 1930er Jahre geschrieben wurden (Arendt 2020, 131). In diesen letzten zwei Buchkapiteln entwickelt Arendt die Figur des kritischen Paria, des unabhängigen Denkens und bewussten Außenseitertums – jene im Brief an Jaspers angedeutete „Existenz", die im „Grund einer Bodenlosigkeit" wurzelt (Arendt/Jaspers 1985, 47). Das Vorwort markiert demnach eine Dramaturgie, in der die Jahre des Exils und der Staatenlosigkeit, die Gewalt der Geschichte in die Entstehung dieser Schlusskapitel eingreifen: Zwischen 1933 und der Niederschrift dieser zwei Kapitel, zwischen dem Artikel über *Originale Assimilation* und dem Entwurf des Paria, hätte dann Arendt ihre Kritik am Konzept jüdischer Assimilation spezifisch pointiert. Nach Jahren der Vertreibung und angesichts der immer radikaler sich abzeichnenden antisemitischen und totalitären Dimensionen des Nationalsozialismus zöge der Paria-Gedanke die Bilanz, indem er die Situation erlittener Ausgrenzung in die bewusst ergriffene Fähigkeit zur Distanz und die Bereitschaft zum Eingreifen in die Welt übersetzt.

1940, im Anschluss an den Einmarsch der Deutschen in Belgien, wird Arendt als ‚feindliche Ausländerin' im französischen Sammellager Gurs interniert, kann von dort aber fliehen und emigriert 1941 in die USA. Auch dieser Einschnitt trägt sich in die Entstehungsgeschichte der Rahel-Biographie ein. Diese geht auf der Flucht verloren, die „Rahel", so schreibt Arendt an ihren Ehemann Heinrich Blücher im Juli 1941, scheint endgültig „perdue". (Arendt/

---

7 „Ab 1937 bis zu den Novemberpogromen 1938 habe ich mich von aller praktischen Tätigkeit zurückgezogen, um meine wissenschaftlichen Studien wieder aufzunehmen. Damals lebte ich von Philosophiestunden. Ich schrieb in dieser Zeit meine Arbeit über Rahel Varnhagen zu Ende und arbeitete danach an einer Geschichte des Antisemitismus." (Arendt/Anders 2016, 31).
8 Zur komplizierten Entstehungsgeschichte des Buches vgl. Barbara Hahns ausführliche Erläuterungen in ihrem Nachwort zur kürzlich erschienenen kritischen Ausgabe (Hahn 2020, S. 871–876).

Blücher 1996, 116) Die anschließende Suche nach dem Manuskript folgt den Fluchtbewegungen der ins Exil getriebenen Freunde, die Versionen des Textes erhalten hatten und gerettet haben könnten. Arendt wird 1945 fündig in Palästina bei Gershom Scholem. Eine weitere Kopie der *Pariser Fassung* findet sich nach dem Ende des Krieges in Paris. (Hahn 2020, 875)

Erste, allerdings vergebliche Versuche, die Biographie zu veröffentlichen, lassen sich für das Jahr 1947 belegen. (Christophersen 2002, 37; Hahn 2020, 876) Danach wird es zunächst still um das Rahel-Buch. Arendt durchdenkt die Möglichkeit einer Neubegründung des Politischen nach dessen Zerstörung im totalitären Staat und dem Zivilisationsbruch der Shoa. Ergebnis dieser Überlegungen ist jenes Buch, mit dem sie einer breiten Öffentlichkeit bekannt wird: *The Origins of Totalitarianism* erscheint 1951 in den USA, vier Jahre später folgt die deutschsprachige Publikation unter dem Titel *Elemente und Ursprünge totaler Herrschaft*. 1952 taucht die Rahel-Biographie wieder auf, und zwar einmal mehr im Briefwechsel zwischen Arendt und Jaspers. Die Einwände, die dieser in seinem Brief aus dem Jahr 1930 erhob, kehren nun wieder, ja spitzen sich angesichts des nun vorliegenden Manuskripts zu. Gleichzeitig spricht Jaspers im Modus der Rückschau und verlagert die konzeptionelle Anlage des Buches in die Vergangenheit. Das Buch, so Jaspers, erwecke den Eindruck „als ob es sich aus Anlaß Rahels" weniger um diese selbst, als „wesentlich um etwas anderes handelt":

> Es entsteht kein *Bild der Rahel* selbst, sondern sozusagen nur von den Geschehnissen, die dieses Individuum zu ihrer Stätte wählten. Ich halte es für wahrscheinlich, daß Sie heute Rahel gegenüber gerechter werden könnten, vor allem dadurch, daß Sie sie nicht allein unter der jüdischen Frage sehen, sondern Rahels eigenen Intentionen und ihrer Wirklichkeit gemäß, als Menschen, in dessen Dasein das jüdische Problem eine sehr große, aber keineswegs allein eine Rolle gespielt hat.
> (Brief vom 23. August 1952; Arendt/Jaspers 1985, 229)

Wie schon in seiner Kritik an Arendts Vortrag 1930 soll Rahels „Dasein" nicht zunächst Schauplatz historischer Geschehnisse sein, sondern Ausprägung einer menschlichen Grundsituation und der darin verbürgten Möglichkeit, das „jüdische Problem" zu distanzieren. Die „jüdische[] Frage" ist damit einmal mehr qualifiziert. Sie wird zur bedeutsamen, aber akzidentiellen Komponente eines Lebens, das, so Jaspers weiter, die von Arendt zu Unrecht diskreditierte „Größe der ‚Aufklärung'" und eine „übergeschichtlich[e]", mit „Lessing" beglaubigte „Vernunft" (229) zur Geltung bringe.[9] Die Zeitlinie in Jaspers' Rede ist interessant: Zwischen

---

[9] Jaspers Bezugnahme auf „Vernunft" steht Helmut Fahrenbach zufolge im Kontext einer „korrektive[n] Weiterentwicklung" seiner „Existenzphilosophie" (1986, 235) seit Mitte der 1930er Jahre (*Wahrheit und Existenz*, 1935) und verstärkt in der Nachkriegszeit (*Von der Wahrheit*, 1947). Die Umarbeitung vollziehe sich „angesichts der Erfahrungen der geistig-politischen Widerver-

der Entstehung des Buches damals, in den 1930er Jahren, und der Situation „heute", 1952, entsteht eine Distanz, die Arendt erreichen müsse, um Rahel gegenüber „gerechter" zu sein. Nicht nur Geschichtliches im „Dasein" Rahels, sondern auch die Zäsuren in Arendts eigenem Leben und im Entstehungsprozess der Rahel-Biographie verlieren ihre die Gegenwart „heute" affizierende Insistenz. Wünschenswert wäre demgegenüber, Rahels Erscheinung aus der Sicht „des Menschen selbst" (229) zu präsentieren, eines Menschen, so noch einmal Jaspers, „der nicht wesentlich Jude ist, aber als Jude durch diese Welt geht, und auch dadurch das Äußerste erfährt, das an sich nicht nur dem Juden geschieht". (229–230) Unter diesem Gesichtspunkt könnte sie das „Unbedingte in Rahel", das „Zeitlose im Zeitlichen, all das, wofür Judesein nur ein Kleid und nur ein Anlaß ist", zur Geltung bringen. (230)

Hier, im Spannungsraum zwischen dem Wesen des Menschen und seinem situierten Gang „durch diese Welt", im Intervall einer Zeitliches transzendierenden Zeitlosigkeit, werden die Unterschiede greifbar. Hatte Arendt in ihrem Antwortschreiben von 1930 jede allgemeine Überlegung darüber, was der Mensch an sich und seine Existenz wären, zurückgewiesen, um demgegenüber dasjenige, was das Leben „meinen" könnte, allein aus dem konkreten Weltbezug Rahels zu entwickeln, bekräftigt Jaspers seine existenzphilosophischen Prämissen, taucht im „Wesen des Menschen" die Idee vom existentiell möglichen, unbedingten Selbstsein wieder auf. Jaspers' Emphase verrät die Sorge um basale Grundlagen humanistischen Denkens: „Ihr Buch kann die Stimmung erwecken, als ob ein Mensch als Jude eigentlich nicht leben könne" (230). Diese Stimmung gefährdet die Idee reinen Menschseins und sie erzwingt diskursive Gegenstrategien, darunter einmal mehr die Entrückung des Problems ins Vergangene: „[H]eute", so schlägt Jaspers' Arendt ein weiteres Mal vor, „könnten Sie, denke ich, das Judesein Rahels zu einem Moment herabsetzen und das Übergreifende ihrer Seele im Bilde ihres Wesens den Vorrang gewinnen lassen". (231)

Arendts Reaktion ist bemerkenswert. Noch bevor sie auf philosophische Implikationen antwortet, nimmt sie Bezug auf eine präzise datierte Geschichte, die weit zurückliegende Entstehungszeit des ihr inzwischen „sehr fern" stehenden Buches, und nutzt diesen Abstand zu einer Distanzierung nicht jedoch in Jaspers', sondern einem ganz anderen Sinne:

---

nunft" (246) im Nationalsozialismus und gehe in zwei Richtungen: „auf der existentiell-praktischen Ebene hat die Dimension der *politischen* Daseinsbedingungen der Existenz und damit auch das Verhältnis von Philosophie und Politik eine neuere und höhere Bewertung erfahren"; „auf der sytematisch-theoretischen Ebene" geschieht „eine Rehabilitierung des *Vernunftbegriffs* und eine differenziertere Bestimmung des Verhältnisses von Philosophie, Wissen und Wissenschaft". (236).

> Sie haben recht: Das Manuskript bis auf das letzte Kapitel war 1933 oder sogar 1932 fertig. Ich schrieb es dann schon ärgerlich 1938 im Sommer zu Ende, weil Heinrich und Benjamin mir keine Ruhe ließen. Im übrigen [...] bleibt es bei unserer Verabredung: Ich drucke es nicht. Sie besinnen sich, dass ich Ihnen sagte, daß ich eine Publikation durchaus und nur von Ihrer Reaktion abhängig mache. (233)

Zwei Aspekte sind hier interessant: Warum „schrieb" Arendt die Rahel-Biographie „ärgerlich [...] zu Ende"? Weil Heinrich Blücher und Walter Benjamin sie dazu drängten und sie eher widerwillig folgte? Oder auch deshalb, weil sie „ärgerlich" angesichts der politischen Lage des Jahres 1938 die Kehre zu den „letzten beiden Kapitel[n]" (Arendt 2020, 131), zur Perspektive des kritischen Paria einschlägt? Diese Art Ärger wäre dann allerdings Ausdruck von Arendts Parteinahme für die Welt und einem Lessing-Verständnis, das dessen Denken nicht mit gängigen Topoi der Aufklärung engführt. Zweitens fällt auf, dass Arendt, anstatt ihr Buch gemäß der Einwände und Revisionsvorschläge Jaspers' zu überarbeiten, dieses lieber beiseite legt und nicht publiziert. So macht sie ihre Entscheidung von Jaspers' kritischer Reaktion, aber nicht vom Inhalt dieser Kritik abhängig. Darüber hinaus verweist sie auf die historische Wirklichkeit des Jahres 1952, in der das Rahel-Buch „jetzt gerade vermutlich lieber nicht" (233) veröffentlicht werden kann. Sie nimmt damit eine Sorge Jaspers' auf, der in seinem Brief befürchtet hatte, das Buch könne „in gegenwärtiger Gestalt eine Fundgrube für Antisemiten" (232) werden. Auf diese von Japers nicht weiter präzisierte Überlegung geht Arendt mit akutem Weltbezug und direkter Wortwahl ein: Das Publikum könnte „zwischen" den „Dingen", die im Buch beschrieben sind, Rahels komplizierten Assimilationsversuchen um 1800, und „der Ausrottung der Juden einen Zusammenhang sehen, der de facto nicht besteht". (233) Die Leser der 1950er Jahre wären demnach nicht ohne weiteres in der Lage, Tatsachen anzuerkennen und geschichtliche Differenzen wahrzunehmen; Arendt variiert hier das Argument aus ihrem *Report from Germany*. Danach wären auch wohlwollende Rezipienten in der Bundesrepublik der Nachkriegszeit disponiert, die Verbrechen der Nationalsozialisten auf die Situation des achtzehnten Jahrhunderts und das dahin ausgelagerte „jüdische Problem", nicht jedoch auf die Wirklichkeit ihrer eigenen, geschichtlich datierten Welt zu beziehen.

Dezidiert reagiert Arendt auch mit Blick auf Jaspers' philosophische Implikationen:

> Sie haben völlig recht, wenn Sie meinen, daß dieses Buch „die Stimmung erweckt, als ob ein Mensch als Jude eigentlich nicht recht leben könne". Und dies ist natürlich zentral. Ich bin auch heute noch der Meinung, daß Juden unter den Bedingungen der gesellschaftlichen Assimilation und staatlichen Emanzipation nicht „leben" konnten. (234)

Was aus Jaspers' Sicht überarbeitet werden muss, die Infragestellung allgemeinen Menschseins aus der Sicht *jüdischer* Menschen, die als *Menschen* nicht leben können, ist für Arendt Ausgangspunkt ihres Denkens. Historisch reflektierte Präzisierungen an der Idee allgemeinen Menschseins sind aus der Sicht dieses Denkens erforderlich. Arendts Anmerkung, wonach „Juden unter den Bedingungen der gesellschaftlichen Assimilation und staatlichen Emanzipation nicht ‚leben' konnten", liefert eine solche Präzisierung. Sie ergänzt zum Ideal allgemeinen Menschseins dessen repressive Konsequenz, die Forderung nach Assimilation, und formuliert damit, so Ingeborg Nordmann, die Kritik an „jeder Form vorgängiger Determination" (1994, 35) in der Bestimmung des Menschseins. Strukturell ähnlich erläutert Arendt ihre kritische Haltung der „Aufklärung" gegenüber:

> Was ich meinte, war ja nur die Aufklärung, soweit sie für Rahel und das heißt hier für sie als ein Judenmädchen, das sich assimilieren musste (also bewußt etwas machen, was anderen, späteren in den Schoß fiel), relevant war. Und die Aufklärung spielte unter diesen speziellen Bedingungen eine höchst fragwürdige Rolle. Ich zeige sie an „ungünstigen" Beispielen, weil es historisch hier günstige nicht gibt. Entscheidend war [!] Mendelssohn und Friedländer, nicht Lessing. (235)

Aus Arendts Perspektive handelt es sich nicht um Aufklärung ‚an sich' oder um Jaspers' übergeschichtliche Vernunft, sondern um Aufklärung „für Rahel [...] als ein Judenmädchen", um Aufklärung also, die „nur" im konkret und namentlich situierten Fall erfahren und von dort aus objektiviert ist. Unter diesem Gesichtspunkt zeigt sich an Aufklärung ihr *Allgemeines*, insofern sie „speziell[] Bedingungen" und ein *Müssen* erzeugt, das Assimilation fordert, von Rahel „bewußt" wahrgenommen und durch Assimilierungsversuche beantwortet wird. Nur in dieser frühen Schwellensituation der durch Aufklärung gebahnten jüdischen Assimilation wird dieses Müssen als Bedingung der Assimilation überhaupt erfahrbar; den „anderen, späteren" fällt das ehedem bewusst Erlebte „in den Schoß"; sie ‚ernten die reife Frucht' der Assimilation, für die sie nichts „machen" müssen, weil sie ohne Alternative, aber wohl auch ohne Bewusstsein wie selbstverständlich vollzogen wird. Dass Arendt ausgerechnet Lessing aus der aufklärenden Konstellation entfernt, mag an dieser Stelle nicht überraschen: Lessing, dessen Denken Arendts Preisrede zufolge „Schwierigkeiten [...] mach[t]", kann vielleicht Kronzeuge sein für Rahels *Machen*, in dem *Müssen bewusst* als Schwierigkeit in Erscheinung tritt, nicht aber den Fall selbstverständlicher Assimilation vertreten. Lessings *Nathan* (1779), den so viele Leser zurecht für ein Plädoyer der Aufklärung halten, hat hier Bedenkenswertes verlauten lassen. „Kein Mensch muß müssen" (1993, 498), sagt Nathan zum Derwisch Al-Hafi, als dieser seine Wandlung vom überzeugten Bettler zum prachtvoll repräsentierenden Schatzmeister Saladins als botmäßige Geste und einsichtiges *Müssen* in Szene setzt. „Kein Mensch muß müssen" ist Lessings ausgefeilte Formel, in der jede Kleinigkeit zählt: in der Müssen selbstreflexiv exponiert ist und *kein*, nicht *ein einziger* Mensch – und sei es der zur Schwäche disponierte Bettler – unter Zwang steht. Lessings spezifische Differenz wird deutlich, nimmt man Schiller hinzu, der Lessings Wort Jahrzehnte später zitiert:

> „Kein Mensch muß müssen", sagt der Jude Nathan zum Derwisch, und dieses Wort ist in einem weiteren Umfange wahr [...]. Der Wille ist der Geschlechtscharakter des Menschen und die Vernunft selbst ist nur die ewige Regel desselben. [...] Alle andern Dinge müssen; der Mensch ist das Wesen, welches will. (1992, 822)

Schillers programmatische Denkbewegung abstrahiert gleitend vom Einzelnen (Juden oder Derwisch) und wendet Nathans Sicht ins Allgemeine der durch freien Willen distinguierten Menschheit. Die auch von Jaspers überzeitlich gedachte „ewige" Vernunft ist Voraussetzung dieser das Konkrete hinter sich lassenden Definition. Arendts Biographie wählt demgegenüber ein anderes, Lessing verbundenes Verfahren. Den historischen Bedingungen jüdischer Assimilation, dem konkreten Leben einer Einzelnen Rechnung tragend konturiert sich die Ausrichtung der Rahel-Studie: „Sachlich", so Arendt an Jaspers, „bin ich der Meinung, daß viele Dinge, die ich in dem Buch sage, vor 1933 (vielleicht sogar vor 1938) öffentlich hätten gesagt werden sollen [...] und dann [...] einigen Nutzen gebracht hätten." (Arendt/Jaspers 1985, 233) Historisch reflektiert oder konkret objektiviert, das heißt im bodenlosen Judentum gründend, versteht sich das Buch und seine Version existentiellen Denkens als politisches Handeln.

Es dauert weitere drei Jahre, bis sich Arendt dann doch zur Publikation entschließt. Der äußere Anlass ist die Gründung des *Leo Baeck Institute* für die Erforschung deutsch-jüdischer Geschichte im Jahr 1955 und eine Anfrage seitens dieses Instituts, das Rahel-Manuskript für die hauseigene Publikationsreihe zur Verfügung zu stellen. Arendt gibt nach, wie sie an Jaspers schreibt, überarbeitet das gesamte Manuskript und ergänzt eine „Einleitung". (332) Bei dieser Einleitung handelt es sich um das zu Beginn meiner Ausführungen diskutierte Vorwort, in dem Arendt ihre eigentümliche „Methode" (Arendt 2020, 135) erläutert. Als letzte Ergänzung zum Manuskript beendet dieses Vorwort den Entstehungsprozess eines Buches, dessen Anfänge in das Jahr 1930 zurückreichen und dessen abschließende Überarbeitung 1956 vollzogen wird. Zwei Jahre später erscheint die Biographie in englischer Übersetzung, 1959 folgt die deutsche Ausgabe. Übrigens nicht ohne brisante Begleiterscheinungen: nur nach langem Hin und Her und insistierenden Reaktionen Arendts kann sich der deutsche Piper-Verlag entschließen, das Wort „Jüdin" in den Untertitel aufzunehmen. Diese Skepsis dem Jüdischen gegenüber sei, so der Verlag, nicht begründet in der Befürchtung,

„Ressentiment-behaftete Leser" würden nicht „zu dem Buch greifen". Dennoch glaube man mit einem weniger speziellen Titel der „Verbreitung" besser zu nützen; im Klappentext natürlich wolle man die jüdische Komponente gerne bekanntmachen. (Christophersen 2002, 66; Hahn 2020, 882) Die von Arendt in ihrem *Report* notierten Eindrücke zum Umgang der Deutschen mit ihrer zeitgenössischen Realität finden in solcher Verlagspolitik „and its awkward stance toward topics concerning Jews" (Weissberg 1997, 46) einen Anhalt. Diese indizieren, dass Arendts Rahel-Biographie in der bundesrepublikanischen Zeitgeschichte um 1960 ihren Platz nicht vorab besitzt oder einfach findet, sondern schaffen muss.

III

Dass eine Intervention in Zeitgeschichte und weiter gefasst Geschichtsreflexion aus der Sicht des „Jüdischen" die Dramaturgie des Buches bewegen, demonstrieren nachdrücklich Anfang und Ende der Biographie. Das erste Kapitel der chronologisch geordneten Lebensgeschichte lautet „Jüdin und Schlemihl: 1771–1795" und beginnt mit einem erstaunlichen Zitat:

> „Welche Geschichte! – Eine aus Ägypten und Palästina Geflüchtete bin ich hier und finde Hilfe, Liebe und Pflege von Euch! ... Mit erhabenem Entzücken denk' ich an diesen meinen Ursprung und diesen ganzen Zusammenhang des Geschickes, durch welches die ältesten Erinnerungen des Menschengeschlechts mit der neuesten Lage der Dinge, die weitesten Zeit- und Raumfernen verbunden sind. Was so lange Zeit meines Lebens mir die größte Schmach, das herbste Leid und Unglück war, eine Jüdin geboren zu sein, um keinen Preis möcht' ich das jetzt missen." So berichtet [der Ehemann Karl August, ak] Varnhagen von Rahels Totenbett. Dreiundsechzig Jahre hat sie gebraucht zu lernen, was 1700 Jahre vor ihrer Geburt begann, zur Zeit ihres Lebens eine entscheidende Wendung und hundert Jahre nach ihrem Tode – sie starb am 7. März 1833 – ein vorläufiges Ende nahm. (Arendt 2020, 137)

Das Buch setzt ein mit einem Ausspruch Rahels kurz vor ihrem Tod, erzählt also ihr Leben vom Ende her. Augenfällig in diesem Zitat ist das prominent platzierte Wort „Geschichte". Die Geschichte des Judentums ist es, die Rahel am Ende ihres Lebens gelernt hat. Offensichtlich eine Geschichte, die bis dahin nicht gekannt oder gewollt war, die vielmehr als „größte Schmach", als „Leid und Unglück" von Rahel durchlebt wurde. Davon ausgehend wird eine Umkehr beschrieben, in der Rahel die „entscheidende Wendung" in ihrer Zeit, das Versprechen der Assimilation, noch einmal wendet; in der sie sich nach langen Jahren der versuchten Abkehr für ihre jüdische Herkunft entscheidet. Es scheint die eigene Lebenserfahrung zu sein, die Rahel diese Einsicht lehrt; genauer besehen ist es zugleich Hannah Arendt, die hier spricht. Ihr erzählerischer Einsatz ist kalkuliert und mit dem Jahr 1933 seinerseits geschichtlich markiert. Hundert Jahre nach Rahels Tod – und diese Formulierung findet sich schärfer noch im Vorwort – hat die Geschichte der deutschen Juden ein „vorläufiges Ende" genommen. Von diesem Endpunkt aus ist die Biographie komponiert. Arendts methodische Ambition, die Lebensgeschichte Rahels so zu erzählen, „wie sie selbst sie hätte erzählen können", sieht sich damit wie im Vorwort verzweigt: Zwar präsentiert das Zitat den Wortlaut Rahels, lässt diese zur Sprache kommen. Arendts Erzählgegenwart und ihre Intention folgen indes auf dem Fuße. Sie fassen Rahels Rede ein, arrangieren sie und markieren die Deutungsperspektive unzweideutig: Rahels ‚letzte Worte', so Arendts Interpretation, zeigen an, dass im Leben Rahel Varnhagens ein Lernprozess zur Entfaltung kommt.

Komplementäres Gegenstück zum Anfang ist das Schlusskapitel unter der Überschrift „Aus dem Judentum kommt man nicht heraus: 1820–1833". (300) Die Korrespondenzen zwischen Anfang und Ende sind deutlich eingetragen: Rahels Wertschätzung ihrer jüdischen Herkunft auf dem Totenbett zu Beginn bekräftigt die Unentrinnbarkeit des Judeseins im Titel des letzten Kapitels. Die „Schmach" der jüdischen Geburt aus dem ersten Kapitel trifft im Schlusskapitel eigentümlich assonierend auf die „Scham" (300). Scham allerdings ist anders als die Schmach ein produktives Gefühl, bahnt doch gerade sie den Weg zur selbstbewussten Anerkennung der jüdischen Identität. Scham, so berichtet Arendt im letzten Kapitel, empfand Rahel in der Begegnung mit ihren ostjüdischen Verwandten aus Breslau, die sie behandeln, als wäre sie ein „Groß-Sultan". Genau so, kommentiert Arendt, „kam sich jeder Berliner Jude seinen armen zurückgebliebenen Glaubensbrüdern gegenüber vor". Mit dieser „Differenz" zur „dunklen Kulisse von Armut, Elend, Unbildung", so Arendt weiter, entstand im ‚aufgeklärten' Juden das Bewusstsein, eine „Ausnahme" und Teil einer „beständig fortschreitende[n] Verbesserung" zu sein (300). Rahel Varnhagen, und diese Haltung ist wesentlich für ihren Lernprozess, schämt sich für dieses „Gefühl der Herablassung". Weil dieses Gefühl aber „immerhin noch eine Zugehörigkeit" zur Geltung bringt, löst das „Aussprechen der Scham" jede „Herkunft", jeden „Trost", jede „Kompensation" auf (300–301). Damit aber gibt Rahel Arendt zufolge „sehr viel mehr auf, als sie selbst ahnte: nicht nur die Zugehörigkeit zu der dunklen Masse des Volkes, sondern auch die viel notwendigere Solidarität mit dem kleinen Kollektiv preußischer Ausnahmejuden, aus dem sie stammte und dessen Schicksal sie teilte". (301) Rahel trägt ihr ganzes Leben hindurch diese ambivalente Ortlosigkeit aus, und sie tut dies je länger desto einsichtiger: Aus genau dieser Position dazwischen, entfernt von ihren Breslauer Verwandten, entfernt aber auch vom Hochmut der arrivierten „Ausnahmejuden" (301), sieht sie Arendt zufolge immer deutlicher, welchen Preis die Assimilation fordert, und sieht zudem, dass Assimilation das Erhoffte vorenthält: Assimilation bedeutet Taufe und den Eintritt in eine judenfeindliche Gesellschaft; sie zwingt anders gesagt zur Assimilation an den Antisemitismus, zwingt dazu, „die Meinung der feindlichen Umwelt über die eigene Herkunft" (303) zu teilen. Auch wer dies tut, so Arendt, wird jedoch sein „Judentum nicht los" (301). Rahel erlebt, dass ihre Taufe und die Eheschließung mit dem Nichtjuden Karl August Varnhagen ihre bürgerliche Rettung bedeuten; sie sieht aber zugleich den Aufstieg der politischen Reaktion nach 1815 und seine die Juden betreffenden Folgen. „1819 ging ein Pogromsturm über ganz Preußen" (307), es wird unübersehbar, dass die geschichtliche Realität den Versprechungen der Assimilation Hohn spricht. Gegen Ende des letzten Kapitels verstärken sich in Arendts Erzählform die Attribute wachsender Klarheit. „Mit der Einsicht in die Vergeblichkeit aller Versuche geht Rahel ins Alter. [...] Was das Leben an wirklicher Einordnung in die Welt gebracht hat, ist Schein, und selbst die Erfüllung von Wünschen bleibt Traumwelt." (306) Rahel nimmt wahr, dass „das Judenschicksal [...] den Zustand der Gesellschaft genau widerspiegelte", dass es „die Lücken" in dieser Gesellschaft als „schreckliche Realität genau herausmodellierte." (307) Mit dieser Zuwendung zur Welt hatte Rahel „[e]ndlich [...] doch noch gefunden, was ihr Realität verbürgte." (308) Arendts Lesart zufolge ergibt sich daraus die Anerkennung ihrer jüdischen Geschichte und zugleich eine Politisierung, die Rahel 1830, im Jahr der französischen Julirevolution, zur Sympathisantin der Saint-Simonisten macht. „Sie hatte begriffen", kommentiert Arendt in Anlehnung an Zitatfragmente Rahels, daß „die ‚Pockenmaterie', die aus uns ‚raus muß', nicht in den Juden allein steckt". (308) Weggefährte in dieser Unternehmung ist der junge Heine, dessen „Ja zum Judesein" (308) den Widerspruch *innerhalb* der Assimilation artikuliert. Mit seinem Versprechen „,für die Sache der Juden und ihrer bürgerlichen Gleichstellung enthusiastisch' zu sein" wird er zu Rahels Erben, dem sie, so Arendts Schlusskommentar, „die Geschichte eines Bankrotts und ein rebellisches Herz" vermacht. (309)

Die metaleptisch konstruierte Ringstruktur aus erstem und letztem Kapitel ist bemerkenswert, macht sie doch das Lebensende und seine Resultate zur Voraussetzung der gesamten Biographie. Diese vom ‚Ergebnis' her angelegte Entwicklungsgeschichte ist nicht ohne rigorosen Effekt. Was zwischen Anfang und Ende geschieht, steht im Horizont des narrativ erzeugten Telos und trägt die Züge eines durch Erfahrung und Begegnungen gebahnten Lernens. Schrittweise, so Arendts Darstellung, bezeugt Rahels Werdegang verschiedene Versuche, der stigmatisierten jüdischen Herkunft durch Assimilation zu entfliehen. Die Gründe für das Vergessen der jüdischen Geschichte, wie sie im Zitat vom Totenbett namhaft gemacht sind, gewinnen im Zuge dessen sozialgeschichtliche, philosophische und politische Kontur. Die „Emanzipationstheorien der Aufklärung" (141) im Sinne der von Christian Wilhelm Dohm 1781 geforderten „bürgerlichen Verbesserung der Juden'" (140) verlangen von der jahrhundertelang ausgegrenzten Bevölkerungsgruppe die Aufgabe ihrer Geschichte und Tradition. Im Gegenzug wird ihnen der Zugang zur allgemeinen Vernunft in Aussicht gestellt und mit diesem die soziale Integration. Arendt nutzt diesen Topos der Aufklärung zu einer nuancierten Kritik: Vernunft als Inbegriff des allgemein Menschlichen akzeptiert als Wahrheit nur die „Resultate des reinen Denkens" (144). Alles andere, Tradition, Vergangenheit und Gegenwart, kurz die Geschichte, erscheinen kontingent und geraten in den Ruf des Vorurteils. Universelle Vernunft hingegen „schafft einen Raum des nur Denkbaren und eine Welt, die ohne Wissen und ohne Erfahrung jedem Vernünftigen zugänglich ist". Nur auf diese Weise kann sie „von den Vorurteilen der Vergangenheit befreien [...] und die Zukunft des Menschen leiten". (142) Arendt beglaubigt diese utopisch-progressive Dimension der Aufklärung nicht, sondern pointiert deren Abschattungen. Vernunft ohne Geschichte trennt sich von den Gegenständen und Gegebenheiten der Wirklichkeit. Die Realität ignorierend suggeriert sie eine Freiheit, die am Fortbestand der Unterdrückung abprallt. So wohnt im reinen Denken ein illusionäres oder phantasmatisches, jedenfalls die Wirklichkeit leugnendes Moment. Arendt zufolge hat Rahels Geschichtsvergessenheit und Realitätsferne hier ihren denkgeschichtlichen Kontext: die durch Denken versprochene Emanzipation wird in ihrem Falle zur virtuosen Reflexion, die Fakten und Geschichte aus dem Blick verliert, das Faktum vor allem, als Jüdin geboren zu sein. Der Einfluss der Romantik, Arendt nennt hier Rousseaus *Confessions* und Schlegels *Lucinde*, intensiviert diesen Realitätsverlust durch das Gebot subjektiver Innerlichkeit und imaginärer Welterzeugung. Der romantischen „Stimmung soll der Zauber eignen, das Wirkliche in die Möglichkeit zurückzuverwandeln und dem Nur-Möglichen für einen Augenblick den Schein der Realität zu verleihen". (151) Zwar bewahrt Rahel ihr ganzes Leben hindurch Züge aufmerksamer Weltempfänglichkeit, wirksam werden sie aber erst, darauf weist Arendt immer wieder hin, nach vielen Jahren der Auseinandersetzung, die einmünden ins letzte Kapitel der Biographie.

Vermittelt ist diese Entwicklung durch Liebesbeziehungen zu nichtjüdischen Männern, die Arendts Erzählung im Einklang mit der Rahmung auf je spezifische Lern-Szenarien zulaufen lässt. Unter der Kapitelüberschrift „Hinein in die Welt: 1795–1799" geht es um ein Ende des Benachteiligtseins „[d]urch Heirat". Rahel, so betont dies Arendt, „will aus dem Judentum heraus". (155) Eine Verbindung mit Graf Karl von Finkenstein, Sohn einer „der ältesten preußischen Adelsfamilien" (161), würde dies ermöglichen. In Arendts Darstellung gewinnt die Beziehung zu ihm illusionäre Züge. Missverstehen prägt eine Kommunikation, die getragen ist von Finkensteins Unfähigkeit zu handeln und Rahels Versuchen, ihn dem Einfluss seiner Familie zu entziehen. Gegen den Standpunkt des eigenen Klans müsste sich der Graf behaupten und die unvermögende Jüdin Rahel Levin heiraten. Auf Seiten Rahels liegen die Gründe des Scheiterns in ihrer spezifischen Weltsicht, die das Gewünschte nur gedanklich frei entfaltet, die Organisation der judenfeindlichen Gesellschaft – Standesrücksichten – aber unterschätzt. Zur ersten Einsicht und Erfahrung, was die Wirklichkeit demgegenüber sei, verhilft Arendt zufolge die Enttäuschung. Im *Schmerz* manifestiert sich Rahels Exponiertheit in der Welt und wirkt diese Welt in ihrer gegebenen Verfassung. Weiterleben, so das folgende Kapitel, kann Rahel zum einen, weil ihr „Dachstübchen in der Jägerstraße" (177) Schauplatz wird einer sozialen Utopie. Quer zu allen Zugehörigkeiten, den Ständen, Berufen, Religionen, trifft sich dort, „was in der Gesellschaft Rang und Namen hatte", und gelingt es den Besuchern, den „gesellschaftlichen Ordnungen und Konventionen" zu entfliehen. (178) Dass auch diese Realität trügerisch ist, macht Arendt deutlich, wenn sie sie als „erträumte[s] Idyll" beschreibt und einer „gesellschaftlichen Übergangsepoche" zuordnet. (179) Weiterleben kann Rahel andererseits, weil sie im Juli 1800 Berlin verlässt und verreist, sich in die Fremde, nach Paris begibt. Dort, so Arendt, gewinnt Rahel neue Einsichten, „lernt" sie „langsam und glücklich [...] Neues zu genießen, ohne es stets und obstinat auf sich zu beziehen". (190–191) Die Innerlichkeit, die ihre Realitätsferne determiniert, macht der Begegnung mit dem Leben Platz. Sie lernt Wilhelm Bokelmann kennen, der ihr Freund wird und hilft „die Welt liebenswert zu finden"; der sie „gelehrt" hat, daß „man an die Welt herankommt", wenn man die „Realität der daseinden Dinge" (192) wahrnimmt. Hier gewinnt Rahel „schon etwas Einsicht, daß die Welt [...] zu erobern und zu erfassen ist". (191) Ihr Lernen macht mit anderen Worten Fortschritte, und Arendts Darstellung legt Wert auf dieses Lernen. Nunmehr stärker disponiert zum Aufschluss der Welt trifft Rahel 1801 auf Friedrich Gentz, den politischen Berater Metternichs, dem es anders als den Romantikern gelingt, „einen Kontakt zur Wirklichkeit zu finden" (199), indem er tätig in diese eingreift. Sie begegnet ferner dem spanischen Legationssekretär Don Raphael d'Urquijo, in dessen Schönheit sie sich verliebt. In der Freundschaft zu Gentz schärft sich das Interesse an der Wirklichkeit, die Liebe zu d'Urquijo erschließt diese Wirklichkeit ästhetisch, öffnet sie durch Genuß. Das, so mahnt Arendt, bleibt indes begrenzter „Ausschnitt" (203). Das Schöne kennt keine Zeit, keine Geschichte, verzaubert mehr als dass es Wirklichkeit darstellt. Missverständnisse tauchen auf, d'Urquijo entwickelt sich zum eifersüchtigen Liebhaber, der mit Rahels geselligem Kreis nichts anzufangen weiß, sie zunehmend zurückweist wie ehedem Finckenstein. Arendt verbindet die beiden Liebhaber und nutzt die Verbindung erneut zum Hinweis auf einen Erkenntnisfortschritt: „In der Affäre mit Finckenstein hat sie erst in der Verzweiflung die Endgültigkeit von Erfahrungen begriffen; jetzt weiß sie sie vorher und hat Angst, was sie damals nicht hatte." (208) Diese Angst alarmiert sie vor dem Kommenden, so dass sie „[s]chließlich weiß [...] dass sie das Nein herausfordern muß". (209) Die mit der

Trennung verbundene Isolation spitzt sich zu im Jahr 1806, das mit der Niederlage Preußens gegen Napoleon eine nicht mehr zu übersehende Konfrontation mit der Wirklichkeit erzwingt. Unter der Welle des sich aufbäumenden deutschen Nationalismus zerfällt das Experiment ihrer Dachstuben-Geselligkeit und wird verdrängt von den Salons preußischer Nichtjuden. Die Stimmung ist patriotisch, revisionistisch und „exklusiv". (229) Im gleichen Klima entsteht die „Christlich-Deutsche Tischgesellschaft", deren „Statuten [...] Frauen, Franzosen, Philistern und Juden den Zutritt [verbieten]". (229) Die politischen Reformen von Hardenberg und Stein, die Preußen auf den Stand Frankreichs modernisieren und die bürgerliche Befreiung der Juden ermöglichen sollten, wird aufs Intensivste bekämpft und mit „programmatische[m] Antisemitismus" (229) quittiert. Rahel Varnhagen, so Arendts Lesart, muss in dieser Situation „versuchen, in die Gesellschaft zurückzufinden, sich zu assimilieren, zu werden wie die anderen". (232) Ausgerechnet Fichtes *Reden an die deutsche Nation* erwecken 1808 ihr Interesse. Hier liest sie, dass der Mensch „die Macht [hat], die Realität seines Denkens auch zu bewirken". (233) Wenn dies ein Schritt auf dem Weg zur Wirklichkeitserfahrung ist, dann allerdings erneut ein trügerischer. Die Hoffnung Rahels, in Fichtes neuer deutscher Welt sei „vielleicht jeder willkommen" (235), zerschellt am Antisemitismus, der die Bewegung trägt. „Rahels neugebackener Patriotismus", so kommentiert Arendt, „verfliegt schnell, da er doch nicht hilft, die Isolierung zu durchbrechen." (236) Letzter und nachhaltiger Schritt in Rahels Entwicklung ist die Bekanntschaft mit Karl August Varnhagen im Jahr 1808. Dieser „Bettler am Wege" (246), so die Kapitelüberschrift, ist ein Bettler, nicht nur weil er sich einmal so bezeichnet, sondern weil er auf spezifische Weise angewiesen ist auf Rahels Zuwendung. Selbst ein eher „ziellose[r]" (247) Charakter, so Arendt, kennzeichnen ihn Vernunft, aber auch eine gewisse Unbestimmtheit und Leere, die ihn disponieren für den Zustrom von außen. Ohne geformtes Leben ist er offen für das Leben Rahels. Er wird zum Sammler, Aufbewahrer und späteren Editor von Rahels umfangreichem Briefwerk, und er bewährt sich wie niemand zuvor durch vernünftiges Zuhören. Von Rahel kritisiert, reagiert er „mit Einsicht" und Offenheit für ihre „Gründe". (252–253) Auch in dieser Begegnung erkennt Rahel Arendt zufolge etwas Neues. Sie „lernt, was Vernunft, was Einsicht bedeuten" (254) und dass diese Vernunft auf Varnhagens Handeln wirkt, dass sie Realität erzeugen kann. Vermittelt durch Varnhagen begegnet sie dem 22-jährigen Alexander von der Marwitz, der sie wiederum etwas „lehrt". (259) Der reiche Adlige aus altem Junkergeschlecht bezieht seine Welthaltung aus der Vergangenheit, der Größe seines Standes, und ist angewidert vom Umbruch und reformatorischen Impuls seiner Gegenwart. Darin denkt er durch und durch geschichtlich, wenn auch im Aspekt der Revision. Gleichzeitig steht er dank seines Standes inmitten dieser Welt, gehört er zu den in ihr Handelnden. Rahel lernt von ihm, dass sich die Stellung in der Welt mit Distanznahme von der Welt verbinden lässt, er „löst sie" im Wege seiner Weltkritik „aus der Angewiesenheit auf die Welt". (259) Die von Marwitz freiwillig gewählte Randstellung mag diejenige des bewussten Paria vorbereiten, durch seine Weltsicht hindurch „[erblickt] sie" jedenfalls „zum ersten Male die Welt unabhängig von ihrer eigenen Verstricktheit und ihrem Ausgestoßensein". (259) Auf diese Weise hat sie, so Arendts Kommentar, „einiges gelernt bei Marwitz: gelernt, ihre eigene Beziehungslosigkeit und Fremdheit sachlich zu sehen", sie „einzuordnen" (263) in den Zusammenhang einer geschichtlichen Situation. 1814 heiratet Rahel Karl August von Varnhagen. Arendt zufolge steht diese Allianz einerseits im Zeichen ‚bürgerlicher Verbesserung', gemeint sind damit Rahels Assimilationsversuche, andererseits im Fluchtpunkt von Varnhagens beruflicher „Karriere" (286). Beide Pole sind aufeinander bezogen. Wie jede Assimilation kann auch diejenige Rahels nur gelingen, wenn Varnhagen zu Stellung und Wohlstand kommt. Dies gelingt nach langen Anstrengungen in den Wirren der Befreiungskriege, die Varnhagen verschiedene Posten und schließlich ein gesichertes Einkommen bescheren. Aus Armut und sozialer Bedeutungslosigkeit war nun Varnhagen unter tätiger Mithilfe Rahels in eine gewisse gesellschaftliche Höhe aufgestiegen. Die Art dieser Karriere qualifiziert ihn Arendt zufolge zum Parvenu, zum angepassten sozialen Aufsteiger, der sich opportun zu fügen bereit ist. Im vorletzten Kapitel erläutert Arendt diese Haltung und stellt ihr die Erfahrung des Paria entgegen. Arendt situiert Rahel zunächst in der Nähe des Parvenu, von dem sie sie gegen Ende ihres Lebens wieder abrückt. Denn gelernt hat sie am Ende ihres Lebens, dass der Wunsch des Parvenu nach gesellschaftlicher Karriere zu Selbstverrat und Heuchelei führt. Wichtiger noch ist die Einsicht, dass die Ehe mit Varnhagen ein „gesellschaftliches Minimum" (296), nicht aber den Raum der ersehnten Selbstentfaltung bietet. In dieser Situation enthüllt das Außenseitertum des Paria ein verborgenes Potential der Freiheit und „Humanität" (298), die dem Privilegierten und sozial Angepassten verschlossen bleibt. Auf diese Einsicht folgt das Schlusskapitel, der letzte Schritt in die bereits beschriebene Anerkennung ihrer jüdischen Herkunft. Der rote Faden des Lernens, den Arendts Erzählung durch Rahels Leben zieht, ist damit etabliert. Von ausgeprägter Innerlichkeit und wirklichkeitsferner Reflexion, diesem Produkt der illusionären Versprechungen der Aufklärung, führt der entwicklungsgeschichtliche Zugriff durch Erfahrungen hindurch, die Rahels Wunsch nach sozialer Anerkennung und Assimilation spezifisch umformen. Unterwegs lernt sie und wird belehrt, begreift sie und sieht ein, findet sie, was sie suchte, und wird sie, was sie eigentlich schon war. So ergründet Rahel und versteht zuletzt, dass inmitten aller Versuche, das Judentum loszuwerden, nicht nur dieses Judentum die unabweisbare Lebensrealität bleibt, sondern ausgehend von der Anerkennung dieser Lebensrealität die inhumanen Grundsätze und das Scheitern der Assimilation offenbar werden. Diese Einsicht macht sie trotz ihrer Sehnsucht nach parvenuhafter Integration zum bewussten Paria, der nicht mehr nur subjektive Innerlichkeit, sondern die Wirklichkeit wahrnimmt und sich in dieser, mit Lessing gesprochen, Parteinahme für die Welt selbst bestimmt.

IV

Ich beende diesen Durchgang, der zügig eine Tendenz verstärkt, die im Buch konstitutiv ist – es aber nicht beherrscht. Arendts Erzählform enthält andere Komponenten, die für die Konzeption der Biographie auch deshalb aufschlussreich sind, weil sie das Arrangement zielführenden Lernens präzisieren und signifikant verschieben. Eine dieser Komponenten ist Rahels besondere Beziehung zu Goethe, ihr intensives und lebenslanges Interesse an seinen Texten. Arendt platziert diese Goethe-Begeisterung in einem eigenständigen Teilkapitel und bezieht sie auf Rahels Versuche, das ihr Widerfahrene im eigenen Umkreis mitzuteilen. Wesentlich für diese Unternehmung ist Goethe, durch den hindurch Rahels Artikulationsbemühungen gewissermaßen Form gewinnen. Arendt schreibt:

> Ihr [Rahels] Versuch der Mitteilung wäre aussichtslos und ohne Direktion geblieben, hätte sie nicht für sich einen „Vermittler" gefunden, dem sie sich anschließen, dem sie nachsprechen konnte: „Hören Sie auf Goethe", rät sie der Freundin, „mit Tränen schreibe ich den Namen dieses Vermittlers in Erinnerung großer Drangsale ... Lesen Sie [ihn], ... wie man die Bibel im Unglück liest." (220)

Der entscheidende Referenztext für diese Vermittlung ist *Wilhelm Meisters Lehrjahre*, jener erste deutsche Bildungsroman, in dem Rahel Deutungsmöglichkeiten auch für ihr eigenes Leben findet. Auf diese Weise „lernt" Rahel „an" (221) Wilhelms Lehrjahren, sie lernt am literarischen Modell und lernt insbesondere die Kunst des zusammenhängenden Darstellens: „Goethe verdankt sie es, wenn sie über die bloßen Resultate [ihres Lebens] hinaus etwas Erzählbares in der Hand hält, was sich ihr sonst nur in Lebensweisheiten zersplittert hätte." (221) Wichtig ist, dass Goethe nicht irgendeine Sprache, sondern, so Arendt, jene „Reinheit des Dichterischen" bereitstellt, „in dem alle Worte gleichsam zum ersten Male erklingen". Diese ganz besondere Sprache, die „alle Worte", das heißt Sprache als solche, „gleichsam zum ersten Mal" und so ganz anders sagt, wird Arendt zufolge zu jener „Sprache, die sie [Rahel] sprechen kann". (222) Arendt spitzt die Überlegung zu: Dass Rahel mit Goethe und durch ihn hindurch sprechen kann, gibt ihr ein „Asyl in der Welt, lehrt sie mit Menschen umgehen, dem Gehörten trauen. Daß sie sprechen kann, dankt sie Goethe". (223) Das Wort „Asyl" lässt im Entstehungszeitraum der 1930er Jahre aufhorchen. Asyl ist aufs engste verknüpft mit dem Namen Goethe. Dessen neuartige Sprache wird in Arendts Darstellung herausgezogen aus der allgemeinen Sprache der Deutschen und kann genau so, als Sprache im dichterischen Exil, einen Freiraum in judenfeindlicher Umgebung gewähren. Durch Goethe, den außerordentlichen, außerhalb der Ordnung stehenden Dichter der Deutschen, lernt sie eine ganz bestimmte Sprache und lernt durch diese der Konvention enthobene Sprache ‚Mitteilung', das heißt den Umgang mit der Welt.

Man könnte geneigt sein, Rahels Goethe-Rezeption und den dadurch vermittelten Weltzugang eine veritable Bildungserfahrung zu nennen, eine Erfahrung also, die – so die neuhumanistische Fassung von Bildung mindestens seit Herder – Individualität in der spannungsreichen Auseinandersetzung zwischen subjektivem Potential und Welt hervorbringt. Arendt fällt solchen Überlegungen ins Wort. „‚Wilhelm Meister'", so schreibt sie, „ist für Rahel nicht der deutsche Bildungsroman", aus dem sie die „‚Kunst zu leben'" lernt. „Ihr ist der Fortgang des Ganzen nicht zentral" (223), von diesem Ganzen sieht sie „immer zu wenig oder zu viel" (224). Bildung im Sinne einer freien Bewegung hin zu idealer Totalität ist danach nicht die Erfahrung Rahels, deren Leben „keineswegs die Geschichte ihrer Bildung ist" (223). Zugang zu Bildung, die im Austausch mit der Welt den individuellen Keim zur Ganzheit entfaltet, hat die von Ausgrenzung betroffene Jüdin gerade nicht. Was vom Bildungsgedanken aber bleibt und was Rahel vom *Wilhelm Meister* lernt, ist, so Arendt, „die Kunst, das eigene Leben darzustellen: nicht die Wahrheit zu sagen und nur sie, sondern sich *zur Schau* zu stellen" (224). Die „Welt", so Arendt, erscheint in Goethes Bildungsroman „wie eine Bühne, auf der jeder so viel gilt, als er darstellen kann" (224). Im Falle Rahels gewinnt diese Zur-Schau-Stellung spezifische Züge: Um „sich geltend zu machen", so Arendt, muss Rahel „alles vorbereiten für eine bessere soziale Stellung; denn so wie sie ist, von ‚infamer Geburt', wollen sie die Menschen nicht akzeptieren. Mit einem jüdischen Namen herumspazieren, wenn man ihn für Schmach und Schande hält, heißt [...] nie unbemerkt passieren können". (226) Die allgemeine Bildungsidee, Kernelement aufgeklärter Humanitätsdiskurse, erweist ihre inhärenten Abschattungen und Zwänge. Um sich zu bilden und im Sinne gebildeter Zur-Schau-Stellung geltend zu machen, muss nämlich Rahel, so Arendt, „wie mit einem Kleid [...] die Blöße des Judentums verdecken [...]. Voller Illusionen über die Möglichkeiten der äußeren Welt, traut sie Verkleidungen, Tarnungen, Namensänderungen eine ungeheure umbildende Kraft zu". (226) Hintergrund von Arendts Überlegungen ist der Umstand, dass Rahel tatsächlich ihren Namen gewechselt hat. Ab 1810 heißt sie, dem Beispiel ihrer Brüder folgend, „Rahel Robert", später im Zusammenhang ihrer Taufe ändert sie auch den Vornamen, und zwar dem „Brauch der Zeit gemäß" (226), in „Friederike Robert". (227) Mit diesen Hinweisen Arendts endet die Goethe-Episode in der Rahel-Biographie. Bildung enthüllt darin ihr janusköpfiges Gesicht. Goethes vielschichtige Texte und insbesondere der

Wilhelm Meister offerieren eine dem Gewöhnlichen enthobene Sprache, die inmitten der judenfeindlichen Gesellschaft zum „Asyl" wird. Sie offerieren auch, so Arendts Lektüre, einen Schauraum der Assimilation. Bildung, so die ideologiekritische Akzentuierung des Kapitels, erweist sich als soziale Formierung, die im allgemeinen Ideal individueller Menschwerdung die Bedingungen dieses Ideals und seiner geschichtlichen Ausgrenzungen verdeckt. Sie erzwingt die Beseitigung aller Spuren des Jüdischen und mündet, so Arendts Bilanz, in illusionäre Anpassung.

Die durch Goethes Texte ermöglichte Bildungskritik wird bekräftigt und ist vorweggenommen in Arendts Vorwort. Rahels unzureichender Weltbezug verbindet sich dort mit der „romantische[n]" Haltung, die dem irrtümlichen Glauben verfallen sei, „daß man aus seinem eigenen Leben durch ‚Bildung' eine Art Kunstwerk machen könne". Und: dieser Irrtum sei „unausweichlich" gewesen, da Rahel „ihr Lebensgefühl – die Entschlossenheit, das Leben und die Geschichte, die es den Lebendigen diktiert, wichtiger und ernster zu nehmen, als die eigene Person – in den Kategorien ihrer Zeit verstehen und aussprechen" (134) wollte. Es lässt sich nun genauer angeben, wie der Hinweis auf die Geschichte, die das Leben „den Lebendigen diktiert", gemeint sein könnte: Er zielt – wie schon im Briefwechsel mit Jaspers und dessen Plädoyer für das allgemein Menschliche – auch im Falle des romantischen Bildungsideals auf die Befragung dieses Ideals aus der Sicht des darin Geforderten und zum Verschwinden Gebrachten. Das Diktierte, die Vorstellung der Geschichte als Diktat, tritt in Konfrontation mit der freien Entfaltung des Menschlichen. Arendts Komposition der Rahel-Biographie, die eine insistierende Lernbewegung Rahels in den Erzählverlauf einbaut, ist Umschrift dieser Konfrontation. Gelernt werden soll, dass die kritische Sicht auf den hegemonialen Diskurs, die Sicht des Paria, den Trugschlüssen der (Bildungs-)Assimilation entgegentreten kann.

V

Bezieht man diese kritische Intervention auf Biographie-Diskurse um 1930 und die Schemata, die dort die Form einer Lebensgeschichte diktieren, so schärft sich Arendts gattungstheoretische Intention. Wegweisend für diese Genrediskussionen formuliert Dilthey im Jahr 1910 die Aufgabe des Biographen, die darin bestehe, „Objektivationen" (Dilthey 1965, 246) eines Lebens zu studieren, die Briefe etwa der biographisch erschlossenen Persönlichkeit, um dann „aus solchen Dokumenten den Wirkungszusammenhang zu verstehen, in welchem ein Individuum von seinem Milieu bestimmt wird und auf dieses reagiert". (246) Ein anderes Wort für diesen Prozess ist Bildung: Der „Lebenslauf einer historischen < Persönlichkeit > ist ein Wirkungszusammenhang, in welchem das Individuum Einwirkungen aus der geschichtlichen Welt empfängt, unter ihnen sich bildet und nun wieder auf diese geschichtliche Welt zurückwirkt". (248) Kompositorisch entfaltet sich diese Bildung im Vollzug bruchloser Entwicklung. Die Einzelheiten des Lebens sind

> zur Kontinuität verbunden; indem wir die Linie der Erinnerungen von der kleinen im Augenblick lebenden Gestalt der Kinderjahre aufwärts durchlaufen zu dem Mann, der sich der Welt gegenüber in seiner festen, in sich gefaßten Innerlichkeit behauptet, beziehen wir den Verlauf von Einwirkungen und Reaktionen auf etwas, das sich gestaltet und so, als ein von innen irgendwie Bestimmtes, sich entwickelt. (247)

Historische Vorlage dieses Gattungsformats ist der Entwicklungsroman und die ihm zugrunde gelegte Bildungsidee: Ein mit Anlagen und Talenten in Latenz ausgestattetes Individuum, Dilthey spricht hier von einem „etwas", das von „innen" her wirkt, entwickelt sich im Laufe seiner (Bildungs-)Zeit und im freien Spiel mit seiner Umwelt zu einem ganzen Menschen, hier: einem „Mann", der am Ende seiner Lehrzeit über eine genauere Vorstellung seiner selbst, seines Lebensweges und der Gesellschaft, in der er lebt, verfügt.

Siegfried Kracauer kommentiert dieses Modell, wenn er 1930, das heißt im unmittelbaren Entstehungszusammenhang von Arendts Rahel-Biographie, dessen ideologische Implikationen namhaft macht. Aus Kracauers Perspektive ist die Biographie eine problematische „Form der neubürgerlichen Literatur" (Kracauer 1990, 197), genauer: eine Prosaform des „stabilisierten *Bürgertums*" (197). Durch das biographische Wahrnehmungsinstrument hindurch gelinge es diesem Bürgertum, bestimmten geschichtlichen Einsichten und Formproblemen auszuweichen, Einsichten, die, so Kracauer, das „Dasein der Bourgeoisie in Frage ziehen" (197). Die historische Referenz für diese Krise des Bürgertums ist vor dem Hintergrund des ersten Weltkrieges und der darauf folgenden politisch-ökonomischen Verwerfungen die Erfahrung radikal destabilisierter Subjektivität:

> Allzu nachhaltig hat in der jüngsten Vergangenheit jeder Mensch seine Nichtigkeit und die der anderen erfahren müssen, um noch an die Vollzugsgewalt des beliebigen Einzelnen zu glauben. Sie aber bildet die Voraussetzung der bürgerlichen Literatur in den Vorkriegsjahren. Die Geschlossenheit der alten Romanform spiegelt die vermeintliche der Persönlichkeit wider, und seine Problematik ist stets eine individuelle. (195–196)

Die Biographie weicht der beschriebenen Krise aus, schließt vielmehr an der „alten Romanform" an. Sie legt das außerordentliche historische Subjekt zugrunde und findet in seinen vermeintlichen geschichtlichen Handlungen das verloren gegangene Bezugssystem wieder. Vorgespurt ist damit auch die literarische Form. Diese liefert biographisch eine „Garantie der Komposition. Jede geschichtliche Gestalt hat bereits in sich selber Gestalt. Sie hebt zu einer bestimmten Zeit an, entwickelt sich im Widerstreit mit der Welt, gewinnt Umriss und Fülle, tritt ins Alter zurück und erlischt". (196) Aus dem Blick geraten unterdessen die drängenden „Weltereignisse" der Gegenwart um 1930. Ästhetisch abgeschirmt gelingt es dem Bürgertum nicht, sich „an die Bruchstelle unserer Gesellschaftskonstruktion" zu begeben und sich dort mit den „sozialen Mächten" auseinanderzusetzen, „in denen sich heute die Wirklichkeit verkörpert". (197)

Kracauers Kritik korrespondiert mit der von Arendt erschlossenen Problemstellung. Im Geiste Kracauers, könnte man sagen, exploriert Arendt den Weltverlust der Biographie und das diesen Verlust nährende Bildungsideal: die Vorstellung, dass Bildung den Weg zur idealen Totalität des geschichtlich handelnden Individuums bahnt. Arendts Relektüre präzisiert indessen Kracauers Überlegungen auf spezifische Weise. Wenn sie Bildung als bürgerliche Zur-Schau-Stellung und repräsentative Form bestimmt und mit den Zwangsmechanismen der jüdischen Assimilation engführt, wandelt sich Bildung zur Arena sozialer Anpassung. Ignoriert Kracauer zufolge das biographisch gerettete Bürgertum die moderne Krise des Individuums, so exponiert Arendts „biography as critique" (Cutting-Gray 1991, 233) einen weiteren, von Kracauer nicht genannten Aspekt der Moderne: die Beobachtung, dass gebildetes Bürgertum, sofern es in der eigenen Krise am imaginären Bildungsideal festhält, auch das judenfeindliche Gebot der Assimilation ein weiteres Mal austrägt. Vor diesem Hintergrund gewinnt die rigorose Rahmung in Arendts Rahel-Biographie gattungs*politische* Implikationen: Rahels Lernen im Spiegel ihrer Erfahrungen, ein Lernen auf dem Weg zum bewussten Paria, ist dezidiert und plakativ keine Bildung im Sinne der freien Entfaltung individueller Anlagen, sondern Entwicklung mit bestimmter Richtung. Arendts Bildungskritik artikuliert sich anders gesagt argumentativ, als Revision einer Idee hinsichtlich ihrer repräsentativen, assimilierenden und exkludierenden Aspekte. Sie artikuliert sich überdies im Modus einer ostentativen, politisch motivierten Formentscheidung: Die vom Ende her gerahmte Lernkurve forciert die Einsicht, dass Bildung aus jüdischer Sicht nicht zugänglich, historisch nie verfügbar war, und folgerichtig die traditionelle Biographie, das Genre des Weltverlustes und der bildungsbürgerlichen Stabilisierung (Kracauer), für die Lebensbeschreibung Rahels keine Option ist.

VI

Bei dieser durch Rahmung gegebenen Formentscheidung belässt es Arendt indessen nicht. Zieht schon die metaleptische Inszenierung einige Aufmerksamkeit auf sich, so tut dies noch mehr die Komposition der Biographie in ihrer Gesamtheit. Denn Arendts Rahel-Buch tut sehr verschiedene Dinge zugleich. Im Unterschied zur Entwicklungsgeschichte entfaltet sich im Verlauf des Buches eine weitere, andere, von zielgerichteten Strukturen durchaus unterschiedene Tendenz; eine Dynamik, die ich die Formung des Textes im Ganzen nennen möchte. Diese Formung enthält als wesentliches Strukturmoment die genannte Lernbewegung, sie enthält aber auch Dimensionen, die diese Bewegung irritieren und ablenken. So präsentiert das Buch eine Vielzahl kurzer, in sich abgeschlossener Porträts, beispielsweise von Schleiermacher, Schlegel und Humboldt, die mit Blick auf *ihre* Varianten von Weltflucht diskutiert werden. Arendt erzeugt hier Konstellationen, in denen sich Lebenswege individuell differenzieren und wechselseitig erhellen, während der kontinuierliche Erzählfluss sich merklich verzweigt. Noch bedeutsamer für die vielschichtige Gestaltung des gesamten Buches ist aber Arendts Strategie des Zitierens. Was Arendt im Vorwort als ihr methodisches Interesse vorausschickt, den Wunsch, „Rahels Lebensgeschichte so nachzuerzählen, wie sie selbst sie hätte erzählen können" (133), realisiert das Buch durch weitläufiges Zitieren aus den Briefen Rahels. Die Form dieses Zitierens ist bemerkenswert. Arendt wählt einzelne Worte, größere Bruchstücke oder Sätze. Sie zitiert aber auch Absätze oder ganze Seiten. Wir erfahren nichts über die Datierung der Briefe, aus denen die Zitate entnommen sind. In vielen Fällen wissen wir nicht einmal, wer der zitierte Briefschreiber ist. Briefmaterial wird zeit- und ortlos komponiert, bleibt eigentümlich in der Schwebe und verunsichert eine auf Lernen zielende, chronologische Argumentation. Eine direkte Lektüre oder Deutung der Zitate, eine Auseinandersetzung mit Rahels Wortlaut, geschieht selten. Die Zitate aus Rahels Briefen stehen vielmehr da, stehen für sich, und Arendts Worte folgen, durchziehen oder flankieren diese Zitate. Durchaus scheinen die Zitate so gewählt, dass sie das Argument befördern, obwohl sich bei genauerem Hinsehen die Lage kompliziert. Gerade die längeren Zitate, in denen Rahels Reflexionen Raum gewinnen, illustrieren nicht einfach bestimmte Vor(ein)stellungen, sondern erzeugen ihre eigene interne Verweisungs- und Verstehensproblematik. Zudem agieren sie strukturell dialogisch, evozieren im Selbstausdruck stets auch den Adressaten, von dem her und auf den hin das Schreiben entworfen ist. Zwischen diesem dialogischen Schreiben und Arendts flankierendem Erzählen entstehen Spannungen, wechselseitige Spiegelungen und eine Dynamik, in der nicht nur Arendt Rahel, sondern umgekehrt Rahel Arendt kommentiert. Formung heißt in dieser reflexiven Dynamik eine Buchkonstruktion, in der die Texte Rahels wie auch jene Arendts Ausgangspunkte spezifischer, auch unterschiedlicher Denkrichtungen werden. Arendts Stimme etwa macht sich in zahlreichen Momenten selbständig, fügt philosophische, geschichtstheoretische Überlegungen ein und komponiert sie zur heterogenen Konfiguration. Biographisches Erzählen wird dergestalt zur offenen Form, in der Unabschließbares und Fragmentarisches im Nacheinander der Zeit, aber auch quer zur fortschreitenden Komposition Platz finden.

Besonders auffällig ist unter dem Gesichtspunkt der Zeitstruktur das kurze Kapitel „Tag und Nacht", in dem Arendt Rahels Träume erzählt. Über ganze Seiten hinweg zitiert sie den Wortlaut dieser Träume, ohne ihnen eine ‚tiefere' Deutung zukommen zu lassen. Arendt merkt an, dass Rahels Träume über Jahre hinweg wiederkehren und das Vergangene so am Leben halten.

> So wird das Weiter des Tages ständig in Frage gestellt durch die Nacht und ihr stummes, uneinsichtiges Verweilen bei dem längst Vergangenen oder glücklich Verschwiegenen. So kommt es, daß alles Folgende die Farbe der Zweideutigkeit annimmt, einer kaum gewußten, keinesfalls gewollten Zweideutigkeit. Wiederholte Träume, Nächte, die Bestimmtes aussagen, werden sicher nicht ein eigenes Lebenskontinuum hervorzaubern. (245)

Diese Zeitstruktur der Träume, sie entfaltet sich im diskontinuierlichen Modus unerledigter Wiedergänger und hemmt das „Weiter des Tages", strebt jeder linearen Entwicklung entgegen, auch derjenigen im Fluchtpunkt des Lernens. Die ganz bestimmte Konfiguration der Biographie, ihre Entwicklung im Ganzen, tritt damit in Spannung zur strengen Rahmung aus Anfangs- und Schlusskapitel. Bezieht man diese umwegige Gestalt des Buches noch einmal auf Arendts Bildungskritik im Goethe-Kapitel, so könnte man sagen, tradiert werde durch die Form des Buches der ‚positive' Aspekt von Bildung, den Arendt mit Goethes Sprache verbindet. Diese ungewöhnliche, aus dem konventionellen Gebrauch des Deutschen herausgehobene Sprache bahnt den Weg zu den *heterogenen* und *diskontinuierlichen* Formungsprinzipien der Rahel-Biographie. Hier geschieht tatsächlich Bildung, die Bildung des Buches im Ganzen, eine Bildung zur offenen Form, die nicht zielgerichtet operiert, sondern dem Diskurs des Lernens ins Wort fällt – ihn konstruktiv durchsetzt, ohne ihn damit auszulöschen. Das Lernen bleibt, explizit markiert durch das ins Buch eingetragene pädagogische Vokabular, lesbar und wirksam. Es ist diese repräsentions- und gattungskritische Dynamik der Biographie, es sind die Momente, da die vom ‚Ergebnis' her forcierte Lernbewegung durch bildende Transformationen in Frage steht, in denen auch Arendts Rahel-Biographie ein „Asyl" in der durch Sprache eröffneten „Welt" findet. Es findet Zuflucht in einer Darstellung, die jegliches Format, auch das zielgerichtete des Lernens, bildend umordnet.

VII

Was aber bedeutet dies für die Dramaturgie der biographischen Formfrage? Mein Eindruck ist, dass die rigorose metaleptische Rahmung jene andere, vom Lernen unterschiedene Seite von Bildung, das Formungspotential ohne Telos, deutlicher in Szene setzt.[10] Als Repräsentation im Widerstreit gewinnt die Spannung zwischen den unterschiedlichen Darstellungstendenzen eine geradezu theatralische Intensität. Gebahnt ist damit eine Gattungsreflexion, die den Paria-Gedanken umsetzt in eine diskursive Praxis.[11] Arendt schreibt eine Biographie, die Distanz

---

10 Die Entscheidung für diese Rahmenstruktur trägt ein Datum, mit dem Arendt einmal mehr die Situation der Nachkriegszeit und spezifischer der 1950er Jahre ins Auge fasst. Erst 1956, in einer „letzten Umarbeitung" der „New Yorker Version", die „in der ersten Hälfte des Jahres 1956 angefertigt wurde", „wanderten Rahel Levin Varnhagens auf dem Totenbett gesprochenen Worte an den Anfang des Buches". (Hahn 2020, 876) Der Blick auf eine frühe Version der Biographie, die Arendt am 15. November 1933 an Karl Jaspers schicken ließ, ist in diesem Zusammenhang interessant. In dieser *Berliner Fassung*, die im Rahmen der Kritischen Arendt-Gesamtausgabe erstmals publiziert wird, fehlt nicht nur das Zitat vom Totenbett, sondern findet sich zu Beginn des ersten Kapitels eine Reflexion auf Rahels jüdische Herkunft im Kontext der Aufklärung. Bildung spielt im Tenor dieser Worte eine herausragende Rolle und behauptet ihr emanzipatorisches Versprechen: „Im Jahre 1771 wird Rahel Levin in Berlin geboren: der Vater ein jüdischer Juwelenhändler, wohlhabend, klug und ungebildet, die Mutter ohne eigene Kontur, anlehnungsbedürftig, in ständiger Angst vor der Tyrannei des Mannes, Mutter von fünf Kindern. Das Haus schon fast traditionslos geworden – wenn auch die äusseren Gebräuche noch gehalten werden, noch nicht assimiliert. Der Scharfsinn ist nur der Scharfsinn des Erwerbs; man kennt weder Bildung noch Talmudwissen. Geistigkeit wird repräsentiert in Mendelssohn. Man kennt ihn und seine Freundschaft mit Lessing, auf die man stolz ist, man kennt den *Nathan*, – Lessings Bild hängt an der Wand –. Wissen soll den Kindern gegeben werden, man engagiert einen Hauslehrer, der sehr mittelmässig ausfällt. Merkwürdige Aufgabe, diesen Kindern, deren Eltern von nichts etwas wissen, Bildung zu vermitteln." Was diese Bildung aus jüdischer Sicht bedeuten könnte, macht Arendt wenige Zeilen später deutlich: „Vorbild" in diesem Zusammenhang ist Mendelssohn, „dem es allein schon durch eine Bildungsassimilation gelungen ist, einen Namen zu bekommen, nicht totgeschwiegen zu werden, nicht verachtet zu sein". (Arendt 2020, 11) Bildung ist damit eingeführt als Königsweg in die Assimilation, und sie scheint, jedenfalls für Mendelssohn, erfolgreich gewesen zu sein in dem Versuch, sozialer Ausgrenzung entgegenzuwirken. Das fast dreißig Jahre später, „im Bewusstsein des Untergangs des deutschen Judentums" (Arendt 2020, 135) publizierte Buch beginnt hingegen mit Rahels Ausspruch am Totenbett; das Modell der Assimilation zusammen mit der darin eingetragenen Bildung eröffnen in dieser Version keine Lebensgeschichte.

11 Haun Saussy gebraucht die Bezeichnung „pariah translation" um Arendts französische Schreibweise (im frühen Essay „Rahel Varnhagen et Goethe", *Cahiers Juifs* 11–12 (1934), 186–90) zu charakterisieren. Deren Besonderheiten lassen sich im Kontext von Arendts Kritik am Modell jüdischer Assimilation beschreiben: „Rather than invoke the now customary terms of *nativizing* and *foreignizing* translation, I would borrow from Arendt herself and offer a distinction between parvenu translations and pariah translations. The parvenus are the translations that have successfully adopted the manners of the sentences and paragraphs around them. [...] It takes hard work to arrive, and an *arriviste* can always be unmasked, so the conscience of parvenu translations can never be wholly tranquil. The pariah translation, on the other hand, makes do with whatever terms are at hand and may fail tests of conformity and

zur Gattungskonvention einnimmt und aus dieser Position eine doppelte Bewegung ermöglicht: politisches Eingreifen auf der Ebene historisch-politischen Lernens verschränkt sich mit einer diskontinuierlichen Bildungsdynamik. Beide Bewegungen verbinden sich zu einer komplexen Struktur, die noch die eigenen Rahmungen bildend weiterbewegt. Ergebnis ist eine Biographie, die das für Ausnahme-Individuen reservierte Genre nicht ohne karnevalesken Zugriff minorisiert: Die ausgestellte Materialität der zitierten Briefe, die in Arendts Darstellung häufig unkommentiert bleiben und regelrecht einmontiert wirken, die Vielzahl biographischer Kleinformen, die etwa als knappe Porträts von Zeitgenossen, disruptiv eingefügte Reflexionen oder Traumfragmente die Konfiguration des Buches bestimmen, wären lesbar als Indiz einer im Bildungsprozess befindlichen und diskursiv unentschiedenen Kristallisation. Der Wirklichkeitsbezug, um den es Arendt mit Blick auf Rahels Leben so wesentlich geht, artikulierte sich dann nicht nur argumentativ, als Kritik an Rahels Weltverlust, sondern im Darstellungsverfahren der Biographie: Rahels Briefe und Tagebücher – Texte, die nicht *über* dem Leben stehen, sondern dem Leben, in dem sie operierten, entnommen sind – treffen auf elementare Formen des Biographischen. Am ausgestellten Schnittpunkt der Materialien und Materialitäten artikuliert sich das dem Leben Rahels Zustoßende durch eine Formung, die stetige Entwicklungslinien auseinander-setzt und Bruchstellen der biographischen Konsistenz als Realitätszeichen oder „Widerstand des Wirklichen" gegen restlos funktionale Erzählstrukturen (Barthes 2006, 169) in Szene setzt.

Die Schwierigkeiten, die diese Darstellung bereithält, entspringen Denkbewegungen, die an feinen Unterschieden und Kontrasten arbeiten und sich nicht selten – so noch einmal Lessing in Arendts Preisrede – „,[...] weniger zu verbinden, ja wohl gar sich zu widersprechen scheinen [...]'" (Arendt 1999, 16). Eingebettet in komplexe Formfragen äußert sich am Urteil – Arendts Kritik an der „jüdischen Assimilationsgeschichte" (Arendt 2020, 135) – eine bestimmte Differenz, die ich versuchsweise *das Politische* nennen möchte. Die im Kontext politischer Philosophie getroffene Unterscheidung zwischen der Politik (*la politique*)

---

protocol. But total success is not its aim; it is concerned first to survive. And the ‚conscious pariah' among translations, if there are any such, will accept and display the indignity of the condition of all translations and get the reward of never having to fear exposure. [...] What she had to say about Varnhagen to the readers of *Cahiers Juifs*, she said in a language that would not satisfy purists. But to be too concerned about purists would have only put her in the position of Rahel Varnhagen, seeking to have her foreignness disregarded or forgiven, and to do that would only run counter to the purpose of her skeptical narrative about the first generation of assimilated German Jews. It would mean starting again with a story whose end she ought to have known." (2013, 14).

und dem Politischen (*le politique*) zielt, so Thomas Bedorf, auf „politische[] Theorie" in ihrer Verengung auf Verfahren und Rechtfertigungen der politischen „Organisation". (2010, 13) Das Politische grenze sich von dieser „im Machbaren befangenen Ordnung des Empirischen" (14) ab und bezeichne demgegenüber die „Wiedergewinnung einer philosophischen Befragung des Politischen als *Politischen*"; mit ihm gehe es um „die Frage nach dem Sein oder dem Wesen (*essence*) des Politischen". (13) Im Unterschied zum alltäglichen ‚Geschäft' der Politik, artikuliert *le politique* die Prinzipien und Verfahren, mit denen eine Gesellschaft sich selbst in den Blick und als zusammenhängende soziale Struktur wahrnimmt bzw. reflektiert.

Arendts Konzept des Politischen, das sie zeitgleich mit Erscheinen der Rahel-Biographie in ihrer Studie *The Human Condition/Vita Activa* (1958/1960) vorlegt, ist als „normative[s]" (16) beschrieben worden. Das Politische nach Arendt liefert danach den „Maßstab für jeweils realisierte Formen von Politik" und orientiert sich dabei an der „in der griechischen Idee der *polis* enthaltenen Freiheitspraxis". (16–17) Nur dasjenige, was jenseits von ökonomischer „Notwendigkeit", von „Zwang und Gewalt" in der „Gemeinsamkeit der menschlichen Pluralität behandelt werden kann" sei „eigentliche Politik, das heißt: das Politische". (17) Dieses lasse sich „nicht als Arbeit an der Realisierung eines Zweckes verstehen, sondern als ein öffentlicher Erscheinungsraum, in dem das gemeinsame Handeln der Vielen überhaupt erst möglich wird, ohne dass diese Pluralität zugunsten eines vereinigenden Zieles vorweg beschränkt würde". (18) Das Politische – und Arendt selbst gebraucht dieses ästhetische Vokabular[12] – ist danach die „Bühne der politischen Pluralität". (19) Es bezeichnet die „Potentialität des gemeinsamen *Handelns* gegenüber der Politik als Ausdruck der Steuerung der gemeinsamen Belange, wozu es der Vielen nicht bedarf, weil sie idealtypisch letztlich einem Einzelnen übertragen werden kann". (18)

---

[12] „Handelnd und sprechend offenbaren die Menschen jeweils, wer sie sind, zeigen aktiv die personale Einzigartigkeit ihres Wesens, treten gleichsam auf die Bühne der Welt, auf der sie vorher so nicht sichtbar waren [...]." (Arendt 1996, 219) „Die Bühne des Theaters ahmt in der Tat die Bühne der Welt nach, und die Schauspielkunst ist die Kunst ‚handelnder Personen'. [...] So ist das Theater denn in der Tat die politische Kunst par excellence; nur auf ihm, im lebendigen Verlauf der Vorführung, kann die politische Sphäre menschlichen Lebens überhaupt so weit transfiguriert werden, daß sie sich der Kunst eignet." (233–234) „Der politische Bereich im Sinne der Griechen gleicht einer [...] immerwährenden Bühne, auf der es gewissermaßen nur ein Auftreten, aber kein Abtreten gibt, und dieser Bereich entsteht direkt aus einem Miteinander, dem ‚mitteilenden Teilnehmen an Worten und Taten'. So steht das Handeln nicht nur im engsten Verhältnis zu dem öffentlichen Teil der Welt, den wir gemeinsam bewohnen, sondern ist diejenige Tätigkeit, die einen öffentlichen Raum in der Welt überhaupt erst hervorbringt." (249).

Arendts Bildungskritik in der Rahel-Biographie bildet, so mein Vorschlag, den inkommensurablen Rest dieser Fassung des Politischen. Sie beobachtet im *Wilhelm Meister* ein Modell der bürgerlichen Repräsentation, das nicht die „freie Praxis der Vielen" (17) eröffnet, sondern „eine Bühne" bereitstellt, „auf der jeder so viel gilt, als er darstellen kann". (Arendt 2020, 224) Rahel Varnhagen, will sie im Rahmen dieses Dispositivs in Erscheinung treten, muss „sich *zur Schau* [...] stellen" und „geltend [...] machen"; sie muss sich, einschneidender, durch Assimilation „normalisieren" und auf „Originalität" „verzichten". (226) Gewiss lassen sich Arendts Überlegungen zu Rahels schwierigem gesellschaftlichen Auftritt nicht bruchlos engführen mit jenen zum politischen Erscheinungsraum, der ja nach Arendt von sozialen Bedingungen gerade entlastet wäre. Ihre Beschreibung dieses Auftritts erkundet aber, im Durchgang literarischer Lektüren, das Erscheinen sozusagen ‚als solches'; sie erkundet die *Verfasstheit* einer *szenisch-ästhetischen Praxis*, die konstruktive Voraussetzung ist auch des politischen Erscheinungsraums. Im Horizont dieser performativ sensibilisierten Beobachtung ist – über Arendts explizites Nachdenken hinaus – der Weg gebahnt für weitere Überlegungen: die Frage etwa, ob nicht In-Erscheinung-treten generell (und ‚Bildungsassimilation' wäre lediglich eine seiner historischen Ausprägungen) bestimmte diskursive Zuschnitte durch inszenatorische Verfahren aktualisieren wird; Erwägungen auch, die ‚Freiheit im Erscheinungsraum' vor diesem Hintergrund repräsentationstheoretisch – im Sinne einer Archäologie ästhetiko-politischer ‚Auftritts'formen – präzisieren. Arendts Bildungsreflexionen auf der Basis des *Wilhelm Meister*, ihre Kritik an einer als exklusive Schaustellung bestimmten bürgerlichen Repräsentationskultur, liefert dazu einen Baustein. Die experimentelle Anlage der gesamten Rahel-Studie, die dem linearen Genre der Biographie (Kracauer) ungeahnte Elastizität im Dissens pluraler Formung zuträgt, eröffnet andere: sie entfaltet Bildung ins widerständige Extrem offener Gestaltungspotentiale. „Was" das Politische bei Arendt „alles eigentlich ist" – jenseits einer bündig objektivierten „Norm" (Bedorf 2010, 16) – hat sich auf diese Weise nicht „in abstracto sagen", sondern „höchstens vielleicht" in einer Biographie „exemplifizierend aufweisen" lassen. (Arendt/Jaspers 1985, 48). In diesem ‚konkreten Exemplifizieren' der Rahel-Studie spielen ästhetische Materialien und Verfahren eine wesentliche Rolle und artikulieren sich – den Primat philosophischer Kategorisierung umbildend – wie wohl in keiner ihrer anderen Schriften die *darstellungs*politischen Herausforderungen im Denken Hannah Arendts.

Literaturverzeichnis

Arendt, Hannah. „Originale Assimilation. Ein Nachwort zu Rahel Varnhagens 100. Todestag". *Jüdische Rundschau* Nr. 28–29 (1. April 1933), 143.

Arendt, Hannah. „The Aftermath of Nazi Rule: Report from Germany". *Essays in Understanding 1930–1954. Formation, Exile, and Totalitarianism*. Hg. Jerome Kohn. New York: Schocken, 1994. 248–269.

Arendt, Hannah. *Vita activa oder Vom tätigen Leben*. 8. Auflage. München: Piper, 1996.

Arendt, Hannah. *Rede am 28. September 1959 bei der Entgegennahme des Lessing Preises der Freien und Hansestadt Hamburg*. Mit einem Essay von Ingeborg Nordmann. Hamburg: Europäische Verlagsanstalt, 1999.

Arendt, Hannah. *Was ist Politik? Fragmente aus dem Nachlaß*. Hg. Ursula Ludz. Vorwort von Kurt Sontheimer. München und Berlin: Piper, 2003.

Arendt, Hannah. *Rahel Varnhagen. Lebensgeschichte einer deutschen Jüdin / The Life of a Jewish Woman*. Hg. Barbara Hahn unter Mitarbeit von Johanna Egger und Friederike Wein. Göttingen: Wallstein, 2020 (= Kritische Gesamtausgabe. Hg. Barbara Hahn, Hermann Kappelhoff, Patchen Markell, Ingeborg Nordmann und Thomas Wild, Bd. 2).

Arendt Hannah, und Karl Jaspers. *Briefwechsel 1926–1969*. Hg. Lotte Köhler u. Hans Sauer. München, Zürich: Piper, 1985.

Arendt, Hannah, und Heinrich Blücher. *Briefe 1936–1968*. Hg. Lotte Köhler. München: Piper, 1996.

Arendt Hannah, und Günther Anders. *Schreib doch mal hard facts über Dich. Briefe von 1939 bis 1975. Texte und Dokumente*. Hg. Kerstin Putz. München: Beck, 2016.

Armenteros, Carolina. „Hannah Arendt, Rahel Varnhagen and the Beginnings of Arendtian Political Philosophy". *The Journal of Jewish Thought and Philosophy* 8.1 (1999): 81–118.

Barthes, Roland. „Der Wirklichkeitseffekt" [1964]. *Das Rauschen der Sprache. Kritische Essays IV*. Frankfurt am Main: Suhrkamp, 2006. 164–172.

Bedorf, Thomas. „Das Politische und die Politik. Konturen einer Differenz". *Das Politische und die Politik*. Hg. Thomas Bedorf und Kurt Röttgers. Frankfurt am Main: Suhrkamp, 2010. 13–37.

Benhabib, Seyla. „The Pariah and Her Shadow. Hannah Arendt's Biography of Rahel Varnhagen". *Political Theory* 23.1 (1995): 5–24.

Christophersen, Claudia. „ ... es ist mit dem Leben etwas gemeint". *Hannah Arendt über Rahel Varnhagen*. Königstein/Taunus: Helmer, 2002.

Cutting-Gray, Joanne. „Hannah Arendt's *Rahel Varnhagen*". *Philosophy and Literature* 15.2 (1991): 229–245.

Dilthey, Wilhelm. *Der Aufbau der geschichtlichen Welt in den Geisteswissenschaften*. Hg. Bernhard Groethuysen. 4. Auflage. Stuttgart: Teubner, 1965 (= *Gesammelte Schriften*, Bd 7).

Fahrenbach, Helmut. „Das ‚philosophische Grundwissen' kommunikativer Vernunft. Ein Beitrag zur gegenwärtigen Bedeutung der Philosophie von Karl Jaspers". *Karl Jaspers. Philosoph, Arzt, politischer Denker. Symposium zum 100. Geburtstag in Basel und Heidelberg*. Hg. Jeanne Hersch, Jan Milič Lochmann und Reiner Wiehl. München und Zürich: Piper, 1986. 232–280.

Hahn, Barbara. „Einfach Rahel Varnhagen. Eine Biographie". Nachwort. *Arendt, Hannah. Rahel Varnhagen. Lebensgeschichte einer deutschen Jüdin / The Life of a Jewish Woman*. Hg. Barbara Hahn unter Mitarbeit von Johanna Egger und Friederike Wein. Göttingen:

Wallstein, 2020 (= Kritische Gesamtausgabe. Hg. Barbara Hahn, Hermann Kappelhoff, Patchen Markell, Ingeborg Nordmann und Thomas Wild, Bd. 2). 871–905.
Jaspers, Karl. *Philosophie*. 2. Auflage. Berlin und Heidelberg: Springer-Verlag 1948.
Keedus, Liisi. „Thinking Beyond Philosophy. Hannah Arendt and the Weimar Hermeneutic Connections". *Trames* 18.4 (2014): 307–325.
Kracauer, Siegfried. „Die Biographie als neubürgerliche Kunstform". *Schriften* Bd. 5.2: Aufsätze 1927–1931. Hg. Inka Mülder-Bach. Frankfurt am Main: Suhrkamp, 1990. 195–199.
Leibovici, Martine. „Arendt's Rahel Varnhagen: A New Kind of Narration in the Impasses of German-Jewish Assimilation and Existenzphilosophie". *Social Research* 74.3 (2007): 903–922.
Lessing, Gotthold Ephraim. „Nathan der Weise". *Werke und Briefe in zwölf Bänden*. Hg. Winfried Barner u. a. Bd. 9: Werke 1778–1780. Hg. Klaus Bohnen und Arno Schilson. Frankfurt am Main: Deutscher Klassiker Verlag, 1993. 483–627; 1129–1282 (Kommentar).
Nordmann, Ingeborg. *Hannah Arendt*. Frankfurt am Main, Boston: Campus Verlag, 1994.
Nordmann, Ingeborg. „Auf Freiheit kommt es an". *Arendt, Hannah. Rede am 28. September 1959 bei der Entgegennahme des Lessing Preises der Freien und Hansestadt Hamburg. Mit einem Essay von Ingeborg Nordmann*. Hamburg: Europäische Verlagsanstalt, 1999. 57–89.
Saussy, Haun. „The Refugee Speaks of Parvenus and Their Beautiful Illusions. A Rediscovered 1934 Text by Hannah Arendt". *Critical Inquiry* 40.1 (2013): 1–14.
Schiller, Friedrich. „Über das Erhabene". *Werke und Briefe in zwölf Bänden*. Hg. Norbert Oellers u. a. Bd. 8: Theoretische Schriften. Hg. Rolf-Peter Janz. Frankfurt am Main: Deutscher Klassiker Verlag, 1992. 822–840; 1448–1453 (Kommentar).
Volkening, Heide. *Am Rand der Autobiographie. Ghostwriting, Signatur, Geschlecht*. Bielefeld: transcript, 2006.
Weissberg, Liliane. „Introduction: Hannah Arendt, Rahel Varnhagen and the Writing of (Auto)biography". *Hannah Arendt. Rahel Varnhagen: The Life of a Jewess*. Übers. Richard und Clara Winston. Hg. Liliane Weissberg. Baltimore: The Johns Hopkins University Press, 1997. 3–69.
Young-Bruehl, Elisabeth. *Hannah Arendt. For Love of the World*. 2. Auflage. New Haven, London: Yale University Press, 2004.

Philipp Lenhard
Lyrik eines Heimatlosen: Theodor W. Adorno (1903–1969), Heinrich Heine und der *Deutsch-jüdische Parnass*

Den hitzigen Debatten über die sogenannte *cancel culture*, die derzeit über Denkmäler und Statuen, Platz- und Straßennamen geführt werden, liegt ein eigentümliches Verständnis von kollektivem Gedächtnis zugrunde.[1] Zweifellos sind Sklavenhalter und Kolonialherren, Rassisten und Antisemiten Teil der Geschichte des Westens, wie die konservativen Verteidiger des kulturellen Erbes nicht müde werden hervorzukehren. Nur sind Denkmäler eben keine Museen oder Geschichtsbücher.[2] Vielmehr drücken sie aus, wie eine Gesellschaft sich zu einem bestimmten historischen Zeitpunkt selbst definiert hat und womit sie sich identifizieren konnte – oder sollte. Daher ist die unerbittliche Verteidigung von Statuen, die anderen als Affront und Beleidigung ihrer Identität erscheinen, ein dezidiert politischer Akt, in dem sich ausdrückt, durch welche Vorbilder Konservative und Liberale, Rechte und Linke ihre Nation jeweils repräsentiert sehen wollen. Denkmäler sind mithin zwar Zeitdokumente, aber das bedeutet nicht, dass sie für immer in Stein gemeißelt sein müssen. Gesellschaften wandeln sich und so auch ihre Idole und Ideale.

I

Das beste Beispiel dafür ist der sogenannte *Loreley Fountain* im New Yorker Bezirk Bronx. 1899 enthüllt, steht der pompöse Brunnen aus weißem Marmor, der die Inschrift „IHREM GROSSEN DICHTER DIE DEUTSCHEN IN AMERIKA" trägt, exemplarisch für die Zeitgebundenheit und Brüchigkeit nationaler Identität. Die Wahl des Ortes, ein abgelegener Park in einem Viertel, das kaum eine deutsche Vergangenheit hat, erstaunt umso mehr, wenn man berücksichtigt, dass es ursprünglich in Heines Geburtsstadt Düsseldorf aufgestellt werden sollte. Anlässlich des bevorstehenden 90. Geburtstages Heines hatte der Bürgermeister der rheinischen Metropole 1887 ein Komitee gegründet, um die Idee, ein Denkmal für den berühmtesten

---

[1] Der Begriff stammt ursprünglich von dem französischen Soziologen Halbwachs 1991 [1939].
[2] Siehe dazu den instruktiven Kommentar des Historikers Evans 2020.

 Open Access. © 2022 bei den Autoren, publiziert von De Gruyter. Dieses Werk ist lizenziert unter der Creative Commons Namensnennung - Nicht-kommerziell - Keine Bearbeitung 4.0 International Lizenz.
https://doi.org/10.1515/9783110708110-006

Sohn der Stadt zu errichten, in die Tat umzusetzen.³ Nach kurzen Verhandlungen fand sich eine prominente Unterstützerin, die das Vorhaben finanzierte: Kaiserin Elisabeth von Österreich – „Sisi" –, die seit langem als glühende Heine-Verehrerin bekannt war, spendete 12.950 Reichsmark und beauftragte den bekannten Bildhauer Ernst Herter, einen Entwurf auszuarbeiten. Alles schien reibungslos zu laufen, wenn da nicht die deutschnationalen und antisemitischen Proteststürme gewesen wären, die unnachgiebig gegen das geplante „Judendenkmal" polemisierten.⁴ Das alldeutsche Hetzblatt *Unverfälschte Deutsche Worte*, das von dem antisemitischen Politiker Georg von Schönerer herausgegeben wurde, stellte die rhetorische Frage: „Heine, der das deutsche Volk beschimpfte und verhöhnte, soll ein Denkmal gesetzt werden?!" (zit. n. Schubert 1990, 245.) Und in der neu gegründeten reaktionären Kulturzeitschrift *Der Kunstwart*, die uns später noch einmal beschäftigen wird, wetterte der Schriftsteller Franz Sandvoß gegen Heine als „Verfechter und Verbreiter jeglicher Scham- und Zügellosigkeit" (1887/1888, 117). Einige Monate später veröffentlichte Sandvoß sogar noch eine eigene Streitschrift in Buchform, in der er Heine als Gefahr für den deutschen Volkskörper darstellte: „Heine ist ein Pfahl in unserm Fleische geworden. Es bedarf einer Operation. Die Gefahr der Blutvergiftung der deutschen Natur ist aufs bedrohlichste gesteigert." (Sandvoß 1888, 2) Heine und das gesamte „Semitenvolk" seien „als Verderber und Vergifter auch in das deutsche Geistesleben eingebrochen", davon gelte es sich nun endlich freizumachen (Sandvoß 1888, 7).

Die Proteste, in denen sich die politischen Kämpfe der Wilhelminischen Ära aufs Äußerte verdichteten, hatten ein solches Ausmaß angenommen, dass sie von der Politik nicht mehr ignoriert werden konnten. Anstatt aber umso entschiedener für das Heine-Denkmal einzutreten und sich damit zu einem liberalen Deutschland zu bekennen, ruderte der deutsche Kulturminister zurück und sprach sich für ein Lorelei-Denkmal statt einer Heine-Statue als Kompromiss aus. Dieses Zugeständnis wertete die Antisemiten auf und verlieh ihren Protesten die Aura der Rechtmäßigkeit. Auch die Düsseldorfer Stadtregierung hatte inzwischen kalte Füße bekommen und zog ihre Pläne unter einem Vorwand zurück. Das Heine-Denkmal wurde nicht gebaut, Herters Entwurf blieb vorerst unverwirklicht.

Erst 1895 wurde der deutsche Verein „Arion" aus New York auf den Entwurf aufmerksam und fragte bei Herter an, ob dieser sich vorstellen könne, den Lorelei-Brunnen in New York aufstellen zu lassen. Der sagte freudig zu und vier Jahre später wurde das Denkmal enthüllt. Hier in Amerika repräsentierte es die

---

3 Die Geschichte des Denkmals wird rekonstruiert von Reitter 1999.
4 Zu den antisemitischen Protesten gegen das Denkmal siehe Schubert 1990, 241–246.

deutsche Kultur, und dass Heine ein Emigrant war, machte ihn in der Neuen Welt umso mehr zu einer Identifikationsfigur, sowohl für jüdische als auch für nichtjüdische deutschstämmige Amerikaner. Als das Denkmal während des Ersten und vor allem während des Zweiten Weltkriegs Opfer von Vandalismus wurde (unter anderem wurde Lorelei der Kopf abgeschlagen), richteten sich die Angreifer folglich weniger gegen den Juden oder „Landesverräter" Heine als vielmehr gegen den Deutschen.

II

Im Jahr 1956, als der Philosoph Theodor W. Adorno seinen berühmten Vortrag *Die Wunde Heine* hielt, war der Streit um den *Loreley Fountain* längst vergessen. Die Ressentiments, die ihn einst ausgelöst hatten, waren dagegen noch immer allzu präsent. Nachdem der Dichter während des Nationalsozialismus zunächst mit Verachtung und Hohn übergossen und hernach totgeschwiegen worden war, war es nach 1945 erst nach und nach zu einer Wiederentdeckung gekommen.[5] Zwar erschienen in den ersten Nachkriegsjahren zahlreiche Neuausgaben, aber es ist bemerkenswert, dass der jüdische Heine ebenso ausgespart blieb wie der Satiriker und kompromisslose Deutschlandkritiker. Stattdessen wurde Heine vor allem als unpolitischer Heimat- und Liebesdichter bekannt, besonders für seine erste, noch romantisch gestimmte Gedichtsammlung *Buch der Lieder* (vgl. Goltschnigg und Steinicke 2008, 126). Der rechtskonservative Journalist und ehemalige Widerstandskämpfer gegen das NS-Regime Rudolf Pechel war einer der ersten, die sich zu Heine zu Wort meldeten. 1946 rühmte Pechel in einem längeren Artikel insbesondere die Naturdarstellungen des Lyrikers, stellte Heine aber zugleich als „Fremden" vor, der an einer „Tragik des Andersseins" leide und als Jude „ahasverische Züge" trage (zit. n. Goltschnigg und Steinicke 2008, 127). Obwohl Pechel bemüht war, seine antisemitischen Ressentiments zu verbergen, indem er das angebliche Anderssein Heines nicht als etwas Negatives verstanden wissen wollte, war er einer der wenigen, der das Jüdische Heines überhaupt offen thematisierte. Im Ganzen war die unmittelbare Nachkriegszeit eher durch eine Entpolitisierung Heines geprägt – man versuchte, den „Pfahl in unserm Fleische", von dem Sandvoß gesprochen hatte, einfach zu ignorieren.

Dass er trotzdem noch immer schmerzte, zeigten die Diskussionen um das Heine-Jahr 1947, als es erstmals zu einer gesteigerten Aufmerksamkeit für den rheinischen Dichter kam. Als die Stadt Düsseldorf erwog, einen Heine-Preis

---

5 Zur NS-Kulturpolitik gegenüber Heine siehe Dahm [2]1993, 160–164.

auszugeben, wiederholte sich – unter den Bedingungen der Restauration – die Posse um das Heine-Denkmal sechzig Jahre zuvor. Konservative Kräfte machten erfolgreich Stimmung gegen den Plan, der in der Folge wieder aufgegeben wurde. Der seinerzeit bekannte Lyriker Rudolf Alexander Schröder erklärte mit süffisantem Unterton, die Entscheidung, von einem Heine-Preis Abstand zu nehmen, sei richtig, denn Heine habe „im Wesentlichen nur seine Schulzeit an den Ufern des Rheins gelebt", bevor er „zu seinem Onkel Salomon und später gen Paris" gewandert sei (zit. n. Goltschnigg und Steinicke 2008, 131). Hier war er wieder, der Jude und Emigrant Heine, der nicht *wirklich* zu Deutschland gehörte und stets ein Fremder geblieben sei. Es war immer dieselbe Melodie. 1952 erklärte der ehemalige Nationalsozialist Friedrich Sieburg, der vier Jahre später die Leitung des Literaturteils der *Frankfurter Allgemeinen Zeitung* übernehmen sollte, dass Heine zu Recht vergessen worden sei, weil nun mal durch die Wiederentdeckung Hölderlins eine „Reinigung des Sprachgefühls" (zit. n. Goltschnigg und Steinicke 2008, 135) eingesetzt habe, die Heines Lyrik nicht aus politischen, sondern aus ästhetischen Gründen verdrängt habe – implizit hieß das, Heines Sprache sei unrein, undeutsch.

Es waren vor allem Emigranten, die sich seit Anfang der fünfziger Jahre verstärkt für Heine einsetzten und dazu beitrugen, dass er 1956, als Adornos Beitrag erschien, bereits zur Symbolfigur des „besseren Deutschlands" geworden war, um dessen Vertretungsanspruch die beiden deutschen Staaten erbittert kämpften. Angesichts des 100. Todestages hatten die Abteilungen „Wissenschaft und Propaganda" sowie „Kunst, Literatur und kulturelle Zusammenarbeit" beim ZK der SED am 12. Februar 1956 eine Erklärung herausgegeben, wonach die „deutsche Arbeiterklasse, das deutsche Volk und die ganze fortschrittliche Menschheit" Heine als „einen der größten Lyriker und Meister des Wortes" ehrten (Abteilung Wissenschaft und Propaganda und Abteilung Kunst, Literatur und kulturelle Zusammenarbeit beim ZK der SED 1976 [1956], 146). Er habe die „Schranken des bürgerlichen Denkens" durchbrochen und sei „zu einem Vorläufer des sozialistischen Denkens" geworden (Abteilung Wissenschaft und Propaganda und Abteilung Kunst, Literatur und kulturelle Zusammenarbeit beim ZK der SED 1976 [1956], 146). Anstatt des Landesverrates sah die SED in ihm einen Kämpfer „gegen die volksfeindliche Herrschaft der Fürsten, Grundbesitzer und feudalen Bürokraten." (Abteilung Wissenschaft und Propaganda und Abteilung Kunst, Literatur und kulturelle Zusammenarbeit beim ZK der SED 1976 [1956], 148) Für die DDR-Propaganda galt Heine als Inbegriff des fortschrittlichen deutschen Dichters – dass er Jude war, wurde geflissentlich verschwiegen.

Als Reaktion darauf veröffentlichte fünf Tage später auch das Presse- und Informationsamt der Bundesregierung eine Stellungnahme. Anders als das der SED war dieses Papier, das sich deutlich von der postnazistischen Heine-Verachtung der Nachkriegszeit absetzte, durch einen selbstkritischen Ton geprägt: Das deutsche Volk, heißt es dort, habe in der Vergangenheit

> kaum je mit Einsicht und Bemühung um Selbsterkenntnis, sondern fast immer mit Verärgerung und Ablehnung des Tadlers reagiert. Den Zorn, der aus der leidenschaftlichen Betroffenheit vom eigenen deutschen Wesen kam, nannte es „Beschmutzung des eigenen Nestes", und allzu oft war es bereit, die „vaterlandslosen Gesellen" aus seinem selbstgerecht behaglichen Lebenskreis auszuschließen. Das deutsche Volk liebt nicht das heilsame Ärgernis, und der große, fast monumentale Fall dieses seines Versagens ist der Fall Heinrich Heine.
> (Bulletin des Presse- und Informationsamtes der Bundesregierung 1976 [1956], 150–151)

Aus diesem „Versagen" zu lernen, könne nur heißen, wie Heine für Freiheit und Vernunft zu kämpfen – damit aber auch gegen den Kommunismus, denn „die Zweideutigkeit, die ihn so vielfältig umgibt, beruht geradezu darauf, dass er gegen zwei Fronten kämpfte. Er zog sich die Feindschaft der Radikalen ebenso zu wie der Konservativen und Orthodoxen [...]." (Bulletin des Presse- und Informationsamtes der Bundesregierung 1976 [1956], 154) Heines Freundschaft mit Marx und Engels konnte aus dieser Perspektive nur stören und wurde vorsichtshalber ausgespart.

III

Mit anderen Worten: DDR und BRD stritten Mitte der 1950er Jahre darüber, wer das Erbe Heines rechtmäßig vertrete, und folglich interessierten sich beide vor allem für die politische Haltung des Dichters. Wenn Adorno in seinem vom Westdeutschen Rundfunk ausgestrahlten Vortrag hier Stellung beziehen wollte, dann galt es, der Versuchung zu widerstehen, eine Festrede in dem einen oder anderen Sinne zu halten und sich damit für die Propaganda einspannen zu lassen. Vielmehr musste „ohne Schönfärberei" zur Sache gesprochen werden: zu Heines literarischem Werk (Adorno 1997a [1956], 95). Hier war Adornos Urteil eindeutig. Den Prosaschriftsteller Heine lobte er für die „von keiner Servilität gehemmte polemische Kraft" (Adorno 1997a [1956], 95). Er allein unter allen deutschen Dichtern habe „einen unverwässerten Begriff von Aufklärung bewahrt" und der Idee einer „Gesellschaft ohne Zwang und Versagung" die Treue gehalten (Adorno 1997a [1956], 96).

Auf das emphatische Lob folgte jedoch unmissverständliche Kritik: Die Wunde Heine, die Adornos Essay den Titel gab, entspringe seiner Lyrik. „Ware und Tausch bemächtigten sich in Heine des Lauts, der zuvor sein Wesen hatte an der Negation des Treibens." (Adorno 1997a [1956], 97) Im Gegensatz zu Baudelaire habe es Heine nicht vermocht, der Moderne „Traum und Bild" abzutrotzen, sondern sich „williger [...] dem Strom überlassen" (Adorno 1997a [1956], 97). Er habe „gleichsam eine dichterische Technik der Reproduktion, die dem industriellen Zeitalter entsprach, auf die überkommenen romantischen Archetypen angewandt, nicht aber Archetypen der Moderne getroffen." (Adorno 1997a [1956], 97) Damit repräsentiere Heines Poesie schlechte Gelegenheitslyrik, die für den Markt zugeschnitten sei, und nicht mehr, wie einst, den Einspruch des Schmerzes gegen die soziale Ohnmacht markiere. Heines Gedichte erschienen Adorno wie kommerzielle Bückware, billige Abziehbilder autonomer Kunstwerke. Heine, der letzte Aufklärer, war zugleich der erste Dichter der Kulturindustrie.

Die Wunde Heine aber ist nicht zu verwechseln mit der Wunde Heines. Denn ein immanent dialektisches Prinzip seiner Dichtung war laut Adorno die ironisierende Selbstkritik: „Dem Romantiker Heine, der vom Glück der Autonomie zehrte, hat der Aufklärer Heine die Maske heruntergerissen, den bislang latenten Warencharakter hervorgekehrt. Das hat man ihm nicht verziehen." (Adorno 1997a [1956], 97) Heine wusste, so Adorno, dass seine Gedichte warenförmig waren, und er konterkarierte ihren Konformismus durch „überspielende" Selbstironie. Damit enthüllte er die Bedürfnisse der Konsumenten ebenso wie die Produktionstechniken seiner Dichterkollegen, die sich als kritische und unabhängige Künstler gerierten, obwohl auch sie sich längst den Mechanismen des Marktes angepasst hatten. Er legte das Wesen der bürgerlichen Kulturindustrie offen und riss damit eine tiefe Wunde, die nicht verheilen wollte, in die von angemaßter Authentizität überzogene Oberfläche der deutschen Literatur. Der Antisemitismus, der sich gegen Heine richtete, erklärte sich für Adorno genau aus jener Wunde. „Die Wut dessen aber, der das Geheimnis der eigenen Erniedrigung an der eingestandenen des anderen wahrnimmt, heftet sich mit sadistischer Sicherheit an seine schwächste Stelle, das Scheitern der jüdischen Emanzipation." (Adorno 1997a [1956], 97–98) Wenn die Antisemiten Heine – aus der Sicht Adornos: zurecht – die Künstlichkeit seiner Sprache ankreideten und diese als „jüdisch" apostrophierten, sei das lediglich eine Verschiebung der eigenen Schuld auf den Schwachen. Ihre eigene Schuld, die willfährige Preisgabe künstlerischer Autonomie und die Kommerzialisierung der Sprache, werde auf denjenigen projiziert, der das Dilemma moderner Lyrik ironisch auf die Spitze trieb.

Allerdings hatte Adornos Heine-Verteidigung eine eklatante Schwachstelle: Sie stimmte an einem zentralen Punkt in den Chor der Antisemiten ein. Wie sie behauptete Adorno, Heine sei die deutsche Sprache im Grunde fremd. Das „Scheitern der jüdischen Emanzipation" zeige sich an Heines Lyrik gerade dort, wo sich das Jiddische seinen Weg in die Verse bahne.[6] „Heines Mutter, die er liebte, war des Deutschen nicht ganz mächtig." (Adorno 1997a [1956], 98)[7] Heine sei stets Jude geblieben, seine Lyrik dem „nachahmenden Übereifer des Ausgeschlossenen" entsprungen, die „assimilatorische Sprache" Ausdruck „misslungener Identifikation" (Adorno 1997a [1956], 98). Wurde er mithin, so muss man Adorno fragen, zu Recht aus der deutschen Literatur verbannt? Bevor wir Adorno antworten lassen, sei nachgezeichnet, wie er zu seiner Antwort kam.

IV

In der Heine-Forschung wurde häufig darauf hingewiesen, dass Adorno einfach die Vorurteile von Heines Gegnern übernommen habe. „Zu den für Adorno problematischen Seiten von Heines Person und Werk gehören einmal Heines jüdischer kultureller Hintergrund und insbesondere Heines Umgang mit der deutschen Sprache", schreibt etwa Peter Uwe Hohendahl, um die Frage nachzuschieben: „Warum zögert Adorno, die Kraft und die Qualität von Heines Lyrik anzuerkennen?" (Hohendahl 2019, 246) Hohendahls Antwort lautet, Adornos Begriff der inauthentischen Sprache sitze letztlich antisemitischen Vorstellungen auf. Die „von Adorno hergestellte Verbindung zwischen Heines Stil und seiner jüdischen Herkunft" sei bedrohlich:

> Wenn Adorno sich dem Phänomen des Antisemitismus zuwendet, lässt er keinen Zweifel daran, dass er nicht an jüdische Eigenschaften an sich glaubt, folglich gibt es wohl Jiddisch, aber kein Judendeutsch. In seiner Heine-Interpretation hingegen entfernt er sich von dieser Einstellung. (Hohendahl 2019, 252)

Abgesehen davon, dass die Begriffe „Jiddisch" und „Judendeutsch" ihre eigene Ambivalenz haben und sich mit einigem Recht das sich bereits in Auflösung befindende „Westjiddisch", das Heines Mutter als Jugendliche noch sprach, sehr wohl als „Judendeutsch" bezeichnen ließe, übersieht Hohendahl, dass Adorno sich der Doppelbödigkeit seines Arguments sehr wohl bewusst war.[8]

---

6 Interessant ist, dass für Hannah Arendt eben jene Verbindung von Deutschtum und Judentum, die „unzähligen jüdisch-hebräischen Worten dichterisches Heimatrecht in der deutschen Sprache geschaffen" habe, aus Heine „das einzige große Beispiel geglückter Assimilation" machte. (Arendt 1976, 53).
7 Zu dieser Behauptung, die sich lediglich für die Jugend der später hochgebildeten Betty Heine aufrechterhalten lässt, siehe Wadepuhl 1974, 15.
8 Für die Diskussion der Begriffe „Westjiddisch" und „Judendeutsch" siehe Simon 1993, besonders 213–218.

Dies zeigt sein englischsprachiger Vortrag *Towards a Reappraisal of Heine*, den er bereits 1949 an der University of Southern California gehalten hatte und der die Argumentation des späteren deutschen Vortrags vorwegnimmt.⁹ Hier heißt es explizit:

> Those qualities [Aggressivität, übersteigertes Selbstbewusstsein und Taktlosigkeit, P.L.] of Heine's which account superficially for this uneasiness are generally explained by his Jewishness. But this procedure seems to be dubious. For reference to these qualities suggests all too strongly a number of anti-Semitic stereotypes, which as modern social psychology has established beyond doubt, are due to projective mechanisms on the part of the indignant. (Adorno 1997b [1949], 442–443)

Der Charakter von Heines Lyrik könne nur aus der historischen Dynamik erklärt werden, der sie unterworfen sei, und nicht etwa aus der „private and accidental quality of his descent" (Adorno 1997b [1949], 443). Was als jüdisch an Heines Sprache erscheine, sei in Wahrheit ein Ausdruck der Selbstentfremdung der poetischen Sprache im Zeitalter der Frühindustrialisierung. Heines Lyrik sei daher nicht etwa eine Manifestation jüdischen Geistes, sondern des Eindringens journalistischer Massenkommunikation in die Dichtung.

Anders als Hölderlin und Novalis habe Heines Dichtung nicht mehr dem Einzug der „business culture" widerstanden, der Einpressung der Kunst in Warenform, sondern sie habe den Weltschmerz individualisiert. Darin sei Heines Lyrik eine Ausdrucksform der kapitalistischen Warenmonade, die über keine außerkapitalistischen Mittel mehr zur Protestation gegen das Elend verfüge, sondern sich der Warenform bedienen müsse und damit Kritik kommerzialisiere. Diese Gegenüberstellung von Kunst und Kommerz entspricht einem Modell, das Adorno Jahre später in seinem Rundfunkbeitrag *Auf die Frage: Was ist deutsch* als Gegensatz von deutschem und kapitalistischem Geist konkretisieren wird, allerdings mit einem dialektischen Twist. Deutsch sein heiße, so zitiert Adorno Richard Wagner dort, „eine Sache um ihrer selbst willen tun" (1969 [1965], 104). Zwar sei „die Selbstgerechtigkeit des Satzes" unüberhörbar, „auch der imperialistische Oberton, der den reinen Willen der Deutschen dem vorgeblichen Krämergeist zumal der Angelsachsen kontrastiert" (Adorno 1969 [1965], 104). Zugleich aber bleibe an dem Satz richtig,

> daß das Tauschverhältnis, die Ausbreitung des Warencharakters über alle Sphären, auch die des Geistes – das, was man populär mit Kommerzialisierung bezeichnet –, im späten achtzehnten und im neunzehnten Jahrhundert in Deutschland nicht so weit gediehen war wie in den kapitalistisch fortgeschrittenen Ländern. Das verlieh zumindest der geistigen Reproduktion einige Resistenzkraft. (Adorno 1969 [1965], 104)

---

9 Zu den Gemeinsamkeiten und Unterschieden der beiden Texte siehe Goetschel 2019, 97–110.

Der deutsche Geist war demnach aus Adornos Perspektive gerade nicht *fortschrittlich* gewesen, sondern hinter dem Stand der Produktivkräfte *zurückgeblieben*. Es sei jener Atavismus gewesen, der die deutsche Kultur noch lange davor bewahrt habe, in der Warenform aufzugehen. Heines Lyrik repräsentierte aus dieser Perspektive betrachtet den Fortschritt, die Durchsetzung des ‚angelsächsischen Krämergeistes' gegenüber der autonomen Kunst, die Verwandlung von Poesie in Journalismus.

Allerdings machte Adorno drei gewichtige Einschränkungen: zum einen sperrte er sich dagegen, diese Verweigerung nationalistisch zu essentialisieren – „bedeutende Dichter der westlichen Länder haben der durchs Tauschprinzip verschandelten Welt nicht weniger widerstanden" (Adorno 1969 [1965], 105) –, zum zweiten sei Deutschland inzwischen genauso kapitalistisch wie alle anderen europäischen Nationen auch, weshalb das Diktum von der Selbstzweckhaftigkeit der Kunst schon zu Wagners Zeiten zur Lüge geworden sei. Zum dritten bemerkte er, wiederum in seinem Vortrag von 1949, dass gerade der Schriftsteller Heine den bürgerlichen Fortschrittsglauben nicht mehr geteilt habe, seine „fortschrittliche" Lyrik also mit Heine selbst kritisiert werden könne:

> He was identified with it [liberalism, P.L.] as the genuine child of Jewish emancipation. But he was one of the first enlighteners in Germany who did not naively accept the notion of progress and all the values of the French revolution but was aware of the mechanical, de-humanizing impact of progress, of the drabness and boredom of the middle-class world, particularly as he saw it in England. (Adorno 1997b [1949], 451)

Dieses Urteil trifft sich mit der Charakterisierung Heines im Jahr 1956 als Dichter der Kulturindustrie, der zugleich dem Kritiker Heine gegenübergestellt werden kann. Aber wieso fehlte in dem englischsprachigen Vortrag von 1949 der Verweis auf das Scheitern jüdischer Assimilation, das sich in der Beharrungskraft des Jiddischen und Heines Fremdheit zeige?

V

Dass Adorno 1956 das Jüdische in Heines Lyrik betonte, obwohl er es sieben Jahre zuvor noch als Schein bezeichnet hatte, lässt sich nur durch den konkreten zeithistorischen Kontext seiner Rede erklären. Er sprach nicht in Kalifornien, sondern im postnazistischen Deutschland, und das bedeutete, dass er Heines Jüdischkeit thematisieren *musste*. Anders als in Amerika gehörte sie in Deutschland zur Wunde Heine, war sie nach dem Holocaust ein „Pfahl in unserm Fleische". Deshalb beginnt *Die Wunde Heine* mit einem Hinweis auf das, „was zumal in Deutschland nach dem zweiten Krieg verdrängt ward" (Adorno

1997a [1956], 95). Auf den ersten Blick erstaunt dann aber, dass Adorno scheinbar ausgerechnet antijüdische Klischees bemühte, die er doch eigentlich – wie oben gezeigt – durchschaut hatte. Wie ist das zu erklären?

Adornos positiver Bezug auf Karl Kraus und dessen vielbeachtetes Buch *Heine und die Folgen* ist in der Forschung zu Recht immer wieder hervorgehoben worden; ohne Zweifel hat er dessen Vorwurf, Heine habe das Feuilleton in Deutschland eingeführt, übernommen und materialistisch unterfüttert (Kraus 1910). Bislang ignoriert wurde aber ein anderer Einfluss, der von Adorno nicht explizit erwähnt wird und auch in der Adorno-Forschung (soweit ich sehe) noch nicht berücksichtigt worden ist: der Moritz Goldsteins.[10] Man muss wohl von einer esoterischen Goldstein-Lektüre sprechen, schließlich galt der Autor des 1912 in der (oben bereits erwähnten) rechten Zeitschrift *Der Kunstwart* erschienenen Essays *Deutsch-jüdischer Parnass*, der vor dem Ersten Weltkrieg eine breite und scharf geführte Debatte nicht nur unter den jüdischen Intellektuellen ausgelöst hatte, noch immer als Stichwortgeber der Antisemiten.[11] Goldstein hatte das Scheitern der jüdischen Emanzipation erklärt, weil die Juden, obwohl sie nicht nur assimiliert seien, sondern sogar „den geistigen Besitz" des deutschen Volkes verwalteten, noch immer als Fremde angefeindet und ausgeschlossen würden. Immer mehr „gewinnt es den Anschein, als sollte das deutsche Kulturleben in jüdische Hände übergehen", erklärte er (Goldstein 1912, 283). Die deutsche Kultur – deren Essenz sich in Wagners Satz, „Deutsch sein heißt, eine Sache um ihrer selbst willen tun", zusammenfassen lasse – werde heute maßgeblich durch jüdische Schriftsteller und Wissenschaftler, Künstler und Musiker vertreten (Goldstein 1912, 284). Das hätten die Christen, als sie die Juden emanzipiert hatten, „nicht erwartet und nicht gewollt. Sie begannen sich zu wehren, sie begannen wieder uns fremd zu nennen" (Goldstein 1912, 283). Die Polemik *Deutsch-jüdischer Parnass* steht damit wie kaum eine andere für das von Adorno aufgerufene Eingeständnis des „Scheiterns der jüdischen Emanzipation".[12] Der Text stellt einen Schlüssel bereit, um Adornos Analyse des Jüdischen bei Heine zu verstehen.

---

10 In einem erhellenden Aufsatz hat Eva-Maria Ziege kürzlich auf Max Horkheimers Auseinandersetzung mit Goldstein im amerikanischen Exil hingewiesen, die sich sogar darin ausdrückte, dass Horkheimers berühmter Aufsatz *Die Juden und Europa* von 1939 einfach den Titel eines Aufsatzes von Goldstein aus dem Jahr 1913 übernahm. Siehe Ziege 2019, 126–127. Auch für Adornos Freund Walter Benjamin spielte die Debatte eine große Rolle, wie ein Brief an Ludwig Strauss vom 11. September 1912 zeigt. (Benjamin 1995, 61–65).
11 So bezog sich etwa Theodor Fritsch in seinem berüchtigten *Handbuch der Judenfrage* zustimmend auf Goldstein. Vgl. Voigts 2012, 465.
12 Zur Kunstwart-Debatte insgesamt vgl. Voigts 2002, 271–287.

Wie Goldstein, der vor einer deutschen, zu großen Teilen antisemitisch gestimmten Leserschaft seine Gedanken ausbreitete, weil keine jüdische Zeitschrift ihn drucken wollte, mag auch Adorno bei der Niederschrift seines Manuskripts gedacht haben: „Dass wir lieber nicht davon sprächen, gebe ich zu; es geht auch mir gegen das Schamgefühl, vor aller Welt zu sagen, was ich nur vor Juden sagen sollte. Auch ich wünschte, dass wir unsre schmutzige Wäsche im eigenen Hause waschen könnten." (Goldstein 1912, 282) Aber Goldstein sah es als notwendig an, vor Illusionen zu warnen, und überwand deshalb seine Scham. Wenn die jüdischen Intellektuellen immerzu verlangten, nur nach der Qualität ihrer Arbeit und nicht nach ihrer Herkunft beurteilt zu werden, so sei dies unmöglich. Die Juden blieben in Deutschland stets Fremde – nicht weil sie intrinsisch andersartig seien, sondern weil die Christen sie zu Fremden erklärten und fest an ihre Fremdartigkeit glaubten. Juden könnten noch so kunstvoll schreiben, sie blieben für die Christen „noch immer die Fremden, die Ausländer, die sogar die deutsche Sprache nur ‚als Ausländer', ‚nur wie eine erlernte, nicht als angeborene Sprache' sprechen" (Goldstein 1912, 284). Das zielte auch auf den Fall Heine.

Aufklärung und Zurückweisung der gegen die Juden erhobenen Vorwürfe sah Goldstein als nutzlos an. Weil der Antisemitismus irrational sei, mehr ein Gefühl als ein Wissen, sei Aufklärung zum Scheitern verurteilt: „Wenn alle Verleumdungen widerlegt, alle Entstellungen berichtigt, alle falschen Urteile über uns verbessert sind, so bleibt die Abneigung selbst als unwiderleglich übrig. Wer das nicht einsieht, dem ist nicht zu helfen." (Goldstein 1912, 287) Goldstein sah nur eine Möglichkeit: „sich laut und rücksichtslos, ich möchte beinahe sagen schamlos als Juden bekennen" (1912, 292). Er plädierte für eine selbstbewusste jüdische Kultur, die sich nicht mehr der Illusion hingab, identisch mit der nichtjüdischen zu sein. Darin ähnelte er einem Vertreter des Kulturzionismus, der „jüdischen Renaissance", obwohl er es für unmöglich erachtete, hebräischer Dichter zu werden oder „nach Zion" auszuwandern, und überzeugt davon war, dass Deutschtum und Judentum so eng miteinander verflochten seien, dass sie sich faktisch gar nicht vollständig voneinander trennen ließen (Goldstein 1912, 291). Dafür ist Goldstein von allen Seiten angegriffen worden – von den „Assimilanten", weil er ihr Lebensmodell in Zweifel zog; von den Zionisten, weil er den letzten Schritt nicht gehen wollte; und von den Antisemiten, weil er eben doch darauf beharrte, dass die Juden das Beste der deutschen Kultur verträten. Letztlich also blieb Goldstein bei der Kritik stehen, verhielt sich trotz der Schärfe seiner Polemik unentschieden und konnte keine wirkliche Lösung anbieten: „Das Problem aufzuzeigen, war meine Absicht. Es ist nicht meine Schuld, dass ich keine Lösung weiß." (1912, 292)

Adorno konnte sich zweifellos mit Goldsteins Kritik identifizieren, und auch er wusste keine Lösung. Wie vielen anderen war auch ihm, dem katholisch getauften Sohn eines protestantischen Vaters jüdischer Herkunft und einer katholischen Mutter, das Judentum von den Nationalsozialisten aufgezwungen worden.[13] Anders als bei Heine und Goldstein spielte im Hause Wiesengrund-Adorno das Jüdische nur eine geringe, eher subtile Rolle und bis zu seinem Tod hat Adorno, der ohne religiöses Zeremoniell auf dem Frankfurter Hauptfriedhof begraben wurde, sich wohl nicht als Jude definiert.[14] Aber er wusste, dass die Selbstdefinition keine frei gewählte ist, sondern sich notwendig auf eine Welt beziehen muss, die Menschen unaufhörlich klassifiziert und einordnet. Als vom Antisemitismus Verfolgter war Adorno genauso Jude wie der Konvertit Heine.

Aus dieser Position heraus nun sprach Adorno im Westdeutschen Rundfunk über Heine – den Juden, den Schriftsteller, den Dichter. Von Goldstein wusste er, dass „Schönfärberei" nichts gegen das Ressentiment würde ausrichten können. Umso mehr stürzte er sich auf jene apologetischen Versuche, die Heine heroisierten, um über die „Wunde" hinweggehen zu können. Ein verstecktes Gespräch führte er auch an diesem Punkt mit Moritz Goldstein, der sich im *Deutsch-jüdischen Parnass* folgendermaßen über Heine und dessen Bewunderer geäußert hatte:

> Man mag über ihn als Menschen und Künstler denken, wie man will: das Romanzero steht doch einmal als unvergleichliche Leistung in der deutschen Literatur, und Heines politische und Zeitgedichte werden an Bildkraft, Witz, schlagender Wirkung von keinem der andern politischen Dichter erreicht. Statt dessen aber klammert man sich, um den Poeten zu beurteilen, an das Jugendwerk des Buches der Lieder, als wäre es die einzige Frucht seiner Lyrik. Wollen wir seine Schwächen, namentlich seine moralischen vertuschen? Im geringsten nicht; sondern wir Juden haben noch zehnmal mehr Grund, unsern Großen in die Seele und auf die Finger zu gucken. (1912, 289)

VI

Adornos Heine-Kritik steht in einer jüdischen Tradition. Sie wirft dem Lyriker Heine vor, Illusionen der Assimilation aufzusitzen und sich an den schlechten Zeitgeist der heraufziehenden Massenkultur anzuschmiegen. Sie ist aber auch eine rettende Kritik, die in Heines Prosa, insbesondere in seiner Ironie, den Einspruch gegen das Scheitern der Emanzipation und die falsche Einrichtung der

---

13 Zu Adornos komplizierter christlich-jüdischer Familiengeschichte siehe Claussen 2005, 27–56.
14 Zum Begräbnis vgl. Müller-Doohm 2003, 728–729.

Welt sieht. Das Judentum Heines war für Adorno vor allem ein aufgebürdetes, aufgezwungenes. Das Jiddisch, das Betty Heine angeblich gesprochen haben soll (in Wirklichkeit verfügte sie neben dem Deutschen auch über Kenntnisse des Lateinischen, Englischen und Französischen), gehörte für Adorno nicht zu den „problematischen Seiten von Heines Person und Werk", wie Hohendahl behauptet hat, sondern der Zwang, sich zu assimilieren. Weil Heines Verbindung von Deutschtum und Judentum eine repressive, erzwungene war, so Adorno, merkte man ihr das Künstliche an. Es sprach für Heine, dass er diese Verbindung ironisierte, mit ihr spielte, aber zugleich litt er an ihrer Fragilität. Heines Lyrik musste unversöhnt bleiben in einer unversöhnten Welt:

> Heines stereotypes Thema, hoffnungslose Liebe, ist Gleichnis der Heimatlosigkeit, und die Lyrik, die ihr gilt, eine Anstrengung, Entfremdung selber hineinzuziehen in den nächsten Erfahrungskreis. Heute, nachdem das Schicksal, das Heine fühlte, buchstäblich sich erfüllte, ist aber zugleich die Heimatlosigkeit die aller geworden; alle sind in Wesen und Sprache so beschädigt, wie der Ausgestoßene es war. Sein Wort steht stellvertretend ein für ihr Wort: es gibt keine Heimat mehr als eine Welt, in der keiner mehr ausgestoßen wäre, die der real befreiten Menschheit. Die Wunde Heine wird sich schließen erst in einer Gesellschaft, welche die Versöhnung vollbrachte. (Adorno 1997a [1956], 100)

Literaturverzeichnis

Abteilung Wissenschaft und Propaganda und Abteilung Kunst, Literatur und kulturelle Zusammenarbeit beim ZK der SED: „Der deutsche Dichter Heinrich Heine. Zu seinem 100. Todestag (1956)". *Heine in Deutschland. Dokumente seiner Rezeption 1834–1956*. Hg. Karl Theodor Kleinknecht. München und Tübingen: Deutscher Taschenbuchverlag, 1976. 146–149.

Adorno, Theodor W. „Auf die Frage: Was ist deutsch [1956]". *Stichworte. Kritische Modelle 2*. Frankfurt am Main: Suhrkamp, 1969. 102–112.

Adorno, Theodor W. „Die Wunde Heine [1956]". *Gesammelte Schriften, Bd. 11: Noten zur Literatur*. Hg. Rolf Tiedemann. Frankfurt am Main: Suhrkamp, 1997a. 95–100.

Adorno, Theodor W. "Towards a Reappraisal of Heine [1949]". *Gesammelte Schriften, Bd. 20/2: Vermischte Schriften II*. Hg. Rolf Tiedemann. Frankfurt am Main: Suhrkamp, 1997b. 441–452.

Arendt, Hannah: „Die verborgene Tradition". *Die verborgene Tradition. Acht Essays*. Frankfurt am Main: Suhrkamp, 1976. 46–73.

Benjamin, Walter. *Gesammelte Briefe, Bd. 1: 1910–1918*. Hg. Christoph Gödde und Henri Lonitz. Frankfurt am Main: Suhrkamp, 1995.

Bulletin des Presse- und Informationsamtes der Bundesregierung: „Heinrich Heine – der Klassiker des Ärgernisses. Zum hundertsten Todestag des Dichters (1956)". *Heine in Deutschland. Dokumente seiner Rezeption 1834–1956*. Hg. Karl Theodor Kleinknecht. München und Tübingen: Deutscher Taschenbuchverlag, 1976. 150–155.

Claussen, Detlev. *Theodor W. Adorno. Ein letztes Genie*. Frankfurt am Main: S. Fischer, 2005.

Dahm, Volker. *Das jüdische Buch im Dritten Reich*. München: Beck, 1993.

Djassemy, Irina. *Der „Productivgehalt kritischer Zerstörerarbeit". Kulturkritik bei Karl Kraus und Theodor Adorno*. Würzburg: Königshausen & Neumann, 2002.

Evans, Richard J. „The History Wars". *New Statesman*, 17. Juni 2020, https://www.newstatesman.com/international/2020/06/history-wars. Letzter Zugriff 30. Oktober 2020.

Goetschel, Will. *Heine and Critical Theory*. London und New York: Bloomsbury, 2019. 97–110.

Goldstein, Moritz. „Deutsch-jüdischer Parnass". *Der Kunstwart* 25.11 (1912): 281–294.

Gotschnigg, Dietmar und Hartmund Steinicke (Hg.). *Heine und die Nachwelt. Geschichte seiner Wirkung in den deutschsprachigen Ländern. Texte und Kontexte, Analysen und Kommentare. Band 2: 1907–1956*. Berlin: Schmidt, 2008.

Halbwachs, Maurice. *Das kollektive Gedächtnis* [1939]. Frankfurt am Main: Fischer, 1991.

Hohendahl, Peter Uwe: „Adorno als Leser Heines". *Adorno Handbuch. Leben – Werk – Wirkung*. Hg. Richard Klein, Johann Kreuzer und Stefan Müller Doohm. Berlin: J. B. Metzler, ²2019. 246–253.

Kraus, Karl. *Heine und die Folgen*. München: A. Langen, 1910.

Müller-Doohm, Stefan. *Adorno. Eine Biographie*. Frankfurt am Main: Suhrkamp, 2003.

Pechel, Rudolf. „Heinrich Heine". *Aufbau. Kulturpolitische Monatsschrift* 2.7 (1946): 726–732.

Reitter, Paul. „Heine in the Bronx". *The Germanic Review* 74.4 (1999): 327–336.

Sandvoß, Franz. „Sprechsaal". *Der Kunstwart* 1.9 (1887/1888): 117.

Sandvoß, Franz [Xanthippus]. *Was dünket euch um Heine? Ein Bekenntnis*. Leipzig: F. W. Grunow, 1888.

Schubert, Dietrich. „Der Kampf um das erste Heine-Denkmal. Düsseldorf 1887–1893. Mainz 1893–1894. New York 1899". *Wallraff-Richartz-Jahrbuch* 51 (1990): 241–272.

Simon, Bettina. *Jiddische Sprachgeschichte*. Frankfurt am Main: Jüdischer Verlag, 1993.

Voigts, Manfred. „Kunstwart-Debatte". *Enzyklopädie jüdischer Geschichte und Kultur, Bd. 3: He-Lu*. Hg. Dan Diner. Stuttgart und Weimar: J.B. Metzler, 2012. 464–465.

Voigts, Manfred. „Der ‚hypereuropäische' Zionist. Moritz Goldstein, die ‚Kunstwart-Debatte' und Europa". *Menora. Jahrbuch für deutsch-jüdische Geschichte*. Berlin und Wien: Philo, 2002. 271–287.

Wadepuhl, Walter. *Heinrich Heine. Sein Leben und sein Werk*. Köln und Wien: Böhlau, 1974.

Ziege, Eva-Maria. „Das ‚jüdische Problem' und die *Dialektik der Aufklärung*". *Zur Kritik der regressiven Vernunft. Beiträge zur „Dialektik der Aufklärung"*. Wiesbaden: Springer, 2019. 123–148.

Hans-Jürgen Schings
Auch eine Apologie der Fiktion.
Käte Hamburger (1896–1992)
und ihre *Logik der Dichtung*

Es gibt zwei Beispielsätze für Romantheoretiker, die es zu einem gewissen Ruhm gebracht haben. Der erste, missmutig, übelwollend wie eine Vogelscheuche, bündelt die Verachtung für die *romanesque* Routine. Wohl eine spöttische Erfindung Paul Valérys (so die Auskunft André Bretons), macht ihn Nathalie Sarraute zum romankritischen Topos schlechthin: „La marquise sortit à cinq heures" [Um fünf Uhr verließ die Marquise das Haus] (Sarraute 1956, 68).[1] Ganz anders der zweite Satz. Auch er ist völlig banal, doch zugleich hochmerkwürdig und obendrein romanfreundlich. Er stammt aus einem Roman von Alice Berend und lautet: „Aber am Vormittag hatte sie den Raum zu putzen. Morgen war Weihnachten." Es ist dieser Satz, den Käte Hamburger (1980a [1957], 70) mit ihrer *Logik der Dichtung* (1957) berühmt gemacht hat. Hier liege, so erklärt Hamburger (1965, 46–47; 1980b, 38–39) später, der Keim für ihr ganzes Unternehmen, der erste Anlass zum Stutzen, das entdeckerische Aperçu. Kein Wunder, dass sie auf ihrem Entdeckerrecht besteht. Es gibt sogar einen kleinen Streit um die Urheberschaft des Satzes bzw. seines Äquivalents „Morgen ging das Flugzeug". In seinem klassischen Vortrag „Wer erzählt den Roman?" (gedruckt 1957) präsentiert Wolfgang Kayser seinen eigenen Mirakelsatz; er lautet: „Morgen ging der Zug" – ein „ungeheuerlicher Satz", wie er erklärt (1958 [1957], 96). Dazu Hamburger, acht Jahre später und ein wenig spitz: „ungeheuerlich" sei der Satz keineswegs und ebenso wenig Kayser, obwohl er sich den Anschein gibt, sein Entdecker. Habe sie doch schon 1953 folgenden Beispielsatz verwendet: „morgen ging das Flugzeug, das ihn nach Canada bringen sollte". In der *Logik der Dichtung* dann habe sie, wer weiß warum, das Wort ‚Flugzeug' durch ‚Schiff' ersetzt. Bei Kayser steht nun stattdessen ‚Zug', „Morgen ging der Zug", ohne Angabe von Quelle und Urhebertum. Keine Frage, Kayser hat abgeschrieben (Hamburger 1965, 53, Anm. 20).

Morgen ging das Flugzeug, das Schiff, der Zug – oder schöner und griffiger: morgen war Weihnachten. Der Satz steht jetzt mitten in der *Logik der Dichtung*, hinter allerlei nachgeschobenen Sicherungen. Man muss ihn von dort hervorholen, um seinen entdeckerischen Glanz zu erneuern.

---

[1] Den Hinweis auf Valéry verdanke ich Alfred Behrmann, Berlin.

Open Access. © 2022 bei den Autoren, publiziert von De Gruyter. Dieses Werk ist lizenziert unter der Creative Commons Namensnennung - Nicht-kommerziell - Keine Bearbeitung 4.0 International Lizenz.
https://doi.org/10.1515/9783110708110-007

Das wäre das Pflichtpensum. Mein Interesse geht allerdings darüber hinaus. Ich möchte die *Logik der Dichtung* den selbstverständlich zuerst zuständigen Narratologen oder Epistemologen wenigstens für ein paar Augenblicke entziehen, um sie unter anderem Blickwinkel zu beobachten. Was dabei interessiert, sind nicht textlinguistische Exerzitien[2], sondern, bisher so gut wie übersehen, der strategische Stellenwert des Buches, sein historischer Standort, seine Stellung im Streit der Literaturparteien der Nachkriegszeit, der vielleicht erst aus der Distanz von inzwischen sechs Dezennien zum Vorschein kommt. Denn Hamburger selbst hat implizite oder verdeckte Intentionen ihres Buches nicht ausgeplaudert, schon gar nicht hinausposaunt. Ihre Arbeitsweise ist geradezu verpanzert gegen alle persönlichen Töne und Konfessionen. Auch sei sie selbst, wie sie zuletzt noch bekennt, erst sehr spät darauf gekommen, um was es eigentlich ging.

Vorweg aber ein paar Informationen zur Person Käte Hamburgers und zur Genese ihres Hauptwerks.[3] Geboren 1896 in Hamburg als Tochter einer jüdischen Bankiersfamilie, bewahrte sie sich den hamburgischen Habitus ihr Leben lang. In Berlin und München studiert sie von 1917 bis 1922 Kunstgeschichte, Geschichte, Philosophie, Literaturgeschichte. Die Promotion erfolgt 1922 in München bei dem bedeutenden Neuscholastiker Clemens Baeumcker mit einer Arbeit über „Schillers Analyse des Menschen als Grundlegung seiner Kultur- und Geschichtsphilosophie". Kleinmütig nimmt sich eine solche Ballung von Großbegriffen nicht gerade aus. Berichtet wird von einer ansehnlichen Seminarbekanntschaft: Gershom Scholem, der dann auch am selben Tag wie Hamburger promoviert wurde (mit summa cum laude allerdings, sie mit bescheidenerem magna cum laude). Es folgen Buchhändler-Jahre in Hamburg, Kontakte zur neugegründeten Hamburger Universität, zu Ernst Cassirer, der sie fördert. Dann wieder Berlin, dort ist sie „Privatassistentin" (und Verlobte) des Philosophen Paul Hofmann. Deutscher Idealismus, Neukantianismus, Phänomenologie, Existenzphilosophie: so sieht die Wissenschaftslandschaft aus, in der Hamburger aufgewachsen ist. Die formale Maxime heißt Strenge, Begriffsdisziplin – ein philosophiegestütztes Antidot gegen ‚weiche' Fächer, an dem sie eisern festhalten wird. Die „wahrscheinlich größte und strengste Literaturwissenschaftlerin Deutschlands" wird sie ein Nachruf nennen (Kreuzer 1992, 33). Folgenreich wird die Bekanntschaft

---

2 Auch keine Auseinandersetzung mit dem bislang wohl schärfsten Angriff auf Hamburgers Buch: Weimar 1974. – Insgesamt darf man wohl sagen, dass Käte Hamburger von der neueren Narratologie aus der ersten Reihe verdrängt und mit der Rolle einer verdienstvollen Klassikerin entschädigt worden ist. Bezeichnend der folgende Titel: Johanna Bossinade, Angelika Schaser (Hg.), Käte Hamburger. Zur Aktualität einer Klassikerin, Göttingen 2003.
3 Dazu: Dane 2000, 189–198 und neuerdings, mit besonderem Augenmerk für das wissenschaftsgeschichtliche Umfeld: Löschner, 2013.

mit Thomas Mann, den sie im September 1932 in der Poschingerstraße besucht; die Korrespondenz geht dann bis zum Tode Manns. Über fünfzigmal erscheint Käte Hamburger in Manns Tagebüchern. Die Verehrerin und Propagandistin seines Werks bewahrt sich freilich ihren durchaus eigenen Kopf. Ihre Kritik des *Doktor Faustus* zeigt es und befremdet den Autor schwer. Schon in den dreißiger Jahren hegt sie Habilitationspläne. Stattdessen folgen die Jahre des Exils. Nach einem Studienaufenthalt in Dijon emigriert sie 1934 nach Göteborg – dorthin rettet sie 1938 auch ihre Mutter –, bleibt dort gut zwei Jahrzehnte, bis 1956, wird schwedische Staatsbürgerin und Schriftstellerin. Die Bewerbung um ein Lektorat scheitert; der Posten geht ausgerechnet an einen NS-nahen Konkurrenten. Hamburger hält sich vor allem durch Deutschunterricht für alle möglichen Adressaten über Wasser – ohne den Grammatikunterricht wäre die *Logik der Dichtung* nicht geschrieben worden, sagt sie später. Nach dem Krieg nimmt sie das Habilitationsvorhaben wieder auf. Sie richtet Anfragen an alle wichtigen Lehrstuhlinhaber der Neugermanistik – ein dorniger Weg und ein heikles Kapitel für die Jüdin, die Exilantin, die Frau in der Wissenschaft. Endlich, im Jahr 1956, tritt das Glück auf den Plan – in Gestalt des Stuttgarter Ordinarius Fritz Martini, der sie nach Stuttgart holt, die Habilitation an der Stuttgarter Technischen Hochschule ermöglicht und eine außerplanmäßige Professur erwirkt. Rasch, aber natürlich zwanzig Jahre zu spät, wird sie in Stuttgart zur Berühmtheit, zur anziehenden Lehrerin, zur erfolgreich publizierenden Forscherin. Preise, Ehrungen, Festschriften, Freundschaften gibt es bis ins höchste Alter. Noch mit 83 Jahren veröffentlicht sie das Buch *Wahrheit und ästhetische Wahrheit* (1979), mit 89 Jahren noch eine weitere bedeutende Arbeit, *Das Mitleid* (1985).

Schon *Die Logik der Dichtung*, die 1957 erscheint, „Thomas Mann dargebracht", ist das Buch einer Sechzigjährigen. 1968 folgt eine stark überarbeitete und ergänzte zweite Auflage, 1977 nahezu unverändert die dritte, 1994 unverändert die vierte. Allerdings reichen die Vorarbeiten weit zurück in die schwedische Exilzeit; als sie 1956 nach Stuttgart kommt, soll das Buch fertig gewesen sein. Was sie zunächst im Sinn hatte, war eine Theorie des Romans, mit ihren Worten: „Eine Theorie des Romans als kritischer Form des epischen Erzählens im Unterschied zur naiven des alten Epos schwebte mir vor" (Hamburger 1980a [1957], 38).[4] Was sie nicht sagt: das ist ein Programm, das im Anschluss an Hegel schon Georg Lukács in seiner *Theorie des Romans* (geschrieben 1914/15)

---

4 Ähnliche Formulierungen finden sich in Briefen an Thomas Mann. „Ich will alles was ich zu sagen habe, in dem grossen Buch, das ich ‚Philosophie (oder vielleicht Ästhetik) des Romans' nennen will, bringen" (Hamburger 1999a [1935], 44). „Das Buch [über Thomas Mann] wird so eine ergänzende Spezialuntersuchung zu dem Buch, das ich seit mehreren Jahren in Arbeit habe (und zu dem ich leider durch meine übrige Arbeit zu wenig kam) und ‚Untersuchungen

in Angriff genommen hatte. Die Einzelstudien, die Hamburger nach und nach vorlegt: „Betrachtungen über den urepischen Stil" (also über Homer), über die „Erzählerhaltung im Nibelungenlied", den „Don Quijote", Laurence Sternes „Tristram Shandy"[5], die „Erzählformen des modernen Romans" (Hamburger 1959) (Broch, Joyce, Kafka, Thomas Mann) – deuten noch den Weg an, den ihre Theorie des Romans ursprünglich beschreiben sollte: von Homer zu Joyce, vom Epos, das es mit der sinnvollen Totalität einer geschlossenen Welt zu tun hat, zum Roman, dem das moderne, einsame, problematische Subjekt im Zeichen der „transzendentalen Obdachlosigkeit" in den Schoß fällt. Das ist, was den Ansatz betrifft, Lukács redivivus. Die Durchführung in Stationen von Homer bis Joyce hingegen orientiert sich an Erich Auerbachs *Mimesis*. Dazu sei gleich angemerkt, dass Hamburger 1949 unter dem Titel „Zwei Formen literatursoziologischer Betrachtung" eingehend und kritisch vergleichend beide, Georg Lukács' *Goethe und seine Zeit* (1949) und Erich Auerbachs *Mimesis* (1946/49), besprochen hat (Hamburger 1949). Man sollte Lukács wie Auerbach und ihre unerhörte, wenn auch abgestufte Anregungskraft nicht aus den Augen verlieren, wenn man die *Logik der Dichtung* betrachtet. Sie sprechen immer noch mit, auch wenn Hamburger sich inzwischen mit einer schroffen Kehrtwendung geradezu aus der Geschichte verabschiedet und in die Zonen des Prinzipiellen begeben hat. Nicht mehr geht es um „die Theorie des Romans als kritischer Form des epischen Erzählens im Unterschied zur naiven des alten Epos", vielmehr, unter Ausschaltung der Historie, um das epische Erzählen schlechthin, dessen Stellung im Dichtungssystem und um dieses System selbst.

Es ist an der Zeit, sich dem Buch selbst zuzuwenden. Das soll in sechs Schritten geschehen, jeweils mit Hilfe des schönen Satzes „Morgen war Weihnachten".

1. „Morgen war Weihnachten." Der Satz ist paradox, normalerweise grammatisch unmöglich: ein deiktisches Zeitadverb der Zukunft, verbunden mit der Tempusform des Praeteritums, das geht nicht. Und doch funktioniert der Satz, ist möglich und erlaubt, allerdings nur an einem einzigen Ort: im Roman, in einem erzählenden Text.

2. „Morgen war Weihnachten." Der Satz enthält ein erstes Symptom für die Sonderverhältnisse des Erzählens: das epische Praeteritum. Zeitadverb der Zukunft und Praeteritum kommen sich nicht ins Gehege, weil dieses Praeteritum offenbar nicht die Zeitform der Vergangenheit bezeichnet. Es verliert seine temporale Be-

---

über den epischen Stil. Beiträge zu einer Theorie des Romans' nennen will" (Hamburger 1999c [1944], 79).

5 Allesamt zu finden in: Hamburger 1976.

deutung. Das im epischen Praeteritum erzählte Geschehen ist auf eine zeitlose Art ‚gegenwärtig'. Das epische Praeteritum zeigt somit eine besondere Sprachzone an, das Gebiet des Fiktiven, der Fiktion, und kennzeichnet es sprachtheoretisch als nicht-wirklich. Die Begriffe fiktiv oder fiktional sind entlastet vom Anspruch auf Wirklichkeit und müssen deshalb streng von fingiert (gleich: vorgetäuscht) unterschieden werden. Fiktiv meint den ‚aufrichtigen Schein' im Sinne Schillers. Das „epische Praeteritum" – das ist Hamburgers ursprüngliche Entdeckung[6], die selbst in der Überbietung noch ihre provozierende Kraft bewahrt. So erklärt Harald Weinrich in seinem Tempus-Buch: „Schließlich bin ich zu dem Ergebnis gekommen, daß Käte Hamburger nicht etwa, wie die anderen Kritiker meinten, zu weit gegangen ist, sondern daß sie im Gegenteil nicht weit genug gegangen ist. Nicht nur das ‚epische Präteritum', d. h. das deutsche Tempus Präteritum, sofern es in fiktionaler Dichtung verwendet wird, hat die von Käte Hamburger beschriebenen Eigenschaften, sondern die Tempora haben insgesamt Signalfunktionen, die sich als Informationen über Zeit nicht adäquat beschreiben lassen" (Weinrich 1971 [1964], 26–27).

3. „Morgen war Weihnachten." Der Satz verliert seine temporale Bedeutung, weil es für ihn kein wirkliches Aussage-Subjekt gibt, keine wirkliche Ich-Origo. Nur eine solche Ich-Origo verankert die Aussage im Raum-Zeit-System der Wirklichkeit. Nur einem fiktiven Subjekt hingegen kann unser Satz mit dem epischen Praeteritum zugeordnet werden. Konklusion: Die epische Welt hat nichts mit dem Aussagesystem der Wirklichkeit zu tun. Sie wirft deshalb auch keine Informationen über die Wirklichkeit ab. Sie schafft ihre eigenen ‚Personen', nicht-wirkliche, fiktive, ausgestattet jedoch mit allen Qualitäten einer Ich-Origo. Obwohl nicht-wirklich, ist episches Erzählen in eminentem Maße schöpferisch.

4. Unser Satz bestätigt das mit einem weiteren Symptom für die Sonderqualität der episch-fiktionalen Welt. „Morgen war Weihnachten." Die fiktive Ich-Origo, die sich hier äußert, bedient sich der sogenannten erlebten Rede. Auch die erlebte Rede ist, grammatisch besehen, eigentlich ein Paradox, ein Unding: eine Verbindung von Rede in der dritten Person Indikativ und Praeteritum mit Innensicht, mit vollkommenem Einblick in die sprechende/denkende Figur. Dergleichen ist im Aussagesystem der Wirklichkeit ausgeschlossen. Nicht aber in der epischen Fiktion. Diese ist, so Hamburger, der „einzige erkenntnistheoretische Ort, wo die Ich-Originalität (oder Subjektivität) einer dritten Person als einer dritten dargestellt werden kann" (Hamburger 1980a [1957], 79, 126). – Als Vorformen der erlebten

---

[6] Der Durchbruch: Hamburger 1953.

Rede, des kunstvollsten Mittels der Fiktionalisierung, lassen sich die Verben der inneren Vorgänge verstehen, also: denken, hoffen, fühlen, sehen, glauben usw. Verben der inneren Vorgänge plus Praeteritum plus dritte Person – auch diese Verbindungen gibt es nur in der fiktionalen Welt. Im Normalalltag kann man von niemandem sagen: ‚Sie überlegte, ob sie den Raum putzen sollte, morgen war Weihnachten.' Das ist ein Romansatz. Und ein Grund zum Staunen.

5. Rigoros setzt Käte Hamburger ihre Grundeinsicht durch. Wenn es in der Fiktion keine echten Ich-Origines geben kann, dann sollte man auch die Rede vom Erzähler aufgeben, sie ist falsch und mag allenfalls als mehr oder weniger naivmetaphorisch durchgehen. Erzähler ist eine Berufsbezeichnung wie Dramatiker, Lyriker, Essayist. In der Textanalyse hat der Begriff nichts zu suchen. „Morgen war Weihnachten" – kein Erzähler ist für diesen Satz zuständig. Im Bezirk der Fiktion gibt es keinen Erzähler, denn ein Erzähler, der Ich sagt, ist immer ein Ich mit Verortung im Wirklichkeitssystem. Wie aber steht es dann, der Einwand liegt nahe, um den Ich-Erzähler und den Ich-Roman? Hamburgers Antwort: da handelt es sich um einen Sonderfall, um fingierte Wirklichkeitsaussage, die, wie sie befindet, eher eine zweitbeste Lösung darstellt und deshalb nicht immer zu ästhetisch geglückten Ergebnissen führt. Im eigentlichen Raum der Fiktion herrscht nicht der Erzähler, sondern die ‚unpersönliche', fluktuierende Erzählfunktion der Sprache. Auch Gutmeinende (wie Claudia Löschner in ihrer klugen Berliner Dissertation von 2013) geraten da in Verlegenheit und lassen das Wort „kontraintuitiv" fallen (Löschner 2013, 30). „Erzählfunktion" – was soll das heißen? Wo fiktionale Welt ist, da herrscht die Erzählfunktion. Der Begriff versucht, den autonomen Sonderstatus der fiktionalen Welt zu fassen. Die Erzählfunktion ist grundgelegt in der Sprache selbst. Wenn erzählt wird, greift die Sprache modelnd ein, schaltet grammatisch um und sorgt für die passenden Maßnahmen, flexibel, fluktuierend. – Mit dem Erzähler gehen auch andere, liebgewordene Begriffe der Erzähltheorie über Bord: Perspektive oder *point of view*, Erzählsituationen (Franz K. Stanzel), Erzählzeit und erzählte Zeit (Günther Müller und Eberhard Lämmert). Hamburgers Fußnoten sammeln, wie Trophäen, die Fehler der narratologischen Matadore der fünfziger und sechziger Jahre. Auch mit der schönen Formel von der Allwissenheit des Erzählers ist es vorbei. „Der Erzähler des Romans, in einer Analogie verdeutlicht, ist der mythische Weltschöpfer", hatte Wolfgang Kayser (1958, 98) gerade erklärt. Hamburger verschmäht die theologisch-mythische Redeweise vom Erzähler – nicht aber die damit gemeinte schöpferische Potenz. Diese wandert in die Erzählfunktion ein und feiert dort neue Triumphe. Dafür ein fabelhafter Gewährsmann und dabei keineswegs „kontraintuitiv" ist Thomas Mann mit der berühmten Eröffnung seines Romans

Der Erwählte (1951). Alle Glocken Roms läuten. „Wer läutet die Glocken?" heißt es und dann, da die Glöckner als Subjekte ausscheiden: „Wer also läutet die Glocken Roms? – *Der Geist der Erzählung*. [...] Er ist luftig, körperlos, allgegenwärtig, nicht unterworfen dem Unterschiede von Hier und Dort. Er ist es, der spricht: ‚Alle Glocken läuteten', und folglich ist er's der sie läutet" (Mann 1956 [1951], 8).[7]

6. Nachdem der paradoxe Satz und mit ihm die Symptome oder Signale eines sprachlichen Sonderbezirks, des fiktionalen Erzählens, gemustert worden sind – episches Präteritum, fiktive Ich-Origines, Verben der inneren Vorgänge, erlebte Rede, Verschwinden des Erzählers zugunsten der Erzählfunktion –, scheint die Antwort auf die Frage nach der Bedeutung des Begriffs ‚Logik der Dichtung' naheliegend. Sie könnte heißen: Logik oder Regelsystem des fiktionalen Sonderbereichs, der vom Regelsystem der Wirklichkeitsaussage abweicht und eine eigene Welt schafft. Das würde den Kern der Sache treffen. Tatsächlich aber versteht Hamburger ihren Titel wohl so, wie die französische Übersetzung formuliert: *Logique des genres littéraires* (Paris 1986). Also: Logik oder System der Gattungen. Gemeint sind die drei Urformen, die „Grundarten der Poesie", wie sie bei Goethe heißen und z. B. in Emil Staigers *Grundbegriffen der Poetik* wiederkehren, Epik, Dramatik, Lyrik. Hamburger greift geradezu revolutionär in diese alte Trias ein. Sie zieht die Trennlinie zwischen Dichtung und Wirklichkeit jetzt mitten durch das Gebiet der Dichtung selbst. Die epische und dramatische Gattung rücken unter dem Etikett „fiktional" zusammen und bilden die „fiktionale oder mimetische Gattung", die Gattung des Nicht-Wirklichen. Ihr steht die lyrische Gattung gegenüber; sie stellt sich auf die Seite der Wirklichkeit, ist existentiell, gehört dem Aussagesystem der Wirklichkeit an – wer lyrisch Ich sagt, der muss ernst, muss für wirklich genommen werden.

Fortab halten wir uns an das Stichwort ‚mimetisch', das gerade gefallen ist. Es erläutert den Begriff ‚fiktional', mit dem wir es bisher zu tun hatten, und gibt ihm eine neue Wendung, indem es zu Aristoteles und zu dessen *mimesis* zurückführt.

Die folgende Regiebemerkung, von Hamburger an früher Stelle und so trocken formuliert, dass sie kaum je richtig eingeschätzt wurde, gibt zu erkennen, was uns fortab interessieren muss:

> Das Grundthema der Logik der Dichtung ist letztlich kein anderes als die Begriffsbildung Dichtung und Wirklichkeit [...]. Doch gilt es, die beiden in dieser bekannten, mehr oder weniger populär behandelten Begriffsbildung verbundenen bzw. einander gegenüberge-

---

[7] Bezugnahme darauf mit längerem Zitat der Stelle: Hamburger 1980a [1957], 294–295.

stellten Begriffe in dem Sinne ihrer Gegenüberstellung schärfer zu bestimmen, als dies im praktischen Gebrauche der Literaturbetrachtung zu geschehen pflegt.

(Hamburger 1980a [1957], 15)

Besser kann man Sprengsätze nicht verstecken.

Denn um solche handelt es sich. Die Begriffsbildung ‚Dichtung und Wirklichkeit' ist keineswegs nur phänomenologisch-neutral gemeint, schon gar nicht im Sinne einer freundlichen Annäherung der Sphären, wie es in der Literaturwissenschaft üblich ist, vielmehr stellen sich die Begriffe trennscharf und, man muss es so sagen, antagonistisch gegenüber. Das meint: ‚ihre Gegenüberstellung schärfer bestimmen'!

Aristoteles ist der Kronzeuge.[8] Man hat ihn verkannt. *Mimesis* bedeutet nicht, wie die Tradition durchweg angenommen hat, Nachahmung, sondern ist „bedeutungsidentisch" mit *poiesis*. *Mimesis* und *poiesis* sind ein und dasselbe. Die Grundbedeutung heißt ‚machen, herstellen'; sie ging verloren, weil *imitatio*, Nachahmung sie verdeckt hat. *Mimesis* heißt Darstellung, Gestaltung handelnder Menschen (einen Bedeutungsanteil Nachahmung gesteht Hamburger zu, weil *mimesis* es mit der menschlichen Welt als Stoff, Materie zu tun hat, aber nur als solcher!). Der berühmte Buchtitel Erich Auerbachs trifft diesen Punkt: *Mimesis. Dargestellte Wirklichkeit in der abendländischen Literatur*. Nicht Darstellung von Wirklichkeit, sondern dargestellte Wirklichkeit – der Unterschied ist ausschlaggebend.

Jetzt muss der Begriff genannt werden, den Hamburger scheut wie die Pest – und der doch im Hintergrund ihrer Argumentationen schier allgegenwärtig lauert. Gemeint ist, abgenutzt, verwaschen, verkommen, der Begriff des ‚Realismus'. Die *Logik der Dichtung* verzichtet nicht nur auf seine Verwendung (nirgends trifft man das Adjektiv ‚realistisch' an, nur gelegentlich den erkenntnistheoretischen Terminus „naiver Realismus" (Hamburger 1980a [1957], 52)). Mehr noch, weit mehr noch: Sie ist ihm feindlich gesinnt. Sie errichtet geradezu, stillschweigend, ohne ihn selbst namhaft zu machen, eine Fortifikation gegen ihn. Wenn Hamburger fiktional sagt oder mimetisch, dann meint sie nicht-wirklich, und zugleich schwingt mit: nicht-realistisch. Sie setzt damit eine sprachtheoretische Realismus-Schranke in Kraft. Der Realismus wird just in seiner stärksten literarischen Kolonie, in der Welt des Romans, bestritten, und dies systematisch und prinzipiell. Die Ansprüche auf ‚Nachahmung der Wirklichkeit' geben sich als eine Usurpation zu erkennen, der die Logik der fiktiven Welt entgegensteht. Diese Logik zieht eine Grenze, die keine Macht der Welt überschreiten kann. Wieder mit Hamburgers Nüchternheit formuliert:

---

8 Zum folgenden: Hamburger 1980a [1957], 15–17.

„Zwischen der Wirklichkeitsaussage und dem fiktionalen Erzählen läuft die Grenze, ja die schmale, aber unüberbrückbare Kluft, die die fiktionale Gattung als ein Sondergebiet von dem allgemeinen Aussagesystem abscheidet" (Hamburger 1980a [1957], 296).

Kraft und Bedeutung dieser Grenze und damit die These von Hamburgers anti-realistischer Position soll hier gefestigt werden. Dazu dient die Beleuchtung aus einer anderen Perspektive mit Hilfe einer Zeugenreihe, die weniger willkürlich ist, als sie zunächst aussieht.

Es geht um den Realismus. Um die Sache und ihre Bestreitung zu exponieren, berufen wir uns auf einen klassischen Gewährsmann, auf Schiller – dazu ermächtigt, ja angehalten von Hamburgers lebenslanger Beschäftigung mit diesem Autor. Schiller greift Herder an, der gerade von einer deutschen Mythologie geträumt hat, und legt die gegnerischen Standpunkte, die sich da zeigen, in vollendeter Prägnanz dar. Schiller am 4. November 1795 an Herder:

> Gibt man Ihnen die Voraussetzung zu, daß die Poesie aus dem Leben, aus der Zeit, aus dem Wirklichen hervorgehen, damit eins ausmachen und darein zurückfließen muß und [...] *kann*, so haben Sie gewonnen [...] Aber gerade jene Voraussetzung läugne ich. Es läßt sich, wie ich denke, beweisen, daß unser Denken und Treiben, unser bürgerliches, politisches, religiöses, wissenschaftliches Leben und Wirken wie die Prosa der Poesie entgegengesetzt ist. Diese Uebermacht der Prosa in dem Ganzen unsers Zustandes ist [...] so groß und so entschieden, daß der poetische Geist, anstatt darüber Meister zu werden, nothwendig davon angesteckt und also zu Grunde gerichtet werden müßte. Daher weiß ich für den poetischen Genius kein Heil, als daß er sich aus dem Gebiet der wirklichen Welt zurückzieht und anstatt jener Coalition, die ihm gefährlich sein würde, auf die strengste Separation sein Bestreben richtet. Daher scheint es mir gerade ein Gewinn für ihn zu sein, daß er seine eigene Welt formiret und durch die Griechischen Mythen der Verwandte eines fernen, fremden und idealischen Zeitalters bleibt, da ihn die Wirklichkeit nur beschmutzen würde. (Schiller 1943 ff.b [1795], 97–98)

Das sind klassische Sätze, hilfreich auch noch für uns und unser Hamburger-Problem.

Koalition oder Separation, so lautet die Alternative. Die Koalition mit der Wirklichkeit (,aus ihr hervorgehen', ,mit ihr eins ausmachen', ,in sie zurückfließen') – das ist die Sache des Realismus, hier vertreten von Herder, nicht von ungefähr einem Sympathisanten der Revolution. Und man ahnt, dass in dieser Koalition die übermächtige Wirklichkeit und ihr Ernst nach und nach die aggressivsten Töne anschlagen werden. Die ,strengste' Separation hingegen ist Sache der reinen Poesie, eine Verteidigungsstellung. Hierher gehören die Verse des Wallenstein-Prologs: ernst ist das Leben, heiter ist die Kunst; hierher die Vorrede zur *Braut von Messina*, die dem „Naturalismus in der Kunst" „offen und ehrlich" den „Krieg" ansagt, indem sie den Chor für eine „lebendige Mauer" erklärt, „die die Tragödie um sich herumzieht, um sich von der wirklichen Welt rein abzuschließen und […] ihre poetische Freiheit zu bewahren" (Schiller 1943 ff.a [1803], 11).[9] Das ‚epische Präteritum' Käte Hamburgers, so hat es den Anschein, beerbt solche Absichten.[10]

Exemplarisch mustern wir die Parteien, die Separatisten bzw. Idealisten auf der einen und die Koalitionswilligen bzw. Realisten auf der Gegenseite, natürlich darauf bedacht, im Horizont Hamburgers zu bleiben. Den Beginn machen die ernsten Realisten. Und dies gleich mit einem Extremfall, der der Thomas-Mann-Verehrerin Hamburger besonders zu schaffen machte, mit einer Passage des Teufelsgesprächs aus Thomas Manns *Doktor Faustus* (1947). Es spricht der Teufel in der Sofaecke, er hat gerade die Gestalt Theodor W. Adornos angenommen und doziert über die extreme Lage der modernen Kunst:

> Werk, Zeit und Schein, sie sind eins, zusammen verfallen sie der Kritik. Sie erträgt Schein und Spiel nicht mehr, die Fiktion, die Selbstherrlichkeit der Form, die die Leidenschaften, das Menschenleid zensuriert, in Rollen aufteilt, in Bilder überträgt. Zulässig ist allein noch der nicht fiktive, der nicht verspielte, der unverstellte und unverklärte Ausdruck des Leides in seinem realen Augenblick. Seine Ohnmacht und Not sind so angewachsen, daß kein scheinhaftes Spiel damit mehr erlaubt ist. (Mann 1948, 372)

Der ‚Ernst' ist hier absolut geworden. Er heißt Leid und meint – stillschweigend, aber für jeden Leser ersichtlich – den Holocaust. Für Schein, Spiel, Form, Bilder, Fiktion ist er nicht mehr erreichbar. Das Votum von der Unmöglichkeit des Gedichts nach Auschwitz ist hier vorgeprägt.

Wie schon angedeutet, hat Hamburger den *Doktor Faustus* nicht geschätzt, zum außerordentlichen Verdruss Thomas Manns. Den Bericht Hamburgers über seinen Roman in einer schwedischen Zeitung nennt er „mit Abstand das Stumpfste, Dümmste und Versperrteste", das „mir darüber vor Augen gekommen" (Mann 1999a, 126).[11] Käte Hamburger erhebt folgenden Einwand: der *Doktor Faust* stelle irgendwie selbst die „Enthumanisierung der Epoche" dar, „es ist das langweiligste Produkt, was jemals aus seiner Feder hervorgegangen", es „fehlt jeglicher Humor, jegliche Ironie, Würze, Faszinierung, dies in unendlichen Bedeutungen Schillernde, immer Interessante" (Hamburger 1999d [1947], 123–124) – oder auch „der glitzernde Humor, die feine Ironie, die lächelndheitere Haltung des ‚Vorbehalts', die in allen Dingen des Menschlichen das ‚Sowohl-als auch' versteht und erkennt" (Hamburger 1947, 133). So sehr sie sich gegen den *Doktor Faustus* sträubt, so sehr liebt sie den *Josephroman* (über den sie mehrere

---

9 Hierzu: Schings 2017, 17–19.
10 Es hat deshalb womöglich teil an der *Geschichte der reinen Poesie*, die Jürgen Brokoff (2010) neuerdings eindrucksvoll vorgestellt hat.
11 Siehe auch Mann 1999b, 99. Bezugspunkt: Hamburger 1947.

Bücher schreiben wird), und mit ihm, wie sie sagt, „die Idee der Humanität, die denn auch und vor allem der grosse und zu innerst heitere Gegenstand der *Josephromane* ist" (Hamburger 1947, 133). „Ich kann je mehr ich über das Joseph-Werk nachdenke, die Bewunderung nicht in Worte fassen, die mich erfüllt", schreibt sie schon 1936 dem Autor (Hamburger 1999b [1936], 51).[12] Joseph gegen Leverkühn, die heitere Humanität des biblisch-jüdischen Joseph gegen die finsteren Enthumanisierungsschäden des neudeutschen Faustus – wir erkennen selbst hier noch den Gegensatz wieder, den Schiller vorgezeichnet und der Adorno-Teufel radikalisiert hatte. Und wir sehen, welche Stellung Hamburger einnimmt.

Niemand verficht den Realismus gebieterischer als Georg Lukács, nachdem er von Hegel zu Marx und Lenin konvertiert ist. Die Koalition von Dichtung und Wirklichkeit nimmt jetzt geradezu Züge einer Zwangsvereinigung an. Schon der Name zeigt es, mit dem Zusatz ‚sozialistisch' wird diesem Realismus das politische Siegel der Parteilichkeit aufgedrückt. Auch die Zentralmetapher der Widerspiegelung, fundamental für diesen Realismus, muss sich Kontorsionen gefallen lassen.

> Jede Auffassung der Außenwelt ist nichts anderes als eine Widerspiegelung der unabhängig vom Bewußtsein existierenden Welt durch das menschliche Bewußtsein. Diese grundlegende Tatsache der Beziehung des Bewußtseins zum Sein gilt selbstverständlich auch für die künstlerische Widerspiegelung der Wirklichkeit. (Lukács 1955a [1934], 5)

Offenbar verfügt diese Widerspiegelung über einen sozialistischen Zauberspiegel, der ‚selbstverständlich' nicht nur die Erscheinung, sondern auch das Wesen dahinter wahrzunehmen vermag. Auch mit den Geboten von Parteilichkeit, Tendenz und Propaganda, Weisungen von außen (und oben) also, wird dieser Spiegel umstandslos fertig. Was er widerspiegelt, heißt dann „Parteilichkeit der Objektivität" (Lukács 1955a [1934], 19). Feinde können und müssen klar benannt werden; nicht für einen Augenblick sei zu vergessen, „daß Idealismus und Subjektivismus feindliche Ideologien sind, die unnachsichtig bekämpft werden müssen" (Lukács 1955a [1934], 40). Leider gehört auch Schiller – Lukács zitiert die Vorrede zur *Braut von Messina* – zu den „bürgerlichen" oder auch „verknöcherten" oder auch reaktionären Idealisten, die – wir denken an das Stichwort ‚Separation' – Kunst und Wirklichkeit gegeneinander ausgespielt hätten (Lukács 1955a [1934], 11). Moderne Nachfolger dieser Separation, die dann auch ‚Realitätsflucht' heißt, sind Impressionismus und Expressionismus, Avantgarde und Dekadenz, Joyce und Proust, Worringer und Benn, kurzum fast alles, was sich modern nennt. „Es geht um den Realismus" heißt Lukács' programmatische Abrechnung von 1938 (Lukács 1955b [1938]). Der Druck der Realität ist stärker als das Autonomie-Verlangen der Kunst. Die Grenze spielt keine Rolle mehr. Auch die eigene, vor-leninistische *Theorie des*

---

12 Über Hamburgers „rissiges Thomas-Mann-Bild" neuerdings: Löwe 2015, 88–94.

Romans verfällt jetzt dem Verdikt: „ein in jeder Hinsicht reaktionäres Werk, voll von idealistischer Mystik, falsch in allen seinen Einschätzungen der historischen Entwicklung" (Lukács 1955b [1938], 231).

Hamburger hat den Lukács-Realismus ebenso konziliant wie konzise zurückgewiesen. Ihre Rezension zu Auerbach und Lukács aus dem Jahr 1949, merkwürdigerweise in der Forschung nirgends beachtet, kommt uns jetzt sehr zustatten. Unübersehbar zwar ist die grundsätzliche Distanz, die Hamburger gegenüber der Literatursoziologie einnimmt – eine normalerweise „stoffliche Betrachtungsweise", die am „eigentlichen Gegenstand der Literaturwissenschaft" vorbeigehe, eine „Grenzüberschreitung (!) der Literaturgeschichte zur Geschichte", die lediglich die „Voraussetzungen" der Dichtung behandle (Hamburger 1949, 142–143) –, doch hindert sie das nicht, den allerdings sehr abgestuften Rang der beiden rezensierten Literatursoziologen anzuerkennen. Hamburgers Sachlichkeit weiß den kalten Krieg zwischen Ost und West dezent einzuhegen.

Der Lukács-Realismus, so Hamburger, streift angesichts literarischer Gegenstände seinen heteronomen und dogmatischen Charakter nicht ab. Er dient als „Kriterium des ‚richtigen' Verhältnisses des Menschen zu der sozialen Welt", operiert als „marxistischer Gegensatzbegriff zum reaktionären bürgerlich-humanistischen Idealismus", gibt dem Leser allerdings nur allmählich zu erkennen, „dass als Gegensatz zum ‚bürgerlichen Realismus' der ‚sozialistische Realismus' gedacht ist", der sich, „ungetrübt von humanistisch-idealistischer Ideologie", zur „eigentlich literarischen Kategorie entwickelt" – oder vielmehr entwickeln soll. Nur: die Begriffe wollen schlechterdings nicht zu den literarischen Gegebenheiten passen, die Lukács behandelt. Der Lukács-Realismus wirkt eng und aufgepfropft, er „verzerrt" und übt in der konkreten Analyse Gewalt aus (Hamburger 1949, 152–154). Sicher ist es deshalb kein Zufall, dass Hamburger sogar mit einer eigenen, opponierenden Spiegel-Metapher aufwartet, wenn sie demgegenüber Erich Auerbachs Realismus zu fassen sucht, den sie weit über den von Lukács stellt. Auerbach, so heißt es, betrachte die „literarischen Werke wahrhaft als Spiegelung der ‚condition humaine', der existentiellen Situation des Menschen, nämlich der Situation des ‚In-der-Welt-seins', um mit Heidegger zu reden" (Hamburger 1949, 152).

Widerspiegelung von Klassenkämpfen oder Spiegelung der *condition humaine*? Hamburger referiert *Mimesis* sorgfältig und genau. Auch sie lässt schon ahnen, warum man noch heutzutage das Buch für das bedeutendste Werk halten kann, das die Literaturwissenschaft bislang hervorgebracht hat.[13] Natürlich bemerkt sie,

---

[13] Schulze-Buschhaus 2006: *Mimesis* sei vielleicht der „Höhepunkt dessen, was die akademische Disziplin Literaturwissenschaft in ihrer Geschichte erzielt hat".

dass Auerbach sich, stillschweigend, gegen den Realismus mit dem Parteiabzeichen stellt, und dies mit einer ganz besonderen Pointe. Wo bei Lukács der Klassenkampf zuständig ist, spricht Auerbach von Stilmischung. Und begründet wird die Stilmischung von Hoch und Niedrig, die den europäischen Realismus ausmacht, ausgerechnet in der Passionsgeschichte des Neuen Testaments. Der *sermo humilis* des Neuen Testaments setzt die klassischen Regeln der Stiltrennung außer Kraft und legt so das Fundament für das literarische Ernstnehmen der alltäglichen Wirklichkeit, und das heißt: für die realistischen Literaturen Europas. Die figurale bzw. typologische Bibelauslegung, die Altes und Neues Testament nach dem Muster von *figura* und Erfüllung unauflöslich verknüpft (mit den seinerzeit sehr aktuellen, den Nationalsozialisten gezielt widersprechenden theologischen Folgerungen),[14] führt der realistischen Weltauffassung eine weitere starke Quelle zu.

Wie sehr Hamburger die gelehrte Philologie Auerbachs beeindruckt hat, zeigt, nebenbei bemerkt, auch ihre Besprechung des *Barabbas*-Romans des schwedischen Nobelpreisträgers Pär Lagerkvist, die just am Tage der Preisverleihung, am 10. Dezember 1951, im Svenska Dagbladet erscheint. Sie ist ganz nach dem Modell Auerbachs gearbeitet. „Das Hohe und das Niedrige" heißen wie bei Auerbach die leitenden Kategorien, und das Prinzip der ernsten Stilmischung bewährt sich auch hier (Hamburger 1976, 275–280).[15]

Die *Mimesis*-Rezension ist des Lobes voll, nicht zuletzt für die literarische Sensibilität Auerbachs. Er zeige, wie sich der Realismus zu einer „echten literarischen Kategorie" entwickle, lasse ganz unnachahmlich Literatursoziologie mit Literaturanalyse verschmelzen – ohne jenes Dominanzgebaren, das die ‚Wirklichkeit' und der ‚Realismus' in jener von Schiller so genannten „Koali-

---

14 Dazu Nichols 2007. – Zur Geschichte des „Figura"-Aufsatzes gehört auch eine Anekdote, die Auerbach selbst erzählt, allerdings noch nicht bis zur letzten Pointe: „Die Arbeiten über *figura* und *passio* konnte ich schreiben, weil sich ein vollständiges Exemplar der Patrologia Mignes in einem Dachgeschoß-Bibliotheksraum des Dominikanerklosters San Pietro di Galata befand. Die Klosterbibliothek war nicht öffentlich, aber der apostolische Delegat, Mgr. Roncalli (jetzt Nuntius in Paris und Kardinal), hatte die Güte mir die Benutzung zu gestatten" (Auerbach 1953,10, Anm. 12). Roncalli ist der spätere Papst Johannes XXIII. Auerbach schickte ihm als Dank ein Exemplar der *Mimesis* (Barck-Martin Treml 2007, 10, Anm. 3).
15 Hamburgers Betrachtungsweise liegt auch deshalb nahe, weil Lagerkvist selbst in seinem Roman die Verbindung zu Auerbach hergestellt hat, gut zu beobachten an der Szene von der Verleugnung des Petrus (nach Markus 14, 66–72), die in *Mimesis* wie im Roman eine bedeutende Rolle spielt. Vgl. Auerbach 1959 [1946], 44–46 und Lagerkvist 1952 [1950], 42–44. Die Geschichtsbewegung von unten, die Auerbach an Petrus und den Pendelausschlägen seiner Selbsterfahrung, dem „Hin- und Herschlagen des Pendels", eindringlich vor Augen führt, übernimmt Lagerkvist für seinen *Barabbas*. Lagerkvist gehört zu den Auerbach produktiv lesenden Romanciers – wie, zur gleichen Zeit, Thomas Mann und Heinrich Böll.

tion" sonst so gern ausüben (Hamburger 1949, 144–145). Besonderes Gewicht legt Hamburger auf das letzte Kapitel von *Mimesis* („Der braune Strumpf"), das Virginia Wolf, Proust und Joyce bespricht. Wir haben Grund, besonders aufzumerken, denn hier kommen Verbindungslinien zu Gesicht, die unmittelbar von Auerbachs *Mimesis* in die *Logik der Dichtung* führen.

Da sind also, äußerste Punkte, die der moderne Realismus erreicht hat, das Verfahren der „erlebten Rede", der innere Monolog und die „vielpersonige Bewußtseinsdarstellung", erzählerische Errungenschaften erster Ordnung und doch in sich zwiespältig (Auerbach 1959 [1946], 497–513). Denn der Augenblick, der Weltausschnitt, den die „erlebte Rede" ganz auf das Ich zuschneidet und beleuchtet, scheint beliebig herausgegriffen, durch und durch kontingent, verweigert die Orientierung, ist nicht durch Absicht und Ziel gesteuert und wirkt deshalb verstörend. So mag sich, Auerbach greift zu ungewohnt düsterem Vokabular, nur allzu sehr ein „Gefühl der Ausweglosigkeit" einstellen und „Weltuntergangsstimmung" auslösen oder auch „Kulturfeindschaft", einen mit subtilsten Mitteln vorgehenden, „verbissenen und radikalen Zerstörungsdrang" (Auerbach 1959 [1946], 512–513). Aber, und damit sind wir auf den beiden letzten Seiten von Auerbachs Buch, solche Ausschnitte sind auch Augenblicke besonderer „Wirklichkeitsfülle und Lebenstiefe". Sie betreffen zwar „ganz persönlich die Menschen, die in ihm leben", zugleich aber „dadurch das Elementare und Gemeinsame der Menschen überhaupt", diesseits und unabhängig „von den umstrittenen und wankenden Ordnungen"; „je mehr, je verschiedenere und je einfachere Menschen als Gegenstand solcher beliebigen Augenblicke erscheinen, desto wirksamer muß das Gemeinsame hervorleuchten". Das Ziel eines gemeinsamen Lebens auf der Erde: „am sichtbarsten, konkretesten erscheint es schon jetzt in der absichtslosen, genauen, inneren und äußeren Darstellung des beliebigen Lebensaugenblicks der verschiedenen Menschen" (Auerbach 1959 [1946], 513–514)! Die Motive des Jedermann und der Jederzeit, abgelesen namentlich am *Ulysses*, bestimmen Auerbachs Ausblick. Man merkt ihm das Jahr 1945 an, in dem er niedergeschrieben wurde, und spürt, was gemeint ist, wenn Auerbach später vom „praktischen Seminar in Weltgeschichte" spricht, „an dem wir teilgenommen haben und noch teilnehmen" (Auerbach 1967 [1952], 306).

„Spiegelung der ‚condition humaine'" sagt, wie wir gesehen haben, Hamburger dazu. Die Rezensentin hebt gewissermaßen die Stimme, wenn sie Auerbachs Befunde zur Darstellungsmethode des modernen Romans nachzeichnet:

> In der Tat bedeutet [...] die Darstellung der Wirklichkeit vom Ich der Person her keine ‚solipsistische', sondern im Gegenteil die allgemein-menschlichste Wirklichkeitsinterpretation, die gedacht werden kann. Alle Menschen sind letztlich nur darum in Beziehung zueinander, weil sie alle ich-sagende Wesen sind, d. h. im eigenen Ich-Erleben die Möglichkeit des Ich- und Welt-Erlebens der anderen finden. (Hamburger 1949, 150–151)

An dieser Stelle nun platziert Hamburger eine Anmerkung und macht den Gewährsmann namhaft, dem sie gerade gefolgt ist: es ist Paul Hofmann mit seiner „Sinn-erforschenden Philosophie", der Berliner Philosoph und Extraordinarius, den Hamburger ihren Lehrer und Verlobten nennt; „gest. 1947" steht jetzt hinter dem Namen. Hofmann, heute weithin vergessen, wird zum Neukantianismus, aber auch zur Existenzphilosophie gezählt. Sein monumentales Hauptwerk *Sinn und Geschichte* (erschienen 1937, fertiggestellt schon 1933) umkreist phänomenologisch das Ich und das Ich-sagen, den „Sinn als Subjektivität des Subjekts", statuiert dabei die „überindividuelle Allgemeingültigkeit des Ichsagens" und schlägt so die Brücke aus dem Transzendentalismus zum Du und zur Gemeinschaft (Hofmann 1937).[16] Auch ohne auf die Einzelheiten eingehen zu müssen, nehmen wir wahr: Käte Hamburger versteht Auerbach mit Hofmann, sie verbindet Auerbachs „Lebensaugenblicke" verschiedener Menschen, also auch ihren Zug zu Jedermann und Jederzeit, mit der Ich-Phänomenologie Hofmanns, die ebenfalls den Weg vom Ich zur universalen Intersubjektivität sucht. Und das Naheliegende geschieht: in der *Logik der Dichtung* kehrt die Synthese Auerbach-Hofmann wieder.

„Subjektivität des Subjekts" – sogar diese Lieblingsformel Hofmanns erscheint wieder, wenn die *Logik der Dichtung* ebenfalls, was nur sehr selten geschieht, die Stimme hebt und die außerordentliche Welt der Fiktion und der fiktiven Ich-Origines charakterisiert. Die Fiktion schildert Menschen nicht als Objekte, sondern als Subjekte, als Ich-Origines; sie schildert

> Menschen als denkende, fühlende, sich erinnernde, in dem Jetzt und Hier ihres Lebens und Erlebens, in ihrer Ich-Originität, und das heißt der Subjektivität ihres Subjektseins [...], und zwar eben Menschen als dritte Personen. Die epische Fiktion ist der einzige sowohl sprach- wie erkenntnistheoretische Ort, wo von dritten Personen nicht oder nicht nur als Objekten. sondern auch als Subjekten gesprochen, d. h. die Subjektivität einer dritten Person als einer dritten dargestellt (!) werden kann.
> (Hamburger 1980a [1957], 125–126)

---

16 Gegen das Vergessen hat Hamburger, noch dreißig Jahre nach dem Tod Hofmanns, ein eigenes Buch herausgebracht: Hofmann 1980 [1937]. Hamburger bietet hier eine Anthologie gedruckter und ungedruckter Texte Hofmanns (insbesondere Auszüge aus *Sinn und Geschichte*) mit interpretierend-überleitenden Passagen der Herausgeberin, in der Hoffnung, ein „zusammenhängendes und verständliches Gedankengefüge" herzustellen (Hofmann 1980 [1937], 117). Wertvolle, wenn auch ergänzungsbedürftige Informationen zu Hofmann gibt Löschner (2013, 104–106). Eine späte, gründlich ernüchterte Notiz Hamburgers hat Löschner im Teilnachlass Hofmanns entdeckt: „alles ohne Belege, und im Grunde unsinnig. Das menschliche Leben kann nicht von der Subjektivität her begründet werden. Führt zur Yoga-Situation des Sichversenkens. K.H. 29.2.82" (Löschner 2013, 109).

Zu beobachten ist an dieser Stelle ein stiller Triumph. Denn zusammengeführt zu einer außerordentlichen, auch persönlich erfreulichen Konvergenz treffen sich hier: Erich Auerbach – und in seinem Zeichen die humanen Lebensaugenblicke, die *Mimesis* als Resultate einer langen Geschichte des europäischen Realismus vor Augen bringt; Paul Hofmann – und mit ihm die Strukturen der Subjektivität und des grenzüberschreitenden Ich-sagens, die seine Philosophie ausarbeitet; Käte Hamburger schließlich – und mit ihr die ingeniös markierten Sondergesetzlichkeiten der fiktionalen oder mimetischen Gattung, einmündend in die Privilegierung der fiktiven Ich-Origines. Drei Forschungsleistungen, jede auf ihre Art von hohem, ja höchstem Rang, vereinen sich hier und erhellen sich gegenseitig. Und alle drei, auch die Hamburgers, wie diese Konstellation nahelegt, stellen sich ins Zeichen der Humanität.

Wir haben nicht vergessen, dass wir uns, einer Vorgabe Schillers folgend, in einen Streit über das Verhältnis von Dichtung und Wirklichkeit begeben haben, der zwischen Realisten und Idealisten, ‚Koalitionären' und ‚Separatisten' ausgefochten wird. Wie sich gezeigt hat, muss Käte Hamburger zu den entschiedenen Separatisten gezählt werden. Einem *cantus firmus* gleich durchzieht denn auch die *Logik der Dichtung* die Rede von der kategorialen Grenze, die Dichtung und Wirklichkeit trennt und die fiktional-mimetische Gattung strikt in einen kreativen, ‚separaten' Bezirk einfasst. Es handelt sich um ein Gebiet, in dem nicht die seit jeher realismusfreundliche Nachahmung herrscht, sondern das Prinzip der Darstellung, die ‚andere Mimesis'. Gelegentlich drängen sich die provokant zugeschnittenen Formulierungen dazu auf engem Raum zusammen: „wenn eine reale Wirklichkeit ist, weil sie ist, so ‚ist' eine fiktive Wirklichkeit nur dadurch, daß sie erzählt ist". „Das Erzählen […] ist eine Funktion, durch die das Erzählte erzeugt wird". „Das heißt, der erzählende Dichter ist kein Aussagesubjekt, er erzählt nicht von Personen und Dingen, sondern er erzählt die Personen und Dinge" (Hamburger 1980a [1957], 123).[17]

Dank seines beispiellosen theoretischen Aufwands nimmt sich Hamburgers Separatismus in den fünfziger Jahren leicht wie ein Solitär aus. Doch gibt es einen wohlwollenden, an Schule und Hochschule wirksamen Hintergrund – *Das sprachliche Kunstwerk* Wolfgang Kaysers (zuerst 1948, 20 Auflagen bis 1992) macht ihn greifbar – und Verbündete. Schwer zu sagen, wie Hamburger die Verwandtschaft des *New Criticism* bzw. der deutschen ‚Kunst der Interpretation' eingeschätzt hat. Ausdrücklich bestätigt aber fühlt sie sich, die zweite Auf-

---

17 Schon ein früher Aufsatz Hamburgers (1951) im Vorfeld der *Logik der Dichtung* hat die Grenze zwischen Dichtung und Wirklichkeit mit großer Schärfe hervorgehoben. Charakteristisch die Formulierung, auch die „Verleiblichung" der Dichtung auf der Theaterbühne bedeute „kein Hinüberwechseln der Dichtung in die ‚Realität'" (Hamburger 1951, 5).

lage der *Logik* von 1968 zeigt es, von Mitstreitern eines ganz anderen Schlages. Gemeint sind Alain Robbe-Grillet und Michel Butor und ihre literarische Novität, der *nouveau roman*. Schon ein Passus aus Robbe-Grillets *Du réalisme à la réalité* (1955/63) lässt sogleich die Nähe erkennen:

> L'écriture romanesque ne vise pas à informer, comme le fait la chronique, le témoignage, ou la relation scientifique, elle constitue la réalité. Elle ne sait jamais ce qu'elle cherche, elle ignore ce qu'elle a à dire; elle est invention, invention du monde et de l'homme, invention constante et perpétuelle remise en question. [Die Schreibweise des Romans ist nicht darauf angelegt, zu informieren, wie es die Chronik, der Augenzeugenbericht oder der wissenschaftliche Bericht tut, sie konstituiert die Realität. Sie weiß niemals, was sie sucht, sie weiß nicht, was sie zu sagen hat; sie ist Erfindung, Erfindung der Welt und des Menschen, ständige Erfindung und unaufhörliche Infragestellung.]
> (Robbe-Grillet 1961b, 138; Übersetzung: 1965, 113)

Die Losungen des *nouveau roman* ergreifen Partei und sind herausfordernd deutlich. Weg mit den veralteten Konzepten des Romans, mit dem Helden und der Geschichte (mit Anfang, Mitte und Ende und Sätzen wie „La marquise sortit à cinq heures"), mit dem Engagement und der Botschaft (damit werden Sartre und der sozialistische Realismus verabschiedet). Weg mit alten Begriffen und hin zur „invention", zur Erfindung, zum Erzählen, zu einer eigenen Realität des Romans (Robbe-Grillet 1961a, 25–44).[18] Es muss Hamburger nicht wenig gefreut haben, dass die Radikalität dieser Literaten sich so gut mit ihrer eigenen, wenn auch stilleren logischen Radikalität vertrug.

Doch die Masse der zeitgenössischen Literaturtheorie nimmt, spätestens in den sechziger Jahren, einen anderen Kurs. Man kann sich vorstellen, wie Hamburger höflich, aber unnachsichtig gelächelt hätte angesichts des Einfallsreichtums von sich rasch vermehrenden Theorien, die, so scheint es, nichts anderes im Sinn hatten, als jene Grenze, die Hamburger so sehr eingeschärft hatte, zu pulverisieren. Man denke, um nur einige der seinerzeit geschätzten Markenartikel anzuführen, an Rezeptionsästhetik und empirische Leserforschung, Sozial- oder sozialistische Geschichte der Literatur, Diskursanalyse und *New Historicism*, an den unaufhaltsa-

---

18 Manchmal geht die Übereinstimmung bis in den Wortlaut, wie folgendes Beispiel zeigen mag. „Und die Frage, was denn die ‚Sache' in einem Roman sei, kann nicht beantwortet werden, weil sie gar nicht gestellt werden kann. Denn eben das Musilsche Beispiel [...] zeigt deutlich, daß keineswegs irgend ein ‚objektiver Tatbestand' wie im Wirklichkeitsbericht, eine Handlung, ein Ereignis, eine Situation usw. die Sache, der ‚Inhalt' des Romans sind, die von ihrer Darstellung in irgendeiner Weise loszulösen wären. Weshalb wir im Grund den ‚Inhalt' eines Romans nicht wiedergeben können" (Hamburger 1980a [1957], 150). „Vom Inhalt eines Romans zu sprechen wie von etwas von seiner Form Unabhängigem, läuft darauf hinaus, die ganze Gattung aus dem Bereich der Kunst zu streichen" (Robbe-Grillet 1965, 47).

men Aufstieg schließlich der buchstäblich grenzenlosen Kulturgeschichte. Steht nicht, in unterschiedlichen Schattierungen, doch allenthalben, die Bestreitung des Sonderstatus der Literatur auf der Tagesordnung der literaturwissenschaftlichen Departments, die einst eben diesem Sonderstatus ihre Existenz verdankten? Mehr oder weniger kulturrevolutionär gesinnt, ist man mehr oder weniger entschlossen zur Einebnung und ‚Einbettung' der Literatur (‚*embedded*' heißt die einschlägige Lieblingsvokabel) oder, im dabei gern erhobenen vornehmen Ton der Politik, zu Demokratisierung und Entprivilegierung der literarischen Sphäre.

Die Tendenz ist leicht greifbar, ein paar Beispiele mögen genügen. Man will den Leser ‚auf Augenhöhe' mit dem Text bringen und erklärt die Leser-Erfahrung zur „primären Gegebenheit für die Literaturgeschichte" – so Hans Robert Jauß (1974 [1969], 171). Oder: Man nimmt sich ausgerechnet einen Autor der italienischen Frühaufklärung heraus, Giambattista Vico (weil Vico ein Lieblingsautor Erich Auerbachs war?), entdeckt gemäß Vicos „poetischer Logik" Tropen in der Prosa auch der Wissenschaften, hier der Historiographie, und erneuert dergestalt, in der Mischung und Grenzverwischung von Poesie und Prosa, zum Staunen der Welt, doch nur Johann Georg Hamanns ‚romantische' Formel von der ‚Poesie als Muttersprache des menschlichen Geschlechts' – so Hayden White (1973; 1991). Oder: Man suggeriert, in veloziferisch kombinierender Metapherngläubigkeit, eine geradezu magische Zirkulation sozialer Energien, die alle literarischen Merkmale in den Strömen von Macht und Begehren auf- und untergehen lassen; Anekdoten, Berichte von Algonkin-Indianern, Akten von Prozessen gegen jesuitische Exorzisten, Hermaphroditen und Transvestiten, je bizarrer, desto besser, sind dann mindestens genauso interessant und wichtig wie die ‚einbettenden' literarischen Texte (es sind hier immerhin die Shakespeares), liefern sie doch die eigentlichen ‚Klartexte' für deren versteckte Botschaften – so Stephen Greenblatt (Greenblatt 1988; 1990).[19] Ist es ein Wunder, wenn dann neuerdings hochpointiert geklagt wird, dass Studenten, in diesem Falle amerikanische, geradezu darauf abgerichtet seien, „jeden literarischen Text als Allegorie politisch korrekter Werte zu lesen"? (Gumbrecht 2013, 246)[20] Wohin man blickt, stellt sich ein ähnlicher Befund ein: (politische) Realität und Realismus haben die ‚Koalition' mit der Literatur dazu genutzt, sich dieser zu bemächtigen.

---

19 Zum neuesten Buch Greenblatts – Der Tyrann. Shakespeares Machtkunde für das 21. Jahrhundert (Greenblatt 2018) – vermerkt der Rezensent Thomas Steinfeld ungläubig einen derart „schlichten Biographismus", dass darüber „Verstand und Bildung auf der Strecke bleiben" (Steinfeld 2018).

20 Beunruhigung ist mehr als angebracht. Die allegorische Lektüre ist ja nur ein erster Schritt, rigorosere Maßnahmen lassen nicht lange auf sich warten (Gumbrecht 2013, 246, Anm. 64).

Sieger und Verlierer jedenfalls stehen so gut wie fest, und man muss befürchten, dass Käte Hamburger zu den Geschlagenen gehört (und Erich Auerbach zu den Annektierten, wie man bei Greenblatt beobachten kann).[21] In dies Schicksal ergeben allerdings hat sie sich nicht. Die beiden späten Bücher über *Wahrheit und ästhetische Wahrheit* (1979) und das *Mitleid* (1985) lassen sich durchaus als Fortschreibungen der *Logik der Dichtung* lesen. Sie setzen den ‚separatistischen' Kampf unter anderen Bedingungen fort. In beiden Fällen beharrt Hamburger auf der Scheidung der Sphären, diesmal, in *Wahrheit und ästhetische Wahrheit*, im Angriff auf die logische Mixtur, die das Begriffsgefüge „ästhetische Wahrheit" hervorgebracht hat. Jetzt legt sie sich mit Hegel und Heidegger, mit Adorno und Benjamin an und scheut dabei das offene Wort nicht. Wenn es bei Adorno heißt: „Ästhetik, die nicht in der Perspektive auf Wahrheit sich bewegt, erschlafft vor ihrer Aufgabe" (Adorno nach Hamburger 1979, 75), dann entgegnet Hamburger:

> Es bleibt einer Kunst*philosophie* unbenommen, die These aufzustellen, Ästhetik, die nicht in der Perspektive auf Wahrheit sich bewegt, erschlaffe vor ihrer Aufgabe. Von der Interpretation eines Kunstwerks aber gilt, daß sie vor ihrer Aufgabe erschlaffte, *wenn* sie in der Perspektive auf Wahrheit sich bewegte. (Hamburger 1979, 143)

Nicht anders geht es zu, wenn Hamburger das ästhetische Mitleid vor Vermischungen mit der Realität zu bewahren sucht. Selbst Lessing ist dann gegen die Schärfe ihrer Unterscheidungen nicht gefeit.[22]

Keine Frage also, Käte Hamburger ist ‚Separatistin' geblieben. Und so steht ihr Name auch heute noch und heute erst recht, für Scharfsinn und Unterschei-

---

[21] Der Wunsch, Auerbach für sich zu vereinnahmen, ist so groß wie die immer noch wachsende Faszination, die von *Mimesis* ausgeht. So erklärt sich der verwegene, man könnte auch sagen: abwegige Einfall Greenblatts, die von ihm selbst gern und als Pioniere des *New Historicism* eingesetzten Anekdoten mit den knappen Textauszügen an der Spitze der einzelnen *Mimesis*-Kapitel gleichzusetzen, zum Erweis dafür, dass in beiden Fällen die Realität unmittelbar in die Dichtung eindringe. „Und die Anekdote stillte das Bedürfnis nach etwas außerhalb des Literarischen, etwas, das die Grenzen des Literarischen selbst in Frage stellen konnte. Sie bot einen Zugang zum Alltäglichen, zu dem Ort, an dem die Dinge wirklich geschehen, zur Sphäre der Praxis, die selbst in ihren unbeholfensten und unangemessensten Artikulationen einen Anspruch auf Wahrheit erheben kann, dem sich gerade die beredsamsten unter den literarischen Texten verschließen. Die Anekdote bot eine Möglichkeit, in die ‚Kontaktzone' zu gelangen, an jene verwunschene Stelle, wo der literarische Genius herbeigezaubert werden konnte" (Greenblatt 2000, 99–91).

[22] Dem Buch voraus geht eine Abhandlung, die sich bereits deutlich genug über die ominöse „Grenze" erklärt: „Es kommt für unser Problem auf die Mitleidserregung an, auf die Lessing die Wirkung und Bestimmung der Tragödie reduzierte. Denn sie ist ein aufschlußreiches Kriterium für die noch fehlende Erkenntnis der Grenze zwischen Dichtung und Wirklichkeit […].

dungskraft, für Strenge und also für Kritik. Es sind dies nicht die schlechtesten Eigenschaften der Philologie und ebenso sehr eine Wohltat für die Literatur, die ohne ‚Separation', ohne ästhetische Distanz, nicht leben kann.[23] Das letzte Unternehmen übrigens, das Hamburger, hoch im neunten Lebensjahrzehnt, noch plante, war ein Buch ausgerechnet über den Begriff des Realismus. Wir erfahren es anlässlich einer Gedenkfeier von der Stuttgarter Rektorin, der Amerikanistin Heide Ziegler, und darüber hinaus, dass die „Spannung zwischen Realismus und Idealismus" tatsächlich, wenn auch erst später so benannt, schon der *Logik der Dichtung* zugrunde gelegen habe (Ziegler 1993, 9–10). Wir erinnern uns: das strenge Buch selbst hatte den Begriff ‚Realismus' gemieden wie die Pest, gleichwohl war er für die Analyse von großem Nutzen. Wir vernehmen die späte Auskunft deshalb mit Genugtuung.

Literaturverzeichnis

Auerbach, Erich. „Epilegomena zu Mimesis". *Romanische Forschungen* 65 (1953): 1–18.
Auerbach, Erich. *Mimesis. Dargestellte Wirklichkeit in der abendländischen Literatur* (1946). 2., verbesserte und erweiterte Auflage. Bern: Francke-Verlag, 1959.
Auerbach, Erich. „Philologie der Weltliteratur" (1952). *Erich Auerbach: Gesammelte Aufsätze zur Romanischen Philologie*. Hg. Fritz Schalk. Bern und München: Francke-Verlag, 1967. 301–310.
Barck, Karlheinz und Martin Treml. „Erich Auerbachs Philologie als Kulturwissenschaft". *Erich Auerbach. Geschichte und Aktualität eines europäischen Philologen*. Hg. Karlheinz Barck und Martin Treml. Berlin: Kadmos, 2007. 9–29.
Brokoff, Jürgen. *Geschichte der reinen Poesie. Von der Weimarer Klassik bis zur historischen Avantgarde*. 2. Auflage. Göttingen: Wallstein-Verlag, 2010.
Dane, Gesa. „Käte Hamburger (1896–1992)". *Wissenschaftsgeschichte der Germanistik in Porträts*. Hg. Christoph König u.a. Berlin und New York: De Gruyter, 2000. 189–198.
Greenblatt, Stephen. *Shakespearian negotiations. The circulation of social energy in Renaissance England*. Berkeley u.a.: University of California Press, 1988.

Und es ist zu konstatieren, daß Lessing diese Grenze weniger wahrnahm als z. B. seine Freunde Nicolai und Mendelssohn [...]" (Hamburger 1980c, 31). „Die Kategorien der damaligen Psychologie, die als solche Kategorien der psychischen Realität sind, überdecken die Grenze, die in Hinsicht des Mitleids die mitmenschliche Erfahrung von der Rezeption der Dichtung trennt" (Hamburger 1980c, 31). Lessing habe diese Grenze nicht eingebaut, wie es versuchsweise sonst schon in seiner Umgebung geschieht.
23 Dazu neuerdings: Riedel 2019. Aktuelles Beispiel ist die von der Studentenschaft veranlasste Entfernung von Eugen Gomringers Gedicht „avenidas" von der Fassade einer Berliner Hochschule.

Greenblatt, Stephen. *Verhandlungen mit Shakespeare. Innenansichten der englischen Renaissance*. Berlin: Wagenbach, 1990.
Greenblatt, Stephen. „Erich Auerbach und der *New Historicism*. Bemerkungen zur Funktion der Anekdote in der Literaturgeschichtsschreibung". *Was ist Literaturgeschichte?* Hg. Stephan Greenblatt. Frankfurt a.M.: Suhrkamp, 2000. 71–100.
Greenblatt, Stephen. *Der Tyrann. Shakespeares Machtkunde für das 21. Jahrhundert*. Aus dem Engl. von Martin Richter. München: Siedler Verlag, 2018.
Gumbrecht, Hans Ulrich. „Verkrampft, zerstreut-präsent: Für einen anderen Ernst beim Lesen von Literatur". *The German Quarterly* 86.3 (2013): 241–249.
Hamburger, Käte. „Thomas Manns Faustroman". *Göteborgs Handels- och Sjöfartstidning* vom 27.11.1947. 1947. Die deutsche Übersetzung ist abgedruckt in: *Thomas Mann/Käte Hamburger, Briefwechsel 1932–1955*. Hg. Hubert Brunträger. Frankfurt a.M.: Vittorio Klostermann-Verlag, 1999. 133–138.
Hamburger, Käte. „Zwei Formen literatursoziologischer Betrachtung. Zu Erich Auerbachs ‚Mimesis' und Georg Lukács' ‚Goethe und seine Zeit'". *Orbis Litterarum* 7 (1949): 142–160.
Hamburger, Käte. „Zum Strukturproblem der epischen und dramatischen Dichtung". *DVjs* 25 (1951): 3–26.
Hamburger, Käte. „Das epische Praeteritum". *DVjs* 27 (1953): 329–357.
Hamburger, Käte. „Erzählformen des modernen Romans". *Der Deutschunterricht* 11 (1959): 5–23.
Hamburger, Käte. „Noch einmal: Vom Erzählen. Versuch einer Antwort und Klärung". *Euphorion* 59 (1965): 46–71.
Hamburger, Käte. *Kleine Schriften*. Stuttgart: Heinz, 1976.
Hamburger, Käte. *Wahrheit und ästhetische Wahrheit*, Stuttgart: Klett-Cotta 1979.
Hamburger, Käte. *Die Logik der Dichtung* (1957). Frankfurt a.M., Berlin und Wien: Klett-Cotta, 1980a (im Ullstein-Taschenbuch, nach der 3. Auflage 1977).
Hamburger, Käte. „Rede beim Empfang im Senatssaal". *Ehrenpromotion Käte Hamburger am 25. Juni 1980, Dokumentation*. Hg. Johannes Janota, Jürgen Kühnel und Universität-Gesamthochschule Siegen. Siegen: Universi, 1980b. 35–39.
Hamburger, Käte. „Mitleid und Furcht – ein Lessingproblem". *Ehrenpromotion Käte Hamburger am 25. Juni 1980, Dokumentation*. Hg. Johannes Janota, Jürgen Kühnel und Universität-Gesamthochschule Siegen. Siegen: Universi,1980c, 25–34.
Hamburger, Käte. „An Thomas Mann, 29. Dezember 1935". *Thomas Mann/Käte Hamburger, Briefwechsel 1932–1955*. Hg. Hubert Brunträger. Frankfurt a.M.: Vittorio Klostermann-Verlag, 1999a. 44.
(*Thomas Mann/Käte Hamburger, Briefwechsel 1932–1955*. Hg. Hubert Brunträger. Frankfurt a.M.: Vittorio Klostermann-Verlag, 1999.)
Hamburger, Käte. „An Thomas Mann, 10. Dezember 1936". *Thomas Mann/Käte Hamburger, Briefwechsel 1932–1955*. Hg. Hubert Brunträger. Frankfurt a.M.: Vittorio Klostermann-Verlag, 1999b. 51.
Hamburger, Käte. „An Thomas Mann, 23. Januar 1944". *Thomas Mann/Käte Hamburger, Briefwechsel 1932–1955*. Hg. Hubert Brunträger. Frankfurt a.M.: Vittorio Klostermann-Verlag, 1999c. 79.
Hamburger, Käte. „An Ida Herz, 21. September 1947". *Thomas Mann/Käte Hamburger, Briefwechsel 1932–1955*. Hg. Hubert Brunträger. Frankfurt a.M.: Vittorio Klostermann-Verlag 1999d. 123 f.

Hofmann, Paul. *Sinn und Geschichte. Historisch-systematische Einleitung in die Sinn-erforschende Philosophie*. München: Reinhardt, 1937.
Hofmann, Paul. *Problem und Probleme einer Sinn-erforschenden Philosophie* (1937). Hg. von Käte Hamburger. Stuttgart: Klett-Cotta, 1980.
Jauß, Hans Robert. „Literaturgeschichte als Provokation der Literaturwissenschaft" (1969). *Literaturgeschichte als Provokation*. Hg. Hans Robert Jauß. Frankfurt a.M.: Suhrkamp, 1974. 144–207.
Kayser, Wolfgang. „Wer erzählt den Roman?". *Die Vortragsreise. Studien zur Literatur*. Hg. Wolfgang Kayser. Bern: Francke-Verlag, 1958. 82–101.
Kreuzer, Helmut: „Philosophin der Poesie. Zum Tode der Literaturwissenschaftlerin Käte Hamburger". *FAZ* 86 (10. April 1992): 33.
Lagerkvist, Pär. *Barabbas. Ein Roman mit einem Brief von André Gide* (1950). Aus dem Schwedischen von Edzard Schaper. München: Nymphenburger Verlagshandlung, 1952.
Löschner, Claudia. *Denksystem. Logik und Dichtung bei Käte Hamburger*. Berlin: Ripperger und Kremers, 2013.
Löwe, Matthias. „Existenz, Humanität, Fiktion. Über einen Problemkomplex bei Käte Hamburger". *Käte Hamburger. Kontext, Theorie und Praxis*. Hg. Andrea Albrecht und Claudia Löschner. Berlin: De Gruyter, 2015. 77–99.
Lukács, Georg. „Kunst und objektive Wahrheit" (1934). *Probleme des Realismus*. Hg. Georg Lukács. Berlin: Aufbau-Verlag, 1955a. 5–46.
Lukács, Georg. „Es geht um den Realismus" (1938). *Probleme des Realismus*. Hg. Georg Lukács. Berlin: Aufbau-Verlag, 1955b. 211–239.
Mann, Thomas. *Doktor Faustus. Das Leben des deutschen Tonsetzers Adrian Leverkühn, erzählt von einem Freunde*. Stockholm: Bermann-Fischer Verlag, 1948.
Mann, Thomas. „Brief an Ida Herz, 11. Dezember 1947". *Thomas Mann/Käte Hamburger, Briefwechsel 1932–1955*. Hg. Hubert Brunträger. Frankfurt a.M.: Vittorio Klostermann-Verlag, 1999a. 126.
Mann, Thomas. „Brief an Käte Hamburger, 2. Februar 1948". *Thomas Mann/Käte Hamburger, Briefwechsel 1932–1955*. Hg. Hubert Brunträger. Frankfurt a.M.: Vittorio Klostermann-Verlag, 1999b. 99.
Mann, Thomas. *Der Erwählte. Roman* (1951). Frankfurt a.M.: Fischer, 1956.
Nichols, Stephen G. „Erich Auerbach. History, Literature and Jewish Philosophy". *Romanistisches Jahrbuch* 58 (2007): 166–185.
Riedel, Wolfgang. *Ästhetische Distanz. Auch über Sublimierungsverluste in den Literaturwissenschaften*. Würzburg: Königshausen und Neumann, 2019.
Robbe-Grillet, Alain. „Sur quelques notions périmées". *Pour un nouveau roman*. Hg. Alain Robbe-Grillet. Paris: Ed. de Minuit, 1961a. 25–44.
Robbe-Grillet, Alain. „Du réalisme à la réalité". *Pour un nouveau roman*. Hg. Alain Robbe-Grillet. Paris: Ed. de Minuit, 1961b. 135–144.
Robbe-Grillet, Alain. *Argumente für einen neuen Roman. Essays*. München: Hanser, 1965.
Sarraute, Nathalie. „L'ère du soupçon". *L'ère du soupçon. Essais sur le roman*. Hg. Nathalie Sarraute. Paris: Gallimard, 1956. 53–77.
Schiller, Friedrich. *Werke. Nationalausgabe (NA)*. Begründet von Julius Petersen, fortgeführt von Lieselotte Blumenthal und Benno von Wiese. Herausgegeben im Auftrag der Stiftung Weimarer Klassik und des Schiller-Nationalmuseums Marbach von Norbert Oellers. Weimar: Böhlau, 1943 ff.a Band 10.

Schiller, Friedrich. *Werke. Nationalausgabe (NA)*. Begründet von Julius Petersen, fortgeführt von Lieselotte Blumenthal und Benno von Wiese. Herausgegeben im Auftrag der Stiftung Weimarer Klassik und des Schiller-Nationalmuseums Marbach von Norbert Oellers. Weimar: Böhlau, 1943 ff.b Band 28.

Schings, Hans-Jürgen. *Klassik in Zeiten der Revolution*. Würzburg: Königshausen und Neumann, 2017.

Schulze-Buschhaus, Ulrich. *Auerbachs Mimesis und die Literatur der frühen Neuzeit*, http://gams.uni-graz.at/o:usb-063-61. Institut für Romanistik. Karl-Franzens-Universität Graz, 2006 (18.03.2022).

Steinfeld, Thomas. „Der unmögliche Aufstieg des Soziopathen". *Süddeutsche Zeitung* vom 30. Oktober 2018 (2018).

Weimar, Klaus. „Kritische Bemerkungen zur ‚Logik der Dichtung'". *DVjs* 48 (1974): 10–24.

Weinrich, Harald. *Tempus. Besprochene und erzählte Welt* (1964). 2., völlig neubearbeitete Auflage. Stuttgart u.a.: Kohlhammer, 1971.

White, Hayden. *Metahistory. The historical imagination in nineteenth-century Europe*. Baltimore u.a.: Johns Hopkins University Press, 1973.

White, Hayden. *Die historische Einbildungskraft im 19. Jahrhundert in Europa*, Frankfurt a.M.: Fischer, 1991.

Ziegler, Heide. „Begrüßungsrede bei der akademischen Gedenkfeier für Käte Hamburger". *Käte Hamburger. Reden bei der Akademischen Gedenkfeier der Universität Stuttgart für Frau Prof. Dr. phil. habil. Käte Hamburger, 8. Dezember 1992*. Hg. Jürgen Hering. Stuttgart: Universitätsbibliothek, 1993. 9–14.

Martin von Koppenfels
Narben und Strümpfe: Erich Auerbachs *Mimesis* (1946)

1 Abendland als Montage

Erich Auerbachs im Istanbuler Exil geschriebenes und 1946 erschienenes Buch *Mimesis – Dargestellte Wirklichkeit in der abendländischen Literatur* gehört zu der sehr kleinen Zahl von Werken, die man als Klassiker der Literaturwissenschaft bezeichnen darf.[1] Das will etwas heißen, denn die Disziplin ist eigentlich zu unruhig, zu ungeduldig, zu unzufrieden mit sich selbst, um so etwas wie Klassizität zuzulassen. In ihrer jüngeren Geschichte dürfte es deshalb auch keine Parallele zum Rezeptionsschicksal dieses Buches geben. Nicht genug damit, dass es mehr als sieben Jahrzehnte nach Erscheinen immer noch Leser findet, obwohl es an einem Begriff ansetzt, dem die Literaturwissenschaft mit notorischem Unbehagen begegnet, dem der Wirklichkeit.[2] Diese Langlebigkeit hat nicht zuletzt mit der durch Edward Saïd ausgelösten kulturwissenschaftlichen Wiederentdeckung des Buches zu tun (vgl. Saïd 2003; Newman 2007; Lindenberger 2007). Doch darüber hinaus wird *Mimesis* immer häufiger selbst zum Gegenstand jener Art von Kommentierung, die man sonst eher literarischen Werken angedeihen lässt. Ja, seine Lektüre scheint im akademischen Betrieb zunehmend an die Stelle der Lektüre vieler der Texte zu treten, von denen es handelt.

Ein Kennzeichen solcher Lektüren ist es, sich Auerbachs Buch gleichsam von der Seite zu nähern, es als Dokument eines besonderen bildungsgeschichtlichen Moments zu lesen: als Zeugnis deutsch-jüdischer Wissenschaftskultur, ja als indirektes Selbstporträt eines Zeitgenossen von Vertreibung, Weltkrieg und Shoah.[3] Und tatsächlich enthält *Mimesis* eine gewisse Zahl von Hinweisen auf die Situation des Schreibenden, der von Istanbul aus auf den Kriegsschauplatz Europa blickt (vgl. Richards 2001; Lerer 1996). Dieser hätte über eine derartige Rezeption seines Buches den Kopf geschüttelt, war dieses doch für ihn, wie Saïd schreibt, zunächst einmal ein „Akt des zivilisatorischen Überlebens" (Saïd 1993, 47), eine Art Arche-Projekt europäischer Literaturgeschichte im Augenblick der Zerstörung. Die Auswahl der an Bord genommenen Arten erfolgte

---

[1] Eine ausführlichere Version dieses Beitrags erschien unter dem Titel „Auerbachs Ernst" (Koppenfels 2013).
[2] Zur historischen Wandelbarkeit des Wirklichkeitsbegriffs vgl. Blumenberg 2020.
[3] Als gelungenes Beispiel einer solchen Lektüre sei genannt: Damrosch 1995.

freilich alles andere als blind traditionalistisch und hat sich daher der kanonischen Fixierung bis heute zu entziehen gewusst. Doch gerade weil dies so ist, wird das Buch seit einiger Zeit nicht mehr nur als Zugang zu den Texten gelesen, die es kommentiert, sondern eben als Ersatz dafür. Auch in dieser Hinsicht ist es ein Werk des Exils – ‚Exil' hier im bildungsgeschichtlichen Sinne verstanden als eine Situation, in der sich der Kommentar allmählich an die Stelle des Textes setzt. Auf diese Weise könnte sich Auerbachs Text im Laufe der Zeit in eine Postfiguration der literarischen Tradition verwandeln, von der er handelt.

Ich möchte kurz einige Eckdaten der ‚Biographie' von *Mimesis* in Erinnerung rufen. Das grundlegende Paradox dieses Buchlebens lässt sich so zusammenfassen: Das Werk stammt zugleich aus dem Zentrum und von der Peripherie der Institution Literaturwissenschaft. Auerbach lehrte vor seiner Vertreibung an der Universität Marburg, damals dem wohl wichtigsten geisteswissenschaftlichen Standort des Landes (mit Professoren wie Martin Heidegger, Rudolf Bultmann oder Adolf Reichwein). Dort bekleidete er von 1929 bis 1935 den Lehrstuhl für Romanistik, den vor ihm Ernst Robert Curtius und Leo Spitzer, und nach ihm Werner Krauss innehatten – die vier zentralen Figuren der deutschsprachigen Romanistik im zwanzigsten Jahrhundert haben sich in Marburg die Klinke in die Hand gegeben. Geschrieben aber wurde das Buch im Istanbuler Exil während des Zweiten Weltkriegs, weitgehend ohne disziplinäre Infrastruktur, das heißt ohne eine spezialisierte Bibliothek. Als Werk eines deutschen Juden aus Preußen, dem 1935 aufgrund der Nürnberger Rassengesetze sein Lehrstuhl genommen wurde, und der von 1936–1947 in Istanbul eine Professur mit der heterotopischen Denomination „Westliche Literaturen" innehatte, ist *Mimesis* das Produkt einer Vertreibung nicht nur aus Deutschland, sondern auch aus den disziplinären Zusammenhängen der deutschen Universität. Der Blick vom anderen Ufer des Bosporus auf das brennende Europa hat sich ihm eingebrannt.

Drei Merkmale des Buches sind direkt durch seine historische Situation bestimmt: Es unternimmt erstens die Rekonstruktion eines nachträglichen ‚Abendlands'. Sein Begriff europäischer Literatur ist nur denkbar als Produkt kultureller Trauer. Er muss zugleich kritisch und allgemein sein, so wie er sich seinem Autor darstellte, der in Kemal Atatürks Reformuniversität damit betraut war, die „Westlichen Literaturen" *in toto* zu unterrichten. Das Buch ist zweitens das Produkt einer erzwungenen Regression hinter den Stand der philologischen Spezialisierung. Nach einer oft wiederholten Anekdote schloss ihm der päpstliche Nuntius vor Ort, Giuseppe Roncalli (der spätere Papst Johannes XXIII.), den Dachboden des Klosters San Pietro di Galata (auf der europäischen Seite des Bosporus) auf, wo er eine vollständige Ausgabe der *Patrologia Latina* von Jacques-Paul Migne fand, die ihm die Konzeption von *Mimesis* erst ermöglichte. Zum dritten präsentiert Auerbach sein Buch als Produkt begrifflicher Askese – des Versuchs nämlich, auf einen philosophischen Unterbau so weit wie möglich zu verzichten, seine Geschichte allein aus dem jeweiligen ‚geretteten' Textfragment zu extrapolieren. In gewissem Sinne imitiert er damit die fragmentarische Überlieferungssituation der antiken Literatur nach dem Untergang des weströmischen Imperiums – einen Kulturbruch, den er mehrfach in Analogie zur Situation Europas im Zeitalter des Totalitarismus setzt. Diese Situation führt zur Erschütterung theoretischer Gewissheiten, diese schließlich zu dem Wunschtraum, an einen Nullpunkt der Theorie zurückzukehren: „Wäre es möglich, so hätte ich überhaupt keine allgemeinen Ausdrücke gebraucht, sondern den Gedanken rein aus der Darstellung einer Abfolge von Einzelnem dem Leser suggeriert." (Auerbach 1953, 16) Das Ziel ist die Rettung des Singulären; freilich nicht als bloßes Aggregat („Abfolge von Einzelnem"), sondern als Verbindung von Einzelheiten, die einen Gedanken suggeriert. Man könnte sagen: als Synthese ohne Verallgemeinerung.[4]

Obwohl der Art, wie der Autor mit allgemeinen Ausdrücken wie ‚Wirklichkeitsdarstellung' oder ‚Realismus' operiert, eine gewisse Naivität anhaftet, ist seine Version von Literaturgeschichte dialektisch verfasst. Das gilt gerade für den unbegrifflichen Realismus-Begriff, wie bereits daraus ersichtlich wird, dass die meisten Kapitel von *Mimesis* die Verhinderung von Mimesis behandeln: Wirklichkeitsdarstellung ist offenbar etwas, das die westliche Literatur im Lauf ihrer langen Geschichte meistens verfehlt hat. Realismus war nach Auerbach, wenn überhaupt, dann in der Regel komischer Realismus. Wirklichkeit erscheint in dieser Geschichte als etwas, zu dem man zunächst und zumeist nur durch Lachen in Beziehung trat. Genuin dialektisch liest sich auch die Säkularisierungsgeschichte, die der Autor erzählt:[5] Sie handelt von der Entstehung einer intensiven mimetischen Beziehung zur irdischen Wirklichkeit aus der diskursiven Macht einer Religion mit weltverneinenden Zügen; einer Religion, die in ihrem Blick auf die Realität einen „Kampf zwischen sinnlicher Erscheinung und Bedeutung" entfesselte (Auerbach 1988, 52).[6] Die beiden Grundelemente dieser Geschichte sind die Geschichtshermeneutik und die Rhetorik des spätantiken Christentums, die Auerbach in den Essays „Figura" (1938) und „Sacrae

---

[4] Auerbachs Behauptung begrifflicher Askese ist freilich mit Vorsicht zu genießen: *Mimesis* ist alles andere als ein theoriefreies Buch; es erscheint vielmehr gesättigt mit Philosophie – und zwar vor allem deutscher Philosophie des Idealismus und der Romantik (Herder, Frühromantik, Hegelsche Geschichtsphilosophie), aber auch mit dem Historismus des neunzehnten Jahrhunderts, mit frühem Existenzialismus sowie mit der Phänomenologie der 1920er Jahre.
[5] Dazu: Mahler 1997, 256–260.
[6] Zur Analyse christlicher „Weltfeindschaft" vgl. auch Auerbach 1956, 55.

scripturae sermo humilis" (1941) entfaltet hatte, welche die Entstehung von *Mimesis* flankierten.

Diesen Säkularisierungsgedanken „rein aus der Darstellung einer Abfolge von Einzelnem" dem Leser zu suggerieren, wäre in der Tat ein kühnes Unterfangen. Doch grundsätzlich ist ein solches Programm kein Ding der Unmöglichkeit; es umschreibt lediglich das Prinzip der literarischen Montage. Und tatsächlich ist *Mimesis* ein montiertes Buch. Es lässt sich lesen als komponierter Text, der indirekt, durch seinen Aufbau, ja durch die bloße Zusammenstellung der zitierten Passagen kommuniziert; als ein Text, der im Medium der zitierten Stellen denkt. Auf dieser Ebene möchte ich im Folgenden ansetzen. Auch ich lese das Buch als Kommentar zur Zeitgeschichte. Es geht mir allerdings nicht um Auerbachs sparsam eingestreute direkte Anspielungen, sondern um die Konstellation der ausgewählten Texte. Trotz der Behauptung des Autors, er habe *Mimesis* auf einer Reihe zufällig herausgegriffener Textpassagen aufgebaut (in Kapitel XX vergleicht er seine Methode mit Marcel Prousts und Virginia Woolfs Poetik des beliebigen Alltagsaugenblicks), gibt es eine Fülle assoziativer Verbindungen zwischen diesen Textpassagen, ein Unbewusstes der Textreihe. Auerbachs Methode, die Ordnungsmacht der Begriffe zu reduzieren und seine Beispiele intuitiv zusammenzustellen – sich „von einigen allmählich und absichtslos erarbeiteten Motiven leiten zu lassen" (Auerbach 1988, 509) –, lässt viel Raum für solche unterirdischen Verbindungen zwischen den Texten. Einigen dieser Verbindungen möchte ich nachgehen – mit dem Ziel, auf diesem Weg am Ende wieder zur Frage des Darstellungsbegriffs vorzustoßen.

2 Leitmotive

Dass die in *Mimesis* versammelten, „absichtslos" herausgegriffenen Texte aus drei Jahrtausenden ein Mosaik von Leitmotiven enthalten, ist öfters bemerkt worden. Besonders auffällig sind die Bezüge zwischen Kapitel I („Die Narbe des Odysseus") und Kapitel XX („Der braune Strumpf"), die das Buch einrahmen. David Damrosch spricht von einem „Doppelrahmen" (Damrosch 1995, 113), der die vier dort zitierten Texte in Beziehung setzt: die Szene der Fußwaschung zwischen Odysseus und Eurykleia (*Odyssee* 19), die Fast-Opferung des Isaak (*Genesis* 22, in der jüdischen Tradition als *Akedah*, „Fesselung", bezeichnet), die Strumpfszene aus Virginia Woolfs *To the Lighthouse* und das „drame du coucher" aus Prousts *Du côté de chez Swann*. In diesem Arrangement entsprechen einander einerseits zwei Mutterfiguren: die Dienerin Eurykleia, die das Bein ihres ehemaligen Zöglings Odysseus betastet und ihn an seiner Narbe erkennt, und Mrs. Ramsay, die am Bein ihres Sohnes Maß für einen Wollstrumpf[7] nimmt; andererseits zwei Vaterfiguren: der biblische Abraham und Marcels Vater. Die Verbindung zwischen *Genesis* 22 und Prousts *Recherche* bleibt ganz und gar implizit; Auerbach thematisiert sie mit keinem Wort. Sie funktioniert auch nicht über eine strukturelle Ähnlichkeit zwischen zwei Texten, sondern über das Verfahren der *mise en abyme*[8]: Der Erzähler Marcel assoziiert zum Anblick seines Vaters ein Bild, das Abraham in dem Moment zeigt, wo er Isaak von seiner Mutter Sarah trennt. Eine Reihe sekundärer Parallelen verstärkt diese Bezüge: der Kuss der Mutter spielt eine Rolle bei Proust und Woolf; einem grünen Kaschmirschal bei Woolf entspricht ein violetter Kaschmirschal bei Proust; diese beiden Textilien kann man, wie Mrs. Ramsays nie fertig gestrickten Strumpf, in eine Reihe stellen mit Penelopes nie vollendetem Gewebe. Die für Auerbach entscheidende Parallele ist allerdings eine erzähltechnische: Wie von Homers Fußwaschung geht auch von Woolfs Strumpfmessung eine gewaltige Erinnerungsschleife aus, die weit in die Vorgeschichte zurückgreift. Und in beiden Fällen durchmisst diese Schleife ein jahrelanges Intervall, in dem sich ein Krieg mit vielen Toten verbirgt: der trojanische bei Homer, der Erste Weltkrieg bei Woolf.

Diese Parallelen sind mehr als nur ein Rahmungsverfahren. Die genannten Motive stehen vielmehr in Beziehung zu Auerbachs Hauptthema, dem Problem der Wirklichkeitsdarstellung. Sie konvergieren in einem Motiv, das man die Geste der väterlichen Trennung nennen kann. In deren archaischer Variante korrespondiert der Hauer des Ebers, der den jungen Odysseus verletzt und ihm damit eine Art Initiationsnarbe zufügt, dem Schlachtermesser des Abraham. In der modernen Variante entspricht dem einerseits der spöttische Mr. Ramsay, der die Vorfreude auf die Fahrt zum Leuchtturm zerstört, und andererseits der unberechenbare Vater Marcels. Ich werde weiter unten argumentieren, dass diese Geste auf einer fundamentalen Ebene konstitutiv für Auerbachs Wirklichkeitsbegriff ist. Sie lässt sich deuten als Geste der Verpflichtung auf das Realitätsprinzip und rührt damit an den psychologischen Subtext der von Auerbach erzählten Version westlicher Literaturgeschichte. Texte, oder ganze Literaturen,

---

[7] Strümpfe sind für Auerbach – anders als für Benjamin – exemplarisch alltägliche Objekte. Auch die Szene, die er als Beispiel für Shakespeares „kreatürlichen" Realismus wählt (*King Henry IV*, II, 2.2) enthält ein Gespräch über Strümpfe.

[8] Dieser Begriff bezeichnet ein rekursives Verfahren der Bildenden Kunst und Literatur, in dem ein Werk oder Text sich selbst in seinem Inneren noch einmal enthält, so dass ein Effekt interner Spiegelung entsteht. Der Begriff stammt aus der Heraldik, wo er das entsprechende Verfahren der Wappengestaltung bezeichnete. Auf erzählende Literatur wurde er erstmals bezogen von André Gide, dessen in dieser Hinsicht exemplarischen Roman *Les faux-monnayeurs* (1925) Auerbach auf S. 506 erwähnt.

die jene Trennung nicht durchlaufen haben, so muss man diesen Subtext wohl zusammenfassen, können für Auerbach nicht in dem von ihm angenommenen vollen Sinne realistisch sein: Weil diese Geste in der *Akedah* in unüberbietbarer Schroffheit inszeniert wird, privilegiert er etwa die Bibel gegenüber Homer.

Die Trennung des Sohnes von der Mutter durch den Vater taucht auch sonst in *Mimesis* auf, z. B. exakt in der Mitte, in Kapitel X, wo es um die in einer Trostschrift des fünfzehnten Jahrhunderts (Antoine de la Sales *Réconfort de Madame du Fresne*) beschriebene Aufopferung des Sohnes der Madame du Chastel geht (vgl. Richards 2001, 75). Die für Auerbach wichtigste Variante dieses Trennungs- bzw. Opfermotivs ist freilich die Passion Christi, aus der er eine Episode, die von der Verleugnung des Petrus, heranzieht (Auerbach 1988, 44). Abkömmlinge dieses zentralen Geschehens finden sich an vielen Stellen in *Mimesis*, beispielsweise die in Kapitel V kommentierte Passage aus dem Rolandslied: Hier ist es der Onkel (Kaiser Karl), der den Neffen opfert, indem er ihn zum Führer der Nachhut ernennt, wobei der Verräter Ganelon die Hand im Spiel hat; unübersehbar folgt dieses Geschehen einem christologischen Schema. Drastisch ausgesprochen wird das Motiv in einem Brief des Bernhard von Clairvaux, den Auerbach in Kapitel VII zitiert (1988, 157–158): Er handelt von der tätigen *imitatio Christi*, konkret vom Entschluss eines jungen Mannes, ins Kloster zu gehen. Hier ist es der symbolische Vater, der den Sohn von seinen realen Eltern trennt:

> Wenn quer über die Schwelle (so spricht der heilige Hieronymus) sich dein Vater geworfen hat, wenn die Mutter mit entblößtem Busen dir die Brüste zeigt, an denen sie dich genährt hat, wenn dein kleiner Neffe an deinem Halse hängt, so tritt mit den Füßen über deinen Vater, tritt mit den Füßen über deine Mutter, und eile mit trockenen Augen zur Fahne des Kreuzes. (Auerbach 1988, 158)

Ein Trennungsmotiv, das Auerbachs Textmontage von Anfang bis Ende durchzieht, ist das Exil. Seine beiden literarischen Archetypen, die Irrfahrten des Odysseus und die Vertreibung aus dem Paradies, findet man in Kapitel I und VII erwähnt. Und auch auf das Dante-Kapitel „Farinata und Cavalcante" (Kap. VIII) fällt der Schatten des Exils. Außerdem steht die dort verhandelte Stelle aus Dantes *Inferno* in Kontakt mit der Passionsgeschichte. Die Verbindung ist freilich versteckt: Bewusst oder unbewusst wählt Auerbach eine Passage, die wörtlich aus der Szene von der Verleugnung des Petrus zitiert. Als Dante mit Vergil durch den sechsten Kreis der Hölle geht, wird er von dem ghibellinischen Heerführer Farinata angerufen, der ihn an seinem toskanischen Dialekt erkannt hat: Farinatas Satz „la tua loquela ti fa manifesto" (*Inf.* X, 25) zitiert *Mt.* 26.73, das heißt genau den Moment, in dem Petrus im Palast des Hohepriesters erkannt wird: „Vere et tu ex illis es! nam et loquela tua manifestum te facit!" („Wahrlich, du bist auch einer von denen, denn deine Sprache verrät dich"). Diese Verbindung ist bemerkenswert, weil sie ein Motiv ins Spiel bringt, das Auerbach außerordentlich interessiert: die sprachliche Individualisierung und Identifizierung einer Person.⁹

3 Sarah oder Hagar?

Um all dies plausibler zu machen, möchte ich ein winziges Detail von Auerbachs Text diskutieren, in dem dieser psychologische Subtext unverhofft zutage tritt. Es handelt sich um einen kleinen Lapsus, auf den David Damrosch aufmerksam gemacht hat. Er steckt passenderweise nicht in Auerbachs Kommentar, sondern im Wortlaut seines Zitats aus Prousts *Du côté de chez Swann*. Hier zunächst Auerbachs Zitat und die deutsche Übersetzung (Rechel-Mertens/Keller):

> On ne pouvait pas remercier mon père; on l'eût agacé par ce qu'il appelait des sensibleries. Je restai sans oser faire un mouvement; il était encore devant nous, grand, dans sa robe de nuit blanche sous le cachemire de l'Inde violet et rose qu'il nouait autour de sa tête depuis qu'il avait des névralgies, avec le geste d'Abraham dans la gravure d'après Benozzo Gozzoli que m'avait donné M. Swann, disant a <u>Sarah</u>, qu'elle a à se départir du côté d'Isaac...   (Proust 1987, 36) [meine Hervorhebung, MvK]

> Meinem Vater danken kam nicht in Frage; er hätte sich dann über das geärgert, was er als Getue bezeichnete. So blieb ich stehen und rührte mich nicht; noch stand er vor uns mit seiner großen Gestalt in dem weißen Schlafrock und dem rosa und violetten Kaschmirschal, den er sich, seitdem er an Neuralgien litt, um den Kopf zu binden pflegte. Seine Haltung war wie auf dem Stich nach Benozzo Gozzoli, den Swann mir geschenkt hatte, die Haltung Abrahams, als er <u>Sarah</u> sagte, sie solle sich auf Isaaks Seite begeben...   (Proust 2003, 55) [meine Hervorhebung, MvK]

Hier beginnt eine ganze Serie von Verschiebungen, Fehlern und Leerstellen: Zunächst einmal setzt Auerbach in das Zitat einen falschen Namen ein: An der Stelle, wo bei Proust der Name Sarah (Abrahams Frau und Isaaks Mutter) steht, schreibt er den Namen Hagar (Sarahs ägyptische Sklavin und die Mutter des Ismael). Dies ist eine bemerkenswerte Verwechslung (oder, wahrscheinlicher, ein Korrekturversuch): Abrahams Frau Sarah ist eine der biblischen Frauen, an denen Gott ein Fruchtbarkeitswunder tut: Sie wird lange Zeit nicht schwanger und führt Abraham schließlich ihre junge Sklavin Hagar zu, damit er mit ihr einen Sohn zeugen kann. Tatsächlich gebiert ihm Hagar in der Folge dieses patriarchalen Manövers den Sohn Ismael. Später – jenseits aller Hoffnung und in

---

9 Ihr biblisches Pendant ist die „Schibboleth"-Erzählung in *Richter* 12.5–6, in der die dialektale Aussprache eines einzigen hebräischen Lautes über Leben und Tod des Sprechers entscheidet.

hohem Alter – schenkt Gott Abraham und Sarah doch noch einen legitimen Sohn: Isaak. Daraufhin nötigt Sarah Abraham, die Sklavin mit dem illegitimen Kind Ismael in die Wüste zu treiben – was einem Todesurteil gleichkommt. Dort aber werden die beiden von Gottes Engel gerettet.

Damrosch hat dieses falsche Zitat als unbewusst motivierte Fehlleistung gedeutet: Auerbach, der Vertriebene, hat Angst vor der Identifizierung mit Ismael, dem Sohn der Sklavin, der mit seiner Mutter in die Wüste getrieben wird.[10] Das ist nicht unplausibel, löst aber nur einen Teil des Problems, das nicht erst mit Auerbachs Zitat, sondern schon bei Proust beginnt. Die Szene nämlich, die Proust beschreibt, gibt es in der Bibel nicht: *Genesis* 22 kennt keine Dreieckskonstellation zwischen Abraham, Sarah und Isaak. Sarah taucht in der *Akedah* nicht auf. Prousts Text stellt keine biblische Szene dar, sondern eine Phantasie.[11] Die von ihm konstruierte apokryphe Szene macht aus der archaischen Dualität von Vater und Sohn eine „heilige Familie", und gibt ihr damit nicht nur eine ödipale, sondern vor allem eine christologische Dimension. Prousts bürgerliches Drama des Zubettgehens erhält damit selbst figurale Züge – allerdings in blasphemischer Absicht. Vor diesem Hintergrund kann man Auerbachs Namenstausch auch als philologischen Eingriff deuten; als intuitiven Versuch, den Text, den er in Händen hatte, zu emendieren.[12] Dieser Korrekturversuch vermehrt allerdings die Schwierigkeiten, weil Hagar zwar vertrieben wurde, aber nicht die Mutter des Isaak war.

Des Weiteren ist Prousts Wortwahl in der Beschreibung der von Marcel imaginierten gemalten Trennungsszene sehr eigentümlich: „le geste d'Abraham [...] disant à Sarah, qu'elle a à se départir du côté d'Isaac". Prousts Herausgeber Jean-Yves Tadié (Proust 1987, 1114) bemerkt, dass sich hier die Konstruktion *se départir de* („etw. aufgeben, sich zurückziehen von") mit *partir du côté de* („an jemands Seite aufbrechen") überschneidet. Das zweite Verb würde besser zu der bei Proust beschriebenen Familienszene passen: Der Vater erlaubt ausnahmsweise, dass die Mutter in Marcels Zimmer übernachtet. Tadié deutet die ambivalente Formulierung psychologisch: Marcels Vater trennt in dem Moment, in dem er verbindet. Der Herausgeber vermutet ferner, das sperrige Verbum sei Proust durch die Inschrift der Zeichnung suggeriert worden, auf die hier möglicherweise angespielt wird: *Abraham parting from the Angels* – eine Zeichnung John Rus-

---

[10] Damrosch 1995, 114. Dies ist der einzige mir bekannte Text, der auf Auerbachs Zitierfehler hinweist.
[11] Dass eine Fehlleistung Prousts vorliegt, schließt die Forschung in der Regel aus. (Vgl. Sprenger 1994, 161).
[12] Auch in anderen Fällen, etwa in dem des *Mystère d'Adam* (1988, 143–145), verband er seine Lektüre des Textes mit einer philologischen Reparatur (Konjektur).

kins, die tatsächlich nach einem Werk des italienischen Malers Benozzo Gozzoli gearbeitet ist, nämlich nach dessen Fresken im Camposanto zu Pisa (Ruskin 1903, 316).[13]

Allerdings zeigt diese Skizze eine ganz andere, frühere Episode der Abrahamsgeschichte, nämlich Abrahams Abschied von den drei Engeln, die ihm Sarahs Schwangerschaft angekündigt haben, und von denen zwei jetzt nach Sodom aufbrechen, um die Stadt für ihre Sünden zu strafen (Erscheinung in Mamre, *Genesis* 18).[14] Auch sonst passt die Skizze nicht zu Prousts Text. Nach der Beschreibung von Marcels Vater würde man eine Figur mit Turban erwarten, so wie die Maler der Barockzeit biblische Szenen malten. Proust bezieht sich aber auf die Fresken Benozzo Gozzolis im Pisaner Camposanto. Dieser große Freskenzyklus nun stellt eine weitere Leerstelle in diesem Verweisungsspiel dar: Es gibt ihn nicht mehr. Genauer gesagt, *für uns* gibt es ihn nicht mehr. Proust hätte ihn noch sehen können. Er wurde 1944, während Auerbach in Istanbul an *Mimesis* schrieb, durch verirrte US-amerikanische Bomben nahezu vollständig zerstört:

> On July 27, 1944, a stray shell hit the cloister roof, and a few minutes later a fire broke out immediately above Benozzo Gozzoli's painting of fire and brimstone raining down upon Sodom [...] In four hours the whole cloister roof had been burned. Blazing beams crashed against the frescoed wall-surfaces, molten lead ran down upon the pavement and on the marble monuments ranged along the walls, cracking them into fragments with the heat.
> (o.V. 1945, 35)

Dieser zeitgenössische Bericht der U.S. Militärverwaltung ist bemerkenswert, weil er nicht umhin kann, einen figuralen Bezug zwischen dem modernen Bombardement und der biblischen Zerstörung von Sodom und Gomorrha zu sehen, ähnlich wie dies Marcel Proust in *Le temps retrouvé* anlässlich eines Luftangriffs auf Paris getan hatte. Von Gozzolis Fresken sind nur Kopien des neunzehnten Jahrhunderts geblieben.[15]

Es wird aber noch schlimmer: In den Camposanto-Fresken, auch als sie noch existierten, gab es zwar einen ganzen Abraham-Zyklus, aber keine Szene wie die von Proust phantasierte (Abraham, Sarah, Isaak). Diese Szene existierte weder in den verlorenen Fresken noch im biblischen Text. Man könnte sie nur konstruie-

---

13 Ulrike Sprenger (1994, 162) weist darauf hin, dass auch Ruskins Untertitel eine Fehllektüre enthält. Er müsste eigentlich lauten: *The angels parting from Abraham*.
14 Dazu: Proust 2003, 648.
15 Neben Ruskins Skizze v. a. die umfassenden Abzeichnungen des Kurators Carlo Lasinio und seines Sohnes vom Anfang des neunzehnten Jahrhunderts, an denen schon Ruskin Anstoß nahm: Rossi und Lasinio 1832.

ren, wenn man die beiden sakrifiziellen Szenen, Hagars Verstoßung und Isaaks Opfergang, übereinander projizierte. Prousts Verwendung dieser unmöglichen Referenz ist so ambivalent wie seine Wortwahl: Er assoziiert Marcels Vater mit dem Kindsopferer Abraham genau in dem Moment, wo er Marcel begnadigt. Und er wählt die zweideutige Verbalkonstruktion, die sowohl die Trennung als auch die Nicht-Trennung bezeichnet. So als erweise sich Marcels Vater gerade durch die Begnadigung des Sohnes als übermächtiger Trenner. Als zwinge er ihn gerade dadurch, sich mit ihm zu identifizieren, dass er hier auf Gewalt verzichtet. Es könnte gerade der (pseudo-)biblische Figuralismus dieser Proust-Stelle gewesen sein, der Auerbach dazu veranlasste, zu behaupten: „Hier schimmert durch die Zeitenperspektive schon etwas von symbolischer Jederzeitlichkeit des im erinnernden Bewusstsein fixierten Ereignisses." (1988, 506) Immerhin ist es eine Kernthese von *Mimesis*, dass die figurale Auffassung alttestamentlicher Geschichte, also die Vorstellung, die jüdischen Texte enthielten Präfigurationen christlicher Heilsgeschichte, einen notwendigen Zwischenschritt auf dem Weg zur westlichen Kultur der Wirklichkeitsdarstellung bildete.

Dies bringt uns zu einem weiteren Glied in jener unterirdischen Assoziationskette, die von Auerbachs fehlerhaftem Proust-Zitat ausgeht. Die Vertauschung von Sarah und Hagar bringt nämlich ein weiteres Hauptthema von *Mimesis* ins Spiel: die christliche Figuraldeutung. Immerhin waren Abrahams zwei Frauen Gegenstand des vielleicht ältesten und folgenreichsten Akts figuraler Textaneignung durch das Christentum. Aus ihnen entwickelte Paulus in *Galater* 4.22–31 die Figuren des Alten und Neuen Testaments – mit gewaltiger Nachwirkung.[16] Aus dem Galaterbrief leitet sich z. B. auch die mittelalterliche Ikonographie von *Ecclesia* und *Synagoga* her, die an so vielen gotischen Kirche zu sehen ist. Die zentrale Stelle lautet bei Paulus so:

> In der Schrift wird gesagt, dass Abraham zwei Söhne hatte, einen von der Sklavin, den anderen von der Freien. Der Sohn der Sklavin wurde auf natürliche Weise gezeugt, der Sohn der Freien aufgrund der Verheißung. Darin liegt ein tieferer Sinn: Diese Frauen bedeuten die beiden Testamente. Das eine Testament stammt vom Berg Sinai und bringt Sklaven zur Welt; das ist Hagar – denn Hagar ist die Bezeichnung für den Berg Sinai in Arabien –, und ihr entspricht das gegenwärtige Jerusalem, das mit seinen Kindern in der Knechtschaft lebt. Das himmlische Jerusalem aber ist frei, und dieses Jerusalem ist unsere Mutter. Denn es steht in der Schrift: *Freu dich, du Unfruchtbare, die nie geboren hat, / brich in Jubel aus und jauchze, / die du nie in Wehen lagst! / Denn viele Kinder hat die Einsame, / mehr als die Vermählte.* (Jes. 54.1)

---

16 Den unmittelbaren Kontext der paulinischen Polemik bildet die Rivalität zwischen der von Paulus vertretenen Heidenmission und der Praxis judenchristlicher Konkurrenten, die von den neu bekehrten Galatern die Beschneidung und die Observanz der Thora forderten.

> Ihr aber, Brüder, seid Kinder der Verheißung wie Isaak. Doch wie damals der Sohn, der auf natürliche Weise gezeugt war, den verfolgte, der kraft des Geistes gezeugt war, so geschieht es auch jetzt. In der Schrift aber heißt es: *Verstoß die Sklavin und ihren Sohn! Denn nicht der Sohn der Sklavin soll Erbe sein, sondern der Sohn der Freien.* Daraus folgt also, meine Brüder, dass wir nicht Kinder der Sklavin sind, sondern Kinder der Freien.[17]

Das Hauptmerkmal figuraler Geschichtsdeutung ist nach Auerbach, dass zwei Ereignisse, ein alttestamentliches und ein neutestamentliches, in ein semantisches Verhältnis gesetzt werden – das erste als Präfiguration, das zweite als Erfüllung – wobei in dieser Operation beide ihren wörtlichen, historischen Sinn behalten. Figuraldeutung ist Geschichte, die auf Geschichte verweist. Eben deshalb spielt sie für Auerbach eine zentrale Rolle bei der Entstehung eines säkularen Realismus, der das Geschichtliche ernst nimmt. Man könnte meinen, dieses Kriterium sei hier erfüllt: die Rivalität der Brüder Ismael und Isaak präfiguriert die Rivalität zwischen Judentum und Christentum. Aber das ist nicht richtig: Das zweite Glied der Figur ist kein historisches Ereignis. Es wird überhaupt nur durch den Bezug auf ein alttestamentliches Geschehen als Ereignis darstellbar. Im Inneren der Präfiguration steckt also eine Allegorie (Ἅτινά ἐστιν ἀλληγορούμενα schreibt Paulus). Die zwei Glaubensgemeinschaften erscheinen in dieser Allegorie *wie* Brüder, die um die Liebe des Vaters rivalisieren. Erst die Nachwirkung dieser Allegorie ist historisch – und zwar in folgenschwerer Weise. Die von Paulus konstruierte Beziehung wäre allenfalls metafigural zu nennen, insofern hier eine Szene des Alten Testaments nicht eine des Neuen präfiguriert, sondern das Verhältnis von Altem und Neuem überhaupt. Diese Meta-Figur spannt durch den Begriff der beiden „Testamente" (griech: διαθήκη, eigentlich „Bund") erst den diskursiven Rahmen auf, innerhalb dessen Figuraldeutung stattfinden kann.

Entscheidend ist in unserem Zusammenhang aber etwas anderes: Auch diese figurale Überschreibung eines Motivs der Abrahamsgeschichte stellt eine Trennungsszene dar. Paulus trennt durch seine Rhetorik die Heidenchristen von der jüdischen Offenbarung – so wie Isaak, der „kraft des Geistes" Gezeugte, vom „Fleisch", und das heißt von seinen Eltern als sexuellen Wesen, getrennt war. Durch dieses Manöver wird – und das ist die Pointe – eine genealogische Verbindung gekappt. Dies muss geschehen, weil die Episode auch in der jüdischen Tradition genealogisch gelesen wurde: Auch dort verwiesen die beiden Brüder Isaak und Ismael auf zwei Gruppen – allerdings auf zwei ethnische Gruppen, und sie taten es in einem wörtlichen Sinn. Die jüdische Auslegung, die Paulus voraussetzt, ging davon aus, dass der Text im Sinne genealogischer Kontiguität lesbar

---

[17] Einheitsübersetzung nach: *Neue Jerusalemer Bibel*. Freiburg/Basel/Wien 1985.

war: Alle Juden sind wirklich Nachkommen der Sarah, alle Ismaeliten / Araber wirklich Nachkommen der Hagar. Die Operation des Paulus negiert also mit der sexuellen Zeugung die genealogische Linie. Die Heidenchristen erhalten eine Genealogie, indem sie von einer Genealogie abgeschnitten werden. Damit wird ein geschichtlicher Zusammenhang konstituiert, der sich selbst zerreißt: Die Christen sind nicht die Nachkommen des Isaak, sie sind *wie* Isaak und damit in Rivalität zu ihm. Der Sohn der Freien wird durch diese Figur zum Sohn der Sklavin. Als Anknüpfungspunkt für diese gewaltsame hermeneutische Operation eignet sich keine biblische Figur besser als Isaak, der von seinen Eltern als sexuellen Wesen bereits doppelt abgeschnitten ist: durch seine Zeugung kraft Gottes Gnade und durch das Schlachtermesser des Abraham.

Man kann diese Paulus-Stelle als Ursprungsort der Figuraldeutung verstehen: Figurales Denken wird überhaupt erst notwendig wegen der Durchtrennung der genealogischen Linie. Der Ausstieg aus der genealogisch („im Fleisch") vermittelten jüdischen Heilsgeschichte zwingt zum figuralen Handstreich, der die neue Heilsgeschichte zugleich mit der alten verknüpft und, indem er diese umgeht, direkt mit Gott. In Augustinus' *De Civitate Dei* (17.3), das Auerbach anderswo zitiert (1967a, 69), erscheint Hagar geradezu als Figur des wörtlichen und Sarah als Figur des figurativen Schriftsinns – mithin als Figur der Figur. Und Augustinus zitiert *Galater* 4 noch an einer anderen Stelle, die für Auerbach von zentraler Bedeutung war, nämlich in *De doctrina christiana* (4.20), wo der Kirchenvater eine Rhetorik des Christentums entwirft, die Auerbach mit dem Begriff des *sermo humilis* bezeichnete, als einen Stil, der theologisch in der Inkarnation Gottes begründet ist.[18] Aus diesen theologischen Erörterungen, auf die ich mich ohnehin schon zu weit eingelassen habe, möchte ich nur festhalten, dass selbst die für Auerbachs *Mimesis*-Projekt so wichtige Entstehung der Figuraldeutung als Niederschlag einer Trennungserfahrung gelesen werden kann – nämlich des Ausstiegs aus dem genealogischen Traditionszusammenhang der jüdischen Überlieferung. Auch durch diese (semiotische) Trennung hindurch verläuft nach Auerbach die Entstehungsgeschichte des Realismus.

4 Ernst und Exil

Eine Verbindung zwischen diesem Aufgebot an Trennungsmotiven und dem Hauptthema des Buches – Wirklichkeitsdarstellung – wird freilich in *Mimesis* nicht explizit hergestellt. Es fällt jedoch an diesem Punkt nicht mehr schwer, sie

---

18 Dazu: Auerbach 1956, 30.

einzutragen: Die Konstellation der von Auerbach versammelten Texte legt die These nahe, dass Trennungserfahrungen die Voraussetzung für diejenige Beziehung zur Welt bilden, die er „Realismus" nennt. Dies wiederum erinnert an jene psychologischen Entwicklungsmodelle, denen zufolge die Trennung der frühen Mutter-Kind-Einheit die Voraussetzung für eine Zuwendung des Kindes zur Welt ist. Und es erinnert speziell an Freuds berühmt-berüchtigte Ödipuserzählung: an die Vorstellung, dass es ohne eine dramatische Trennungserfahrung nicht möglich sei, *etwas* zu begehren, d. h. eine stabile „Besetzung" von Objekten und damit die Repräsentation einer Welt zu entwickeln. Der Name Ödipus fällt in Auerbachs *Mimesis* freilich nicht. Freud ist erkennbar keiner seiner Lieblingsautoren. Dies wiederum könnte auch etwas damit zu tun haben, dass der Begründer der Psychoanalyse seine Geschichte der sexuellen Entwicklung unter Rückgriff auf die Gattung der griechischen Tragödie konstruiert hat, die in Auerbachs Literaturgeschichte die große Abwesende ist.

Wenn wir aber Freuds Erzählung von der Genese des begehrenden Ichs dennoch zum Vergleich heranziehen, so stoßen wir darin auf den Begriff der *Identifizierung*: Um erwachsen werden zu können, muss das Kind nach Freud ein Drama der Trennung und Identifizierung durchlaufen. Im Fall des männlichen Kindes, um den es in Auerbachs Beispieltexten (wenig überraschend) geht, ist dies die Trennung von der Mutter und Identifizierung mit dem Vater. Die Szenen, von denen *Mimesis* umrahmt wird, sind Szenen der erzwungenen Identifizierung, der „Identifizierung mit dem Angreifer": Abraham mit dem Messer. Ismael hingegen ist deshalb unterlegen, weil er *nicht* von der Mutter getrennt wird. Gott setzt ihn zurück, indem er ihn bei ihr lässt. Er bleibt matrilinearer Sohn, während Isaak unter der Klinge seines Vaters der Heilsgeschichte überantwortet wird.[19] Ein Echo dieser mythischen Verhältnisse findet sich noch bei Proust, wenn der Erzähler den unverhofften Gnadenakt des Vaters, der ihn für diese eine Nacht nicht von der Mutter trennt, im Nachhinein als Schwächung seiner selbst deutet.[20]

Die Freudsche Ödipus-Erzählung war eine Entwicklungsgeschichte der Libido und der Objektbeziehungen zugleich. Immerhin ist der Begriff ‚Objekt' im psychoanalytischen Sprachgebrauch synonym mit ‚Liebesobjekt'. Durch den Ödipuskomplex versuchte Freud aber auch die Entstehung komplexer Ich-Funktionen wie Gewissen und Realitätssinn zu erklären. Wenn es einen freudianischen Begriff realistischer Kunst gäbe (ich wüsste nicht, dass ihn bisher jemand formuliert hat), so müsste er bestimmt werden als Kunst im Zeichen des „Über-Ichs" und der „Re-

---

19 Zum Konflikt zwischen Patrilinearität und Matrilinearität in den Patriarchengeschichten vgl. Jay 1992.
20 Dazu: Sprenger 1994, 161.

alitätsprüfung". Darstellungsakte müssen in psychoanalytischer Perspektive als Beziehungsereignisse betrachtet werden. Verkürzt gesagt: Man kann nur darstellen, was man in irgendeinem Sinne begehrt. ‚Begehren' heißt im Fall mimetischer Akte aber nicht *Habenwollen*, sondern *Seinwollen wie*. Dies wiederum bringt den rivalistischen Bedeutungsaspekt des griechischen Mimesis-Begriffs ins Spiel, der häufig abgeblendet wird, wenn von Darstellung die Rede ist.[21] *Seinwollen wie* ist die Freudsche Formel für eine identifikatorische Liebe. Man könnte also spekulieren, dass Darstellen etwas mit einer identifikatorischen Beziehung zu tun hat. Noch einmal Freud: „Von der Identifizierung führt ein Weg über die Nachahmung zur Einfühlung, das heißt zum Verständnis des Mechanismus, durch den uns überhaupt eine Stellungnahme zu einem anderen Seelenleben ermöglicht wird." (Freud 1999, 121) Nach Freud ist die Identifizierung aber zuallererst ein psychischer *Abwehr*mechanismus, der dazu dient, den Verlust eines Objekts zu verhindern, zu verleugnen oder zu kompensieren. In diesem Sinne wäre Realismus ein identifikatorisches Programm, das dazu dient, eine Wirklichkeit festzuhalten, die man zu verlieren fürchtet.

Findet man davon irgendetwas in Auerbachs Text? In der Tat taucht dort ein Begriff auf, der Wirklichkeitsdarstellung als Beziehung erfasst. *Mimesis* ist nicht zuletzt ein Buch über Ernst. Dieser Begriff gehört zu den von Auerbach am häufigsten verwendeten, und zwar immer dann, wenn er seine Leitvorstellung in einer Formel zu umfassen sucht: „ernste Darstellung der alltäglichen Wirklichkeit". Dass es notwendig ist, dem Darstellungsbegriff diese Bestimmung hinzuzufügen, zeigt an, dass hier eine Art von Beziehung gemeint ist – allerdings eine zur Welt schlechthin. Den Begriff Ernst (σπουδή) konnte Auerbach im Kontext antiker Poetik finden, wo er im Zusammenhang mit der Tragödie auftaucht: Plato spricht in den *Gesetzen* (838c) von σπουδή τραγική („tragischem Ernst"), und Aristoteles definiert die Tragödie als μίμησις πράξεως σπουδαίας („Darstellung einer ernsten Handlung" – *Poetik* 1449b 24). Der Gegenbegriff ist in beiden Kontexten das Scherzhafte, Lachhafte oder Witzige (γελοῖου), das mit der Komödie assoziiert wird.[22]

Diese antike Verwendung des Begriffs im Sinne eines Darstellungsstils reicht aber nicht aus, um Auerbachs weiten Gebrauch zu erfassen. An anderer Stelle, nämlich in der Philosophie Kierkegaards, konnte Auerbach das Wort „Ernst" als Existenzbegriff gebraucht finden. Angesichts der Tatsache, dass

---

21 Eine Ausnahme bildet die Anthropologie René Girards, der seit *La violence et le sacré* (1972) diesen Aspekt in den Mittelpunkt seines Mimesiskonzepts gestellt hat.
22 Leider übersetzt die einflussreiche deutsche Übersetzung der *Poetik* durch Manfred Fuhrmann den Begriff σπουδαῖου durchgehend mit „gut" bzw. „edel", was nicht mit seiner Entgegensetzung zu γελοῖου in Einklang zu bringen ist.

Kierkegaard in *Furcht und Zittern* die einflussreichste moderne Lektüre der Abraham-Isaak-Geschichte vorgelegt hat, und dass Auerbach selbst den Gegenstand seines Buches als „existentiellen Realismus" bezeichnet (Auerbach 1953, 2, 4), liegt diese Verbindung nahe. Auerbach war ein Zeitgenosse jener existenzialistischen Philosophen und Theologen, die Kierkegaard wieder auf die Tagesordnung setzten. Sein wichtigster Gesprächspartner in Fragen des frühen Christentums war der Marburger Kollege Rudolf Bultmann[23], dessen Theologie, nicht zuletzt im Zeichen Kierkegaards, mit einem anderen Marburger im Dialog stand: Martin Heidegger. Zwar wird Bultmann in *Mimesis* nicht zitiert, dafür aber der bekannteste protestantische Theologe der vorhergehenden Generation: Adolf von Harnack, dessen Wort vom „Pendelausschlag" der Petrusgeschichte (Auerbach 1988, 45) in Auerbachs Beschreibung als Leitmotiv wiederkehrt.[24]

„Soweit mein Wissen sich erstreckt, ist mir nicht bekannt, dass eine Definition dafür existiert, was Ernst ist", schreibt Kierkegaard in *Der Begriff Angst*. Und er fährt fort: „Wenn dies wirklich so ist, sollte es mich freuen, [...] weil es im Verhältnis zu Existenzbegriffen immer einen sicheren Takt verrät, sich der Definition zu enthalten". Mit dem Ernst, so heißt es weiter, sei es „so eine ernste Sache, dass selbst eine Definition davon eine Leichtsinnigkeit ist". (Kierkegaard 1984, 134) Dies passt zu Auerbachs *Mimesis*-Buch, das sich gleichfalls der Definitionen enthält. „Der eigentümliche Gegenstand des Ernstes ist die Wirklichkeit" schreibt Michael Theunissen über Kierkegaard (1982, 3). Nun ist der ernste Gegenstand schlechthin für Kierkegaard das Selbst in seiner Beziehung zu Gott, während Auerbach den Begriff der ‚irdischen Welt' in den Mittelpunkt rückt. Doch muss er, um zu diesem Begriff vorzustoßen, erst die Geschichte von der Säkularisierung des christlichen *sermo humilis* erzählen. Den Schlüssel zu diesem bildet aber eben der Ernst. Er ist es, der die Gegenstandshierarchie der klassischen antiken Rhetorik auflöst. Als Devise dieses christlichen *sermo* zitiert Auerbach Augustinus' Satz „Für uns sind alle Gegenstände groß" (*omnia magna sunt quae dicimus*) (Augustinus, 4.18.; Vgl. Auerbach 1956, 31; 1988, 74). Das aber heißt nichts anderes als: Für uns ist jeder Gegenstand ernst.

Anders als Kierkegaard verwendet Auerbach den Begriff Ernst, um eine stabile Beziehung zur alltäglichen Wirklichkeit zu bezeichnen – was, wie *Mimesis* zeigt, alles andere als selbstverständlich ist. Im gleichen Sinn spricht er vom „tragischen Realismus". Beide Begriffe stehen bei ihm offenbar als Negationen einer „komischen" und einer „ironischen" Beziehung zur Wirklichkeit. Die Ant-

---

[23] Vgl. Auerbach 1953, 10, mit Verweis auf einen weiteren protestantischen Theologen, Erich Dinkler, zu dieser Zeit sein Kollege in Yale.
[24] Harnack 1922, 73. Auerbach zitiert die Stelle schon in *Dante als Dichter der irdischen Welt*. (1929, 20) Dazu: Faber 2007, 21.

wort auf die Frage, was es mit dem Ernst des ernsten Realismus auf sich haben könnte, hängt also mit der Frage nach dessen Gegenteil zusammen – mit der Frage, warum Realismus jahrhundertelang fast ausschließlich komischer Realismus war; warum die Menschen sich die Darstellung ihrer alltäglichen Welt zunächst einmal erlachen mussten.

Ein Grund dafür springt ins Auge: Erinnert wird nur das Außeralltägliche. Der Alltag dagegen ist (vor der Erfindung moderner Reproduktionstechniken und ihnen zum Trotz) die Sphäre des schlechthin Endlichen. Sich vom Alltag lachend distanzieren heißt, sich von dieser Endlichkeit distanzieren.[25] Die komische Bezugnahme auf einen Gegenstand impliziert einen hohen Grad der Freiheit diesem gegenüber: Worüber ich lache, das könnte für mich genauso gut auch nicht sein. Das Lachen des komischen *sermo humilis* im alten rhetorischen Sinne impliziert die erhabene Warte des *sermo sublimis*, der sich über die Sphäre des Verlachbaren erhebt. Dagegen impliziert eine ernste Relation zum Gegenstand, dass dieser nicht verschwinden wird, was immer die Beziehung des Subjekts zu ihm sein mag. Eine der Pointen der Geschichte, die Auerbach erzählt, lautet nun, dass unter den Bedingungen des zwanzigsten Jahrhunderts diese ernste Darstellung sich zunehmend dem „beliebig herausgegriffenen" Alltagsaugenblick zuwendet, weil der Prozess der beschleunigten Moderne alle „synthetisch-objektiven Deutungsversuche" in Frage stellt (Auerbach 1988, 511). Mit dem Abbau letzter sublimer Positionen wie „individuelles Schicksal" und „Geschichte", so könnte man Auerbach paraphrasieren, tritt dem modernen Subjekt die Sphäre des beliebig Alltäglichen in nie gekannter Ernsthaftigkeit vor Augen.[26]

Auerbachs Verwendung des Begriffs „Ernst" zeigt: Er denkt Mimesis nicht als technisches Abbildungsverhältnis, sondern als Darstellung, die aus einer Beziehung hervorgeht. Diese lässt sich weiter bestimmen als Identifizierung, die auf Trennungserfahrungen beruht. Jedenfalls zeigen die in den Schlüsselkapiteln herangezogenen Texte eine auffällige Häufung solcher Erfahrungen. In der Perspektive von *Mimesis* ist Realismus letztlich das Ergebnis von Säkularisierung, d. h. einer historischen Abkopplung des irdischen Erfahrungsraums

---

[25] Hans Ulrich Gumbrecht hat aus Auerbachs Formel von der „ernsten Darstellung der alltäglichen Wirklichkeit" das eine von zwei gleichgeordneten Elementen zur Hauptsache gemacht, als er den Begriff des Alltäglichen als Zentralbegriff von *Mimesis* identifizierte und Auerbach in Beziehung zur Phänomenologie Husserls und ihrem Begriff der Lebenswelt setzte (vgl. Gumbrecht 2002, 152–174).

[26] In diesen Punkt schließt Siegfried Kracauer seinen Begriff des filmischen Realismus an Auerbach an. Im Epilog zu seiner *Theorie des Films* (1960) setzt er sich mit dem Schlusskapitel von Mimesis auseinander. (Für diesen Hinweis danke ich Inka Mülder-Bach).

von Gott. Den Fluchtpunkt all dieser Trennungserfahrungen bildet für Auerbach die eigene – die Erfahrung des Exils, von der er in seinem späten Aufsatz „Philologie der Weltliteratur" spricht. Ans Ende dieses Aufsatzes setzt er ein Zitat, das seinerseits viel zitiert wurde.[27] Es stammt von Hugo von St. Victor, einem Theologen des zwölften Jahrhunderts:

> Magnum virtutis principium est, ut discat paulatim exercitatus animus visibilia haec et transitoria primum commutare, ut postmodum etiam possit derelinquere. Delicatus ille est adhuc cui patria dulcis est, fortis autem cui omne solum patria est, perfectus vero cui mundus totus exilium est. (Hugo von Saint Victor, *Didascalicon* III, 19)

> Eine starke Grundlage für die Tugend liegt darin, dass der sich allmählich festigende Geist lernt, die sichtbaren und vergänglichen Dinge zuerst durch andere zu vertauschen, damit er sie später einmal ganz hinter sich lassen kann. Noch anfällig ist der, der die Heimat liebt, schon stark der, dem die ganze Erde Heimat, perfekt aber der, dem die ganze Erde Exil ist.

Auerbach fügt hinzu: „Hugo meinte das für den, dessen Ziel Loslösung von der Liebe zur Welt ist. Doch auch für einen, der die rechte Liebe zur Welt gewinnen will, ist es ein guter Weg." (Auerbach 1967b, 310) Eine für den Autor von *Mimesis* charakteristische, dialektische Wendung: Sie entwindet der mittelalterlichen Askese ihr Exilparadigma und macht es zur Durchgangsstation einer Säkularisierungsbewegung. Die rechte Liebe zur Welt, das ließe sich auch übersetzen mit: Realismus als Ernst und Identifizierung.

Literaturverzeichnis

Aristoteles. *Poetik*. Hg. Manfred Fuhrmann. Stuttgart: Reclam, 1982.
Auerbach, Erich. *Dante als Dichter der irdischen Welt*. Berlin: De Gruyter, 1929.
Auerbach, Erich. „Epilegomena zu *Mimesis*". *Romanische Forschungen* 65 (1953): 1–18.
Auerbach, Erich. *Literatursprache und Publikum*. Bern: Francke, 1956. [Darin: „Sermo humilis". 25–53. – „Gloria Passionis". 54–63.]
Auerbach, Erich. „Figura". *Gesammelte Aufsätze zur romanischen Philologie*. Hg. Erich Auerbach. Bern: Francke, 1967a. 55–92.
Auerbach, Erich. „Philologie der Weltliteratur". *Gesammelte Aufsätze zur romanischen Philologie*. Hg. Erich Auerbach. Bern: Francke, 1967b. 301–310.
Auerbach, Erich. *Mimesis. Dargestellte Wirklichkeit in der abendländischen Literatur*. Bern: Francke, 1988.
Augustinus, Aurelius. *Die christliche Bildung (De doctrina christiana)*. Hg. Karla Pollmann. Stuttgart: Reclam, 2002.

---

27 z. B. von Edward Saïd und Tzvetan Todorov (vgl. Barck und Treml 2007, 18).

Barck, Karlheinz/Treml, Martin. „Auerbachs Philologie als Kulturwissenschaft". *Erich Auerbach. Geschichte und Aktualität eines europäischen Philologen*. Hg. Karlheinz Barck, Martin Treml. Berlin: Kadmos, 2007. 9–29.
Blumenberg, Hans. *Realität und Realismus*. Berlin: Suhrkamp, 2020.
Damrosch, David. „Auerbach in Exile". *Comparative Literature* 47.2 (1995): 97–117.
Faber, Richard. *Politische Dämonologie*. Würzburg: Königshausen & Neumann, 2007.
Freud, Sigmund. *Gesammelte Werke*. Frankfurt a. M.: Fischer, 1999. Bd. 13. [Darin: „Massenpsychologie und Ich-Analyse". 71–161.]
Gumbrecht, Hans Ulrich. „Erich Auerbachs Alltag". *Vom Leben und Sterben der großen Romanisten*. Hg. Hans Ulrich Gumbrecht. München: Hanser, 2002. 152–174.
Harnack, Adolf von. „Die Verklärungsgeschichte Jesu, der Bericht des Paulus (1. Kor 15.3 ff) und die beiden Christusvisionen des Petrus". *Sitzungsberichte der Preußischen Akademie der Wissenschaften*. Berlin: Verlag der Akademie der Wissenschaften, 1922. 61–80.
Hugonis de Sancto Victore Didascalicon De Studio legendi. Hg. Charles H. Buttimer. Washington D. C.: Catholic University Press, 1939.
Kierkegaard, Søren. *Der Begriff Angst*. Übers. Liselotte Richter. Frankfurt a. M.: 1984.
Koppenfels, Martin von. „Auerbachs Ernst". *Poetica* 45 (2013): 183–203.
Lerer, Seth. „Philology and Collaboration: The Case of Adam and Eve". *Literary History and the Challenge of Philology*. Hg. Seth Lerer. Stanford: Stanford University Press, 1996. 78–91.
Lindenberger, Herbert. „Aneignungen von Auerbach: Von Saïd zum Postkolonialismus". *Erich Auerbach. Geschichte und Aktualität eines europäischen Philologen*. Hg. Karlheinz Barck, Martin Treml. Berlin: Kadmos, 2007. 357–370.
Mahler, Andreas. „Die Welt in Auerbachs Mund. Europäische Literaturgeschichte als Genealogie ‚realistischer' Ästhetik". *Poetica* 29 (1997): 255–269.
Nancy, Jay. *Throughout Your Generations Forever: Sacrifice, Religion, and Paternity*. Chicago: University of Chicago Press, 1992.
Newman, Jane O. „Nicht am ‚falschen Ort': Saïds Auerbach und die ‚neue' Komparatistik". *Erich Auerbach. Geschichte und Aktualität eines europäischen Philologen*. Hg. Karlheinz Barck, Martin Treml. Berlin: Kadmos, 2007. 341–356.
Proust, Marcel. *À la recherche du temps perdu*. Hg. Jean-Yves Tadié. Bd. 1. Paris: Gallimard 1987.
Proust, Marcel. *Auf der Suche nach der verlorenen Zeit. Unterwegs zu Swann*. Hg. Luzius Keller. Bd. 1. Frankfurt a. M.: Suhrkamp, 2003.
Richards, Earl Jeffrey. „Erich Auerbach's *Mimesis* as a Meditation on the Shoah". *German Politics and Society* 19.2 (2001): 62–91.
Rossi, G./Lasinio, G. P. *Pitture a fresco del Camposanto di Pisa*. Firenze: Insegna di Dante, 1832.
Ruskin, John. *The Complete Works of John Ruskin*. Hg. E. T. Cook und Alexander Wedderburn. London: George Allen, 1903–1912. Bd. 4.
Saïd, Edward. *Culture and Imperialism*. New York: Knopf, 1993.
Saïd, Edward. „Introduction to the Fiftieth-Anniversary Edition". In: Erich Auerbach. *Mimesis*. Princeton 2003. ix–xxxii.
Sprenger, Ulrike. „Genese und Genesis – Abraham in Combray". *Marcel Proust. Schreiben ohne Ende*. Hg. Rainer Warning. Frankfurt a. M.: Insel, 1994. 148–167.
Theunissen, Michael. *Der Begriff „Ernst" bei Søren Kierkegaard*. Freiburg/München: Alber, 1982.
o.V. „The Campo Santo of Pisa now". *The Burlington Magazine* 86.503 (1945): 35–39.
Neue Jerusalemer Bibel. Einheitsübersetzung. Freiburg/Basel/Wien 1985.

Barbara Hahn
Gedankenreiche: Margarete Susmans (1872–1966) *Gestalten und Kreise* (1954)

„Verschiedene Gestalten" und „Gedankenkreise" wolle sie präsentieren, schrieb Margarete Susman im Vorwort zum umfangreichsten Buch, das sie veröffentlichte. Die gesammelten Essays seien zu „verschiedenen Zeiten" entstanden, und auch die Porträtierten lebten nicht zur selben Zeit. Gemeinsam sei ihnen, dass „sie am Rande einer Epoche stehen und im Zerfall der alten Glaubensformen, die überall noch mächtig sind, ein Neues Gültiges zu gestalten suchen" (Susman 1954, o.S.). Mit diesem Vorwort beginnt das Buch und nicht mit einem Inhaltsverzeichnis. Diese Anordnung legt nahe, dass das Ganze wie ein sorgfältig komponiertes Arrangement von Texten gelesen werden will. Kein Sammelband also, sondern Essays, die so konstelliert wurden, dass etwas Neues entsteht. Von den meisten der neunzehn Arbeiten gibt es Vorfassungen – die älteste entstand um 1914 –; alle wurden für das Buch verändert, umgeschrieben oder erweitert. Es war nicht Susmans letztes Buch; 1956 veröffentlichte sie *Deutung biblischer Gestalten*, 1964 die Autobiographie *Ich habe viele Leben gelebt. Erinnerungen.* Jahrzehntelang waren Bücher nicht Susmans privilegiertes Genre gewesen. Vor dem Ersten Weltkrieg hatte sie zwei kleinere Bücher vorgelegt und eines nur in den Jahren der Weimarer Republik. Erst in den letzten beiden Dekaden ihres Lebens schrieb sie ein Buch nach dem andern: 1946 veröffentlichte sie *Das Buch Hiob oder das Schicksal des jüdischen Volkes*, fünf Jahre später folgte *Deutung einer großen Liebe. Goethe und Charlotte von Stein*. Doch keines der Bücher, die *Gestalten und Kreise* rahmen, ähneln diesem auch nur entfernt. Mit diesem Buch erfand Margarete Susman im Alter von zweiundachtzig Jahren etwas Neues.

In sieben Teile ist das Buch gegliedert, keiner trägt eine Überschrift. Erst die Unterkapitel geben Einblicke: Am Anfang stehen zwei Essays zu Goethe, am Ende einer zu Kafka. Doch ist es nicht die Chronologie, der die Anordnung folgt. Ein Essay über Moses Mendelssohn, zwanzig Jahre vor Goethe geboren, findet sich im sechsten Teil, zusammen mit Aufsätzen über den Chassidismus, Franz Rosenzweig und einen „Frühvollendeten", Aron Gurewitsch. Eine thematisch strukturierte Gliederung also, wobei die meisten Essays mit einem Autornamen überschrieben sind. Im ersten Teil wurde den Aufsätzen über Goethe einer zum „Hamletproblem" beigegeben. Der zweite Teil ist Leo Tolstoi, Strindberg, Dostojewski (beide ohne Vornamen) und Friedrich Nietzsche gewidmet. Dem folgt eine Art Zwischenteil, der aus der Ordnung des Buches springt: „Der Versuch des Anarchismus" und „Wandlungen der Frau". Im vierten Teil werden Sigmund Freud und Henri Bergson vorgestellt, gefolgt im fünften Teil von Stefan George und Karl Wolfskehl. Den Schluss bilden Aufsätze über Bernhard Groethuysen und Franz Kafka.

Damit setzt das Buch einen klaren Schwerpunkt: Die überwiegende Mehrheit der Essays sind Schriftstellern, Dichtern und Theoretikern gewidmet, die in den letzten Dekaden des 19. Jahrhunderts bis zu hin Susmans Gegenwart veröffentlichten. Es sind ihre Zeitgenossen, die Lebenszeiten überschnitten sich, doch keiner der Porträtierten war noch am Leben, als das Buch erschien. Vorgestellt wird ein Kreis von Europäern, von denen die meisten auf Deutsch schrieben. Andere hatten russische Romane, schwedische Theaterstücke oder theoretische Bücher auf Französisch verfasst. Doch präsentieren die Essays keine Lektüren literarischer oder philosophischer Werke. Nie steht ein Drama, ein Gedichtzyklus oder ein Buch im Mittelpunkt. Keine der vielen, vielen Rezensionen, die Susman geschrieben hat, wurde aufgenommen. In *Gestalten und Kreise* wandert sie durch Romane und Gedichte, durch unterschiedlichste theoretische Landschaften, um sich der „Gestalt" der Schreibenden zu nähern. Meist sagt sie nicht, was sie zitiert.[1] Im Essay über Friedrich Nietzsche, der mit einer Passage aus dem *Zarathustra* beginnt, begegnet der Leserin in einem Absatz *Ecce Homo*, im nächsten *Jenseits von Gut und Böse*; ein Satz aus *Die Geburt der Tragödie* steht neben Zitaten aus dem *Willen zur Macht*, für sie ein wichtiges Buch, wie für die meisten ihrer Zeitgenossen. Der Fürst Bolkonsky aus Leo Tolstois *Krieg und Frieden* erscheint wie ein Bruder Anna Kareninas; Figuren aus verschiedenen Romanen Fjodor Dostojewskis – Rogoschin und Aljoscha Karamasoff, der Fürst Myschkin und ein namenloser Trinker – wandern durch *eine* Welt, egal, in welchem Buch sie beheimatet sind. Ob die Leser all diese Werke kennen, spielt keine Rolle.

1 Gestalten

„Erst spät", schreibt Margarete Susman in ihrer Autobiographie, habe sie begriffen, „was *Gestalt*" ist:

> Schon allein dies, in zwei Jahrhunderten mit ganz verschiedenen Wirklichkeiten und Welterfassungen gelebt zu haben, ist schwer verständlich zu machen. Denn im vergangenen Jahrhundert war noch der weite Sternenhimmel, der so leuchtend über meiner Jugend stand, der 'gestirnte Himmel über mir'. Jetzt ist es ein Sturm und Wirbel von

---

[1] Zusammen mit Anke Gilleir bereite ich eine fünfbändige Leseausgabe von Margarete Susman Schriften vor, die 2022 im Wallstein Verlag, Göttingen, erscheinen wird. Dort werden alle Zitate nachgewiesen.

Gestirnen, in dessen Mitte mein Dasein hineingerissen ist. Und nicht nur hineingerissen – ich weiß heute nach den neuen Erforschungen der Natur: ich selbst bin ein Wirbel ungestümer, ständig sich wandelnder Gestirne, bin ein Teil und ein Vorgang jenes Strudels, der überhaupt das Leben ist. Während ich hier ruhig sitze, ist alles Meine in steter Bewegung, die nur von meinen Sinnen nicht wahrgenommen werden kann. Es wäre ja nichts in meinem Leben so, wie es ist und gewesen ist, wenn ich nur ein fester, in sich abgeschlossener Körper und nicht ein mit allem Leben lebendig verbundenes Wesen wäre. Aber nicht nur von außen, auch von innen gesehen ist mein Leben weit mehr ein Strudel, ist eher eine mächtige Bewegung als ein ruhiges Beharren, so daß das Äußere ein Abbild des Inneren ist. Es gehören wohl auch beide so zusammen, wie ich es erst spät begriff, als mir das Wesen dessen, was *Gestalt* ist, klargeworden war. (Susman 1964, 10–11)

„Gestalt" und – in ihrem Hauptwerk – „Gestalten" stehen für eine große Beweglichkeit, für etwas, das den Rahmen des Darstellbaren immer wieder zu sprengen droht. Wirbel und Strudel in einer „mächtigen Bewegung", Innen und Außen in einem schwer bestimmbaren Verhältnis, all dies versuchte Susman mit diesem Wort zu fassen. Im Vorwort zum Buch stellt sie das Wort in einen zeitlichen Kontext: Es sei ihr Ziel gewesen, „jede dieser Gestalten sich selber gleich in der Welt, die die ihre war, darzustellen und sie doch auch in der Verbindung mit der unseren sichtbar zu machen, so dass alles in diesem Buch zugleich Vergangenheit und lebendige Gegenwart ist" (Susman 1954, o.S.). Im Buch selbst zeigt sich eine weitere Bedeutungsschicht: Susman versammelte „Gestalten", die große Gestalter waren, die Formen und Darstellungsweisen gefunden hatten, um mehrfach überlagerte Komplexitäten zu fassen. Alle ihre „Gestalten" sind vielfach mit anderen Gestalten verwoben. Sie werden dargestellt als von ihrer Zeit gestaltet und gleichzeitig als die, die sie gestalteten.

Jede „Gestalt" wird so beschrieben, dass ein Begriff herausspringt, der sie charakterisiert. August Strindberg sei „einer der grössten Hasser, die je gelebt haben" (Susman 1954, 53). Das Wort für Karl Wolfskehl ist Demut, die er in seinem Gedichtzyklus *Die Stimme spricht* zum ersten Mal gestaltet habe, und das für Bernhard Groethuysen Seele. Für Leo Tolstoi und – ganz anders strukturiert – für Sigmund Freud sei der Tod *die* Frage gewesen, die ihr Denken bewegte.

2 Kreise

Als Margarete Susman ihren 1947 erschienenen Essay über Sigmund Freud zur Aufnahme in den Band stark erweiterte und überarbeitete, strich sie eine wichtige Passage, in der die Rede ist vom Ich, dem

> seltsamen, schwankenden, sich selbst fremden, nicht wirklich existenten Ich, das wir aus den Träumen, den Neurosen, aber auch aus allem heutigen Denken und Bilden, aus allen Formen der Existenzphilosophie, aus den Werken eines Proust, Kafka, Rilke, Joyce, Picasso und vieler anderer als Bild des heutigen Menschen kennen. (Susman 1947, 44)

Während Franz Kafka und Rainer Maria Rilke in *Gestalten und Kreise* eine Stimme haben, werden Marcel Proust, James Joyce und Pablo Picasso nirgendwo erwähnt. Sie sind nicht Teil eines „Kreises", weil sie nur einmal, nur an dieser Stelle im Buch aufgetaucht wären. Ein „Kreis" aber ist eine Anordnung, in der die Gestalten und Gestalter immer wieder und immer wieder anders auftreten können. Auch wer in keinem eigenen Essay Gestalt bekommt, wie zum Beispiel Henrik Ibsen oder Rainer Maria Rilke, taucht im Buch mehrfach und in unterschiedlichen Kontexten auf. Ganz selten nur weicht Susman von diesem Konstruktionsprinzip ihrer „Kreise" ab: So hat zum Beispiel Wolfgang Amadeus Mozart nur einen Auftritt, doch wird ihm dort – kontrastiert mit Leo Tolstoi – eine längere Passage gewidmet (Susman 1954, 76). Die meisten „Gestalten" wandern aus den ihnen gewidmeten Essays in andere Teile des Buches. Es sind vor allem Friedrich Nietzsche, Sigmund Freud und Franz Kafka, deren Gedanken die unterschiedlichsten Teile des Buches verknüpfen.

Die Konstruktion und ebenso die Folge der „Kreise" stehen in scharfem Kontrast dazu, wie Margarete Susman ihr eigenes Leben entwarf. In ihrer Jugend, in den letzten Dekaden des 19. Jahrhunderts, sah sie sich noch unter Kants „gestirntem Himmel über mir". Die Ordnung der Welt zerfiel ihr mit dem Ersten Weltkrieg. Mit der Shoa zerbrach die Welt. *Gestalten und Kreise* setzt andere Zäsuren: Aus der Generation vor ihr wählte Susman die Unruhigen, die Gottessucher, die Zweifler an Gott. Alle vier „Gestalten" – Tolstoi, Dostojewski, Strindberg, Nietzsche – standen am „Rande des Wahnsinns", brachen zusammen in ihrer verzweifelten Suche nach Gott oder in ihrem Abschied von Gott. Die Ordnung des „gestirnten Himmels" konnte sie nicht mehr halten.

Aus ihrer eigenen Generation – wenn auch etwas älter als sie selbst – stellte sie mit Sigmund Freud und Henri Bergson zwei große Umgestalter im Denken vor. Beide gingen wie Margarete Susman durch die Katastrophen des 20. Jahrhunderts, beide starben zur Zeit der Naziherrschaft. Im Buch werden sie als Denker gezeichnet, die große innere Sicherheit zeigten. Die Brüche in der Geschichte zerbrachen sie nicht, zwangen sie nicht zum Umdenken. Über Bergson heißt es:

> Anstelle des gründenden Bodens der Ratio trat bei ihm etwas anderes, nicht minder Gründendes: ein glühender innerer Kern. Für Bergson war das Leben weder wie für Schopenhauer blosser blinder Wille, noch wie für Nietzsche *Wille zur Macht* jenseits von Gut und Böse. Er weist den Gedanken, der diesen beiden Erfassungen innewohnt: dass das Leben Nichts sei, ausdrücklich als blosse Täuschung zurück. Das Leben ist ihm schöpferischer

> Geist und damit reines Tun. Weit entfernt, jenseits von Gut und Böse zu stehen, hat er die Gewissheit sittlicher Entscheidung. Klar und scharf wie in den Worten der Schrift scheiden sich für ihn das Gute und das Böse als der Weg zum Leben und zum Tode. Das Böse ist ihm die Trägheit des Herzens und des Geistes, die in Erstarrung, Unfreiheit und Tod führt; das Gute ist ihm Wachsein, Entscheidung, Leben, Licht, der Weg in die Unsterblichkeit selbst. (Susman 1954, 198)

Und über Freud schreibt sie:

> Ausdrücklich hat er gegen das Nennen des Namens geeifert, hat er das, was dieser Name an Wirklichkeit vertrat, von seiner Wissenschaft aus aufzulösen sucht. Er, der wissende, der wissenschaftliche Mensch, der doch das Göttliche mythisch und als Lebensgewalt erblickt hat, hat dem Einen Gott seine Anerkennung versagt. Er hält selbst Wache vor dem Nennen des Namens, so wie er sich im brennenden Dornbusch als aussprechbarer für die Menschen verbarg. Alles Nennen des Namens erschien ihm als Missbrauch des biblischen Wortes; er selbst, der Ungläubige, wollte sich unter die Scharen der Gläubigen mischen und ihnen zurufen, den Namen Gottes nicht eitel zu nennen. (Susman 1954, 190)

Diese große innere Sicherheit wird bei beiden ihrem Judentum zugeschrieben, das sie zutiefst prägt, auch wenn sie sich vom jüdischen Glauben lösten, Freud als „Atheist", Bergson als Konvertit zum Katholizismus. In Susmans Buch bleiben sie dennoch Teil eines kulturellen Erbes, sind dem Judentum tief verbunden.

Ganz ähnlich werden zwei weitere „Gestalten" gezeichnet: Franz Rosenzweig und Aron Gurewitsch. Auch in ihrem Denken fehlen die tiefen Einbrüche, die Margarete Susman ihrem eigenen diagnostizierte. Rosenzweig sei schon als junger Mann nicht von Fragen umgetrieben worden, da er immer schon die Antworten wusste: Er habe die Epoche, die mit Moses Mendelssohn begann, „in seltsamer Reinheit abgeschlossen, indem er seinem jüdischen Urwissen im Denken eines modernen deutschen Denkers Gestalt gab." Rosenzweigs *Stern der Erlösung* sei daher beides, eine Zurückweisung von Goethes „Name ist Schall und Rauch" und ebenso von Nietzsches Diktum „Gott ist tot". In Rosenzweigs Buch „*kann* Gott nicht sterben" (Susman 1954, 310). Aron Gurewitsch wird ähnlich gezeichnet, in einem Text, der seine „Gestalt" in Kontrast zu Otto Weiniger setzt. Weiniger erscheint als in tiefer Unruhe versunken. Gurewitschs Buch *Zur Grundlegung einer Synthese des Daseins* dagegen zeigt etwas ganz anderes:

> Nur zweimal begegnen wir in seinem Werk dem Wort Jude, das in Weiningers Werk einen so breiten Raum einnimmt. Das erste Mal, als er seinen Stil mit dem Nietzsches vergleicht und mit dem Wort von ihm abhebt: 'Ich bin eben Jude und durchaus kein Artist.' So leicht, so selbstverständlich, so gelöst klingt hier das Wort Jude, das für Weiniger eine so schwere verzweiflungsvolle Belastung, Grund einer leidenschaftlichen Verwerfung und Selbstverwerfung war. (Susman 1954, 329)

Und sie schließt: „Im Stil seines Werkes ist durchweg das Jüdische so klar, wie Gurewitsch selbst es gesehen hat" (Susman 1954, 330). Auch im Essay zu Franz Kafka steht die lange Tradition des „Judentums" im Mittelpunkt. Er beginnt:

> Der Hader mit Gott, der Prozess des Menschen mit Gott um seiner Gerechtigkeit willen hat im Judentum in frühester Zeit begonnen und niemals aufgehört. Er ist die Kehrseite des Lebens unter dem Gesetz, das die unbedingte Gerechtigkeit Gottes voraussetzt. Je reiner die göttliche Forderung an den Menschen erfasst und gelebt wird, um so unbedingter muss der Mensch auf seiner Forderung der unbedingten Gerechtigkeit Gottes bestehen. Und an der unerreichbaren Ferne und Überlegenheit Gottes, an der Machtlosigkeit des Menschen ihm gegenüber brennt die menschliche Forderung um so heftiger und leidvoller auf. (Susman 1954, 348)

Aus dieser Perspektive liest Susman Kafka, dem sie eine „messianische Sehnsucht" attestiert. Kafkas „gottferne Welt" habe etwas „tief religiös Erschütterndes": „[...] sie ist nicht von der Welt, vom Leben aus gesehen, sie ist von Gott, vom Gesetz aus gesehen, an ihm gemessen und von ihm aus gerichtet" (Susman 1954, 364).

Karl Wolfskehl attestiert Margarete Susman eine Art Wende:

> Ganz kann in seiner frühen Jugend auch ein Einschlag des Jüdischen nicht gefehlt haben. Entweder war schon sein Elternhaus nicht, wie das fast aller gebildeten deutschen Juden der Zeit nach dem Jahr 48, ganz ohne jüdische Tradition, oder er hatte einen vertrauten Jugendfreund, der ihm jüdisches Wissen vermittelt hat. Denn in seinem Dichten und Wissen schwang immer ein leiser dunklerer Unterton mit. (Susman 1954, 223)

Trotz dieses „Untertons" habe er sich lange Zeit vom Judentum weit entfernt gehalten, sei aber zurückgekehrt, als er im Exil seine großen Zyklen *Die Stimme spricht* und *Hiob oder die vier Spiegel* geschrieben habe.

Wer aber sind die anderen „Gestalten" im Buch, die mit den im Judentum verwurzelten kontrastiert werden? Stefan George wird als Gegenpol zu den „leidenschaftlichen Wahrheitssuchern" der Generation vor ihm eingeführt: „[...] er ist ja der Wahrheit im Tiefsten gewiss, weil er sie in der Form bezeugt findet. Er glaubt durchaus daran, dass der Sinn, die Wahrheit, die der echte Dichter in seiner Dichtung offenbart, Sinn und Wahrheit des Lebens selbst ist" (Susman 1954, 205). In entschiedener Abkehr von Friedrich Nietzsches „bis zur Vernichtung hoffnungslosen Vereinsamung des Einzelnen" erkannte er, „dass es dieser Lehre gegenüber, die er im tiefsten bejahte, wenn sie nicht Zerstörung bringen sollte, nur eines gab: die Wiederherstellung des Bildes, Rückwendung zum Mythos, Erfüllung, Vollendung in der Form" (Susman 1954, 208). Tief verbunden mit den späteren „Kreisen" im Buch ist George nicht nur wegen dieser Haltung Nietzsche gegenüber, sondern vor allem in seiner „Begegnung" mit Karl Wolfskehl. Wolfskehl habe er den „Zauberstab" des „Wortes" gegeben, des Wortes „als Werkzeug dichterischer Form" (Susman 1954, 227). Ähnlich wird Bernhard Groethuysen in die „Kreise" eingebunden. Hier ist es Franz Kafka, der die Verbindung stiftet. In seinem letzten Text, einer Einleitung zur französischen Übersetzung des *Prozess* habe er „sein eigenes Bild und nun als durch die Geschichte gewandeltes dargestellt"[2] (Susman 1954, 343). So ausführlich wie sonst nirgendwo im Buch zitiert Susman aus dieser Einleitung – auf französisch. Indem sie ihr Buch zu einer anderen Sprache hin öffnet, setzt sie in Szene, wie Groethuysen sich von seinem Land und dessen Kultur „losreisst":

> Groethuysen hat ein Stück Geschichte voll ungeheurer Wandlungen erlebt und durch sein Denken erleuchtet. Er ist von einer Welt ausgegangen, die noch als ein stiller Grund sein Denken trug, gegen die er sich aber von Anfang an als Mystiker wie als Revolutionär aufgelehnt hat. Er hat die auch sein eigenes Leben verstörenden vielfachen Katastrophen seiner Zeit durch sein geschichtliches Verständnis erhellt. Er ist von einem Land ausgegangen, das trotz allem sein Denken entscheidend mit geprägt hat, von dessen Wirklichkeit er sich aber lange vor ihrem Sturz in die letzte apokalyptische Leere des Bürgertums abgewendet, das er früh mit seiner Wahlheimat Frankreich vertauscht hat. Er hat sich im Laufe seines Lebens von allen seinen irdischen und geistigen Ursprüngen losgerissen. Aber durch alle diese Wandlungen und in allen weit von einander entfernten Gestalten, in denen er sie sichtbar gemacht hat, ist er sich selbst treu geblieben. Bis zuletzt ist hinter seinem Schreiten der geheimnisvolle Schritt nicht verklungen, der ihn von Anbeginn geleitet hat. Bis fast zuletzt ist er der Frage der Seele treu geblieben, die sich ihrer selbst und des Göttlichen, zu dem sie gehörte, bewusst war, und die sich immer in einer ihr fremden Welt in letztem Staunen gefragt hat: „Wie komme ich hierher, was soll ich hier?" (Susman 1954, 346)

3 Gestalten und Kreise

In ihrem *Buch Hiob* sei ihr „ganzes Leben", schrieb Margarete Susman in ihrer Autobiographie (Susman 1964, 159). *Gestalten und Kreise* wird dagegen an keiner Stelle erwähnt. Im Rückblick auf ihr Leben – gerade auch als schreibende Frau – bekommt das Buch keinen Platz. Ausführlich lesen wir von den vier „Gestalten", die sie persönlich kannte, von Stefan George, Karl Wolfskehl, Bernhard Groethuysen und Franz Rosenzweig. Die Rede ist von Vorträgen und Aufsätzen, die sie ihnen widmete, jedoch nicht von diesem Buch. Dabei könnte man es parallel zur Autobiographie als Skizze von Margarete Susmans Denkwegen lesen. Einschneidende Lektüreerfahrungen, die sie in ihren *Erinnerungen* schildert – Susman nennt sie „Begegnungen" – werden zu Essays ausgearbeitet. Fjodor Dostojewskis Romane habe sie erst in den Jahren nach dem Ersten

---

[2] Diese Übersetzung von Alexandre Vialatte ist 1933 bei Gallimard in Paris erschienen.

Weltkrieg richtig lesen können: „Als die Wahrheit gerade auch meiner Zeit" habe sie „besonders *Die Dämonen*, die sich dann später auch im geschichtlichen Leben meiner Zeit mit voller Gewalt verwirklicht haben", erst sehr „viel später begriffen" (Susman 1964, 97). Als ähnlich einschneidend schildert sie die Begegnung mit Goethe, die sie ebenfalls in diese Jahre legt, vor allem mit den *Maximen und Reflexionen*.[3] Wann sie diese Essays schrieb, wissen wir nicht. Von den meisten im Buch versammelten Texten gibt es Vorveröffentlichungen; manchmal wurden sie nur leicht, meist aber gründlich umgearbeitet. Nicht so die Arbeiten über Goethe und Dostojewski; es ist anzunehmen, dass sie für die *Gestalten und Kreise* geschrieben wurden.[4] Wie die überwiegende Mehrheit der hier versammelten Texte entstanden sie im Exil, wahrscheinlich erst nach dem Zweiten Weltkrieg.

Drei Essays im Buch könnten wie das „und" gelesen werden, das *Gestalten und Kreise* verbindet: „Der Versuch des Anarchismus", „Der Chassidismus", und – schon durch den Titel hervorgehoben – „Wandlungen der Frau". Während im Anarchismusaufsatz viele Namen von „Gestalten" genannt werden, die auch in anderen Teilen des Buches begegnen, fallen die anderen beiden Essays aus dem Rahmen. Chassidismus – ein mehrstimmiger Text, der viele Passagen aus Erzählungen der Chassidim präsentiert. Einstimmig dagegen die „Wandlungen der Frau". Neben der Schreiberin spricht nur eine Frau: Katrei, die Schwester von Meister Eckhardt: „Ich weiss wohl, dass keine Frau zum Himmel gelangen kann – sie wäre denn zuvor ein Mann geworden. Was sagen will: sie müssen männliches Werk tun und männliche Herzen haben in ihrer ganzen Stärke, damit sie sich selbst widerstehen können und allem, was schlecht ist" (Susman 1954, 175). Keine Zeitgenossin wird zitiert; es scheint, als ob diese „Wandlungen" keinerlei Reflexion gefunden hätten. Drei Essays also, die die Grenzen der „Kreise" aus unterschiedlichen Perspektiven beleuchten. Anarchismus – der einzige Text im Buch, der eine politische Bewegung thematisiert; Chassidismus – eine religiöse Erneuerung, die nicht einfach in Sprachen des Reflektierens zu übertragen ist; Wandlungen der Frau – ein so tiefer gesellschaftlicher Umbruch, dass alle in Stummheit zu verharren scheinen. Zweimal Umbruch und große Unruhe, und im Chassidismus tiefe Ruhe und Gottvertrauen.

Gestalten und Kreise – ein Buch, das mit den großen christlichen Zweiflern an Gott aus der Mitte des 19. Jahrhunderts beginnt. Ihnen werden jüdische Den-

---

3 Was Susman „an Goethe überwältigte, war mir in schier unfaßlicher Weise verwandt und wurde mir doch erst in dieser letzten Zeit wirklich klar: seine unerhörte Liebe zur Schönheit in jeder Gestalt" (Susman 1964, 99).
4 Auch der Essay zu Strindberg wurde wohl für das Buch geschrieben; bislang war keine Vorveröffentlichung nachzuweisen.

ker entgegengestellt, die in der Sicherheit einer Tradition stehen. „Kein großer Jude hat jemals Gott gesucht, jedem war sein Gott mitgegeben", schrieb Margarete Susman 1918 im Porträt einer Gestalt, die sie nicht ins Buch aufgenommen hat: „Niemals trug ein geistiges Antlitz reiner menschliche Züge als das Rahels, und niemals zugleich war in einer modernen Gestalt der schwermütig leuchtende jüdische Typus klarer und wahrhaftiger ausgeprägt" (Susman 1918: 464). Rahel Levin Varnhagen sei daher eine „echt jüdische Gestalt" (Susman 1918: 475). 1929 klingt das anders; nun ist Rahel Levin die „problematischste Gestalt" (Susman 1929, 97) in einem Reigen von *Frauen der Romantik*. 1954 findet diese für Susman so wichtige Gestalt keinen Raum in ihrem Buch.

Gestalten und Kreise – ein Buch, das beiden, den Zweiflern und den Sicheren, am Ende etwas entgegenzustellen scheint: Einen Blick auf soziale und politische Revolutionen, auch wenn diese „als Ganzes bereits einer versunkenen Epoche" angehören (Susman 1954, 136). Und einen Blick auf „Wandlungen", bei denen am Ende alle „frierend im Leeren" stehen (Susman 1954, 163). *Gestalten und Kreise* – „ein Versuch, zugleich mit dem Ende einer alten den Zugang einer neuen Welt zu gestalten," wie es im Vorwort heißt (Susman 1954, o.S.). „Wir wissen nichts", lesen wir auf der letzten Seite (Susman 1954, 366). Die „neue Welt", könnte man sagen, findet keine Gestalt.

Literaturangaben

Susman, Margarete. *Das Wesen der modernen deutschen Lyrik*. Stuttgart: Strecker & Schröder, 1910.
Susman, Margarete. *Vom Sinn der Liebe*. Jena: E. Diederichs, 1912.
Susman, Margarete. „Rahels geistiges Wesen". *Neue Jüdische Monatshefte* 2 (1918): 464–477.
Susman, Margarete. *Frauen der Romantik*. Jena: E. Diederichs, 1929.
Susman, Margarete. *Das Buch Hiob und das Schicksal des jüdischen Volkes*. Zürich: Steinberg,1946, ²1948.
Susman, Margarete. „Sigmund Freud". *Schweizerische Monatsschrift* 2 (1947): 43–44.
Susman, Margarete. *Deutung einer großen Liebe. Goethe und Charlotte von Stein*. Zürich/Stuttgart: Artemis, 1951.
Susman, Margarete. *Gestalten und Kreise*. Stuttgart/Konstanz: Diana, 1954.
Susman, Margarete. *Deutung biblischer Gestalten*. Zürich 1956.
Susman, Margarete. *Ich habe viele Leben gelebt. Erinnerungen*. Stuttgart: Dt. Verl.-Anst., 1964.

Erika Fischer-Lichte
Wie Max Herrmann (1865–1942) die Theaterwissenschaft erfand

Zu Beginn des zwanzigsten Jahrhunderts setzte überall in Europa eine hitzige Diskussion um das Theater, seinen künstlerischen, sozialen und politischen Stellenwert ein.[1] Das naturalistische Theater erschien bereits um die Jahrhundertwende einer neuen Generation von Künstlern und Intellektuellen völlig überlebt, sein Ende notwendig und gekommen. Eine „Revolution des Theaters"[2] erschien unausweichlich. Ihre Parole lautete: „rethéâtraliser le théâtre", wie das Motto es verkündete, das Fuchs seinem Buch voranstellte.

Ungefähr zur selben Zeit begann Max Herrmann (1865–1942) sich darum zu bemühen, Theater zum Gegenstand einer eigenständigen Disziplin an der Berliner Universität zu erheben und so eine neue wissenschaftliche Disziplin, nämlich die Theaterwissenschaft, zu begründen. Herrmann war von Haus aus Philologe. Nach seinem Studium der Germanischen Philologie und Geschichte in Freiburg, Göttingen und Berlin habilitierte er sich dort mit einer Arbeit über Albrecht von Eyb. Ab 1891 lehrte er als Privatdozent für Germanische Philologie an der Berliner Universität, ab 1903 als Honorarprofessor (d. h. ohne Honorar). Obwohl bereits 1914 nach jahrelangen Forschungen sein *opus magnum Forschungen zur deutschen Theatergeschichte des Mittelalters und der Renaissance* erschienen war, wurde Herrmann erst 1919, also nach Gründung der Weimarer Republik, zum Ordentlichen Professor ernannt. Seine Zurücksetzung ist zweifellos dem unter den Kollegen des Germanischen Seminars der Berliner Universität verbreiteten Antisemitismus zuzuschreiben.

Noch im selben Jahr stellte Herrmann einen Antrag auf Errichtung eines theaterwissenschaftlichen Instituts. Spätestens seit seiner Vorlesung über die „Geschichte des Theaters in Deutschland" im Sommersemester 1900 hielt Herrmann regelmäßig Vorlesungen und Übungen zum Theater ab. Dieses Interesse teilte er mit einer Reihe von Kollegen an deutschen Universitäten. Um die Wende vom neunzehnten zum zwanzigsten Jahrhundert wurden theaterwissenschaftliche

---
[1] Nachfolgend beschränke ich mich auf die Diskussion in Deutschland, da die Begründung der Theaterwissenschaft durch Max Herrmann im Zentrum steht.
[2] Dies ist der Titel eines Buches von Georg Fuchs, das als eine Neuauflage seiner 1904 verfassten und 1905 publizierten Schrift *Die Schaubühne der Zukunft* 1909 erschien, erweitert um einen Bericht der „Ergebnisse aus dem Münchner Künstlertheater", in dem seit dem ersten Erscheinen des Buches entsprechende Experimente vorgenommen worden waren.

Vorlesungen auch von Berthold Litzmann in Bonn, Albert Köster in Leipzig, Hugo Dinger in Jena, Artur Kutscher in München, Julius Petersen in Frankfurt, Eugen Wolff in Kiel und etwas später von Carl Niessen in Köln gehalten. Dies geschah in der Regel innerhalb der Germanistik, im Falle von Hugo Dinger allerdings bemerkenswerterweise im Kontext einer Allgemeinen Ästhetik. Theatergeschichte verstanden als Geschichte des deutschsprachigen Theaters galt als legitimer Gegenstand der Germanistik, so wie die Geschichte des griechischen Theaters von der Altphilologie erforscht wurde oder das elisabethanische Theater von der Englischen Philologie.

Als zu Beginn des zwanzigsten Jahrhunderts in Deutschland Theaterwissenschaft als eine eigenständige Universitätsdisziplin proklamiert und später begründet wurde, markierte dies einen radikalen Bruch mit dem im neunzehnten Jahrhundert vorherrschenden Verständnis von Theater. Seit den im achtzehnten Jahrhundert einsetzenden Bestrebungen, Theater zu literarisieren, hatte sich die Vorstellung von Theater nicht nur als einer moralischen Anstalt (Schiller), sondern auch als einer literarischen Kunst allgemein durchgesetzt. Im ausgehenden neunzehnten Jahrhundert galt der Kunstcharakter von Theater ausschließlich durch seinen Bezug auf dramatische Kunstwerke, auf literarische Texte garantiert. Zwar hatte Goethe bereits in seinem Dialog *Über Wahrheit und Wahrscheinlichkeit der Kunstwerke* (1798) mit Bezug auf die Oper den Gedanken formuliert, dass es die Aufführung sei, welcher der Kunstcharakter zugesprochen werden müsse, und nicht einzelnen an ihrer Entstehung beteiligten Elementen wie dem Stück oder der Partitur. Richard Wagner hatte diesen Gedanken aufgegriffen und in seiner 1849 entstandenen Schrift *Das Kunstwerk der Zukunft* weiterentwickelt. Gleichwohl war für die überwiegende Mehrzahl der Zeitgenossen im neunzehnten Jahrhundert der Kunstcharakter einer Aufführung ausschließlich durch den aufgeführten Text bzw. die aufgeführte Musik beglaubigt. Noch 1918 schrieb der Theaterkritiker Alfred Klaar in einer Polemik gegen die sich formierende Theaterwissenschaft: „Die Bühne kann nur ihren vollen Wert behaupten, wenn ihr die Dichtung den Gehalt zufügt." (Klaar 1918) Dieser Auffassung entsprechend war Schauspieltheater bisher als Gegenstand der Literaturwissenschaft betrachtet worden und Oper und Ballett als Gegenstände der Musikwissenschaft. Dabei lag der Schwerpunkt fraglos auf der Geschichte, ohne das Gegenwartstheater zu berücksichtigen. Dies oblag der Theaterkritik.

Im Unterschied zu den meisten der genannten Kollegen hielt Herrmann jedoch nicht nur theaterhistorische Vorlesungen, sondern bot auch theaterpraktische Übungen für die Studierenden an. Zwischen 1898 und 1925 wurden sogar zehn komplette Inszenierungen in Kooperation mit Berliner Theaterkünstlern erarbeitet. Im Jahr 1904 zum Beispiel inszenierte Max Reinhard mit Studierenden Nestroys *Judith und Holofernes*. Nach Gründung des theaterwissenschaftlichen Instituts im

Jahr 1923 wurde eine eigene Probenbühne eingerichtet. Diese neue Disziplin war also nicht nur als eine historische, sondern auch künstlerisch-praktische intendiert, ohne jedoch den Schauspielschulen Konkurrenz machen zu wollen. Wie Hulfeld zu Recht angemerkt hat, ließe sich hier von einer „Angewandten Theaterwissenschaft" *avant la lettre* sprechen (vgl. Hulfeld 2018, 154).

Wie wichtig Herrmann der Bezug auf das zeitgenössische Theater war, zeigt sich auch daran, dass er noch vor der offiziellen Gründung des theaterwissenschaftlichen Instituts zur Unterstützung dieser Initiative eine „Gesellschaft der Freunde und Förderer des theaterwissenschaftlichen Instituts der Universität Berlin" ins Leben rief, der u. a. Max Reinhardt und Leopold Jessner angehörten.

Es war der doppelte Rekurs auf die Theatergeschichte und die künstlerisch-praktische Auseinandersetzung mit dem Theater, der Herrmann zu dem Schluss kommen ließ, dass Theater im Rahmen einer Literaturwissenschaft nur unzureichend erforscht und studiert werden könne. Er plädierte vielmehr für die Einrichtung einer neuen Kunstwissenschaft – eben der Theaterwissenschaft. Denn wie er argumentierte, sei es nicht die Literatur, welche Theater als eine Kunst konstituiere, sondern die Aufführung: „[...] die Aufführung ist das Wichtigste und umfaßt den Text als einen Teil ihres eigenen Wesens." (Herrmann 1914, 118) Er beließ es nicht bei dieser Schwerpunktverschiebung vom literarischen Text zur Aufführung, sondern ging sogar so weit, einen grundsätzlichen Gegensatz zwischen beiden zu behaupten:

> Theater und Drama [...] sind nach meiner Überzeugung [...] ursprünglich Gegensätze, [...] die zu wesenhaft sind, als daß sich ihre Symptome nicht immer wieder zeigen sollten: das Drama ist die wortkünstlerische Schöpfung des Einzelnen, das Theater ist eine Leistung des Publikums und seiner Diener. (Hermann 1918, keine Paginierung)

Da keine der bestehenden Disziplinen Aufführungen unter ihre Gegenstände subsumiere, sondern alle Texte und/oder Monumente, müsse folglich eine neue Disziplin geschaffen werden, die sich der Erforschung von Aufführungen widme. Damit wurde der Begriff der Aufführung zu einem Schlüsselbegriff, der einer sorgfältigen Bestimmung bedurfte. Denn aus ihm war die Notwendigkeit einer neuen, einer eigenständigen Disziplin abzuleiten. Herrmann bemühte sich um eine solche Bestimmung in verschiedenen Schriften zwischen 1910 und 1930.

Zum Ausgangs- und Angelpunkt seiner Überlegungen machte er das Verhältnis zwischen Darstellern und Zuschauern:

> [Der] Ursinn des Theaters [...] besteht darin, daß das Theater ein soziales Spiel war, – ein Spiel Aller für Alle. Ein Spiel, in dem alle Teilnehmer sind, – Teilnehmer und Zuschauer. [...] Das Publikum ist als mitspielender Faktor beteiligt. Das Publikum ist sozusagen Schöpfer der Theaterkunst. Es bleiben so viel Teilvertreter übrig, die das Theater-Fest

> bilden, so daß der soziale Grundcharakter nicht verloren geht. Es ist beim Theater immer eine soziale Gemeinde vorhanden.
>
> (Hermann 1981, [1920], 19)

Während sich das Interesse der Literaturwissenschaftler und der Theaterkritiker ausschließlich auf die Vorgänge auf der Bühne konzentriert hatte, an die sie die Frage richteten, mit welchen Mitteln der zugrunde liegende literarische Text dargestellt wurde und ob die Darstellung dem literarischen Werk angemessen sei, lenkte Herrmann die Aufmerksamkeit auf das Verhältnis zwischen Schauspielern und Publikum. Er stellte die These auf, dass es sich bei einer Aufführung um ein Spiel handle, an dem alle im Raum Anwesenden beteiligt seien, also auch die Zuschauer. Ja, er ging sogar so weit zu behaupten, dass es eigentlich erst das Publikum sei, welches als Schöpfer der Theaterkunst zu begreifen sei.

Damit bestimmte Herrmann das Verhältnis von Darstellern und Zuschauern radikal neu. Die Zuschauer erscheinen nicht länger mehr als distanzierte oder einfühlsame Beobachter von Handlungen, welche die Schauspieler auf der Bühne vollziehen und denen sie – die Zuschauer – auf der Grundlage ihrer Beobachtungen und ihrer Kenntnis des Stücks bestimmte Bedeutungen beilegen. Sie werden auch nicht als intellektuelle Entzifferer von Botschaften begriffen, die mit bzw. von den Handlungen und Reden der Schauspieler formuliert werden. Die kreative Beteiligung der Zuschauer bleibt dabei keineswegs auf ihre Einbildungskraft beschränkt. Vielmehr handelt es sich um körperliche Prozesse, die sich zwischen Darstellern und Zuschauern vollziehen. So sieht Herrmann die kreative Aktivität, welche die Zuschauer entfalten, realisiert

> in einem heimlichen Nacherleben, in einer schattenhaften Nachbildung der schauspielerischen Leistung, in einer Aufnahme nicht sowohl durch den Gesichtssinn wie vielmehr durch das Körpergefühl, in einem geheimen Drang, die gleichen Bewegungen auszuführen, den gleichen Stimmenklang in der Kehle hervorzubringen.
>
> (Hermann 1931, 153; vgl. Tkaczyk 2018)

Damit wird betont, dass für den Verlauf der Aufführung und die Erfahrung, welche die Zuschauer in ihr machen können, „das theatralisch Entscheidendste das Miterleben der wirklichen Körper und des wirklichen Raumes" sei (Hermann 1931, 153; vgl. Tkaczyk 2018). Es geht in der Aufführung also nicht darum, dass der Zuschauer bestimmte ihm durch die Darsteller übermittelte Bedeutungen versteht, wie die vom Schauspieler dargestellten Motive, Gedanken, Gefühle, seelischen Zustände einer dramatischen Figur, oder den dargestellten fiktiven Raum eines Palastes, Waldes oder Flusstals. Vielmehr ist entscheidend „das Miterleben der wirklichen Körper und des wirklichen Raums"– eben das, was sich *zwischen* Darstellern und Zuschauern ereignet.

Die Aktivität des Zuschauers wird also nicht nur als eine Tätigkeit der Einbildungskraft begriffen, wie es bei flüchtiger Lektüre dieser Passage vielleicht den Anschein haben mag, sondern als ein leiblicher Vorgang. Dieser Prozess wird durch die Teilnahme an der Aufführung in Gang gesetzt, und zwar durch die Wahrnehmung, die nicht nur Auge und Ohr, sondern das „Körpergefühl", der ganze Leib synästhetisch vollzieht.

Dabei reagieren die Zuschauer allerdings nicht nur auf die körperlichen Handlungen der Darsteller, sondern auch auf das Verhalten der anderen Zuschauer. So weist Herrmann darauf hin, dass

> sich ja stets im Publikum Elemente befinden werden, die zu jenem innerlichen Nacherleben der schauspielerischen Leistung nicht recht befähigt sind und die nun durch die allgemeine, sonst so ungeheuer günstige, hier aber ungünstige seelische Ansteckung des Gesamtpublikumkörpers auch die Leistung der für das Nacherleben geeigneten Elemente herabsetzen. (Hermann 1931, 153; vgl. Tkaczyk 2018)

und so die Aufführung insgesamt in ihrem Verlauf negativ beeinflussen. Mit dieser Reflexion auf die Rolle des Zuschauers als der eines Mit-Spielers in der Aufführung wurde eine neue Vorstellung von Theater formuliert und entsprechend ein neues Konzept entwickelt.

Als Goethe die Aufführung zum Kunstwerk erklärte, hatte er das Zusammenspiel der verschiedensten Elemente und Künste wie Poesie, Rhetorik, Deklamation, Mimik, Architektur, Plastik, Malerei, Musik im Blick, also allein die Bühnenvorgänge und die Gestaltung der Bühne. Herrmann dagegen begriff die Aufführung als ein Geschehen, das sich *zwischen* Darstellern und Zuschauern, *zwischen* Bühne und Publikum vollzieht und an dem entsprechend *alle* beteiligt sind.

Zu dieser neuen Bestimmung des Aufführungsbegriffs gelangte Herrmann wohl kaum allein auf dem Wege rein theoretischer oder aus der Theatergeschichte abgeleiteter Überlegungen. Es ist vielmehr anzunehmen, dass auch Aufführungen des ihm zeitgenössischen Theaters wesentlich dazu beigetragen haben – vor allem des Theaters von Max Reinhardt (1873–1943), der bereits 1904 mit Herrmanns Studierenden eine Inszenierung einstudiert hatte.

Max Reinhardt, der seit 1894 zunächst als Schauspieler, seit 1900 zusätzlich als Regisseur und ab 1903 auch als Theaterdirektor (Intendant) in Berlin wirkte, schuf für seine Inszenierungen immer wieder räumliche Arrangements, welche die Zuschauer aus der Beobachterposition des Guckkastentheaters hinausdrängten. Damit ermöglichte er ein neues Verhältnis zwischen Schauspielern und Zuschauern. In der Pantomime *Sumurun* zum Beispiel, die 1910 im Deutschen Theater Berlin zur Aufführung kam, ließ Reinhardt einen *hanamichi*, einen breiten Laufsteg, wie er im japanischen *kabuki* üblich ist, quer durch den Zuschauerraum der Kammerspiele legen. Auf ihm spielten sich die Ereignisse mitten unter den Zuschauern ab. Hier rückten die Schauspieler den Zuschauern so nahe, dass diese die Darsteller hätten berühren können, wie ein Kritiker anlässlich des New Yorker Gastspiels bemerkte. Auf die besonderen Möglichkeiten, die der *hanamichi* für die Beziehung zwischen Darstellern und Zuschauern eröffnete, hatte bereits Fuchs in seiner Schrift *Die Revolution des Theaters* hingewiesen.

Eine solche körperliche Nähe von Darstellern und Zuschauern war auch für Reinhards Inszenierungen der griechischen Tragödien des *König Ödipus* (1910) und der *Orestie* (1911) im Berliner Zirkus Schumann charakteristisch. Hier fluteten die Chöre immer wieder mitten ins Publikum, traten die Schauspieler hinter und aus dem Publikum auf, so dass, wie der Kritiker Siegfried Jacobsohn anmerkte, „die Köpfe der Zuschauer [kaum] von den Köpfen der Statisten [zu] unterscheiden [sind], die hier tatsächlich mitten im Publikum stehen." (1912, 51) Und Alfred Klaar, der, wie bereits erwähnt, später im Widerstreit mit Max Herrmann den literarischen Text gegenüber der Aufführung stark machen sollte, beklagte an der *Orestie*

> die Verteilung des Schauspiels auf den Raum vor, zwischen, unter und hinter uns, diese ewige Nötigung, den Gesichtspunkt zu wechseln, dieses Hereinfluten der Darsteller in den Zuschauerraum, wo die Gestalten mit ihrem Kostümflitter, mit ihrer Perücke und ihrer Schminke uns an den Leib rücken, die Dialoge über weite Strecken hin, die plötzlichen Rufe aus allen Ecken und Enden des Hauses, die uns erschrecken und irreführen – all das ist zerstreuend, unterstützt nicht, sondern zerreißt die Illusion. (Klaar 1911)

Wenn wir dem Kritiker folgen, war es hier den Zuschauern offensichtlich ganz unmöglich, die Illusion einer fiktiven Wirklichkeit aufzubauen und in ihr zu versinken. Sie mussten sich vielmehr im Hinblick sowohl auf die Schauspieler als auch auf die anderen Zuschauer ganz neu positionieren. Die Aufführung ereignete sich hier buchstäblich zwischen Darstellern und Zuschauern. Wenn der Kritiker beklagt, dass die Illusion durch solche Verfahren zerrissen werde, so hebt er hervor, dass es den Zuschauern unmöglich gemacht wurde, durchgehend die Körper der Schauspieler als Zeichen für dramatische Figuren und den Raum der Arena als Zeichen für einen fiktiven Ort wahrzunehmen, dass sie vielmehr immer wieder mit den „wirklichen Körpern" und dem „wirklichen Raum" konfrontiert wurden und sich so selbst als „wirkliche Körper" im „wirklichen Raum" situieren mussten. Es ist insofern durchaus davon auszugehen, dass Herrmann bei der Ausarbeitung seines Aufführungsbegriffs durch Reinhardts Inszenierungen inspiriert wurde und wichtige Impulse erhielt.

Gemäß seiner Bestimmung, dass eine Aufführung sich zwischen Schauspielern und Zuschauern ereignet, dass sie aus den Aktivitäten beider und entsprechend aus ihrer Interaktion hervorgeht, betont Herrmann die Flüchtigkeit und Transitorik von Aufführungen, aufgrund derer sie von Texten und Artefakten und deren Fixier- und Tradierbarkeit grundsätzlich unterschieden sind. Er berücksichtigte daher bei seiner weiteren Bestimmung des Aufführungsbegriffs weder die Texte, deren Verwendung er als selbstverständlich voraussetze, noch Artefakte wie die Dekoration. Er polemisierte geradezu gegen die naturalistische oder auch expressionistische Bühnenmalerei, auch wenn er diesen in vielen Fällen durchaus einen künstlerischen Wert zusprach, und bezeichnete sie als „einen grundsätzlichen Fehler entscheidender Art" (Hermann 1931, 152–153). Alles dies war seines Erachtens für den Begriff der Aufführung nicht wesentlich. Die besondere, eben flüchtige Materialität der Aufführung werde vielmehr exemplarisch durch die Körper der Schauspieler konstituiert, die sich im und durch den Raum bewegen. „In der Schauspielkunst [...] liegt das Entscheidende der theatralischen Leistung", sie allein erzeuge „das eigentliche, das reinste Kunstwerk, das das Theater hervorzubringen imstande ist." (Hermann 1931, 152–153) In diesem Zusammenhang scheint Herrmann weniger die fiktive dramatische Figur aus einer fiktiven Welt zu interessieren, die durch die Schauspielkunst geschaffen wird. Vielmehr standen, wie bereits erwähnt, der „wirkliche Körper" und der „wirkliche Raum" im Zentrum, mit bzw. in dem sie geschaffen und vom Zuschauer wahrgenommen wird. Er begriff also den Körper des Schauspielers im Bühnenraum nicht als reinen Bedeutungsträger, wie es sich seit dem achtzehnten Jahrhundert eingebürgert hatte, sondern nahm den Körper – ebenso wie den Raum – in seiner je besonderen „Wirklichkeit" in den Blick.

Auch zu diesem Aspekt finden sich auffallende Parallelen in Max Reinhardts Theater. So dienten die neuen Theaterräume, die dieser zum Beispiel mit dem *hanamichi* oder dem Arenatheater im Zirkus Schumann schuf, nicht dazu, bestimmte fiktive Räume auf eine neue Art darzustellen. Sie eröffneten vielmehr – als „wirkliche Räume" – den Schauspielern neue Auftritts-, Bewegungs- und generell Spielmöglichkeiten und entsprechend den Zuschauern ganz ungewohnte Wahrnehmungs- und Erfahrungsmöglichkeiten, die vor allem die Körperlichkeit der Schauspieler betraf. So monierten viele Kritiker an den Inszenierungen des *Ödipus* und der *Orestie*, dass die Schauspieler die Aufmerksamkeit der Zuschauer auf die besondere Art ihrer Körperverwendung lenkten. Dies gilt zum einen für die Statisten, insbesondere für die „nackte(n) Läufer", die „mit Windlichtern über die Orchestra die Stufen hinauf in den Palast und wie die Wilden zurück jagen" (Jacobsohn 1910), ohne dass man ihnen irgendwelche Funktionen oder Bedeutungen hätte zusprechen können. Über sie machte sich auch Alfred Klaar in seiner Rezension der *Orestie* lustig. Er kritisierte die „wunderlichen Körperverschlingungen und Massengliederspiele, die die Regie von gestern in den Aischylos hineingedichtet hat", und spöttelte: „Die Läufer mit den nackten Oberleibern taten wiederum ihre Schuldigkeit und bildeten einmal, da sie sich zu Boden beugten, eine an gymnastische Schaustellungen erinnernde Sehenswürdigkeit." (Klaar 1911)

Zum anderen richtete sich die Kritik gegen das Spiel der Protagonisten. So beklagte Jacobsohn „die nervenkitzelnde Unterhaltung von Zuschauermassen, die bei Stierkämpfen aufgewachsen sind" (1912, 49), und schilderte als besonders abschreckendes Beispiel folgende Szene aus den *Choephoren*, dem zweiten Teil der *Orestie*:

> Wenn Orest seine Mutter erschlagen will, so genügt es über und über, daß er nach ihr aus der Tür des Palastes stürzt, sie dicht an der Tür festhält und nach Abwicklung des Wortzweikampfes in den Palast zurückstößt. Hier jagt er sie die Treppe hinunter in die Manege, rauft sich dort mit ihr herum und zerrt sie dann viel zu langsam wieder die Treppe hinauf. Es ist grauenhaft. (Jacobsohn 1912, 49)

In allen diesen Beispielen wurden die Zuschauer durch die besondere Art, in der die Schauspieler ihren Körper verwendeten, auf den „wirklichen Körper" aufmerksam gemacht. Die Körper traten also weniger als Träger von Bedeutungen, die sie im Hinblick auf eine dramatische Figur vermitteln sollten, in den Blick. Vielmehr drängten sie sich den Zuschauern in ihrer offenbar deutlich spürbaren Sinnlichkeit auf. Die Kritiker polemisierten dagegen, weil ihrer Auffassung nach eine Inszenierung dem Ziel zu dienen hatte, die Bedeutungen eines literarischen Textes zu übermitteln, indem sie die Illusion einer bestimmten vom Text vorgegebenen fiktiven Welt entstehen lässt, in der fiktive dramatische Figuren auf eine – angeblich vom Text vorgegebene – Weise handeln.

Gegen diese Vorstellung verstießen Max Reinhardts Inszenierungen ebenso, wie sich Max Herrmanns Bestimmung des Aufführungsbegriffs gegen sie richtete. Es ist diese Bestimmung des Aufführungsbegriffs, welche die Etablierung einer neuen Universitätsdisziplin begründete und legitimierte. Denn wenn Theater durch die Aufführung definiert ist und nicht durch den literarischen Text oder die Partitur, die in ihr Verwendung finden, kann es mit theoretischen Ansätzen und Methoden, die sich ausschließlich auf die Literatur oder die Musik beziehen, nicht angemessen erforscht werden. Literatur- und Musikwissenschaft sind für die Untersuchung von Theater daher nicht ausreichend qualifiziert oder auch nur geeignet. Es bedarf vielmehr einer neuen Disziplin, deren Gegenstand die Aufführung ist und die daher Theorien und Methoden zu entwickeln hat, welche diesem Gegenstand angemessen sind. Theaterwissenschaft wurde daher in Berlin als Wissenschaft von Aufführungen begründet.[3]

---

[3] Zur Geschichte der Theaterwissenschaft in Deutschland vgl. Corssen 1998; Fischer-Lichte 1994, 13–24; Fischer-Lichte 1999, 168–178; Klier 1981; Münz, 1998, 43–52.

Die Frage, warum man eine Wissenschaft vom Theater überhaupt braucht, wurde zu Beginn des Jahrhunderts also mit Hinweis auf die Aufführung beantwortet, durch die Theater definiert sei und für die keine der bestehenden wissenschaftlichen Disziplinen ausgewiesen sei. Man sollte daher annehmen, dass Max Herrmann als bevorzugte Gegenstände der neuen Disziplin Aufführungen des Gegenwartstheaters untersucht hätte, da gegenwärtig stattfindende Aufführungen die einzigen sind, die dem Forscher unmittelbar zugänglich sind.

Zwar liegt es m. E. nahe, Parallelen zwischen Herrmanns theoretischer Reflektion und bestimmten Qualitäten der Reinhardtschen Inszenierungen zu ziehen (s. o.). Gleichwohl lassen sich in den schriftlich überlieferten Zeugnissen keine Belege für entsprechende Verweise Herrmanns finden. Seine Argumente beziehen sich in der Regel auf seine Forschungen zur Theatergeschichte. Wie er in seinem Vortrag in der „Gesellschaft für Freunde und Förderer" 1920 feststellte, müsse „die Theaterwissenschaft in gleicher Weise *Vergangenheit*, *Gegenwart* und *Zukunft* des Bühnenwesens behandeln." Denn: „das Geschichtliche und das Praktische gehören bei der Bühnenwissenschaft eben untrennbar zusammen." (Herrmann 1981 [1920], 23)

So lassen sich wohl Parallelen zwischen Herrmanns aus der Theatergeschichte abgeleiteten theoretischen Überlegungen zum Theater und Reinhardts künstlerischer Praxis feststellen. Gleichwohl wird sich nicht klären lassen, ob bzw. inwieweit diese Inszenierungen bestimmter auch auf die historischen Beispiele anwendbare, aber nicht unmittelbar von ihnen abzuleitende Ideen Herrmanns befördert haben mögen.

Auch wenn Herrmanns aus seinen theaterhistorischen Forschungen abgeleitete Forderung nach der Gründung einer eigenen, dem Theater gewidmeten akademischen Disziplin und die Ausrufung einer ‚Revolution des Theaters' als seiner „Retheatralisierung" ungefähr zeitgleich anzusetzen sind, treffen sie nur in einem einzigen – allerdings entscheidenden – Punkt zusammen: der Vorstellung, dass Theater eine Kunst *sui generis* darstellt, ganz gleich ob es literarische Texte umfasst (Herrmann) oder ohne sie auszukommen sucht und auf den Regisseur als ihren eigentlichen „Schöpfer" angewiesen ist (Avantgarde Bewegungen). Aus Herrmanns Überlegungen blieb der Regisseur jedenfalls weitestgehend ausgeschlossen. Im Einklang mit seinem Aufführungsbegriff galt sein Interesse zunehmend einerseits dem theatralen Raum und den Möglichkeiten, die er für die Beziehung zwischen Schauspielern und Zuschauern eröffnete, und andererseits – vor allem in seinen letzten Jahren – dem Schauspieler. Seine letzte große Studie *Die Entstehung der berufsmäßigen Schauspielkunst im Altertum und in der Neuzeit* geht von „der Erkenntnis" aus, „daß die eigentliche, die entscheidende Theaterkunst doch die *Schauspielkunst* ist." (Herrmann 1962, 13)

Die für die Avantgarde zentrale Figur des Regisseurs steht nicht im Zentrum von Herrmanns Überlegungen. Zwar nennt er ihn in seinem 1920 gehaltenen Vortrag, in dem er die Notwendigkeit eines theaterwissenschaftlichen Instituts begründet, „den Mann der großen Synthese," der „die Ansprüche des Dramatikers mit denen der Schauspieler unter einen Hut bringen" muss (Herrmann 1981 [1920], 20), und leitet daraus die Notwendigkeit ab, dass der Regisseur, genauso wie der Dramaturg ein Studium der Theaterwissenschaft absolvieren müsse, wie das geplante Institut es ermöglichen würde. Zehn Jahre später in seinem Vortrag „Das theatralische Raumerlebnis", den er auf dem *Vierten Kongress für Ästhetik und Allgemeine Kunstwissenschaft* (1930) hielt, spielt der Regisseur allerdings kaum noch eine große Rolle bei der Definition des „Wesens" der „Theaterkunst":

> Bei der Hervorbringung aller anderen Künste ist jedes Mal nur ein einziger Schöpfer am Werke. In der theatralischen Leistung und in allen ihren Elementen sind drei oder vier Faktoren schöpferisch beteiligt: der dramatische Dichter, der Schauspieler, das Publikum [...] und endlich, in neuester Zeit wenigstens auch noch der Regisseur mit seinen Gehilfen.
> (Herrmann 1931, 152–153)

In dieser Hinsicht unterscheidet sich Herrmanns Theaterverständnis grundlegend von dem ihm zeitgenössischer Vertreter der Theateravantgarde. Der einzige Regisseur, den er lobend – auch in diesem Aufsatz – erwähnt, ist Max Reinhardt. Den Avantgardebewegungen stand Herrmann eher ablehnend gegenüber (vgl. Warstat 2018, 187–191).

Herrmanns Begründung für die Einrichtung der Theaterwissenschaft als einer eigenständigen akademischen Disziplin setzt an dem besonderen Verhältnis zwischen Schauspielern und Zuschauern an – das auch von den Vertretern der Avantgarde je unterschiedlich in den Blick genommen wurde, um es auf je andere Weise zu verändern. Herrmann dagegen ging es darum, neue Perspektiven für die Forschung zu eröffnen, die bis heute eine Herausforderung darstellen. Denn auf welche Weise zum Beispiel eine Aufführungsanalyse dieses ‚Spiel', das von Schauspielern/Performern/Akteuren und Zuschauern gemeinsam gespielt wird – und in jeder Aufführung auch derselben Inszenierung auf je andere Weise – gerecht zu werden vermag, ist keineswegs geklärt (vgl. Kolesch und Warstat 2019, 214–225). Dies gilt umso mehr für neuere Formen von Theater wie zum Beispiel das so genannte „immersive Theater", in dem die Zuschauer in den unterschiedlichsten Räumen – auch außerhalb eines als solchen errichteten Theatergebäudes – selbst immer neue ‚Rollen' übernehmen und auf die denkbar verschiedensten Weisen mit"spielen" (vgl. Kolesch 2019, 1–17). Herrmanns Aufführungsbegriff erscheint auch und gerade in dem Kontext, den Herrmann sich als ‚Zukunft des Theaters' kaum hätte vorstellen können, als ein höchst produktiver theoretisch-methodischer Zugriff.

Nachdem 1933 die Nationalsozialisten die Macht übernommen hatten, wurde Max Herrmann zwangsweise in den Ruhestand versetzt. Unter den schwierigsten Bedingungen – weder durfte er die öffentlichen Verkehrsmittel benutzen, um zur Staatsbibliothek zu gelangen, noch dort im Sitzen lesen und sich Notizen machen (vgl. Mövius 1962, 291–297) – arbeitete er weiter an *Der Entstehung der berufsmäßigen Schauspielkunst im Altertum und in der Neuzeit*, ohne die Studie vollenden zu können. Am 10. September 1942 wurde Max Herrmann zusammen mit seiner Frau Helene Herrmann ins sogenannte „Altersghetto" Theresienstadt deportiert, wo er zwei Monate später, am 17. November 1942, starb.

Literaturverzeichnis

Corssen, Stefan. *Max Herrmann und die Anfänge der Theaterwissenschaft*: Mit teilweise unveröffentlichten Materialien, Theatron: Studien zur Geschichte und Theorie der dramatischen Künste. Tübingen: Niemeyer, 1998.

Dörschel, Stefan und Matthias Warstat (Hrsg.), *Perspektiven auf Max Herrmann*: 100 Jahre Forschungen zur deutschen Theatergeschichte, Berlin: Gesellschaft für Theaterwissenschaft, 2018.

Fischer-Lichte, Erika. „Theatergeschichte und Wissenschaftsgeschichte – Eine bedenkenswerte Konstellation." *Arbeitsfelder der Theaterwissenschaft*: Eine Bestandsaufnahme, Schriftenreihe *Forum Modernes Theater*. Hrsg. Erika Fischer-Lichte, Wolfgang Greisenegger und Hans-Thies Lehmann. Tübingen: Narr, 1994: 13–24.

Fischer-Lichte, Erika. "From Text to Performance: The Rise of Theatre Studies as an Academic Discipline in Germany." *Theatre Research International* 24.2 (1999): 168–178.

Fuchs, Georg. *Die Revolution des Theaters*: Ergebnisse aus dem Münchner Künstler-Theater. München und Leipzig: Georg Müller, 1909.

Herrmann, Max. *Forschungen zur deutschen Theatergeschichte des Mittelalters und der Renaissance*. Berlin: Weidmann, 1914.

Herrmann, Max. „Die Bedeutung der Theatergeschichte für die Theaterpraxis." *Die Szene* 7 (1917): 31–32.

Herrmann, Max. „Antwort an Prof. Klaar," *Vossische Zeitung* vom 30. Juni 1918 (1918).

Herrmann, Max. „Über die Aufgabe eines theaterwissenschaftlichen Instituts." 1920. Hrsg. Helmar Klier 1981: 15–24.

Herrmann, Max. „Das theatralische Raumverständnis." 1930/31. 4. *Kongreß* für Ästhetik und Allgemeine Kunstwissenschaft, Hamburg 7.–9.10.1930, Bericht (= *Zeitschrift für Ästhetik und Allgemeine Kunstwissenschaft*, Beilage zu Band 25) Hrsg. Hermann Noack. Stuttgart, 1931: 152–63.

Herrmann, Max. *Die Entstehung der berufsmäßigen Schauspielkunst im Altertum und in der Neuzeit*, Hrsg. Ruth Mövius. Berlin: Henschel, 1962.

Hulfeld, Stefan. *Theatergeschichtsschreibung als kulturelle Praxis:* Wie Wissen über Theater entsteht. Zürich: Chronos, 2007.

Hulfeld, Stefan. „Vergangenheit als ‚Arsenal des Eigenen'. Offene Fragen zur Theaterwissenschaft Max Herrmanns," in: Hrsg. Dörschel und Warstat, 2018: 147–57.

Jacobsohn, Siegfried. Kritik zu Reinhardts *Ödipus*, *Die Schaubühne* vom 17. November. 1910.
Jacobsohn, Siegfried. Kritik zu Reinhardts *Orestie*, *Das Jahr der* Bühne: 49–50. 1912.
Klaar, Alfred. Kritik zu Reinhardts *Orestie*, *Vossische Zeitung* vom 14. Oktober. 1911.
Klaar, Alfred. „Bühne und Drama", *Vossische Zeitung* vom 30. Juni 1918.
Klier, Helmar (Hrsg.). *Theaterwissenschaft im deutschsprachigen Raum:* Texte zum Selbstverständnis, Darmstadt: Wissenschaftliche Buchgesellschaft, 1981.
Kolesch, Doris und Matthias Warstat. „Affective Dynamics in the Theatre: Towards a Relational and Polyperspectival Performance Analysis." *Analyzing Affective Societies. Methods and Methodologies.* Hrsg. Antje Kahl. London and New York: Routledge, 2019: 214–225.
Kolesch, Doris. "Immersion and Spectatorship at the Interface of Theatre, Media Tech and Daily Life: an Introduction." *Staging Spectators in Immersive Performances: Commit Yourself!*, Hrsg. Doris Kolesch, Theresa Schütz und Sophie Nikoleit. London and New York: Routledge, 2019: 1–17.
Münz, Rudolf. "Theater – eine Leistung des Publikums und seiner Diener. Zu Max Herrmanns Vorstellungen von Theater." *Berliner Theater im 20. Jahrhundert.* Hrsg. Erika Fischer-Lichte, Doris Kolesch und Christel Weiler. Berlin: Fannei und Walz, 1998: 43–52.
Mövius, Ruth. „In memorian MAX HERRMANN," in: Herrmann 1962: 291–297.
Tkaczyk, Viktoria. "Max Herrmann und die Austreibung des Geistes aus der Theaterwissenschaft," Hrsg. Dörschel und Warstat. 2018: 31–42.
Warstat, Matthias. „,Vielspältigkeit der ganzen Theaterkunst.' Max Herrmann als Kritiker des Gegenwartstheaters," Hrsg. Dörschel und Warstat. 2018: 180–192.

Enno Ruge
„Ich bin auch nicht fertig geworden."
Die Anglistin Helene Richter (1861–1942)

1

In das Exemplar von Helene Richters Buch über den englischen romantischen Dichter Percy Bysshe Shelley in der Bibliothek des Anglistischen Seminars der Universität Heidelberg hat jemand einen Reichsadler mit Hakenkreuz gestempelt, um dadurch das 1898 erschienene und offenbar bereits seit dem Jahr 1900 im Besitz der Universität befindliche Buch als Eigentum des damaligen Englischen Seminars zu kennzeichnen. Einmal angenommen, der Eintrag sei bereits bald nach der Machtergreifung der Nationalsozialisten im Jahr 1933 vorgenommen worden, dann wäre das nur zwei Jahre nach der Verleihung der Ehrendoktorwürde durch die Universität Heidelberg an Helen Richter für ihre Verdienste um die Erforschung der englischen Literatur anlässlich ihres siebzigsten Geburtstags am 4. August 1931 gewesen. Gemeinsam mit dem Ehrendoktor, den sie im selben Jahr von der Universität Erlangen verliehen bekam, bedeutete die Heidelberger Ehrung gewissermaßen die offizielle akademische Anerkennung einer mehr als dreißig Jahre während regen Forschungs- und Publikationstätigkeit der Privatgelehrten, die sich weitgehend autodidaktisch gebildet, nie ordentlich studiert und nicht einmal einen Schulabschluss erworben hatte. Während ihre vier Jahre jüngere Schwester Elise 1897 nur ein Jahr, nachdem es österreichischen Frauen erlaubt worden war, die Matura zu machen, die Hochschulreife erlangt, anschließend studiert und gegen erhebliche Widerstände eine wissenschaftliche Laufbahn an der Universität Wien eingeschlagen hatte, war es für Helene Richter offenbar nicht in Frage gekommen, „ihrer kühnen Schwester in den offenen Kampf" zu folgen, wie es in einer zeitgenössischen Würdigung heißt (Kuranda 1931, 4). Ihren Ruf als eine der führenden deutschsprachigen Stimmen der anglistischen Literaturwissenschaft scheint sich Helene allein durch ihre zahlreichen Veröffentlichungen erworben zu haben, unter anderem durch neun einschlägige Monographien und viele theaterkritische Beiträge für das *Shakespeare-Jahrbuch*.

Ihre wissenschaftliche Reputation – Elise Richter war eine international anerkannte romanistische Sprachwissenschaftlerin – bewahrte die Schwestern, die aus einer Familie assimilierter Juden stammten, indes nicht vor dem Rassenwahn der Nationalsozialisten. Nach dem Anschluss Österreichs an das Deutsche Reich 1938 verloren die Schwestern alle bürgerlichen Rechte und durften nicht mehr publizieren; Elise musste ihre Lehrtätigkeit an der Wiener Universität aufgeben

(Kanduth 2002, 616). Wie so vielen anderen Menschen jüdischer Herkunft half es den beiden auch nicht, dass sie 1911 den christlichen Glauben angenommen hatten (Schweighofer 2015, 154). Ebenso wenig fand Berücksichtigung, dass sie der Sozialdemokratie mit unverhohlenem Misstrauen begegneten und zumindest Elise seit dem ersten Weltkrieg zunehmend öffentlich rechtsnationale Positionen vertreten hatte. Und auch in Anbetracht des fortgeschrittenen Alters der Richter-Schwestern ließen die Nationalsozialisten keine Gnade walten. Im Herbst 1942 wurden die 81 und 77 Jahre alten Frauen nach Theresienstadt deportiert, wo sie bald darauf starben. Das Hakenkreuz in Helene Richters Shelley-Buch in Heidelberg steht somit für das barbarische Regime, welches sich eines Werks bemächtigt, dessen Autorin es gleichzeitig zum Schweigen bringt.

2

Helene Richter scheute nicht nur den Marsch durch die Institutionen, sondern vermied es auch, Persönliches über sich preiszugeben, wenigstens in schriftlicher Form. Ihre Schwester hingegen hinterließ gleich drei autobiographische Texte, zunächst den handschriftlich verfassten *Versuch einer Selbstbiographie* (1884), einen Beitrag für den Sammelband *Führende Frauen Europas* (1928) und schließlich ihre umfassende Lebensbilanz *Summe des Lebens* (1940), deren Manuskript den Krieg überstand, aber erst 1997 in gedruckter Form erschien.[1] Die-

---

[1] Im Folgenden zitiert als Richter, E. 1997. Auf der Titelseite wird der Verband der Akademikerinnen Österreichs als Herausgeber genannt, dessen Mitbegründerin und Vorsitzende Elise Richter von 1922–1930 war. (Ausführende Herausgeberinnen waren Elisabeth Sturm und Christa Wille.) Das Buch, welches zu den bemerkenswertesten intellektuellen Selbstbiographien des zwanzigsten Jahrhunderts gezählt werden kann, ist leider vergriffen. Eine Neuauflage ist überfällig. Elise Richter war auch eine eifrige Tagebuchschreiberin. Die Tagebücher sind Gegenstand eines Editionsprojekts der Universität Wien und sollen in digitalisierter Form publiziert werden. Auch Elises früher *Versuch einer Selbstbiographie* wird für die Veröffentlichung vorbereitet. Siehe Forschungsplattform "Neuverortung der Frauen- und Geschlechtergeschichte" (https://www.univie.ac.at/Geschichte/Neuverortung-Geschlechtergeschichte/cms/index.php?option=com_content&view=article&id=15&Itemid=16, Zugriff 11.10.2020). Zum Nachlass der Richter-Schwestern in der Wiener Stadtbibliothek vgl. auch Hall und Renner 1995, und Mertens 2005.
Das Interesse an den Richter-Schwestern begann sich erst wieder in den 70er Jahren des zwanzigsten Jahrhunderts zu regen, vor allem an Elise, die bald als Vorkämpferin der Frauen in der Wissenschaft bekannt wurde. Beträchtlich mehr Aufmerksamkeit erfahren die Schwestern, seit große Teile ihrer Bibliothek, die sie aus Geldnot veräußern mussten, in der Kölner Universitäts- und Stadtbibliothek entdeckt wurden. Vgl. Elsen und Tanzmeister 2004, und Hoffrath 2009.

sen autobiographischen Schriften maß Elise Richter große Bedeutung zu. Es war ihr offensichtlich sehr wichtig, ihr Bild für die Nachwelt zu prägen. Solche „Selbststilisierung" (Maas 2020) war Helene Richter allem Anschein nach fremd.[2] Außer dem Titel einer nicht datierten verschollenen Schrift, *Unser Weg zum Christentum*, sind keine autobiographischen Aufzeichnungen Helenes bekannt.[3] Freilich scheint Helene ebenso wie ihre Schwester alles andere als menschenscheu gewesen zu sein. Die beiden hatten einen umfangreichen, illustren Freundeskreis aus Wissenschaftlern und Künstlern, der sich ab 1906 immer montags in wechselnder Zusammensetzung im Haus der Schwestern in der Weimarer Straße „zwanglos" zum „gemütliche[n] Plaudern" einfand (Richter, E. 1997, 79).[4] „Bei dem allwöchentlichen ‚jour'", schrieb Leo Spitzer, der wie Elise ein Schüler des Romanisten Meyer-Lübke gewesen war,

> traf sich die bürgerliche Aristokratie der Stadt, alles [sic] was Namen hatte in Kunst, Wissenschaft und Staatsverwaltung; es gab keine Ausstellung, kein Konzert, keine Theateraufführung von Bedeutung, denen die gelehrten Schwestern nicht beigewohnt, kein epochemachendes Buch, das sie in ihrem Kreise undiskutiert gelassen hatten.
> (Spitzer und Adolf 1948, 331.)

Zu den Freunden gehörten auch viele Angehörige des Burgtheaters, welches die Schwestern von Kindesbeinen an bis 1938 regelmäßig besuchten. Helene Richter verfasste unzählige Theaterkritiken, eine Reihe von Porträts und Biographien führender Burgschauspieler, unter anderem von Josef Lewinsky und Josef Kainz, zu denen sie teilweise intensive freundschaftliche Beziehungen pflegte. Sie war Burgtheaterkritikerin des *Shakespeare-Jahrbuchs* und des *Goethejahrbuchs* und durfte als „Burgtheaterbiographin" mit ihrer Schwester die Vorstellungen von Regiesitzen aus verfolgen (Richter, E. 1997, 52).[5] Überdies unternahmen die Schwestern zahlreiche große Reisen, die sie unter anderem bis nach Afrika brachten, was angesichts der vielen Gebrechen und Krankheiten, unter denen beide ihr ganzes Erwachsenenleben hindurch litten, bemerkenswert ist (vgl. Richter, E. 1997, 3–11)[6].

---

[2] Leo Spitzer beschreibt Helene als „heiter und selbstironisch auch ohne akademischen Ehrgeiz (dem Besucher gegenüber unterschied das Dienstmädchen zwischen ‚Frau Dr. Richter' und ‚Fräulein Richter')" (Spitzer und Adolf 1948, 331).
[3] Die Schrift wird von Elise Richter erwähnt (1997, 58). Vgl. Schweighofer 2015,155.
[4] Vgl. das ganze Kapitel „Freundschaft und Geselligkeit", 73–99, und Hoffrath 2009, 32–33.
[5] Zu Helene Richters Wirken in der Deutschen Shakespeare-Gesellschaft, aus der sie 1935 – wohl nicht ganz aus freien Stücken – austrat, vgl. Ledebur 2002, 127, und Stanzel 2011.
[6] Unter anderem heißt es über Helene, sie sei „sehr nervenleidend" gewesen, habe an einer Augenkrankheit, „heftigsten Migränen und Trigeminusschmerzen" gelitten und „sich alle Genüsse – Theater, Reisen – und wie häufig die Arbeit, die ihr über alles ging, durch Überwindung

Wie ist es zu erklären, dass eine Frau, die so intensiv am kulturellen Leben der europäischen Metropole teilnahm und darin auch selbst eine feste Größe war und der es gelungen war, den Startnachteil, als junge Frau im neunzehnten Jahrhundert von höheren Bildungsanstalten ferngehalten worden zu sein, mehr als auszugleichen, offenbar keinen Drang verspürte, ihre Zeitzeugenschaft schriftlich festzuhalten? Und das, obschon sie die ‚Gattung' „Persönlichkeit und Werk", so der Untertitel ihres letzten veröffentlichten Buches über Lord Byron (1929), gewissermaßen zu ihrem Markenzeichen machte. Ob sich im noch weitgehend unerschlossenen Nachlass der Richter-Schwestern eine Antwort auf diese Frage findet, ist ungewiss. Für den vorliegenden Beitrag wirft das Fehlen persönlicher Aufzeichnungen von Helene Richter jedenfalls methodische Fragen auf. Sicherlich stellen die Erinnerungen Elises eine wertvolle Quelle auch für das Leben und die intellektuelle Entwicklung Helenes dar, doch läuft man Gefahr, Elises Bild ihrer Schwester zu übernehmen, welches nicht unbedingt deren Selbstbild entsprochen haben muss. Es wurde ja bereits angedeutet, dass Elise Richter sehr darauf bedacht war, ein bestimmtes Bild von sich als Wissenschaftlerin und österreichische Patriotin zu hinterlassen. Bleiben Helene Richters Schriften, die möglicherweise Aufschluss über ihr Leben und ihre Einstellungen geben könnten, doch in ihren Arbeiten zu englischen Dichtern nach Lebensspuren der Autorin zu suchen, hieße womöglich, deren biographische Methode zu übernehmen. Nun bildeten die Richter-Schwestern allem Anschein nach eine symbiotische Lebensgemeinschaft. Sie machten alles gemeinsam und hatten offensichtlich, abgesehen von der wissenschaftlichen Spezialisierung und Elises universitärem und gesellschaftspolitischem Engagement, dieselben Interessen und Vorlieben. Die beiden schienen auch im Hinblick auf politische Fragen, jüdische Identität und Antisemitismus und die Rolle der Frau in Gesellschaft, Wissenschaft und Kunst tatsächlich stets grundsätzlich einer Meinung gewesen zu sein.[7] Laut Elise Richter

---

schwerster Nervenleiden erkaufen" müssen. Darüber hinaus „litt sie an Minderwertigkeitsgefühlen, die sich zu starken Depressionen steigerten und ihr das Leben sehr erschwerten" (Richter 1997, 5–6).

7 Bei Leo Spitzer (Spitzer und Adolf 1948, 331) heißt es: „Die beiden Schwestern hatten so in ihrer Weise das europäische Kulturleben zwischen sich aufgeteilt; ihre Konversation war eine mühelos zweisame: die eine führte das Gespräch weiter, das die andere begonnen hatte; Konflikte zwischen ihnen habe ich nie wahrgenommen. Helene war die weltkundigere, menschlichere, kritisch-geistreichere, allerdings weniger objektiv fundierte, Elise die scheuere, akademisch-konventionellere, impassiblere, gelehrtere unter den Schwestern. Sie beide verband die Freude an der geistigen Betätigung an sich, die sie als Recht der Frau empfanden und verteidigten, und die Liebe zum Kultur- und Gesellschaftsleben Wiens, dem sie gebend und nehmend angehörten und das für die mangelnde politische Betätigungsmöglichkeit entschädigte."

lebten die Schwestern in einer „Lebenskameradschaft [...], die sich von der Ehe nur durch das sexuelle Moment unterschied" (Richter, E. 1997, 71, vgl. auch 73). Dass die beiden Schwestern eines Geistes Kind gewesen sein müssen, lässt sich durchaus auch aus den wenigen Passagen in Helenes anglistischen Schriften herauslesen, in denen sie Stellung zu gesellschaftspolitischen Themen ihrer Zeit nimmt.

Im Gegensatz zu der sprachwissenschaftlichen Tätigkeit Elises, der die Historiographen ihres Fachs eine beachtliche innovative Forschungsleistung bescheinigen (auch wenn ihr Werk insgesamt *undertheorized* und zum Teil auch ideologisch geprägt sei. Vgl. Maas, 2020, Hurch 2008, 2009a und b), haben die Arbeiten von Helene Richter keine vergleichbare Würdigung erfahren. Doch war Helene Richter im Gegensatz zu Elise eben auch keine wirkliche Erneuerin ihres Fachs. Während ihre Theaterkritiken für die Aufführungsgeschichte (etwa Shakespeares) zweifellos von großem Wert sind, verlangen die meisten ihrer anglistischen Studien nicht unbedingt danach, wiederentdeckt zu werden. Diese Arbeiten gingen zwar über den Forschungsstand der Zeit hinaus, indem sie in bis dahin nicht gekanntem Maße mit großer Akribie historische Quellen auswerteten, was sie zu begehrten Standardwerken gemacht haben dürfte in einer Zeit, in der fremdsprachige Literatur nicht so verfügbar war wie heute. In ihrer Herangehensweise sind ihre Studien zu Shelley, Byron, Shakespeare und anderen freilich der biographischen Methode des neunzehnten Jahrhunderts verpflichtet, der theoretisch kaum reflektierten Annahme, dass sich Leben und Werk eines Dichters wechselseitig erhellen.[8] Im Vorwort zu ihrer letzten publizierten Monographie über Lord Byron (1929) beschreibt Helene Richter ihre Vorgehensweise wie folgt:

> Der treibende Wille der vorliegenden Arbeit war, ohne vorgefaßte Meinung und ohne Überredungseifer, selbst ohne den Wunsch zu beweisen, die Dinge darzulegen, sich aus sich selbst entfalten zu lassen. Dem stofflichen Reichtum dieses Lebenslaufs entspricht eine nicht geringere Fülle des Ideen- und Seelengeschichtlichen. Das eine gegen das andre richtig abzuwiegen, äußeres Geschehen gegen inneres Erleben, und so ein Bild der Persönlichkeit zu gewinnen – der Persönlichkeit, die aus unsterblichen Werken zu uns spricht –

---

8 Leo Spitzer spricht von Helenes „impressionistisch einfühlsamer Literaturbetrachtung" (Spitzer und Adolf 1948, 330). Bezeichnenderweise findet sich bei Helene nichts über zeitgenössische englischsprachige Schriftstellerinnen und Schriftsteller der Moderne wie Virginia Woolf oder James Joyce, obwohl sie von deren Werken gehört haben muss. Elise hingegen befasste sich durchaus mit Gegenwartsliteratur, etwa mit dem Werk von Henri Barbusse, dem Autor des großen französischen Antikriegsromans *Le feu*, mit dem sie auch korrespondierte, bis er sich dem Kommunismus zuwandte (vgl. Hoffrath 2009, 41–43).

erschien als die Aufgabe. Nicht wie die Lebensverhältnisse aussahen, durch die er sich schlug, sondern wie es dabei in ihm aussah, kam vor allem in Betracht. [...] Die bewegende Kraft bloßlegen, die oft unbewußt das innere Räderwerk in Schwung setzt, dem Geheimnis nachspüren, das jeder Mensch im verborgensten Schrein seiner Brust mit sich herumträgt, heißt im wahrsten Sinne seiner Lebensgeschichte nachforschen. Allem Dasein liegt eine Lebensidee zugrunde. Der gewöhnliche Menschenschlag hat einen Existenzzweck, der Genius hat seine Bestimmung. Das besondere Gesetz auszufinden, „nach dem er angetreten, dem er nicht entfliehen kann", ist der Angelpunkt aller biographischen Kunst. Denn hier liegt der Schlüssel zur Persönlichkeit. Und sie ist das entscheidende. (X)

Der Verweis auf Goethes „Urworte. Orphisch" ist Programm. Byron ist „der höhere Mensch", dem es gelungen ist, seiner ursprünglichen Bestimmung gerecht zu werden, indem er im Sinne Goethes sein charakteristisches, individuelles Wesen aus sich selbst entwickelt hat, ohne dass ein „äußeres Hemmnis" seinen „inneren Fortschritt zum Besseren" (Richter, H. 1933) aufzuhalten vermocht hätte. Das Genie könne freilich, wie Helene an anderer Stelle schreibt, „für jeden Ringenden stehen, der sein ‚besseres Selbst' aus natürlichen Fesseln und Schranken befreit, der es in sich selbst erschafft" (Richter, H. 1933). Doch nur den „höheren Menschen" bleibt es vorbehalten, über sich selbst hinauszuwachsen und durch ihr Vorbild der Menschheit neue Wege zu weisen:

> Aus dem Dunstkreis des eigenen Ichs erhebt [Byron, E. R.] sich in dieser letzten Phase [im griechischen Freiheitskampf, E. R.] zu einem jener Höhenausblicke des Menschheits- und Weltgeschichtlichen, auf dem im goldenen Mittagsschein der Reife der lebenslange Drang nach Betätigung ihm und den Völkern neue große Möglichkeiten zeigt.
> (Richter, H. 1929, XI)

Das Genie verdient Bewunderung als Wegbereiter der Freiheit der Völker; vor allem jedoch ist sein Vorbild Mahnung für jeden einzelnen, in seinem Streben nach „Höchstentwicklung" (Richter, H. 1933) nicht nachzulassen, auch wenn das Ziel vielleicht nicht erreicht wird. So jedenfalls lässt sich eine „persönliche Erinnerung", die die Verfasserin in ihr Vorwort zum Byron-Buch einfügt – die einzige auf ihre eigene Person bezogene Äußerung in ihren anglistischen Schriften – deuten:

> In einer schweren Krankheit, die 1925 diese Arbeit auf ein Jahr unterbrach, glaubte ich im Fiebertraum, ich säße am Schreibtisch, gebrochen von Mutlosigkeit über das gänzliche Versagen aller Kräfte. Da regte sich plötzlich das vor mir stehende Bildnis des Thorwaldsensischen Byron. Der erhobene Arm der Statue senkte sich, der Griffel berührte mein Blatt, und aus den halb geöffneten Lippen erklang mir ein leises: „Komm!" – „Ich kann nicht," stöhnte ich, „ich bin nicht fertig." Darauf dieselbe Stimme voll wunderbarsten Wohllauts in einer Sprache, die keine Sprache, sondern innerste Seelenverständigung war: „Ich bin auch nicht fertig geworden." (XI)

Die „innerste Seelenverständigung" ermöglicht es der Biographin zu beschreiben, wie es in Byrons Innerem aussah. Gleichzeitig gewährt Helene Richter hier einen seltenen Einblick in ihr eigenes Inneres und deutet an, was ihre „Lebensidee" ist, nämlich den Lebensgeschichten genialer Künstler nachzuforschen, und es wird deutlich, wie sie darum ringt, gegen alle Widerstände ihr Leben nach dieser Idee auszurichten. Dazu gehört, wie Helene in der Rezension eines Buches der befreundeten feministischen Schriftstellerin Rosa Mayreder ausführt, auch die Überwindung des Leidens: „Der höhere Mensch nimmt es auf sich als eine Forderung, die das Dasein an ihn stellt, als ererbte ‚Urpflicht', die er mit dem Leben übernommen hat. Aber er läßt sich nicht davon zerbrechen, nicht beugen, sondern, tritt ihm gegenüber mit erhobener Stirn." (Richter, H. 1933). Man kann sich gut vorstellen, dass diese ‚Lebensphilosophie' der kränklichen Helene dabei half, nicht zu verzagen, wenn ihre Kraft sie zu verlassen drohte. Allerdings kam ihr das alleinige Augenmerk auf das individuelle Streben nach Höchstentwicklung, wie sie es bei Goethe fand, auch in anderer Hinsicht entgegen. Zusammen mit dem Konzept der Perfektibilität, das sie von William Godwin und Percy Bysshe Shelley übernommen hatte, erlaubte es ihr, auf eine bessere Welt zu hoffen, in der Frauen nicht auf so viele Hemmnisse stießen wie im Österreich ihrer Zeit, ohne sich jenen radikalen Kräften anschließen zu müssen, die die Gesellschaftsordnung umstürzen wollten.

Obwohl die anglistischen Schriften Helene Richters in vieler Hinsicht dem bürgerlich-liberalen Denken des neunzehnten Jahrhunderts verpflichtet sind (vgl. Hoffrath 2009, 40), ist eine (Neu-)Lektüre dringend geboten. Es erscheint geradezu grotesk, dass angesichts der Aufmerksamkeit, die auch der ‚stillen' Helene im Zuge des gesteigerten Interesses an den Richter-Schwestern zuteil wird, sich bisher kaum jemand die Mühe gemacht hat, ihre gedruckt vorliegenden Werke zu lesen, um dem Bild der wissenschaftlichen Schriftstellerin Konturen zu geben.[9] Auch wenn diese wenig unmittelbar Persönliches enthalten, sind die Arbeiten zur englischen Literatur der nächstliegende Weg, Helene als Einzelperson

---

9 Zum Anlass der 150. Wiederkehr ihres Geburtstages erschien eine kritische Würdigung von Franz K. Stanzel (2011). Stanzel kommt darin auf einige problematische Aspekte in Helenes Arbeiten zu sprechen, etwa ihren Beitrag zum *Shakespeare-Jahrbuch* 1916, „Shakespeare im Zeichen des Krieges", doch ist sein Text insgesamt apologetisch. Susanne Schmid, eine der wenigen, die sich mit Helene Richters Werk auseinandergesetzt haben (insbesondere deren Übertragung von Shelleys *Prometheus Unbound,* 1887, 1895), verweist als Quelle für Helenes Leben lediglich auf Christmanns biographische Skizze zu Elise (1980), in der Helene mit einer lieblosen Fußnote abgespeist wird. Vgl. Schmid 2007, 212n56. Die unveröffentlichten Diplomarbeiten von Nicola Rickert (2001) und Sybille Paar waren mir nicht zugänglich. Vgl. Stanzel 2011, 330n17.

sichtbar zu machen.[10] So ließe sich vermeiden, dass man sich nur auf Elises Erinnerungen an ihre Schwester verlässt oder gleich Elises Weltbild zu hundert Prozent auf Helene projiziert. Gleichzeitig kann damit einer Tendenz in der Richter-Forschung entgegengetreten werden, das Bild der Richter-Schwestern zu verklären, so dass sich im Fall von Helene die Notwendigkeit einer Revision eines idealisierten Bildes, wie sie mit Bezug auf Elise festgestellt wurde (Hurch 2009a und b), gar nicht erst ergibt.[11] In ihren Büchern über die verehrten Genies – neben Shelley und Byron sind das noch William Blake (1906), Thomas Chatterton (1900) und natürlich Shakespeare (1927, 1930) – findet sich freilich meist wenig Konkretes zu den gesellschaftspolitischen Themen, die die gegenwärtige Diskussion über Elise dominieren, wie die Gleichberechtigung der Frauen, Antisemitismus und Toleranz. Die Haltung Helenes zu diesen Themen geht indes aus zwei Publikationen Richters über Schriftsteller*innen* hervor, ihre erste, Mary Wollstonecraft gewidmete, Monographie (1897) sowie ihre gesammelten Aufsätze zu George Eliot (1907).

3

Nachdem sich Helene Richter zunächst als Autorin von Belletristik versucht hatte, entdeckte sie in den 1880er Jahren das Werk Percy Bysshe Shelleys für sich. 1887 erschien ihre Übersetzung von Shelleys *Prometheus Unbound* mit einer

---

[10] Christiane Hoffrath erwähnt, dass Helene Richter „seit kurzem auch als Einzelperson wahrgenommen und in Erinnerung an ihr wissenschaftliches Werk geehrt" werde (2009, 87) und verweist in diesem Zusammenhang auf den von Franz K. Stanzel gestifteten „Helene-Richter-Preis", den der Deutsche Anglistenverband verleiht (und nicht, wie Hoffrath schreibt, die Deutsche Shakespeare-Gesellschaft). Auf der Seite des Verbandes findet sich indes nur der knappe Hinweis, der Preis solle an die anglistische Privatgelehrte erinnern, die „im Konzentrationslager Theresienstadt ums Leben kam". http://www.anglistenverband.de/foerderpreise/stiftung-helene-richter#: ~:text = Helene-Richter-Preis%20Stiftung%20%E2%80%9EIn%20memoriam%20Helene%20Richter%20%281861-1942%29%E2%80%9C%20Mit,Konzentrationslager%20Theresienstadt%20ums%20Leben%20kam%2C%20wach%20gehalten%20werden. (28.10.2020) Die wenigsten Preisträger dürften eine Ahnung haben, wer die Namensgeberin des Preises war.
[11] Wie wichtig eine differenzierte Würdigung der Richter-Schwestern ist, zeigt eine Rezension von Christiane Hoffraths Studie *Bücherspuren* aus dem Jahr 2009, die auf der Internetseite des Literaturhauses Wien veröffentlicht wurde. Deren Verfasserin Evelyne Polt-Heinzl verbittet sich jeden Hinweis auf problematische Positionen der Schwestern zum Judentum und zur Frauenfrage als Beleidigung des Andenkens der Schwestern. https://www.literaturhaus.at/index.php?id=7587 (28.10.2020).

Einleitung, die bereits wesentliche Elemente ihrer Vorstellungswelt enthält.[12] Shelley und seine Figur sind ringende Genies, die sich und ihren – gewaltlosen – Kampf um Freiheit und Selbstbestimmung trotz Repressalien niemals aufgeben werden, weil sie auf die Vervollkommnung der Menschheit und den einstigen Sieg der Freiheit vertrauen. In dieser Zeit muss Helene, die, wie aus dem Vorwort ihrer Byron-Biographie hervorgeht, oft über Jahre an einem Buch schrieb, auch bereits mit der Arbeit an ihrer umfangreichen Studie über Shelley (1898) gearbeitet haben, doch ihre erste größere Veröffentlichung war eine biographische Skizze zu *Mary Wollstonecraft* (1897). Offenbar hatte sie die Shelley-Studien für jene Arbeit unterbrochen, um die Studie rechtzeitig zum hundertsten Todestag der sehr populären Mary Wollstonecraft auf den Markt zu bringen, ein Vorgehen, das auf strategisches Kalkül und/oder gute Verbindungen zum Literaturbetrieb der noch unbekannten freien Schriftstellerin schließen lässt. Auf diese Weise konnte sich Helene auf einen Schlag einen Namen als Frauenrechtlerin machen. Vor allem jedoch fand sie in Mary Wollstonecraft eine Seelenverwandte. Wie sie selbst sah Wollstonecraft die Hauptaufgabe der Frauenbewegung nicht im Kampf gegen die Herrschaft der Männer. Vielmehr müssten die Frauen selbst erst einmal in die Lage versetzt werden, ihre Rechte überhaupt wahrnehmen zu können, eine Ansicht, die auch hundert Jahre nach Marys Tod nichts von ihrer Aktualität verloren habe:

> Vor allem beherzigenswert für die emanzipationslustige Gegenwart scheint Mary's [sic] Kampfmethode. Sie wendet sich nicht in schmähenden Ausfällen gegen die Männer und schiebt nicht ihnen die Schuld an der Erniedrigung des Weibes zu, sondern greift scheinbar fast ausschließlich jene an, die sie verteidigen und retten will, die Frauen selbst.
> (Richter, H. 1897, 59)

Getreu dieser „Kampfmethode" scheute Helene „zeitlebens alles, was auch nur im entferntesten militantem Feminismus ähnlich sah", wie Hedwig Kuranda 1931 feststellte. In der Tat distanziert sich Helene im zweiten, im Stil eines Pamphlets gehaltenen Teil ihrer Schrift mehrfach entschieden von radikaleren Kräften wie den Sozialisten:

> Allein der Sozialismus arbeitet mit falschen Mitteln wenn er die Wohlhabenden und Gebildeten zu dem geistigen und bürgerlichen Proletariate herabzuziehen sucht, und ebenso die Emanzipation, die Miene macht, den Mann in seinen Rechten zu verkürzen zu Gunsten des Weibes. Immer empor! lautet die Losung. Schafft kein Volk von Tölpeln und Knechten, sondern *lauter Freie, lauter Gebildete, lauter Herren*, und im Weibe keine Konkurrentin des Mannes, sondern seine *rechtschaffende Waffenfreundin im Kampfe ums Da-*

---

12 Zur Übersetzung vgl. Schmid 2007, 156–158. Offenbar hat Helene auch alle Zitate aus den Werken der englischen Dichter in ihren Büchern selbst übersetzt.

> *sein*. Und wahrlich, die Frau wird den Umschwung in ihrem Wesen vollziehen müssen, wenn sie einigermaßen geachtet sein will in einer Zeit, die immer mehr nur das persönliche Verdienst gelten läßt und alles ererbte Gut mit wachsendem Mißtrauen betrachtet.
> (76; Hervorhebungen im Original)

Freilich handele es sich bei der „Befreiung des Geschlechts" um „eine Arbeit auf Jahrhunderte hinaus". Dennoch dürften „jene, die vereinzelt den Kampf um ein freies Dasein wagten" (76) und dafür viel Kritik und Häme einstecken müssten, nicht verzagen, denn „die fortschreitende Vervollkommnung des Menschen" (75) sei nicht aufzuhalten:

> Eine lichte Morgenröthe dämmert am Horizonte des weiblichen Lebens; und schauen wir den neuen Tag nicht mehr, so kommt ein nächstes und ein abernächstes Geschlecht, bis späte Enkel sich dereinst beglückt im reinen Lichte der Freiheit regen und mit Staunen von dem Kampfe lesen, den Generationen um das Recht einer selbständigen Persönlichkeit und einer thätigen Existenz gekämpft, das ihnen altgewohnt und selbstverständlich scheint. (76)

In einer 1898 erschienenen Rezension in der *Arbeiterzeitung*, dem *Organ der österreichischen Sozialdemokratie*, lobt Therese Schlesinger Helene Richters mutigen Einsatz für die Frauenrechte, macht jedoch geltend, dass deren Vision einer freien Welt wohl kaum ohne radikale Umbrüche zu erreichen wäre:

> Mit großer Unerschrockenheit greifen sie [Helene und andere „bürgerliche Frauenrechtlerinnen" E. R.] alle Zustände an, die durch die heutige Gesellschaftsordnung bedingt sind, und decken sie die unheilbaren Krankheiten dieser Gesellschaft auf, als da sind: die feige heuchlerische, doppelte Moral des Bürgerthums, die Gesellschaftssklaverei des Weibes und seine geistige Unreife, die Prostitution und den inneren Verfall der Ehe. Aber sie können sich nicht entschließen, über diese Gesellschaft den Stab zu brechen, und freimüthig zu erklären, daß alles, was innerhalb der bestehenden Ordnung zur Linderung dieser Mißstände geschehen kann, gar wenig ist und eine tiefere Bedeutung nur dadurch erlangt, daß es den Uebergang zu einer neuen Ordnung vermittelt und vorbereitet.
> (Schlesinger 1898)

Diese „neue Ordnung" stelle sich eben nicht irgendwann in ferner Zukunft gewissermaßen von selbst ein, wenn die Frauen zu mündigen Menschen erzogen worden sind. Zum einen würden die Männer ihre Vormachtstellung niemals freiwillig aufgeben, zum anderen litten die meisten Frauen nicht unter mangelnder Selbständigkeit und erzwungener Untätigkeit, sondern schlicht unter Ausbeutung. „Fräulein Richter beschäftigt sich ausschließlich mit der bürgerlichen Frau, und daran thut sie wohl, denn von der schwerbedrängten Lage der Arbeiterin scheint sie wenig Ahnung zu haben."[13] Dass Helene in der Tat vor

---

13 In einem Kommentar zu Schlesingers Rezension weist Thierry Elsen, der den Text für den Weblog „Elise und Helen Richter: Wissenschaftlerinnen, Jüdinnen und Wienerinnen" digitali-

allem bürgerlich-liberale Leserinnen (und Leser) im Blick hatte, macht folgende Stelle in ihrer Wollstonecraft-Monographie deutlich:

> Eine andere Befürchtung, die Frau werde jene kleinen Sorgen des Tages, die ihr bisher oblagen, verschmähen, wenn sie Zutritt zu den großen Aufgaben des Lebens hat, es werde sich keine Magd, keine Arbeiterin mehr finden, ist nicht begründeter als die der Antisozialisten, daß es keine Kohlenträger und keine Straßenkehrer mehr geben werde, wenn Bildung und Wohlstand im Volke um sich greifen. Die Unfähigen sterben wohl niemals aus, die zu nichts Höherem taugen und ohne höheren Ehrgeiz sind; hingegen wird ein allgemein gewordenes strengeres Pflichtgefühl und die gesteigerte Arbeitslust auch diese zu größerer Thätigkeit innerhalb ihrer Sphäre anspornen. (74–75)

Freilich sieht auch Helene Richter ein, dass nur dann eine Besserung eintreten könne, wenn sich die Männer bewegten und den Frauen entgegenkämen:

> Eine endgültige Lösung aber kann die Frauenfrage, wie die ihr so nah verwandte Arbeiterfrage, erst erhalten, wenn jene, die sich im Besitze der Macht befinden – hier die Begüterten, dort die Männer, – einsehen, daß sie in ihrem eigenen Interesse handeln, indem sie den Verkürzten von ihrem Ueberflusse mittheilen, wenn sie sich Mitarbeiter und Mitkämpfer an denen gewinnen, die ihnen bisher als Feinde entgegenstrebten oder im besten Falle passiv neben ihnen herliefen. (75–76)

Ob Helene in ihrem Leben ein Entgegenkommen von Seiten der Männer erfahren hat, wissen wir nicht. Möglicherweise wurde sie in den Anfangsjahren ihres freien Schriftstellerdaseins von einflussreichen Förderern unterstützt, wie Christiane Hoffrath vermutet (2009, 26). Im Fall ihrer Schwester Elise kann man allerdings mit Sicherheit sagen, dass sie in ihrer akademischen Laufbahn auf teilweise erheblichen Widerstand ihrer männlichen Kollegen an der Universität Wien traf. So erhielt sie erst 1907, zwei Jahre nach dem Abschluss des Habilitationsverfahrens, ihre *venia legendi* (und war damit immer noch die erste Privatdozentin in Österreich und Deutschland), lehrte einige Jahre ohne jegliche Entlohnung und erhielt schließlich 1921 lediglich eine außerordentliche Professur. Dennoch fällt Elises Bilanz nicht verbittert aus:

> Als *Frau* habe ich jedenfalls so viel gegeben als empfangen, Ich empfing den Weg, was gewiß nicht gering zu schätzen ist, aber ich ging ihn, und hier darf ich wohl sagen, in vorbildlicher Weise. Denn ich war mir bewußt, daß von dem ersten Eindruck der Maturantin, der Studentin, der Dozentin, viel abhing. Ich gab den Frauenrechtlerinnen das erste Beweisstück, auf das sie sich stützen konnten, eben weil ich alles Frauenrechtler-

---

siert hat, darauf hin, dass Therese Schlesinger selbst einen bürgerlichen Hintergrund hatte und dass Helene Richters Buch über Mary Wollstonecraft zunächst in den *Deutschen Worten* des Sozialdemokraten Engelbert Pernerstorfer erschienen war.

ische und „Kriegerische" ganz vermied und mich rein sachlich vorarbeitete. In der Geschichte der Frauenbewegung wird daher mein Name eine gewisse Bedeutung behalten.
(Richter, E. 1997, 240; Hervorhebung im Original)

Elise will ausschließlich an ihrer Leistung gemessen werden und zeigt sich somit als Vorkämpferin jener von Helene beschworenen meritokratischen Gesellschaft, in der prinzipielle Chancengleichheit für alle besteht (vgl. Richter, H. 1897, 76).[14] In diesem Sinne sahen sich die Richter-Schwestern als *moderne Frauen*, die selbständig und unabhängig ihren Weg gehen.

Wie sie sich eine moderne Frau vorstellt – oder besser gesagt, wie sie sie sich nicht vorstellt – präzisiert Helene Richter in ihren gesammelten Aufsätzen zu George Eliot (1907), insbesondere in „George Eliot und die Frauenfrage". Die Aufsätze in dem Band sind nicht nur deshalb besonders aufschlussreich, weil es hier um realistische Romane und nicht um visionäre Zukunftsbilder geht, wie etwa in Shelleys *Revolt of Islam*.[15] George Eliot ist vielmehr auch die einzige unter den Literaten, mit der sich Helene ausführlich befasst, die von ihr nicht vorbehaltlos verehrt wird. Eliot fehlte nach Helenes Ansicht die entscheidende Voraussetzung, zum Gegenstand ihrer Bewunderung zu werden: „Sie besitzt das Seherauge nicht, das in die Zukunft blickt; sie ist keine Bahnbrecherin. Sie hält

---

14 Um ihre Auffassung zu unterstreichen, zitiert Elise in einer Fußnote zu der obigen Passage einen Brief von Marie von Ebner-Eschenbach: „Ich bin der Meinung, dass wir (Frauen) schweigen sollen und nicht durch Geschrei und Geschreibe, sondern durch *unser Tun* so manchen Irrtum, der über uns im Schwange ist, besiegen." (Hervorhebung im Original). Natürlich vertrat Elise Richter auch öffentlich die Sache der Frauen in der Wissenschaft, etwa als langjährige Vorsitzende des Verbands der akademischen Frauen Österreichs, doch hielt sie stets an dem Leistungsprinzip fest.

15 Das 1817 zunächst unter dem Titel *Laon and Cythna* veröffentlichte „Epos der Frau" (Richter, H. 1898, 301) nimmt eine zentrale Stellung in Helenes Shelley-Studie ein. „Es ist ein Zukunftsbild, allerdings nicht des 19. [wie es in Shelleys Untertitel heißt, E. R.], sondern eines noch weit entfernten Jahrhunderts, in dem das Weib die hohe Aufgabe, die ihm die Natur zugewiesen, und die es bisher verkannte, erfüllen wird. [...] ‚Laon und Cythna' verkündet in poetischem Gewande dieselben Sätze, die Mary Wollstonecraft in ihren ‚Rechten der Frau' ausgesprochen." (301) Wie Mary sagt auch Cythna „ihren Schwestern herbe Wahrheiten" [302]. Freilich ist es dann doch nicht ganz nach Helenes Geschmack, dass im Verlauf des Epos Cythna immer mehr zur Tatkräftigen werde, während der Dichter Laon, ein Selbstporträt Shelleys, sich zum stillen Dulder entwickele. Als Cythna schließlich „in apokalyptischer Größe [...] auf ihrem Rappen" naht, um Laon vor dem Flammentod zu retten, ist das des Guten zu viel, wie Helene in einem seltenen Anflug von Humor feststellt: „Laon erscheint neben ihrer Walkürengestalt mitunter gedrückt. Die Heldengröße, die Shelley in dem Sichhinmordenlassen für die Wahrheit auszudrücken meinte, macht nicht völlig den beabsichtigten Eindruck. Es war das Ideal *moralischer* Tapferkeit, das Shelley schon den Iren an's [sic] Herz gelegt; doch haftet ihm in Laon etwas Quäkerhaftes, ein Nachgeschmack von Pflanzennahrung an." (302–303)

Schritt mit den Besten ihrer Zeit, aber sie geht nicht über sie hinaus." (123) Eliots Heldinnen verfügten zwar (wie ihre Schöpferin) über „Wissensdurst, rege Phantasie, überquellendes Empfinden", doch fehle es ihnen „im allgemeinen an Rückgrat, an individueller Tüchtigkeit, an persönlicher Energie. Die besten und hervorragendsten unter ihnen fühlen, daß sie für sich allein nichts sind [...]. Es ist, als hauchte ihnen erst der Mann die Seele ein. [...] Sie sind in erster Linie Frauen, nicht Menschen." (103) Dorothea Brooke etwa, die weibliche Hauptfigur aus *Middlemarch*, „ist erfüllt von einer abstrakten Schwärmerei für alles Gute, Große, Erhabene. [...] Ihr ganzes Sehnen geht dahin, sich in hingebungsvollster Weise dem Wohle anderer zu widmen." (106) Als sich ihre Ehe mit dem verknöcherten Pedanten Casaubon als Fehler herausstellt, nutze sie „ihren materiellen und geistigen Reichtum" nicht, wie man hätte erwarten können, um Bedürftigen Beistand zu leisten. Stattdessen verharre Dorothea selbst nach dem Tod Casaubons „in ihrer allgemeinen platonischen Humanitätsschwärmerei" und gehe sogar erneut eine Ehe ein, diesmal mit dem liebenswürdigen, ihr aber geistig unterlegenen jungen Ladislaw, für den sie von nun an da sein möchte. „Eine andere Tätigkeit als diese mittelbare für und durch den Mann scheint von vornherein nicht in Frage zu kommen." (107) Selbst Dinah Birch, „die einzige unter George Eliots Frauen, die des Mannes als Führers und Leiters nicht bedarf", heiratet am Ende doch Adam Bede. (110). Letztlich feiere Eliot „das passive Heldentum der Frau; im Ertragen findet sie die Stärke des Weibes; der Grad seiner Selbstentäußerung, seiner Opferwilligkeit wird zum Maßstabe der Tugend." (97) Mit Eliots christlichem „Ideal des Entsagens, der Selbstentäußerung, die bis zur Vernichtung der eigenen Persönlichkeit zugunsten anderer" gehe (39), kann Helene nichts anfangen. Zwar sei „die moralische Hebung der Frau" (120) unabdingbar für die Verbesserung der Lage der Frauen, doch dürfe man es nach Richters Ansicht nicht dabei belassen, wie es in Eliots Romanen geschehe. Besonders nimmt Helene Anstoß daran, dass Eliot ihren Figuren versagte, was sie selbst getan hatte, nämlich sich durch ihre Arbeit selbst zu verwirklichen. Freilich schien sich Eliot gar nicht als Vorkämpferin der Frauen zu sehen: „Sie empfand ihre eigene Berufstätigkeit als einen Ausnahmezustand, der gewissermaßen mit ihrer Frauenexistenz nichts zu schaffen hatte." (94). Und doch dürfte es Momente gegeben haben, in denen die junge Marian Evans den „unversöhnten Gegensatz des noch dunkel und unbestimmt in ihr gärenden Schaffensdranges und der engen Schranken ihrer spießbürgerlichen Existenz qualvoll" empfunden haben muss (122–123).

> Nirgends aber schildert sie uns, was sie doch gleichfalls im tiefsten Innern erlebt hatte, das Sichemporringen zu befreiender Tätigkeit, zu einer für sie selbst und unzählige andere beglückenden Lebensarbeit. Nirgends führt sie uns jene eigene Erfahrung vor, daß es auch eine *weibliche* Kraft des Genies gibt. Die sich durch das Schicksal, ein Mädchen

zu sein, nicht niederdrücken läßt, sondern darin nur einen Sporn erblickt, die unbezwingbare innere Freiheit durch die Bewältigung aller Hemmnisse auch äußerlich zu betätigen. (123; Hervorhebung im Original)

Wir haben bereits gesehen, dass Helene Richter Parallelen zwischen der „Frauenfrage" und der „Arbeiterfrage" sieht. So ist es nicht verwunderlich, dass sie im Fall des Titelhelden von George Eliots Roman über einen visionären Sozialreformer, *Felix Holt, the Radical* (1866), zu einem ähnlichen Urteil kommt wie im Hinblick auf Dorothea Brooke und andere weibliche Figuren der Autorin:

> Sehen wir uns nun die Mittel und Wege an, durch die Holt sein Ideal der Volksverbesserung und Volksbeglückung zu verwirklichen sucht, so steht uns eine gewaltige Enttäuschung bevor. Auf den ersten Blick scheint es fast, als täte er überhaupt nichts. Oder ist es seinen gewaltigen Plänen gegenüber nicht pygmäenhaft kleinlich und kläglich, wenn seine Tätigkeit sich darauf beschränkt, einige arme Kinder zu unterrichten und im Wirtshause, seiner „Akademie", den Arbeitern unvermerkt beim Bier bessere Grundsätze und ein etwas klareres Verständnis der Sachlage beizubringen? [...] In *Felix Holt* geht der Vorhang nieder, ohne daß die zukünftige Tätigkeit des Helden auch nur angedeutet würde. Wir erfahren lediglich, dass er seinem Armutsgelöbnisse treu bleibt, und wie wir ihn kennen gelernt, legen wir das Buch in dem Glauben aus der Hand, daß er es auch bei der bisherigen, allzu dürftigen Betätigung seiner Ideale zeitlebens werde bewenden lassen. (189–190)

Die Frage ist natürlich, auf welche Art und Weise Holt seine Reformpläne nach Auffassung Helenes in die Tat hätte umsetzen sollen. Einig ist sie sich mit George Eliots Heldinnen und Helden, dass charakterliche und politische Bildung die Voraussetzung sei für eine Beteiligung der arbeitenden Bevölkerung an der politischen Macht. „Indes ist diese Zeit der parlamentarischen Reife und geistigen Überlegenheit keineswegs das, was George Eliot für ihre Landsleute erstrebt. Ja, sie sind ihr fast lieber so, wie sie sind." (192) Bemerkenswert ist, dass Helene Richter diese Haltung auf das Frausein der Schriftstellerin zurückführt: „Die Verherrlichung der engumgrenzten Wirksamkeit im kleinen Kreise ist einer jener vielen Punkte, in denen George Eliot ihr Geschlecht sprechen lässt." (191). Was nach Richters Auffassung fehlt, sind folglich fiktionale Entwürfe von Schriftstellerinnen, deren Figuren sich nicht mit dem Wirken im engen Kreis zufriedengeben.[16]

---

[16] Helene lässt an den Frauenfiguren der „Ahnfrau[en]" (113) George Eliots, Jane Austen, Charlotte Brontë und Elizabeth Barrett Browning kein gutes Haar. Einzig die „genialste" der drei Brontë-Schwestern, Emily, habe in *Wuthering Heights* mit Catherine und ihrer Tochter zwei eindrucksvolle Frauengestalten geschaffen (113).

4

Im vom Fortschrittsglauben geprägten Denken Helene Richters kommt der Emanzipation eine nicht zu unterschätzende Bedeutung zu. Erschien ihr die gesellschaftliche und politische Selbstbefreiung als Schlüssel zur Lösung der „Frauenfrage" und der „Arbeiterfrage", schien sie freilich im Hinblick auf die europäischen Juden keine Rolle zu spielen. In Helenes Werk finden sich nur sehr wenige Stellen, in denen sie auf Juden zu sprechen kommt. Anders als ihre Schwester Elise hält sie sich aber auch mit abschätzigen Bemerkungen über Juden zurück. Ein Beispiel für Elise Richters Haltung ist die folgende Anekdote aus der Zeit, in der Elise Richter Mitglied der rechtsnationalen „Bürgerlich-demokratischen Arbeiterpartei war:

> Aber auch innerhalb der Partei konnte man Widerwärtigkeiten erleben. Vor allem waren es jüdische Vorstandsmitglieder, die den Arbeitsbetrieb störten. Da hatte zum Beispiel auf dem Ring ein antisemitischer Studentenumzug stattgefunden, den der unversehens seines Weges kommende [Parteivorsitzende Graf] Czernin an sich vorbeiziehen lassen mußte. Er hätte einschreiten sollen, forderten jene. Er wäre doch kein Wachmann, erwiderte der zur Rede Gestellte. Außerdem gehe ihn und die Partei als solche das gar nichts an. Da der eine der Herren sich beklagte, man nehme auf die jüdischen Parteimitglieder nicht Rücksicht, bekam ich einen Wink, mich zum Wort zu melden. Ich tat es nicht ungern. Ich hielt ihnen vor, daß sie nicht gleiches Recht mit allen andern forderten, sondern doppeltes Recht. Betrachte man sie als Juden, fühlten sie sich zurückgesetzt, behandle man sie als Österreicher, wollten sie außerdem als Juden berücksichtigt sein. [...] Die Partei kenne mit Recht nur Österreicher bürgerlich demokratischer Gesinnung, und die Konfession wäre Privatangelegenheit des einzelnen. Es wäre im Interesse der Partei, die Konfession bei den Verhandlungen auszuschalten.– „Mit anderen Worten, wir sollen kuschen", brummte halblaut der mir gegenüber sitzende Sprecher giftig zu seinem Nachbarn. „Das war g'scheit", sagte nachher der urwienerische Schönwetter zu mir, „man haltet s'ja nit aus, die Judeng'spräche." (Richter, E. 1997, 204–205)

Wohlgemerkt schrieb Elise diese Anekdote erst 1940 auf, als sie und ihre Schwester längst als „Rassejüdinnen" ihrer bürgerlichen Rechte beraubt waren. Dabei war sie selbst als Dozentin wiederholt antisemitischen Anfeindungen ausgesetzt gewesen. (vgl. Richter, E. 1997, 40) In ihren Erinnerungen berichtet Elise noch von mehreren Zwischenfällen, unter anderem während des montäglichen „Salons" im Haus der Schwestern, wo man geflissentlich vermied, über heikle Themen zu sprechen:

> Den Gegenbeweis erlebten wir nur einmal, als Ernst Lissauer seiner politischen Stimmung temperamentvoll Luft machte. Lissauer, der Dichter des Haßgesanges auf England zu Beginn des Weltkriegs, hatte eine merkwürdige Entwicklung hinter sich. Sein in der Tat vortreffliches Lutherstück war zur Dreihundertjahrfeier des Augsburger Reichstages das offizielle Feststück gewesen, und nun sah er sich, seit 1933, als Jude in fortschreitender

> Verfolgung und Not. Seine von bedeutender Begabung sprechende Dichtung „Moses" konnte nicht durchdringen. Voll echten lyrischen Schwunges waren seine letzten Gedichte, in denen er den jüdischen trauervollen Geschicken, der Empörung über den Raub der Heimat, der Kultur, des Rechtes erschütternden Ausdruck gab. In diesem Sinne sprach er nun auch einmal bei uns, während Landesschulrat Theodor Reitterer und andere sehr deutsch gesinnte Freunde auf Nadeln saßen. Sie benahmen sich alle sehr taktvoll, und schließlich gelang es, das Gespräch in ruhigere Bahnen zu lenken.
>
> (Richter, E. 1997, 79)

Ähnlich verständnislos zeigt sich Elise, als ein langjähriger Bekannter der Schwestern, der jüdische Shakespeare-Experte Leon Kellner, „aus antisemitischen Gründen" einmal den Kreis der zusammensitzenden Wiener Kollegen meidet, wozu sie selbst „gar keine Veranlassung" gehabt habe (85).

Ob Helene von solchen Ereignissen ähnlich peinlich berührt war wie ihre Schwester, ist nicht bekannt. Über den Antisemitismus ihrer Zeit schweigt sie sich, wie über so vieles andere, aus. Auf die Problematik der jüdischen Identität kommt sie indes im Zusammenhang mit einem weiteren Roman George Eliots zu sprechen. In ihrem letzten abgeschlossenen Roman *Daniel Deronda* (1876) erzählt Eliot die Geschichte eines jungen, in der Obhut eines vermögenden Gentleman aufgewachsenen Mannes, der eines Tages eine junge Jüdin kennenlernt und mit ihr zusammen die Bekanntschaft eines charismatischen proto-zionistischen Visionärs macht. Da dieser sterbenskrank ist, fordert er Daniel auf, sein Nachfolger zu werden und die jüdische Gemeinde ins gelobte Land zu führen. Erst als Daniel herausfindet, dass er selbst Jude ist, nimmt er den Auftrag an und bereitet die Gemeinde auf die Reise „nach Osten" vor. Nun ist Daniel Deronda für Helene keineswegs, wie man vielleicht erwarten könnte, ein Beispiel für eine herausragende Persönlichkeit, die ihre große Vision kraftvoll in die Tat umsetzt, statt sie, wie Dorothea Brooke und Felix Holt, im Sande verlaufen zu lassen. Zwar habe Eliot zunächst eine „Antipathie gegen die semitische Rasse" (45) an den Tag gelegt. Im Alter jedoch führe

> unumschränkte Duldung ihre Feder und sie schildert trotz – oder vielleicht gerade wegen ihrer geringen eigenen Sympathie – ihr jüdisches Milieu in so leuchtenden Farben, daß man ihr nicht mit Unrecht Parteilichkeit vorgeworfen hat. Sie mußte stärkere Lichter auftragen, denn sie verfolgte mit dem Roman ihren Lieblingsplan. „Es gibt nichts, was ich lieber täte," schrieb sie im Oktober 1876 an Mrs. Beecher-Stowe, „als die Einbildungskraft der Männer und Frauen wecken, daß sie die Menschenansprüche jener Rassen ihrer Mitmenschen einsehen, die in Glauben und Sitte am meisten von ihnen abweichen." (45)

Helene steht Eliots Idealisierung der Gemeinde, die ostentativ an ihrer jüdischen Identität festhält und sich weigert, sich mit der Nation, in der sie lebt, zu identifizieren und sich anzupassen, verständnislos gegenüber:

Diese Religion der Menschlichkeit soll die Nebeneinanderstellung verschiedener Dogmen in *Daniel Deronda* predigen, Jude und Christ sollen sich vorurteilslos als Mensch und Mensch gegenüberstehen. Vielleicht ist es das Überwiegen der Theorie, das die Lebenswahrheit dieses Romans geschädigt hat, vielleicht auch ist *Daniel Deronda* darum das einzige ihrer Bücher, das der unbedingten Realität entbehrt, weil es – *Romola* ausgenommen – das einzige ist, mit dessen Milieu sie nicht unbedingt, aus persönlicher Erfahrung, vertraut war. Diese Neigung zum Unbestimmten, Theoretischen, Unwirklichen, die George Eliots bisheriger Gepflogenheit entgegensteht, spitzt sich zum Schluß mehr und mehr zu, bis Deronda ohne weitere Vorbereitung nach dem Osten absegelt zur Gründung eines jüdisch-nationalen Wolkenkuckucksheims, dessen Herrscher er werden soll. (46)

Nachdem Helene immer wieder beklagt hat, dass in Eliots Romanen aus Schwärmerei und hochfliegenden Plänen keine Tat erwachse, sich ihre Heldinnen und Helden nicht zu etwas wirklich Großem emporschwängen, geht es ihr hier auf einmal viel zu schnell. Für die Auswanderung „nach dem Osten" – Palästina wird nicht explizit genannt – hat sie nur Spott übrig. Offenbar erwartet Helene anstelle von tätiger Umsetzung ihrer Ideale und Visionen gerade von den Vertretern jenes Volkes Toleranz und Resignation, „dem beides durch seine Religion zur Pflicht und jahrhundertelange Unterdrückung zu einer wenigstens äußerlich erworbenen Gewohnheit geworden sind" (45). George Eliots Plädoyer für Toleranz gegenüber der anderen Religion und Ethnie hält sie für verfehlt. Stattdessen sollte das Ziel die „Fusion der Gegensätze beider Rassen" sein (47).[17] Freilich zeigt sich auch hier Helenes Verhaftetsein in der bürgerlichen Gesellschaftssphäre. Dem von Eliot geschilderten Milieu der aus Osteuropa emigrierten Juden steht sie äußerst distanziert gegenüber.[18]

Für die europäischen Juden heißt das im Endeffekt, dass sie sich assimilieren, ihre jüdische Identität, ihre Zugehörigkeit zum jüdischen Volk aufgeben und

---

[17] Shakespeare erhält von Helene viel Lob dafür, dass er mit der Figur des Shylock im *Merchant of Venice* nichts zur „Judenfrage" sagen wolle. „Die modernen Begriffe Antisemitisch und Philosemitisch auf Shakespeare übertragen zu wollen, wäre ein vollkommenes Verkennen kultureller Zeitströmungen." (Richter, H. 1930, 67) Dem Geldverleiher komme eine rein dramatische Funktion zu als geldgieriger Gegenspieler des Kaufmann Antonio, „der in der Selbstaufopferung für Freunde zu weit geht" (67). Shakespeares Größe zeige sich freilich darin, dass dessen „gewaltiger Pinsel [Shylocks] burleskem Wesen einen tragischen Anflug gegeben" habe. Scharfsinnig bezeichnet Helene Portias Schiedsspruch als „Witz" (71): „Da alle Beteiligten an die Rechtsgiltigkeit [sic] des Scheins glauben, so berührt Shylocks Abfertigung durch einen spitzfindigen Trugschluß als eine Vergewaltigung der Gerechtigkeit." (69) Vgl. auch Stanzels Einschätzung eines Theaterberichts im *Shakespeare-Jahrbuch* 1910 über eine Aufführung des *Kaufmanns* (2011) (328–329).

[18] Möglicherweise teilte Helene die Auffassung ihrer Schwester, dass die massenhafte Zuwanderung der „jüdischen Flüchtlinge aus Polen und Galizien, ärmstes Elendsgesindel" erheblich zum Erstarken „des Antisemitismus und zur späteren Judenverfolgung" beigetragen habe (Richter, E. 1997, 203–204).

sich emphatisch zu der Nation bekennen, in der sie leben – so wie es Elise Richter wiederholt fordert.[19] Damit muss freilich keine Unterwerfung unter christliche Dogmen einhergehen. So jedenfalls lässt sich eine Stelle in der bereits erwähnten Rezension Helenes aus dem Jahr 1933 verstehen. Helene kommt dort – völlig unvermittelt – auf eine legendäre Religionsgemeinschaft zu sprechen:

> Im vierten Jahrhundert soll es eine Sekte gegeben haben, die zwischen Juden- Heiden- und Christentum mitten innestehend, sich von allen das Beste und Vollkommenste aneignen wollte und sich darum den Namen Hypsistarier beilegte (Hypsos = die Höhe, das Erhabene). Goethe schrieb nicht lange vor seinem Tod an Sulpiz Boisserée, als er von dieser Sekte vernahm, hätte er gefühlt, daß er zeitlebens „getrachtet habe, sich zum Hypsistarier zu qualifizieren". (Richter, H. 1933)

Der pagan-jüdisch-christliche Synkretismus der Sekte, der „sich von allen das Beste und Vollkommenste aneignen wollte", war sehr kompatibel mit Helenes Leitbildern, dem Goetheschen Bildungskonzept, dem aufklärerischen Ideal der Perfektibilität und dem protestantischen Auftrag zur Selbstentfaltung.[20] Um ein Hypsistarier zu werden, brauche man kein „Goethe zu sein", „man muß nur nicht gerade stumpf und gedankenlos in den Tag leben, sich von der Fronarbeit oder dem Wirbel leerer Freuden verschlingen lassen, um sich als Hypsistarier zu bekennen." So könne jeder die „innere Freiheit" erlangen, die ihn alle Widrigkeiten des Lebens ertragen lässt:

> Der höhere Mensch nimmt [das Leiden, E. R.] auf sich als eine Forderung, die das Dasein an ihn stellt, als ererbte „Urpflicht", die er mit dem Leben übernommen hat. Aber er läßt sich nicht davon zerbrechen, nicht beugen, sondern, [sic] tritt ihm gegenüber mit erhobener Stirn, Aug in Auge. Denn er hat mächtige Verbündete: neben dem kategorischen Imperativ, der ihn zu einem Leben strengster Pflichterfüllung anhält, den edlen Eudämonismus, der ihn in

---

19 1923 definierte Elise in einem zweiteiligen Artikel der *Neuen Freien Presse* die Begriffe „Rasse, Volk Sprache": „Was ein ‚Volk' ausmacht, ist die von gemeinsamer Sprache getragene, gemeinsame Überlieferung gleicher Kultur und gleicher Schicksale in der Vergangenheit und die Verfolgung gleicher politischer Ziele für die Zukunft. Menschen, die die gleiche Sprache sprechen und ihr Leben in gleicher Weise in den Dienst der gleichen staatlichen und kulturellen Interessen stellen, die sind ein Volk." Zitiert in Hurch, 2008. Nach dem Erscheinen des Artikels wurde Elise von deutsch-nationalen Kräften heftig angefeindet und von ihren Universitätskollegen nicht in Schutz genommen, was ihr „eine schwere Nervenerregung" eintrug (Richter, E. 1997, 113).
20 Möglicherweise war es dieser Aspekt, der die Schwestern bewog – offenbar nach reiflicher Überlegung – zum protestantischen Glauben überzutreten, obwohl es in Anbetracht ihrer wiederholt beteuerten Liebe zur österreichischen Heimat naheliegender gewesen wäre, katholisch zu werden. Sicherlich dürfte auch die Erziehung der Mädchen durch die evangelische Hauslehrerin, Fräulein Friedrich aus Wilhelmshaven, einen gewissen Einfluss auf die spätere Entscheidung gehabt haben. Von den Eltern wurden die Schwestern religiös, aber überkonfessionell erzogen. Vgl. Richter, E. 1997, 59.

> Schönheit leben heißt, im anmutigen Spiel all seiner Kräfte. Was ihm immer von außen zustoßen mag[:] seinen inneren Menschen gefährdet es nicht. Er bleibt Sieger über sein Schicksal.

5

Nach der Machtergreifung der Nationalsozialisten in Deutschland dürften sich die Richter-Schwestern nicht darüber hinweggetäuscht haben, dass ihnen Schlimmstes drohte, wenn Hitlers Gefolgsleute auch in Österreich siegten. Helene Richters am 19. September 1933 veröffentlichten Zeilen lassen sich als trotzige Versicherung lesen, dem drohenden Unheil „mit erhobener Stirn" entgegenzutreten oder sich zumindest „nicht davon zerbrechen" zu lassen. Hinzu kommt, dass zu diesem Zeitpunkt Helene und Elise bereits auf ein erfülltes Leben zurückblicken konnten, in dem sie viel geleistet hatten und für die erlittenen Entbehrungen mit reichlich Anerkennung und Ehrungen entschädigt worden waren. Dass sie noch nicht „fertig" waren, fiel nicht weiter ins Gewicht; sie hatten ihre Pflicht getan und einen „gewissen" Beitrag geleistet, und je „nach Kraft und Eigenart" aus sich gemacht, was sie konnten (Richter, H. 1933). So gesehen, bereitet Helenes Rezension Elises spätere Lebensbilanz vor:

> Messe ich nun zusammenfassend die Waagschalen von Freud und Leid gegeneinander ab, so kommt noch eines in Betracht, das aber allerdings das Zünglein an der Waage darstellt. Das ist die persönliche Einstellung zu dem, was das Schicksal eben schickt. Mir ist eine Gabe zuteil geworden, für die ich nicht genug dankbar sein kann, eine bis ins feinste verästelte Genußfähigkeit. [...] Ich muß aber auch einsehen, dass viel Leid nichts anderes ist als das notwendige Korrelativ zur Freude. Man zittert nicht so um Kranke, wenn man sie nicht so liebt. [...] Der Verlust der teuern Toten könnte ja nicht so intensiv sein, wäre der Reichtum im Umgang mit Ihnen nicht so groß gewesen. Der Kampf um die Dozentur zermürbte meine Nerven, weil das Ziel so über allen Ausdruck erstrebenswert schien – und war. Der Schmerz um das Vaterland und der Ingrimm über das Bestreben, uns die Heimat zu rauben, entsprechen dem Grade der Verwurzeltheit mit dem Boden, der Liebe zu dem idealsten aller Besitze. So ist unsagbares Leid der Gradmesser für unsagbare Reichtümer. Es ist die letzte Aufgabe der Selbsterziehung, sich an diese zu halten, nicht an jenes.
> (Richter, E. 1997, 239)

Wenn Äußerungen wie diese nicht zufriedenstellen können, dann nicht, weil es Zweifel gibt, ob die Selbsterziehung der Schwestern am Ende so weit gediehen war, dass sie nicht völlig verzweifelten, und ob sie sich die „freudige und unbedingte Siegeszuversicht", die Helene bei ihrem Idol Shelley erkennt (Richter, H. 1907, 189), bis zum Ende bewahren konnten. „Der Gedanke, daß wir unser Schicksal mit Hunderttausenden teilen, erscheint mir wenig tröstlich." notiert

Elise. „Auch der nicht, daß dieses Geschick so gänzlich unverdient ist. Wer für seine Überzeugung leidet, hat in ihr einen Halt. Wer ungerecht leidet, kann nicht umhin, verbittert zu sein." (Richter, E. 1997, 222) Was die Schwestern tröstet, ist die Zuversicht, dass der Rückfall in die Barbarei nur ein vorübergehender Rückschlag auf dem Weg der Menschheitsgeschichte in eine bessere Zukunft sei (zu der auch die Schwestern mit ihrer Arbeit einen kleinen Beitrag geleistet hätten. Vgl. Richter, E., 222–224).

Was nachhaltig irritiert, ist vielmehr der blinde Fleck, den die jüdische Herkunft im Schreiben der Schwestern darstellt. In ihrer Autobiographie gesteht Elise dem jüdischen Dichter Ernst Lissauer zu, in seinen Gedichten „der Empörung über den Raub der Heimat, der Kultur, des Rechtes erschütternden Ausdruck" gegeben zu haben, doch zeigt sie sich peinlich berührt, als er im Kreis ihrer Gäste darüber spricht. Nie kommt ihr der Gedanke, den von Lissauer beschriebenen Schmerz über den Verlust der Heimat mit ihrem eigenen Schicksal in Verbindung zu bringen, obwohl sie wiederholt fast die gleiche Formulierung („Raub der Heimat") gebraucht und die Räuber Todfeinde der Juden waren. Freilich meinte Lissauer mit „Heimat" Palästina. Elise und Helene haben sich für die Heimat entschieden, in der sie sich verwurzelt sahen – und ihre jüdischen Wurzeln abgeschnitten. Das ging so weit, dass die Schwestern das Angebot der „International Federation of University Woman" [sic] ablehnten, den beiden ein Exil in England zu ermöglichen. „Wir können nicht fort." (Richter, E. 1997, 221) Das bedeutet indes nicht, wie Utz Maas (2020) meint, dass Elise und ihre Schwester der Antisemitismus „hilflos" gemacht habe. Sie weigerten sich schlicht, als dessen Opfer dazustehen. Man kann im Fortschrittsdenken, auch wenn es den Schwestern in ihren dunkelsten Stunden „Trost und Gleichmütigkeit" (224) geschenkt haben mag, ebenso gut eine tragische Verirrung sehen, zumal sie auch davon ausgingen, dass das Österreich, wie sie es kannten und mit dem sie entschlossen waren unterzugehen, zumindest in Teilen dereinst wieder auferstehen werde: „Ich bin auch durchdrungen davon," schreibt Elise, „daß die wirklich im [österreichischen, E. R.] Volke ruhende Eigenart durchbricht, sobald der äußere Druck aufhört, und daher also Österreich in seinen besten Lebensäußerungen tatsächlich so wenig untergehen wird wie sein Name, mag man ihn jetzt auch gewaltsam ausmerzen wollen." (224) Leo Spitzer, der einstige Weggefährte Elises, der häufig im Haus der Schwestern in der Weimarer Straße zu Gast war, bis er Österreich für immer verließ, und der mit Elise bis zum Ende „in verehrungsvoller Gegnerschaft" korrespondierte, fasst die Tragik, die in der Zuversicht der Schwestern lag, treffend zusammen:

> Das Herz krampft sich einem zusammen, wenn man an das Ende der beiden Achtzigjährigen in einem Nazilager denkt, die ihr Leben in bürgerlicher Geborgenheit und Achtung,

in geistigem Streben, von zivilen Formen und Schönheit umgeben, verbracht hatten. In ihnen starb Österreich – es war schon lange vor ihrem Tod gestorben.

(Spitzer und Adolf 1948, 332)

Literaturverzeichnis

Erwähnte Literatur von Helene Richter

Der entfesselte Prometheus. Lyrisches Drama in 4 Aufz. Eine Übersetzung des Werkes von Shelley. 2 Bde. Leipzig: Reclam, 1895.
Mary Wollstonecraft. Die Verfechterin der „Rechte der Frau". Wien: Konegen, 1897.
Percy Bysshe Shelley. Weimar: Felber, 1898.
Thomas Chatterton. Wiener Beiträge zur englischen Philologie 12. Wien und Leipzig: Braumüller, 1900.
William Blake. Straßburg: Heitz, 1906.
George Eliot. Fünf Aufsätze. Wissenschaftliche Frauenarbeiten 1.4–5. Berlin: Duncker, 1907.
Geschichte der englischen Romantik. Bd 1.2. Halle a. d. S.: Niemeyer, 1911.
Shakespeare der Mensch. Englische Bibliothek 3. Leipzig: Tauchnitz, 1923.
Lord Byron. Persönlichkeit und Werk. Halle/Saale: Niemeyer, 1929.
Shakespeares Gestalten. Marburg: Elwertsche Verlagsbuchhandlung G. Braun, 1930.
„Der letzte Gott". *Wiener Zeitung* 230 (19.09.1933). https://static.twoday.net/richter/files/Der-letzte-Gott.pdf (29.10.2020), o. P.

Weitere Literatur

Christmann, Hans Helmut. *Frau und ,Jüdin' an der Universität. Die Romanistin Elise Richter*. Akademie der Wissenschaften und der Literatur. Abhandlungen der Geistes- und sozialwissenschaftlichen Klasse 2. Wiesbaden: Steiner, 1980.
Elsen, Thierry und Robert Tanzmeister. „In Sachen Elise und Helene Richter. Die Chronologie eines Bücherverkaufs". *Geraubte Bücher: Die österreichische Nationalbibliothek stellt sich ihrer Vergangenheit*. Hg. Murray G. Hall, Christine Köstner, und Margot Werner. Wien: Böhlau, 2004. 128–138.
Hall, Murray G. und Gerhard Renner. *Handbuch der Nachlässe und Sammlungen österreichischer Autoren*. Wien, Köln, Weimar: Böhlau, 1995.
Hoffrath, Christiane. *Bücherspuren. Das Schicksal von Elise und Helene Richter und ihrer Bibliothek im „Dritten Reich"*. Schriften der Universitäts- und Stadtbibliothek Köln 19. Weimar und Wien: Böhlau, 2009.
Hurch, Bernhard. „Apropos Helene Richter". *Der Standard* (29./30.11.2008) https://static.twoday.net/richter/files/richter_hurch.pdf (20.10.2020), o. P.
Hurch, Bernhard. „,Bedauern Sie nicht auch, nicht an der Front zu sein?!', oder: Zwei Generationen und ein Krieg. Der Briefwechsel zwischen Hugo Schuchardt und Elise Richter", *Grazer Linguistische Studien* 72 (2009a), 113–133.

Hurch, Bernhard. „,Wir haben die Zähigkeit des jüdischen Blutes!' Leo Spitzer an Elise Richter". *Grazer Linguistische Studien* 72 (2009b), 199–244.
Kanduth, Erika. „Richter, Elise". *Wissenschaftlerinnen in und aus Österreich. Leben – Werk – Wirken*. Hg. Birgit Keintzel und Ilse Korotin. Wien, Köln und Weimar: Böhlau, 2002. 616–619.
Kuranda, Hedwig. „Frauen von heute: Helene Richter". *Die Österreicherin* 4.8 (1931), 4.
Lebensaft, Elisabeth. „Richter, Helene". *Wissenschaftlerinnen in und aus Österreich. Leben – Werk – Wirken*. Hg. Birgit Keintzel und Ilse Korotin. Wien, Köln und Weimar: Böhlau, 2002. 619–621.
Ledebur, Ruth Freifrau von. *Der Mythos vom deutschen Shakespeare. Die deutsche Shakespeare-Gesellschaft zwischen Politik und Wissenschaft 1918–1945*. Wien, Köln und Weimar: Böhlau, 2002.
Maas, Utz. „Richter, Elise". *Verfolgung und Auswanderung deutschsprachiger Sprachforscher 1933–1945*. https://zflprojekte.de/sprachforscher-im-exil/index.php/catalog/r/389-richter-elise/ (19.10.2020), o. P.
Mertens, Christian. „Ein Konvolut von Tagebüchern und Korrespondenz … " Die Sammlung Richter als Beispiel für ‚herrenloses Gut'". *AKMB-news* 2 (2005). http://archiv.ub.uni-heidelberg.de/artdok/401/1/2005_Mertens.pdf (29.10.2020), o. P.
Polt-Heinzl, Evelyne. „Christiane Hoffrath: Bücherspuren". *Literaturhaus Wien* (2009). https://www.literaturhaus.at/index.php?id=7587 (29.10.2020), o.P
Richter, Elise. *Summe des Lebens*. Hg. Verband der Akademikerinnen Österreichs. Wien: WUV, 1997.
Schlesinger, Therese. „Zur Literatur der bürgerlichen Frauenbewegung". *Arbeiterzeitung. Organ der österreichischen Sozialdemokratie*. 92 (3.4.1898), 11–12.
https://static.twoday.net/richter/files/Schlesinger_Richter_Bernau.pdf (29.10.2020). o. P.
Schmid, Susanne. *Shelley's German Afterlives. 1814–2000*. Nineteenth Century Major Lives and Letters 1. New York: Palgrave Macmillan, 2007.
Schweighofer, Astrid. *Religiöse Sucher in der Moderne. Konversionen vom Judentum zum Protestantismus in Wien um 1900*. Berlin, München und Boston: De Gruyter, 2015.
Spitzer, Leo und Helene Adolf. „In Memoriam Elise Richter". *Romance Philology* 1 (1948), 329–341.
Stanzel, Franz K. „Erinnerungen an die Anglistin Helene Richter anlässlich der Wiederkehr ihres 150. Geburtstages 2011". *Anglia* (2011), 321–332.

Joachim Küpper
Henri Bergson (1859–1941), *Le rire*

Henri Bergson wurde geboren im Jahr 1859 und er beschloss sein Leben im Jahr 1941.[1] Er kam zur Welt in Paris, als Sohn einer bürgerlichen Familie jüdischer Herkunft; der Vater stammte aus Polen, die Mutter aus Irland. Die ersten Lebensjahre verbrachte er in London, seit dem achten Lebensjahr lebte er dann wieder in der französischen Kapitale. Nach dem Besuch von Schule und Gymnasium studierte er Philosophie und Literatur an der École Normale Supérieure, der in der Zeit der Revolution (genauer, im Jahr 1795) gegründeten, noch heute existierenden Elite-Universität in der Rue d'Ulm. Es ist im Kreis späterer französischer Spitzengelehrter durchaus nicht unüblich, dass er nach der Abschlussprüfung, der Agrégation, zunächst als Lehrer an Gymnasien tätig war, anfangs in Angers, danach in Clermont-Ferrand. Gleichfalls nicht ungewöhnlich ist, dass er in der Freizeit weiter wissenschaftlich arbeitete. 1889 reichte er das erste Produkt, den ‚Essai sur les données immédiates de la conscience' (der deutsche Titel ist ‚Zeit und Freiheit') an der Sorbonne ein und wurde auf dieser Grundlage zum ‚docteur ès lettres' promoviert. Die neuen akademischen Würden verhalfen ihm dazu, die seinerzeit in der Tat öde französische Provinz hinter sich zu lassen; er bekam eine Stelle am hoch renommierten Pariser Lycée Henri IV. Sein zweites größeres Werk, ‚Matière et mémoire' (1896), verhalf ihm im Jahr darauf zu einer Dozentur und kurz darauf zu einer Professur an der École Normale Supérieure. Danach verlief die Karriere steil. Im Jahr 1900 wurde er zum Professor für Klassische Philologie am Collège de France berufen, schon ein Jahr später wurde er in die Académie des Sciences Morales et Politiques aufgenommen, eine der fünf Sektionen des Institut de France. Bergson konnte sich seitdem ‚Membre de L'Institut' nennen, eine rare Distinktion in der französischen Geisteswelt. Vierzehn Jahre später wurde er dann sogar zum ‚immortel', d. h., zum Mitglied der Académie française gewählt. Die französische Akademie hat nicht mehr als vierzig Mitglieder (die deutsche Nationalakademie weit über eintausend), frei wird ein Platz nur durch den Tod eines Mitglieds, es ist also extrem schwierig, Zugang zu diesem Kreis zu erlangen, und wie man aus den entsprechenden Biographien weiß, gibt es zahlreiche höchst anerkannte französische Geistesgrößen, denen dieser letzte Karrieresprung nicht gelingt.

---

[1] Zu Biographie und Werk s. Leszek Kolakowski 1985; die nach wie vor prägnanteste Einführung in das Werk bietet Gilles Deleuze 1966 (viele Wieder-Auflagen; Übersetzungen ins Englische und ins Deutsche).

Open Access. © 2022 bei den Autoren, publiziert von De Gruyter. Dieses Werk ist lizenziert unter der Creative Commons Namensnennung - Nicht-kommerziell - Keine Bearbeitung 4.0 International Lizenz.
https://doi.org/10.1515/9783110708110-012

Die ‚Messung' von geistiger Größe ist eine prekäre Angelegenheit, und so gehören zu den ‚immortels' über die Jahrhunderte hinweg (die Académie française existiert seit 1635) auch Unzählige, die vergessen sind. Bergson zählt fürs Erste zu denen, deren Name und Werk die Zeiten überdauert haben, zunächst für etwa ein Jahrhundert. Das Wieder-Lesen seines Hauptwerks, dem ich mich (nach einer ersten Lektüre vor gut 40 Jahren) im Hinblick auf den Beitrag in diesem Band unterzogen habe, lässt mich spekulieren, dass die Resonanz noch lange andauern könnte.

Es ist der Hervorhebung wert, dass Bergsons Werk in der Zeit nach dem ersten Weltkrieg auch international mehr und mehr Anerkennung gewann, mit dem bemerkenswerten Ergebnis, dass er 1927 den Nobelpreis erhielt – es war der Preis für Literatur, obwohl Bergson nie einen literarischen Text verfasst hat. Wie auch im Fall des deutschen Historikers Theodor Mommsen füllte das Preisverleihungs-Komitee die Lücke, die dadurch im Spektrum seiner Auszeichnungen entsteht, dass es keinen Preis für Geisteswissenschaften gibt, in jener Zeit noch zuweilen aus, indem es den Literatur-Preis an einen Geisteswissenschaftler vergab.

Was das Bekenntnis anlangt, blieb Bergson – im Unterschied zu vielen anderen Assimilierten – zeitlebens bei der Religion seiner Vorfahren. In einem bewegenden Dokument aus seinen letzten Jahren (1937) sagt er, dass er sich zwar im Laufe seines Lebens mehr und mehr dem Christentum angenähert habe, welches er als logische Fortsetzung des älteren, jüdischen Monotheismus begreift; aber er habe sich letztlich entschlossen, eine schon ins Auge gefasste Taufe nicht zu vollziehen, um gegen die in ganz Europa damals bereits deutliche Woge des Antisemitismus Zeugnis abzulegen. Nach der Besetzung Frankreichs durch die Truppen des nationalsozialistischen Deutschlands verzichtete er gegenüber der Kollaborationsregierung von Vichy auf sämtliche staatlichen Auszeichnungen und ließ sich offiziell als Jude registrieren. Der Tod im Januar 1941 ersparte es ihm, sich effektiven, physischen Repressionen ausgesetzt zu sehen. Auf seinen Wunsch hin sprach an seinem Grab ein katholischer Priester ein Gebet.

Eine Musterkarriere also im Frankreich der Dritten Republik, die nicht glanzvoller hätte sein können, damit hat man es im Fall des Autors von *Le rire* zu tun. Dies widerspricht auf den ersten Blick dem, was das gängige, den meisten Lesern dieses Bands zumindest in Umrissen vertraute Bild von seinem Umfeld vermuten lassen würde. Wenn es um Franzosen jüdischer Herkunft im Frankreich jener Zeit geht (die Dritte Republik dauerte von 1870–1940, deckt also recht exakt das Erwachsenen-Leben von Bergson ab), ist das erste, an das man denkt, die Affaire Dreyfus, d. h., der im Jahr 1894 einsetzende und erst im Jahr 1906 mit der Rehabilitation endende Skandal um einen hohen Offizier des französischen

Heers, der jüdischer Herkunft war und den man – wie sich dann herausstellen sollte – fälschlich der Spionagetätigkeit für den Erzfeind Deutschland beschuldigt hatte. Der Prozess, der ihm gemacht wurde, und der Kampf um Revision sorgten über mehr als ein Jahrzehnt dafür, dass sich in einem Teil der Presse eine völlig ungezügelte antisemitische Propaganda ergoss. Franzosen jüdischer Herkunft wurden beschuldigt, keine ‚richtigen' Franzosen zu sein; ihre Loyalität gelte nicht der Republik, sondern nur den Interessen ihres Stammes oder gar ihren eigenen, persönlichen Absichten. Nach Art des biblischen Judas seien sie bereit, für Geld jeden noch so schändlichen Verrat an ihren Wohltätern zu üben, usw. Gegen diese Propaganda erhoben sich Intellektuelle wie Émile Zola, der mit seinem berühmten offenen Brief *J'accuse* (1898) die Dinge gewissermaßen umkehrte. Bei Zola ist nicht Dreyfus der Angeklagte, sondern Teile der damals tonangebenden politischen und medialen Kreise, die sich – so Zola – mit ihrer antisemitischen Propaganda an einer der wertvollsten Traditionen der Revolution von 1789 vergingen, dem Postulat universeller Gleichheit und der Bindung des Status des Bürgers (‚citoyen') nicht an Herkunft, Abstammung, religiöses Bekenntnis, sondern allein an die Treue zu den Prinzipien der Verfassung.

Die Dreyfus-Affäre, dies sei angefügt, war nur das sichtbarste Indiz für ein Meinungsklima, das weithin von einem krassen Antisemitismus bestimmt wurde. Nicht das seinerzeitige wilhelminische Deutschland, sondern Russland und Frankreich waren die Hochburgen der antisemitischen Agitation in den Jahrzehnten vor dem Ersten Weltkrieg. Dem steht gegenüber, was ich einleitend zu der fast einzigartig glanzvollen Karriere von Henri Bergson gesagt habe. Wie sind diese Dinge zusammenzubringen?

Einen Teil der Erklärung habe ich mit meinem Hinweis auf die Französische Revolution bereits gegeben. Eine von deren Errungenschaften war etwas, das man gemeinhin ‚Judenemanzipation' nennt und mit dem schlicht die Gleichstellung der jüdischen Residenten mit den Staatsbürgern gemeint ist. Bis zu jenem Datum hatte die diasporische jüdische Bevölkerung, die sich nach der Zerstörung des Tempels im Jahr 70 n. Chr. und der Vertreibung aus ihrem angestammten Gebiet in Judäa und Galiläa (d. h. dem heutigen Israel) in fast allen europäischen Staaten angesiedelt hatte, unter einem Rechtsregime gelebt, das in der historischen mediterranen Welt omnipräsent war und vielleicht am besten aus dem antiken Griechenland bekannt ist. Die griechischen *poleis*, wie etwa Athen und Sparta, setzten sich zusammen aus Vollbürgern und deren Familien (etwa 40% der Einwohner), Sklaven, die alle körperliche Arbeit erledigen mussten (etwa 50% der Einwohner), und einer etwa 10-prozentigen Gruppe (auf diese quantitativen Dimensionen wurde geachtet) von Einwohnern, die man heute ‚Migranten' nennen würde, Nicht-Bürgern, die sich freiwillig (also nicht wie die Sklaven aufgrund von Zwang) in einer *polis* angesiedelt hatten und die dort einen Status innehatten, der mit den Termini ‚Metöken' oder ‚Periöken' bezeichnet wurde, in originaler Phonetik: ‚met-oikoi', peri-oikoi'. ‚Oikos' (das Wort liegt unseren heutigen Begriffen ‚Ökologie' und auch ‚Ökonomie' zugrunde) heißt ‚Haushalt'; die Präposition ‚met' – ohne Synkope ‚meta' – bedeutet ‚nach' oder ‚von ... zu'; ein Metöke ist also jemand, der seinen Haushalt von der Stätte seiner Geburt an einen anderen Ort verlegt hatte. Der alternative Terminus ‚Periöke' bezeichnet nicht das zugrunde liegenden Faktum, die Migration, sondern deren Resultat. Die Präposition ‚peri' bedeutet ‚um' oder ‚herum', Periöken sind Einwohner, die nicht innerhalb der schützenden Stadtmauern lebten, sondern denen es auferlegt war, separat, in eigenen, ungeschützten Vierteln zu siedeln, nicht zuletzt um diese Bevölkerungsgruppe besser kontrollieren zu können, um sie beobachten, überwachen zu können; beobachten heißt in einigen norditalienischen Dialekten ‚ghettare' und das zugehörige Substantiv ist jedermann vertraut: ‚Ghetto'. Mit diesem Hinweis sollte auch der Zusammenhang jener antiken Rechtsverhältnisse (die älter sein dürften als die griechischen *poleis*, die also vermutlich schon in den frühen Zivilisationen Mesopotamiens entwickelt worden sind) mit den Bevölkerungs-Regimes im späteren Europa erkennbar sein.

Das Leben als antiker Metöke, Periöke oder als prä-moderner europäischer Jude war wenig idyllisch. Die Separation von den Voll-Bürgern (die in der Regel nicht nur das Wohnen betraf, sondern auch privatere Dinge wie sexuelle Beziehungen) machte es zwar möglich, die Herkunftskultur (Sprache, Ritus, Praktiken des Alltagslebens wie Ernährungs- und Kleidungsgewohnheiten) zu bewahren; aber dies ging einher mit totaler Rechtlosigkeit. Metöken und später dann präemanzipatorische Juden hatten keine Rechte, allenfalls Privilegien, d. h., sie vermochten entweder *ad personam* oder als Gruppe Zugeständnisse zu erlangen, die aber einseitigen Charakter hatten, d. h. jederzeit widerrufen werden konnten. Im Normalfall mussten sie zusätzlich zu den regulären Abgaben, die alle Einwohner zu entrichten hatten, eine oftmals drückende Kopfsteuer zahlen. Die Ausgestaltung dieser Sonderabgabe als Kopfsteuer stellte sicher, dass sich diese Bevölkerungsgruppe nicht allzu stark vermehrte. Sie durften keinen Grundbesitz erwerben. Der Kontakt mit der Mehrheitsbevölkerung wurde von den Staatsautoritäten überwacht; er war von vornherein limitiert durch das Wohn*ver*bot innerhalb der Stadtmauern und das Siedlungs*ge*bot im Ghetto. Die Ghettos wurden nach Einbruch der Dunkelheit verriegelt. Vom Verbot sexueller Beziehungen war bereits die Rede – Ehen waren in der Regel ausgeschlossen. Seine vermutlich drückendsten Implikate hatte dieses spezifische juristische Regime im Bereich des Strafrechts. Physische Übergriffe von Vollbürgern auf diese Mit-Bewohner minderen Rechts wurden, wenn überhaupt, so nur milde geahndet, im umgekehrten Fall waren die Strafen drakonisch, schon Diebstahl wurde oftmals mit dem Tod gestraft.

Mit diesem uralten, gemein-mediterranen Rechtsinstitut hatte es, wie schon gesagt, in Europa im Jahr 1789 ein Ende. Moderne, westliche Staaten beruhen auf dem Grundsatz der Gleichheit aller Bürger im Verhältnis zum Staat, es gibt keine unterschiedlichen Stände, keine Sklaven, keine Gruppen minderen Rechts. Wo die Rechtsgleichheit nicht gilt, etabliert sich Unfreiheit, dann Willkür, schließlich Diktatur; eine funktionierende freiheitliche Staatlichkeit, die auf Dauer angelegt ist, setzt die Rechtsgleichheit voraus. Die Beseitigung der Unterprivilegierung von Nicht-Adeligen und Nicht-Klerikern, die die Revolution von 1789 bewirkt hatte, schloss konsequenterweise auch die Abschaffung des Metöken-Status ein. In Deutschland erfolgte die Juden-Emanzipation (d. h., die Entlassung aus einem Status minderen Rechts und die damit einhergehende Gleichberechtigung), die zunächst durch die Napoleonischen Kriege gewissermaßen hierher exportiert worden war, definitiv erst im Jahr 1871, in England waren die Dinge fließend, gestalteten sich aber zeitlich in Parallelität zu Frankreich, Ähnliches trifft zu für viele kleinere europäische Staaten.

Man sollte erwarten, dass mit diesen Rechtsakten idyllische Zeiten für das diasporische Judentum anbrachen. Wie nicht zuletzt die glanzvolle Karriere Bergsons zeigt, war dies auch zum Teil durchaus der Fall. Die westeuropäischen Judenheiten hatten sich bereits vor der formalen Emanzipation zumindest in der Bildungsschicht sehr weit dem geistigen Phänomen geöffnet, das man ‚Aufklärung' nennt, ja, mit der ‚haskala' eine auf die eigene, jüdische Tradition bezogene Aufklärung entwickelt.[2] Die Aufklärung, ob christlich oder jüdisch, ist ja zum großen Teil schlicht Traditions- und Mythenkritik, kurz, die Betrachtung aller religiösen Überzeugungen als menschengemacht und damit als etwas Transitorisches, letztlich: als etwas zu Überwindendes. Von beiden Seiten aus, von der christlichen wie von der jüdischen, hatte also die das achtzehnte Jahrhundert prägende rationalistische Welle dazu beigetragen, die religiöse Schranke: jüdisch hier, christlich dort, oder, in der Sprache der religiösen Polemik: die verstockten Abkömmlinge der Gottesmörder hier, die Verräter des monotheistischen Prinzips dort, zu senken, wenn nicht sogar völlig zu nivellieren. Die radikale Religionskritik, die während einer gewissen Phase der Französischen Revolution bis zur offiziellen Abschaffung des christlichen Kults gegangen war (mit problematischen Begleiterscheinungen wie der Plünderung der Kirchen und der Hinrichtung von Priestern und Bischöfen) hatte dazu geführt, dass sich in späteren, dann wieder ruhigeren Zeiten etwas herausbilden konnte, das es bis dahin in der europäischen (ich würde sogar sagen: in der Welt-) Geschichte

---

[2] Grundlegend, auch zur Frage des Konnex von haskala und Judenemanzipation: Shmuel Feiner 2007.

noch nicht gegeben hatte: der Typus des säkularen Intellektuellen, der zwar unvermeidlicherweise eine bestimmte Herkunft hat (lokal, sozial, ethnisch, kulturell und religiös), für den aber diese identitären Parameter wenig erheblich sind und der sich in seiner Selbstbeschreibung nur einer Größe verpflichtet fühlt: der universellen Rationalität.

Bergson ist ein geradezu idealtypischer Vertreter dieses Typus. Kein Wort findet sich in seinem Traktat über das Lachen über sein Herkunftsmilieu, über ‚Jüdisches', etwa über jüdischen Humor, jüdischen Witz oder ähnliches. Das Wort ‚jüdisch' und auch verwandte oder synonyme Vokabeln kommen nicht ein einziges Mal vor. Zwar sollte der Autor im Jahr 1933 ein Buch mit Titel *Les deux sources de la morale et de la religion* veröffentlichen, aber dort geht es nicht um Theologie, sondern um – wie wir in Deutschland sagen würden – Religionswissenschaft, d. h., die Betrachtung der Religion als ein historisches Phänomen, als ein Stück Kulturgeschichte.

Man wird in dem vorliegenden Band dem Typus des ganz und gar säkularen Intellektuellen, für den in seinem Selbstverständnis die jüdische Herkunft nur ein kontingentes Faktum der Geburt darstellt, noch des Öfteren begegnen. Seine Ursprungsbedingungen liegen auf der Hand: nach Jahrhunderten bedrückter Existenz, mit periodisch wiederkehrenden Phasen härtester physischer Verfolgung, wurde der religions- und traditionskritische Rationalismus der Aufklärung in den gebildeten Strata der jüdischen Bevölkerung enthusiastisch aufgenommen, als ein Weg, nicht nur das physische, sondern auch das geistige Ghetto zu verlassen.

Es kommt hinzu, dass die spezifische historische Phase, in der Bergson den Höhepunkt seiner Ausstrahlung erlebte, die Dritte Republik, eine Zeit der bewussten Wiederbelebung der revolutionären Ideale war. In den zwei Jahrzehnten davor (d. h. von der gescheiterten 48-er Revolution bis zur Niederlage Frankreichs im Krieg gegen Preußen) hatte der dritte Napoleon, der Neffe des ersten, nicht anders als sein großes Vorbild, aber in weitaus rigiderer Ausgestaltung, eine restaurative Politik verfolgt. Die katholische Kirche wurde nachhaltig gefördert, Bildung und Erziehung wurden im Sinne christlicher Ideale gesteuert; man denke nur daran, dass Flaubert in Sachen *Madame Bovary*, Baudelaire in Sachen *Les Fleurs du Mal* – beide Texte erschienen in den Jahren 1856/7 – wegen Immoralismus und Attackierung der christlichen Moral verklagt wurden; Flaubert gelang es mit Hilfe eines rhetorisch geschickten Anwalts zu argumentieren, sein Buch mache letztlich *für* das Institut der christlichen Ehe Propaganda; Baudelaire musste das Verbot zumindest einiger Gedichte hinnehmen (bis heute in den kritischen Ausgaben als ‚pièces condamnées' hervorgehoben). Mit der Niederlage Napoleons III. im Krieg gegen Preußen-Deutschland, mit der Abdankung des Kaisers und der Begründung der Dritten Republik vollzog sich der bereits angedeutete ideologische

Schwenk im Sinne einer Bekräftigung aufklärerisch-revolutionärer Werte: Staat und Kirche wurden strikt getrennt; die Kirche wird seit dieser politischen Wende von den staatlichen Bildungsinstitutionen systematisch ferngehalten; in französischen Schulen gibt es bis heute keine irgend geartete Form von Religionsunterricht; es gibt an den Universitäten keinerlei theologische Fakultäten. Religiöse Symbole jeder Art sind in öffentlichen Gebäuden verboten; die in der christlichen Tradition gründenden Feiertage sind zwar nicht abgeschafft, aber auf ein Minimum beschränkt. Und vor allem gibt es seit Beginn der Dritten Republik eine Art verbindlichen ideologischen Konsens, der sich im Begriff der ‚laïcité' konzentriert und der besagt, dass alles Religiöse sich auf eine eng verstandene private Sphäre zu reduzieren hat und im beruflichen Bereich sowie im gesamten öffentlichen Raum wie nicht vorhanden sein sollte.[3]

Die Dritte Republik – dies war also ein geradezu ideales intellektuelles Biotop für einen Geisteswissenschaftler, der keinen christlichen Hintergrund hatte und zu jenem Teil der europäischen Bevölkerung jüdischer Herkunft zählte, der die Aufklärung und ihre Ideale als den Schlüssel begriff, welche es den Betreffenden erlaubten, das Ghetto des minderen Rechts und der jederzeit möglichen physischen Bedrohung zu verlassen.

Aber, wie schon angedeutet, dies ist noch nicht die ganze Wahrheit über das Frankreich zwischen 1871 und 1914 und, dies meine erste These zum Text, der hier im Mittelpunkt stehen soll, es ist dies Faktum: es gab im damaligen Frankreich parallel zum offiziellen, verbindlichen, aufklärerisch-säkularen Diskurs einen mächtigen anti-aufklärerisch-traditionalistischen Konterdiskurs, der auch den überkommenen Antisemitismus inkorporierte, es ist dieses Faktum, das eventuell zu erklären vermag, warum Bergsons Traktat über das Lachen sich in einer so überaus konsequenten Manier jeder Bezugnahme auf kulturell Partikuläres, damit Identitäres, enthält, auch dort, wo es vom Thema her vielleicht sogar nahegelegen hätte. Freud etwa, der ja in nicht minder umfassendem Sinn als Bergson vom Selbstverständnis her ein durch und durch säkularer Intellektueller war, bis zu dem Punkt, beiden in Frage stehenden Religionen, der jüdischen wie der christlichen, in seiner Schrift *Die Zukunft einer Illusion*[4] den Prozess vor der Instanz der Vernunft zu machen; Freud, der bekanntlich ein Buch über den Witz ge-

---

3 Ein Konsens, der heutzutage ins Wanken geraten ist und der im Zentrum der ‚culture wars' in Frankreich steht; zu Geschichte und Struktur der französischen Variante der Laizität s. Jean-Michel Ducomte (2001); s. auch die prägnante, stärker systematisch ausgerichtete Darstellung in dem von Roger Mehl (1990) verfassten Art.
4 Der zitierte Titel ist erst im Jahr 1927 erschienen; er baut aber gedanklich auf Elementen auf, die seit der frühen Phase in Freuds Schriften zu finden sind.

schrieben hat[5], scheut sich nicht, in seinen Beispielen immer wieder auf den Fundus des Humors zurückzugreifen, der sich in der volkstümlichen jüdischen Tradition entwickelt hatte; und er scheut sich auch nicht in polemischer Absicht zu erwähnen, dass ein bedeutender Teil der christlichen Tradition, und zwar der Paulinisch-Augustinisch-protestantische, aber auch der orthodoxe, annimmt, Jesus Christus sei ein ‚agelastos' gewesen, d. h., jemand, der niemals gelacht habe (und dessen Mehr-als-Menschlichkeit, nämlich Gott-Menschlichkeit an eben diesem Merkmal, dem Erhaben-Sein über das Banale des Nur-Menschlichen evident werde). Der Begründer der Psychoanalyse macht dies alles zum Thema, auch die später von Bachtin im Detail theoretisierten Versuche, dem Lachen in der christlichen Kultur doch wieder eine Art behelfsweises Recht einzuräumen.[6] – Nichts dergleichen findet sich in *Le rire* von Freuds Zeitgenossen Bergson, vielmehr ein striktester Säkularismus als Leitschnur der Argumentation. Kann man diesen durchaus auffälligen Unterschied erklären?

Wir begegnen in der sozialen und diskursiven Verfasstheit des Frankreich der Dritten Republik erstmals, und zeitlich um einige Jahrzehnte früher als dann in Deutschland, einem Implikat aller Emanzipationsbewegungen, letztlich: aller Revolutionen, welches Erscheinungsform eines noch generelleren Prinzips historischer Dynamik ist, das man mit Hegel ‚Dialektik' oder mit der Soziologie des zwanzigsten Jahrhunderts das Moment des ‚backlash' nennen könnte und das begreiflich (nicht aber akzeptabel) macht, dass historische Prozesse nur selten einmal so glatt ablaufen, wie man sich dies als vernunftgeleiteter Mensch wünschen würde. Was diese Frage: die Judenemanzipation, anlangt, ist die betreffende Dimension, soweit ich weiß, noch nicht in extenso erforscht, eben weil der konkrete backlash, um den es hier geht, in seinem Gipfel, der Shoah, Folgen hatte, die bis heute den gesamten Kontext wenn auch nicht mit einem Tabu, so doch mit einer Scheu vor der Diskursivierung, der Übersetzung in einen rationalen Diskurs, belegt. Ich kann diese Ellipse hier naheliegenderweise nicht füllen. Ich versuche das intellektuelle Klima, in dem Henri Bergson lebte und schrieb – lückenlose Gleichberechtigung zum einen, bis hin zum Zugang zu den höchsten Distinktionen, die Frankreich zu vergeben hat, zügellose rassistische Hetze und mehr oder weniger subtile alltägliche Diskriminierung zum anderen[7] –,ein auf den ersten Blick rätselhaftes Gemisch, ein wenig transparenter zu machen, indem ich kurz eingehe auf die Untersuchungen des auch in Deutschland be-

---

5 *Der Witz und seine Beziehung zum Unbewußten* (Leipzig und Wien: Franz Deuticke, 1905).
6 Bachtin 1965; deutsch unter dem Titel *Rabelais und seine Welt. Volkskultur als Gegenkultur* (1995).
7 In dieser Hinsicht lese man noch einmal Prousts *Recherche*, mit anderen Augen freilich als Paul de Man dies getan hat.

kannten Historikers David Nirenberg (Committee on Social Thought, University of Chicago) zu einem ersten solchen ‚Goldenen Zeitalter' der diasporischen jüdischen Bevölkerung in Europa, das natürlich keine direkte Parallele zum Europa zwischen 1789 und 1945 (Emanzipation und Vernichtung) darstellt, aber in mancher Hinsicht Strukturen aufweist, die erhellend sein mögen auch für die europäische Geschichte des neunzehnten und des zwanzigsten Jahrhunderts. Nirenberg handelt in seinem Buch – *Communities of Violence: Persecution of Minorities in the Middle Ages* – schwerpunktmäßig über die Geschichte der Iberischen Halbinsel zwischen etwa 1350 und 1650. Aus zahlreichen Gründen, an erster Stelle vermutlich wegen der geographischen und klimatischen Ähnlichkeit mit der Herkunftsregion, hatten viele der von den Römern aus deren Kolonie Palästina vertriebenen Juden auf der Iberischen Halbinsel Zuflucht gesucht. Für die Zeit bis etwa 700 n. Chr. weiß man wenig über die Dinge, die sich zutrugen, dies ist für ganz Europa bis zum Ende der Völkerwanderung so der Fall. Eine substantielle schriftliche Dokumentation setzt wieder ein mit einem noch heute immer wieder zitierten Ereignis des Jahres 711: des Beginns der maurischen Eroberung der Iberischen Halbinsel. Die muslimischen Heere drangen bekanntlich in wenigen Jahrzehnten vor bis ins Kernland von Frankreich. Erst bei Tours und Poitiers wurden sie im Jahr 732 von einem fränkischen Heer unter Karl Martell geschlagen und dann über die Pyrenäen zurückgedrängt. Dort hielten sie sich bis zum Epochen-Jahr 1492; gleichzeitig mit der Entdeckung Amerikas erfolgte die christliche Eroberung Granadas, der letzten muslimischen Bastion auf europäischem Territorium. In den etwa 700 Jahren dazwischen trug sich das zu, was die Spanier ‚reconquista' nennen, die „Rückeroberung" der in der Spätantike christianisierten Halbinsel, ausgehend von kleineren christlichen Fürstentümern, die sich in den schwer zugänglichen Hochtälern der Pyrenäen gehalten hatten. Der Prozess war mühsam, es gab immer wieder Rückschläge, aber aus der historischen Distanz darf man sagen, dass es sich um ein konsequentes roll-back handelte, das im vierzehnten Jahrhundert bereits etwa die Hälfte des Territoriums umfasste und auf der Grundlage dieser Erfolge den unbedingten und im Jahr 1492 zum Sieg führenden Willen generierte, die gesamte Halbinsel für den christlichen Glauben wiederzugewinnen.

Dies wiederum blieb nicht ohne Rückwirkung auf die in großer Zahl auf der gesamten Halbinsel siedelnde diasporische jüdische Bevölkerung, die sowohl unter den muslimischen wie unter den christlichen Herrschern unter dem oben beschriebenen Status minderen Rechts lebte. Getrieben von den militärischen Erfolgen und befeuert von dem Charakter der ‚reconquista' *auch* als eines Religionskriegs entwickelte sich in den neu-eroberten christlichen Territorien ein Klima, das auf religiöse Homogenisierung aus war, dies umso mehr, als der Weg dorthin ja – aus christlicher Sicht – ganz simpel war: die Muslime hatte man mit den Mitteln des Krieges vertrieben; die Juden mussten nichts anderes tun als ihre ‚Verstocktheit' (*obstinatio* war der Fachterminus) aufzugeben, mit der sie leugneten, dass Jesus der in ihren eigenen heiligen Schriften angekündigte Messias war. Viele Juden beugten sich dem Druck.

Was das Weltliche anlangt, war der Gewinn enorm. Alle Berufe, die den Metöken im christlichen Europa versagt waren: die Wissenschaft, die Justiz, das Heer, der Staatsdienst, ja, selbst der Klerus standen den iberischen Juden nach der Taufe offen. Ehen mit Christen, bis hinauf in den Hochadel, waren ohne weiteres möglich. Die sog. Neu-Christen nutzten diese Chancen, und ihre Fähigkeiten sie zu nutzen waren umso größer, als sie in langen Jahrhunderten der Bedrängnis zwei Dinge entwickelt hatten, die sich in der christlichen Mehrheitsbevölkerung – mangels Druck – nicht im gleichen Maß entwickelt hatten, nämlich hohe Adaptabilität, vor allem aber eine extrem hohe Wertschätzung des einzigen Guts, das man auf jeden Fall mit sich tragen kann, wenn man wieder einmal fliehen musste: Wissen und Bildung. Beides führte dazu, dass die Neu-Christen sehr erfolgreich waren. Nicht anders als im post-emanzipatorischen Europa des neunzehnten Jahrhunderts finden sich im Spanien des späten vierzehnten und des fünfzehnten Jahrhunderts überproportional viele Professoren, Spitzen-Juristen, hohe Staatsdiener, die getaufte Juden waren oder deren Vorfahren getaufte Juden waren. Dieser Erfolg – wie jeder Erfolg – entfesselte die gemäß christlicher Ethik schlimmste aller Sünden, den Neid, bei der ‚alt-christlichen' Bevölkerung. Und der Neid entlud sich in Gewaltexzessen, die alles überstiegen, was man bis dahin aus der europäischen Geschichte kannte.

Eventuell sogar in bester Absicht, aber mit verhängnisvollen Konsequenzen, erließen die staatlichen Autoritäten im Jahr 1449 Statuten über die sog. ‚limpieza de sangre' (Blutsreinheit), vermutlich die ersten Dokumente von Rassismus in einem Europa, das auf der Basis seiner Mehrheitsreligion, dem Christentum, gar keinen Rassismus zulassen dürfte; das Christentum ist ja die erste universalistische Religion in der Menschheitsgeschichte, und zivilisationshistorisch ist dies Moment sein primäres und bleibendes Verdienst. Die genannten Statuten schlossen Christen, die jüdische Vorfahren hatten (sog. Neu-Christen) von all den von mir soeben erwähnten Berufen aus. Man warf also auch die christianisierten, d. h. voll und ganz assimilierten Juden zurück ins Ghetto des minderen Rechts.

Es ist evident, dass diese Statuten zunächst eine Atmosphäre der allgemeinen Hexenjagd erzeugten. Es genügte, keine Wurst, d. h. kein Schweinefleisch zu essen, und am Freitagabend, d. h. dem Vorabend zum Sabbat, und nicht am Samstag, dem Vorabend zum Sonntag, ein Bad zu nehmen, um unter den Verdacht zu fallen, ‚Neu-Christ' zu sein, mit entsprechenden Konsequenzen. Und als im Jahr des definitiven Triumphs der christlichen Heere, 1492, alle nichtchristlichen Religionen, d. h. im Konkreten der Islam und das Judentum, offiziell illegalisiert wurden, konnte die Bezichtigung, ‚judaizante', d. h. der Form nach Christ, der Substanz nach aber Jude zu sein, nicht nur zu sozialer Diskriminierung, sondern sogar zum Tod auf dem Scheiterhaufen führen. Hier sind dann die Parallelen zu den Ereignissen im post-emanzipatorischen, modernen Europa ganz unverkennbar.

In den Zeiten, in denen Bergson den Höhepunkt seiner Ausstrahlung erreichte, war man von rassisch motivierter Tötung noch weit entfernt. Aber was es im Frankreich der Dritten Republik bereits gab, war eine auf den ersten Blick paradoxe Situation, die wie eine Art Wiederauflage der Situation im Spanien des vierzehnten und fünfzehnten Jahrhunderts anmutet: der Integration einer bis dahin ausgeschlossenen Bevölkerungsgruppe folgte deren rascher und spektakulärer sozialer Aufstieg; letzteres stimulierte die nur dünn kaschierten traditionellen Ressentiments und führte fallweise bis zu Rassenhass und ungezügelter Hetze.

Was das für den hier diskutierten Kontext Entscheidende ist: die neuerlich potentiell Bedrohten reagierten auf diese Konstellation nicht mit öffentlichem Protest, sondern mit dem Bemühen einer besonders perfekten Erfüllung der offiziellen Normen der Mehrheitsgesellschaft. Konkret, und bezogen auf mein Thema: Würde man das Manuskript von *Le rire* seinerzeit einem Prozess des ‚blind peer reviewing' unterzogen haben, wäre vermutlich keinem Gutachter die Idee gekommen, der Verfasser könnte jüdischer Herkunft sein. Bergson und sein bekanntester Text sind geradezu das Paradigma eines intellektuellen Typus jüdischer Herkunft, der das moderne französische Geistesleben eminent geprägt hat, mit Gelehrten wie Marcel Mauss, Marc Bloch, Claude Lévi-Strauss, Jean Starobinski, bis hin zu Jacques Derrida (der sich in seinen späten Jahren dann wieder seinen ‚Wurzeln' zugewandt hat). Ich meine den Typus des ganz und gar rationalen, kühlen, unparteiischen, den eigenen Standpunkt bzw. Horizont nie thematisierenden analytischen Intellektuellen, der Inkarnation von ‚laïcité'.

In einem stärker von Hegel und Heidegger als von Kant geprägten Deutschland neigen wir dazu, eine solche Ausblendung der Kontingenz des eigenen Standpunkts kritisch zu sehen. Wie auch immer, das geistige Profil der Genannten ist Produkt einer spezifischen historischen Konfiguration, die ich im Einleitungsteil dieses Beitrags (der jetzt endlich abgeschlossen ist) charakterisiert habe und die den Typus des säkularen jüdischen Intellektuellen hervorgebracht hat, welcher sich vermittels des Stils seines Denkens der von der Ressentimentgeladenen völkischen Propaganda betriebenen Rück-Vertreibung ins identitäre Herkunfts-Ghetto widersetzt und sich als Sprachrohr der Vernunft an sich begreift. Aus diesen Kontexten erklärt sich, so meine These, die Affinität der soeben von mir namentlich Genannten zu philosophischen Systemen, die die Kontexte weitgehend ausblenden und sich dem Ideal einer quasi-mathematischen, ‚objektiven' Beschreibung verpflichtet sehen, also dem, was man gemeinhin einen strukturalen oder strukturalistischen Ansatz nennt.

Wie schon der Titel meines Beitrags ausweist, konzentriere ich mich im Folgenden auf einen einzigen der Texte von Bergson, *Le rire*, eine Sammlung von drei kurz zuvor in der *Revue de Paris* separat publizierten Artikeln, die in der definitiven Fassung erstmal im Jahr 1904 als Buch erschien. Dieser ‚choix', um in der Sprache des Autors zu reden, impliziert keine Wertung der stärker fachphilosophisch ausgerichteten Schriften, die man gemeinhin der Phänomenologie zurechnet. Er ist geleitet von der Wirkungsgeschichte, die nämlich entschieden hat, dass es dieses und kein anderes Werk von Bergson ist, das noch heute außerhalb der Spezialistenkreise wahrgenommen und immer und immer wieder zitiert wird. Ob dies Indiz des relativen intellektuellen Gewichts gerade dieses Texts ist, oder Reflex einer Grundwelle, die die wissenschaftliche Befassung mit dem Problem des Lachens privilegiert, soll hier offen bleiben, darüber wird man sinnvollerweise erst aus einer gewissen zeitlichen Distanz urteilen können.

Zunächst einmal ist die Beschäftigung mit dem Lachen etwas Ungewöhnliches für einen westlich geprägten Philosophen. Zwar findet sich schon bei Aristoteles im Kontext der Aussagen zum Menschen als eines einzigartigen Lebewesens (*zoon*) neben vielen anderen Bestimmungen (als eines sozialen, politischen Wesens, als eines rationalen Wesens, als eines mit Sprache ausgestatteten Wesens) auch die Bestimmung, dass der Mensch als einzige Species zum Lachen befähigt sei (*De partibus animalium*). Aber Aristoteles führt dies nicht weiter aus und widmet dem Phänomen in der *Nikomachischen Ethik* keine Aufmerksamkeit, außer in Form der überaus erwartbaren Warnung vor Unmäßigkeit, die auch das Lachen umfasst (1128a). In der berühmten *Poetik* handelt er über die Tragödie; ein separater, zweiter Teil über die Komödie sei verloren, so nimmt die Forschung an. Es kann aber gut sein, dass Aristoteles zwar die Absicht gehabt hat, über die Komödie zu reden (die *Poetik* als Ganzes ist eine Art Vorlesungsmitschrift), sich dann aber effektiv in der zur Verfügung stehenden Zeit auf das aus seiner Sicht Interessantere, das Tragische konzentrierte; auf jeden Fall enthält der überlieferte Text durchaus einige Aussagen zum Komischen und zur Komödie, allesamt mit dem Tenor, dass es sich um Phänomene minderer Relevanz handele.

Das Lachen gehört zum Menschen, aber es ist weder theorie-würdig noch theorie-bedürftig, diese Position des Stagiriten bleibt maßgeblich bis ins neunzehnte Jahrhundert. Platonismus, Stoa, Christentum sowie alle weiteren bedeutenden Teile des Gedankengebäudes namens ‚Okzident' gewichten das Lachen noch geringer als Aristoteles, und als kulturelle Formung, in Witz, Farce, Satire und Komödie gilt es traditionell, wie Bachtin dies in seinem Rabelais-Buch formuliert hat, als Bestandteil von ‚narodnaja kultura', von Volks- oder Populär-

Kultur. Auch die Gebildeten, die Intellektuellen und die Philosophen, partizipieren in ihrer Lebenswelt an diesen volkstümlichen Strata des Seins; aber eben weil sie diese mit dem ‚Rest' des Volks teilen, bilden die betreffenden Elemente keinen Bereich, der im Fokus ihres Selbstverständnisses stünde. Man lacht, aber man denkt nicht über das Lachen nach. Nichts darüber bei Descartes, außer ein paar aus heutiger Sicht abenteuerlichen Spekulationen über den physiologischen Mechanismus des effektiven Lachens, nichts bei Leibniz, wenig bei Kant (ein paar Sätze in der *Dritten Kritik*, die den Aspekt der Spannung und der Auflösung in nichts betonen); Hegel und Schopenhauer äußern sich inhaltlich ähnlich, vor allem aber ähnlich beiläufig, und dann gibt es natürlich die üblichen Inversionen bei Nietzsche, die schon allein deshalb philosophisch nicht recht ernst zu nehmen sind, weil ihnen nach Inhalt und Formulierung allzu offensichtlich die bewusste Inszenierung und Lust am geistigen Rebellentum eingeschrieben sind.

Dies ändert sich im zwanzigsten Jahrhundert, nicht grundstürzend, aber in einem gewissen, durchaus erheblichen Maße. Bergsons luzider Traktat und Freuds kapitale Studie (letztere erschien 1905) sind ungefähr zeitgleich, danach haben wir epochemachende Untersuchungen aus philosophischer Sicht wie Helmuth Plessners *Lachen und Weinen* (1941), Joachim Ritters Aufsatz ‚Über das Lachen' (1940/41), und im Jahr 1975 den immer noch viel zitierten, inzwischen vielfach übersetzten einschlägigen Sammelband der Forschungsgruppe ‚Poetik und Hermeneutik',[8] ohne Zweifel einer der drei oder vier wirklich starken Titel der Serie von siebzehn Bänden, mit einer Fülle von Beiträgen, die die seit dem frühen zwanzigsten Jahrhundert geführten Debatten aufnehmen und weiterführen. Hinzu kommen in der rezenteren Gegenwart und im Zeichen des Schwindens der Disziplinengrenzen die vielfältigen philosophischen Reaktionen auf die im Ursprung kulturhistorischen Arbeiten Bachtins zum Lachen und zur Karnevaleske.

Der Kontext dieser (nochmals: begrenzten) Konjunktur eines Gegenstands, der bis dahin als randständig galt und stets mit nicht mehr als ein paar Sätzen abgehandelt wurde, ist ein Phänomen, welches Michel Foucault den Paradigmenwechsel der modernen Wissenschaft (der Geistes- *und* der Naturwissenschaften) hin zu etwas genannt hat, das er mit dem suggestiven Terminus der ‚science de l'homme', der Wissenschaft vom Menschen, gefasst hat (Foucault 1966, passim). Gemeint ist damit, dass sich im Laufe des neunzehnten Jahrhunderts teils schlagartig, teils schrittweise, das Kantsche epistemologische Modell der sog. ‚kritischen Phase' durchsetzt: Das ‚Ding an sich', die Welt in ihrem objektiven Sein, ist uns Menschen, so behauptet Kant, nie und nimmer zugänglich. Wir sind

---

8 *Das Komische*, hrsg. v. Wolfgang Preisendanz und Rainer Warning, München: Fink, 1975.

in unserem Erkenntnisvermögen gebunden an die Vernunft und unsere Sinne, aber auch an gewisse basale Parameter des Konzeptualisierens – Kant nennt sie Transzendentalien –, die uns so selbstverständlich sind, dass wir sie nicht von einer Position ‚von außen', d. h., kritisch reflektieren können. Kant nennt in dieser Hinsicht vor allem die Parameter von Raum und Zeit, aber es ließen sich ohne Probleme noch weitere solcher unhintergehbaren Kategorien nennen, wie etwa die Zahl. Wie auch immer, mit der Kantschen Wende ist zumindest fürs Erste, möglicherweise auf Dauer, das Hauptgeschäft der traditionellen Philosophie, die Metaphysik, die auf Lateinisch auch den sprechenden Namen der ‚prima philosophia' trägt, obsolet geworden: Das objektive Sein der Welt ist uns verschlossen, wir können die Welt nur so theoretisieren, wie sie sich uns darbietet. Mit dieser fundamentalen Annahme rückt die Betrachter-Figur, der Mensch, in den Mittelpunkt von Philosophie und auch Wissenschaften, und es vollzieht sich, wie Foucault in *Les mots et les choses* beschrieben hat, eine wahre Revolution in der wissenschaftlichen Forschung und auch in der Hierarchie der Disziplinen, die uns deshalb nicht bewusst ist, weil wir immer noch unter eben dem wissenschaftstheoretischen Paradigma forschen und lehren, das sich an der Wende zum neunzehnten Jahrhundert etabliert hat. Die neu entstehende historische Linguistik etwa (von Foucault als eine Art Basis-Paradigma der gesamten modernen Geisteswissenschaften beschrieben) untersucht die menschlichen Sprachen als zugleich spezifische und universelle Kommunikations- und Reflexionsinstrumente, die das Wissen überhaupt erst konzeptualisierbar und kommunikabel machen. Die moderne Biologie widmet sich (erstmals) der Frage des Menschen als einer spezifisch konfigurierten Erscheinung des Prinzips ‚Leben' an sich; die (politische) Ökonomie untersucht Arbeit und Tausch als grundlegende Prinzipien der spezifisch menschlichen Ordnungen; im weiteren Verlauf kommen die ganz gezielt auf den Menschen abhebenden modernen Wissenschaften wie Soziologie und Psychologie hinzu. Und in der Philosophie im engeren Sinne werden im Zuge dieser Entwicklung Gegenstände theorie-würdig, die unter dem überkommenen, metaphysischen Paradigma randständig waren, der Leib oder auch der Körper, d. h., jene Komponenten des Menschen, die bislang, als kontingent und transitorisch, im Unterschied zum ‚Geist' oder zur ‚Seele', welche man in der platonisch-christlichen Tradition bis einschließlich Descartes der Seite des objektiven, immutablen Seins zugeschlagen hatte, nicht der Beachtung wert befunden worden waren.

Ich hatte bereits erwähnt, dass Bergsons philosophische Werke im engeren Sinn disziplinär als ‚phänomenologisch' klassifiziert werden – ohne dies hier auszuführen, sei nur kurz gesagt, dass hier der Konnex des Traktats über das Lachen zu den allgemeinen Strukturen des Denkens von Bergson liegt. Die Phänomenologie des zwanzigsten Jahrhunderts (neben Bergson vor allem Husserl,

Heidegger, Sartre) konsistiert in einem radikalen Weiterführen der Grundannahmen von Kant, das gerade in seiner Radikalität nicht unumstritten ist: der Eskamotierung auch nur des Versuchs, so etwas wie ein objektives Sein diskursiv zu theoretisieren und die ausschließliche Konzentration auf das, was sich unserer Wahrnehmung darbietet, den Phänomenen (zu deutsch: ‚das sich Zeigende'), welche letztere als Phänomene auch allesamt eine gleich große Dignität haben – wenn es keine uns zugängliche ‚objektive' Welt gibt, haben sämtliche Ebenen von Subjektivität gleichen, philosophischen Status. Am Beispiel Heideggers und seiner Verwickelung in die problematischste Phase der deutschen Geschichte ließe sich zeigen, dass eine derart radikal durchgeführte Metaphysik-Kritik und der daraus resultierende, entsprechend radikale Relativismus durchaus in Abgründe führen können. Aber wir verdanken der Phänomenologie auf der anderen Seite auch solche luziden Theoretisierungen von Facetten menschlichen Seins wie Bergsons Buch über das Lachen, d. h. solcher Facetten, um die sich die aufs Sein statt aufs Dasein fixierte philosophische Tradition nie recht gekümmert hat.

Der Traktat selbst, um den es mir auf den verbleibenden Seiten gehen wird, ist quantitativ gesehen recht kurz, nicht mehr als 200 Seiten im originalen Duodez-Format, d. h. kaum 100 Seiten in dem bei wissenschaftlichen Veröffentlichungen heute üblichen Quart-Format. Diese Kürze ist kein rein äußerliches Moment. Sie ist Reflex einer insgesamt knappen, konzisen Präsentation, deren hochgradige rhetorische Eleganz gerade daraus resultiert; ‚brevitas' heißt dieses Merkmal in der klassischen Terminologie der Rhetorik. Der zumal in der romanischen Welt gleich stark wenn nicht stärker repräsentierten Darbietung im Modus der ‚copia', der ‚Fülle', d. h., des verbalen Überschwangs, bedient sich Bergson in einem einzigen Satz, zu finden auf der ersten der 200 Seiten: „Les plus grands penseurs, depuis Aristote, se sont attaqués à ce petit problème (gemeint ist: le rire, das Lachen), qui toujours se dérobe sous l'effort, glisse, s'échappe, se redresse, impertinent défi jeté à la spéculation philosophique."[9] (S. 1 f.). Ich erlaube mir dieses wunderbare Beispiel romanischer Überwältigungsrhetorik, das in dem gesamten Traktat dann als Struktur *nicht* wiederkehrt, als eine Art verdeckter Absage Bergsons an eben dieses rhetorische Paradigma zu lesen. Was er mit diesem Satz tut, ist ja, ein traditionelles, geradezu schulmäßiges Register der Gegenstandsbegründung zu ziehen: Er legitimiert sein Handeln über das Lachen als Fortführung einer Tradition, die zurückreiche bis Aristoteles und die ‚größten Denker aller Zeiten' umfasse. Ich hatte zuvor zu vermitteln versucht, dass dies

---

9 Die Textzitate folgen dem erweiterten Neu-Druck der ersten Buchausgabe von 1900, der allen späteren Ausgaben zugrundeliegt (*Le rire. Essai sur la signification du comique*, Paris: Alcan, ³1904 [1. Auflage gleichfalls 1904]); Seitenzahlen in Klammern verweisen auf diese Ausgabe.

gerade nicht zutrifft, dass Bergson fachphilosophisch gesehen Neuland betritt mit seinem Traktat; aber er drängt jeden Ansatz des Lesers, einen kritischen Einwand gegen den etwas globalen assertorischen Satzbeginn zu formulieren, in den Hintergrund, indem er mit einer grandiosen rhetorischen Emphase, einer Instantiierung von ‚copia', d. h. variierender Wiederholung („se dérobe sous l'effort, glisse, s'échappe, se redresse') und der hyperbolischen Qualifizierung seines Gegenstands als eines ausgesprochen widerspenstigen (‚impertinent défi jeté à la spéculation philosophique') die vorgeblich nochmalige Behandlung eines vorgeblich schon vielfach abgehandelten Phänomens rechtfertigt. Wie schon gesagt, dies ist und bleibt die einzige Inzidenz solcher Überwältigungsrhetorik in dem gesamten Text. Wichtig daran ist mir, dass Bergson sein Unterfangen nicht als Ratifizierung einer epistemologischen Wende vindiziert, von der Beschäftigung mit dem Sein zur Beschäftigung mit dem Dasein (was der Sache angemessener gewesen wäre). Er präsentiert es als das Fortschreiben einer ehrwürdigen Tradition. Die auf eine ganz eigentümliche Art ambigue Situation, in der er sich als Pariser Spitzen-Geisteswissenschaftler jüdischer Herkunft befand, schlägt sich, so erlaube ich mir zu spekulieren, darin nieder, dass er es meidet, den relativen Bruch mit der Tradition der Schulphilosophie, den sein kleiner Traktat durchaus darstellt, als einen derartigen Bruch zu thematisieren.

Die eigentliche Abhandlung ist dann aber völlig frei von derartigen Rückgriffen auf diesen Zweig der rhetorischen Tradition, an dem noch Descartes in seinen Hauptwerken partizipiert, ganz zu schweigen von Voltaire, Rousseau und der gesamten romantischen Schule. Ich habe lange nachgedacht über mögliche Vorbilder für Bergsons stilistische Nüchternheit und die völlige Schlackenlosigkeit seiner Argumentationsführung – ich habe keine solchen Vorbilder gefunden in der romanischen Tradition. Das Ideal der ‚brevitas', übertragen auch auf die gedankliche Struktur einer philosophischen Argumentation, stammt von Ockham, aber dessen Schriften entbehren zeittypisch ganz und gar dessen, was laut klassischer rhetorischer Tradition das Produkt der verbalen Knappheit ist, der Eleganz. Diderot, ein möglicher Vorläufer, was Verknappung anlangt, ist wesentlich Ironiker, was Bergson in keiner Weise ist. Und die Nüchternheit Kants scheidet als Vorbild aus, weil sie, wie alles Deutsche, betrachtet aus romanischer Sicht, einhergeht mit einem Hang zu Hyperkomplexität, d. h. zu defizienter Transparenz. Man mag darüber spekulieren, ob die ersten Lebensjahre in England oder der Einfluss der anglophonen Mutter hier gewirkt haben. Man wird aber unabhängig von solchen Ursprungshypothesen sagen können, dass Bergson stilbildend gewirkt hat in Frankreich. Fast alle von mir einleitend Genannten (Marc Bloch, Marcel Mauss, Claude Lévi-Strauss), aber auch gewichtige Geistesgrößen des zwanzigsten Jahrhunderts ohne einen jüdischen Horizont wie etwa Roland Barthes oder Gérard Genette schreiben ganz ähnlich wie Bergson.

Vom Stil und argumentativen Gestus her könnte man ihn durchaus als den Vater der strukturalistischen Tradition in den neueren Geisteswissenschaften bezeichnen.

Entsprechend transparent ist das von ihm in dem Traktat entwickelte Gedankengebäude. Die Grundbestimmungen des Komischen, die Bergson entwickelt, sind einfach und klar, sie sind, wie man mit einem Fachterminus sagt, ‚evident' – wir benutzen im Deutschen eine Metapher aus einem anderen Bereich von Sinnesempfindung und sagen: ‚schlagend'; gemeint ist damit, dass diese Grundbestimmungen unmittelbar einleuchten, man rezipiert sie, ohne sich fragen zu müssen, was genau denn recht eigentlich gemeint sei. Man hätte selbst darauf kommen können, wenn man sich über das Phänomen gebeugt hätte.

Nur Menschliches, so Bergsons erste Bestimmung, kann komisch wirken, weder eine Landschaft, noch ein materieller Gegenstand, noch ein Tier ist potentiell komisch – in den beiden letzteren Fällen, so konzediert er, kann es aber zu einer solchen Fehl-Attribution kommen, weil man übersieht, dass ‚komische' oder ‚lächerlich' wirkende Tiere zu einem menschen-ähnlichen derartigen Verhalten dressiert worden sind oder sie in einem seltenen, kontingenten und menschlicher Komik affinen Moment von Menschen wahrgenommen werden und ihre Pose (dann in der Regel in einem Photo) festgehalten wird. Komische Gegenstände, wie ein komisch wirkender Hut, gehören zur menschlichen Sphäre, weil sie von Menschen gemacht sind, letztlich: ihre Komik nichts anderes ist als die bewusste oder unbewusste Lächerlichkeit dessen, der sie gefertigt hat oder sie benutzt.

Man ersieht aus diesem Einstieg in das erste Kapitel des ersten Teils eine ganz charakteristische, ich möchte sagen, klassische Argumentationsstruktur. Bergson scheut sich nicht, mit sehr prägnanten Generalisierungen zu beginnen (d. h. an einer heutigen deutschen Universität würde er es nicht auch nur zu einer einzigen Professur gebracht haben); aber er diskutiert im Anschluss an die jeweiligen Allgemein-Sätze mit Umsicht, indes konzis mögliche Einwände, die sich aus spezieller gelagerten Fällen ergeben könnten.

Das zweite, wichtige Definiens, das Bergson bringt, ist das einzige Element seiner Argumentationskette, zu dem ich abschließend eine allerdings begrenzte Kritik formulieren werde. Es betrifft die Reaktion aufs Komische, von der der Autor sagt, dass sie allererst durch ‚insensibilité' (S. 4 und passim) gekennzeichnet sei, zu Deutsch vermutlich am besten: mangelnde Empathie, abwesendes Mitgefühl, Bergson selbst spricht im weiteren Verlauf auch von der Absenz von ‚émotion' (S. 142). Wenn wir angesichts eines auch nur harmlosen Missgeschicks eines anderen Menschen Mitgefühl empfinden, aus welchem Grund auch immer, lachen wir nicht. Und das Argument impliziert auch, dass wir bei strukturell abwesendem Mitgefühl (wenn wir die betreffenden Ereignisse als nicht real beurteilen oder aber als so weit von uns entfernt, dass wir uns nicht betroffen fühlen) über ‚objektiv' Schreckliches lachen können und dies auch tun. Das Empfinden von Komik, so Bergson, gründet auf einer ‚anesthésie momentanée du cœur' (S. 6), einer zeitweisen Außerkraftsetzung des (Mit-)Fühlens, und insofern gilt: ‚Il (le comique) s'adresse à l'intelligence pure' (S. 6). Mit einem grandios gemachten Schachzug entledigt sich Bergson also schon auf diesen ersten Seiten seines Traktats der jahrtausendealten Abwertung des Komischen als eines intellektuell eher niederen und durch die körperliche Reaktion, das Lachen, als ungeistig zu betrachtendem Phänomen und schafft zugleich die Grundlage für seine Eingangsbehauptung, dass das Komische ein elementar menschliches Phänomen sei. Wie bei jeder, auch der besten geisteswissenschaftlichen These hat die Beweisführung nicht die Strenge der Mathematik. Die rhetorisch geschickt gewählte Formulierung (‚intelligence pure') suggeriert eine intellektuelle Dignität des Komischen, die über das tatsächliche Niveau wohl doch um einiges hinausgeht. Nicht alles, was durch Absenz von Fühlen gekennzeichnet ist, ist schon deshalb Verstandesleistung (‚intelligence'), und selbst wenn es dies wäre, besagt dies noch nichts über die involvierte Ebene von Kognition; man darf ja nicht vernachlässigen, dass das Lachen angesichts gewisser Phänomene (nochmals verweise ich auf Bachtin) eine allgemeine, d. h., volkstümliche Reaktion darstellt.

Das dritte Definiens: das Lachen setzt einen Konsens darüber voraus, was rechtes und was abweichendes Verhalten darstellt. Es ist insofern immer ein soziales Phänomen. Und in dieser Voraussetzung gründet auch – so Bergson in Übereinstimmung mit der klassischen Komödien-Definition ‚castigat ridendo mores' (dies die Formulierung von Jean-Baptiste de Santeuil (17. Jahrhundert), die aber auf älteren Vorbildern beruhen dürfte) – seine Funktion: Indem die verlachte Person für einen Moment als Außenseiter markiert wird, stellt das Lachen ein relativ erträgliches Dispositiv dar, die Normengrenze, welche akzeptables von weniger akzeptablem Verhalten trennt, immer wieder neu zu befestigen und die Mitglieder der betreffenden sozialen Gemeinschaft vor einer Übertretung dieser Grenze zu warnen. Ohne dass Bergson dies weiter ausführte, bietet das Argument einen guten Zugang zu einer Realität, die in der heutigen, globalisierten Welt unverkennbarer ist als noch zu Bergsons Zeit: Nicht in absolutem, wohl aber in gewissem Maße ist Lächerlichkeit auch abhängig von dem generellen Normengerüst der Kommunikationsgemeinschaft, um die es jeweils geht.

Die am meisten notorische, allgemein bekannte Bestimmung ist die vierte, die davon ihren Ausgang nimmt, dass lächerliches, komisch wirkendes Verhalten (außer in der Sondersituation der Bühne als einer bewusst gestalteten ‚Realität' zweiter Ordnung) immer ungewollt ist. Dieses Ungewollt-Sein äußere sich näherhin darin, dass die betreffende Person es angesichts einer bestimmten Situation an der ‚souplesse' und der ‚flexibilité' mangeln lasse, die wir als den Normalfall ansetzen, sie vielmehr gemäß einer ‚raideur de mécanique' agiere (S. 10). Dies führt dann im weiteren Verlauf zu der berühmt gewordenen Formel vom Komischen als ‚du mécanique plaqué sur du vivant' (S. 39), das heißt, als einer unbewussten Nicht-Einlösung der Grundanforderung an menschliches Verhalten, die ich schon genannt hatte, und die Bergson im weiteren Verlauf terminologisch immer wieder variiert, an der gemeinten Stelle etwa als die Anforderung von ‚tension' (im Sinne von: stets wacher, angespannter Aufmerksamkeit) und ‚élasticité' (S. 18). Hier zeigt sich, dass dem gesamten Traktat eine unartikuliert bleibende Anthropologie zugrunde liegt, ein normatives Verständnis vom Wesen des Menschen, das sich von den älteren religiösen wie philosophischen Vorstellungen weithin gelöst hat. Das Hauptimplikat dieser Anthropologie ist wohl, dass der Mensch, im Unterschied zum Tier, nicht auf instinkthaft fixierte Reaktionen festgelegt ist. Dies schafft die Möglichkeit der ‚adaptabilité', und zwar für jedes einzelne, reale Individuum, eine Leistung, die andere Species nur in Form eines zeitlich extrem langen Prozesses von Selektion nach Darwinschem Muster zu erbringen in der Lage sind. Es ist allein diese ‚adaptabilité', die den Menschen zu einem Wesen macht, das ihn zu rascher Höherentwicklung befähigt, nicht indes zu einer biologisch-genetischen (in dieser Hinsicht sind wir nach wie vor mit unseren Vorfahren von vor über 150.000 Jahren identisch), wohl aber zu einer kulturellen im Wortsinn (von lat. *colere*), zu einer Höherentwicklung, die auf systematischer Umgestaltung des natürlichen Raums beruht. Dieser Prozess der ‚Kultivierung' der Welt verlangt zum einen Systematik, d. h., das Einüben und Immer-wieder-Applizieren gewisser Muster. Aber er verlangt nicht weniger auch: ‚tension', beständige geistige Anspannung im Sinn von Aufmerksamkeit für diejenigen Momente von Welt, deren Beherrschung sich der Applikation der Standard-Muster entzieht, und sodann ‚élasticité' sowie ‚adaptabilité', d. h., die Fähigkeit, von den standardisierten, regulären Mustern abzuweichen, wenn dies der Situation nach erforderlich ist.

Das Lachen, so Bergsons beeindruckende These, ist dasjenige Instrument, mit dem ein soziales Gefüge seine Mitglieder immer und immer wieder sanft an die Beachtung dieser Grundregel eines erfolgreichen Kulturwesens erinnert: das eingeübte, reguläre, quasi-automatische Verhalten ist notwendig – wir können nicht in jeder Situation erst reflektieren und dann handeln. Wenn wir diese Notwendigkeit aber zu einer rigiden Maxime machen, wenn wir ‚le vivant' substituieren durch ‚le mécanique', fallen wir der ‚inadaptation' anheim (S. 136), und wir scheitern. Eben weil Elastizität und Adaptabilität so eminent wichtig sind für das Leben und Überleben des einzigen Kulturwesens auf diesem Planeten, des Menschen, überlassen wir die Einhaltung dieser Grundanforderung nicht dem düsteren Memento, das sich immer wieder vor unseren Augen in

Form des Scheiterns von Individuen, Völkern, Ideologien abspielt. Der universelle menschliche Geist (das Lachen gibt es in allen Kulturen) hat ein Dispositiv ersonnen, mit dessen Hilfe schon im Alltagsleben und damit beständig das mechanische, unaufmerksame, situationsinadäquate Handeln unter eine milde Sanktion gestellt wird, die aber, so Bergson, durchaus eine ‚humiliation' impliziere (S. 138), das Verlacht-Werden. Die Sanktion betrifft den, der sich anders verhält, als es diese Grundanforderung nahelegt. Das Memento betrifft aber auch die Lachenden; es ist, so gesehen, eine Warnung: dass diese sich bei, mutatis mutandis, ähnlichem Verhalten ihrerseits der momentanen Ausgrenzung durch Ridikülisierung ausgesetzt sehen könnten.

Die Fülle der Beispiele abstrakterer und konkreterer Natur (die letzteren werden im Wesentlichen gezogen aus dem reichen Fundus der neueren Komödientradition), mit denen Bergson sodann sein Gedankengebäude illustriert und weiter substantiiert, kann hier nicht nachgezeichnet werden; in dieser Hinsicht bleibt mir nur die Hoffnung, die Leser dieses Beitrags zu einem Blick in diesen in alle größeren Sprachen übersetzten Text motiviert zu haben. In referierender Hinsicht sage ich abschließend nur, dass Bergson mit sicherem Gespür für die Realitäten auch erwähnt, dass alle modernen, spezialisierten Berufstätigkeiten auf Routinisierung bestimmter Verhaltensschemata gründen und deren Vertreter damit, bei einer Betrachtung von außen, fast unvermeidlich immer komisch wirken (S. 181). Zum Glück, so wird man sagen müssen, sind wir in dem Elfenbeinturm namens Wissenschaft in der Regel unter uns; aber, zugegebenermaßen, bereits in einer Talk-Show erscheinen Professoren immer ein wenig lächerlich.

Ich hatte angekündigt, dass ich abschließend auf einige Dinge hinweisen möchte, die bei Bergson, ungeachtet aller immensen Meriten seiner grundlegenden Einsichten, vielleicht nicht hinreichend mitreflektiert sind. Der aus meiner Sicht gewichtigste Einwand knüpft sich an den von Bergson ausführlich und immer wieder genannten Aspekt der emotionalen Anästhesie. In dem oben genannten Band von ‚Poetik und Hermeneutik' hat Karlheinz Stierle etwa siebzig Jahre nach Bergson dieser rein auf den Betrachter bezogenen Bestimmung eine auf das Faktum selbst bezogene Festlegung an die Seite gestellt: Komisch ist eine Situation letztlich nur dann, wenn sie, wie Stierle (2012, 299–330) formuliert, enthebbar ist, d. h., keine ernsthaften Folgen für den Agierenden generiert.[10] Wer aus Unaufmerksamkeit auf einer Bananenschale ausgleitet, ist komisch, soweit er danach aufsteht, und sei es mit mäßig schmerzverzerrtem

---

10 „Komik der Handlung, Komik der Sprachhandlung, Komik der Komödie". *Das Komische*, S. 299–330.

Gesicht; die Situation ist keinesfalls mehr komisch, wenn der Betreffende sich ernsthaft verletzt, wenn er blutet, sich gar das Genick gebrochen hat.

Verbunden mit dieser Ergänzung ist eine weitere, die vermutlich in der Forschungsliteratur bereits zu finden ist, die ich hier aber im eigenen Namen vorbringe: Der durchaus luzide und instruktive Schematismus, der Bergsons Gedankenführung zugrunde liegt, führt dazu, dass Phänomenen des Übergangs eventuell allzu wenig an Aufmerksamkeit gewidmet wird. Zwar kommt der Autor kurz auf die Relation von Komödie und Tragödie zu sprechen, aber die Aussagen bleiben unprofiliert. Gibt es nicht auch *Grenzen* von Flexibilität und Adaptabilität, gibt es überhaupt keine basalen, objektiven und mithin stabilen Verhaltens-Normen, an die man sich strikt zu halten hätte? Ist die ‚mechanisch' an dem mutterrechtlichen, naturhaften Gesetz des Blutes festhaltende Antigone allererst eine lächerliche, gewissermaßen aus der Zeit gefallene Figur, die es mangels geistiger ‚tension' nicht geschafft hat zu realisieren, dass, aus welchen Gründen auch immer, das Zeitalter des Patriarchats angebrochen ist? Und wie steht es im Fall von Phèdre, die nicht sieht und sehen will, dass sie eine alternde Frau ist, in automatenhafter Manier die Handlungsschemata ihrer Jugend fortführt und sich weigert sich dem anzupassen, was nun einmal wirklich ist, der Existenz als einer der dichotomischen Geschlechterordnung unausweichlich entwachsenen Matrone?

Schließlich und letztlich sei gesagt, dass Bergsons Traktat natürlich und unvermeidlich geprägt ist von seinem Entstehungskontext, der ‚belle époque' einer im Ursprung und bis heute höfisch geprägten Kultur. Das letztere Moment mag erklären, dass er das dann bei Bachtin so prominent gemachte Lachen über das Körperliche im krassen Sinn, das Obszöne, im besten Sinne des Ideals der ‚bienséance', gar nicht behandelt (obwohl es sich, wie dann Joachim Ritter in seinem Essay ‚Über das Lachen' gezeigt hat, leicht in Bergsons Theorie-Rahmen hätte integrieren lassen); und das erstere, das epochale Signum einer friedlichen, prosperierenden Zeit, mag erklären, warum sich von Bergsons Traktat nur schwer Zugang finden lässt zu den nicht komisch gemeinten und nicht komisch wirkenden Mechanisierungen menschlicher Körper, die sich in den totalitären Regimes des zwanzigsten Jahrhunderts voll ausgebildet haben, in den Paraden zum Jahrestag der Oktoberrevolution, in Nürnberg bei den Reichsparteitagen (und, in hoher ästhetischer Stilisierung in Riefenstahls ‚Triumph des Willens'), in den Aufmärschen zu Ehren Maos auf dem Platz des Himmlischen Friedens, in den rezenten Feiern anlässlich des Geburtstags des Begründers des kommunistischen Nord-Korea. Käme der aus Sicht von Bergsons Anthropologie zutiefst menschenverachtende, ja, den Menschen in seinem Wesen pervertierende Charakter solcher politischen Regimes in dieser antikomischen Refunktionalisierung von Grundmustern des Komischen zum Ausdruck? Vielleicht war es besser für den Intellektuellen jüdischer Herkunft namens Henri Bergson, dass ihm die Endlichkeit alles Lebens es erspart hat, sich diese Frage vorlegen zu müssen.

Literaturverzeichnis

Bachtin, Michail M. *Tvorčestvo Fransua Rabele i narodnaja kultura srednevekov'ja i Renessansa*. Moskva: Chudožestvennaja literatura, 1965.
Bachtin, Michail M. *Rabelais und seine Welt. Volkskultur als Gegenkultur*. Frankfurt a. M.: Suhrkamp, 1995.
Bergson, Henri. *Le rire. Essai sur la signification du comique*. Paris: Alcan, ³1904. (1. Auflage gleichfalls 1904)
Das Komische. Hg. Wolfgang Preisendanz und Rainer Warning. München: Fink, 1975.
Deleuze, Gilles. *Le bergsonisme*. Paris: Presses universitaires de France, 1966.
Ducomte, Jean-Michel. *La laïcité*. Toulouse: Editions Miland, 2001.
Feiner, Shmuel. *Haskala – Jüdische Aufklärung. Geschichte einer kulturellen Revolution*. Hildesheim, Zürich, New York: Olms 2007.
Foucault, Michel. *Les mots et les choses. Une archéologie des sciences humaines*. Paris: Gallimard 1966, passim.
Freud, Sigmund. *Der Witz und seine Beziehung zum Unbewußten*. Leipzig und Wien: Franz Deuticke, 1905.
Kolakowski, Leszek. *Henri Bergson, ein Dichterphilosoph*. München: Piper 1985.
Mehl, Roger. „Laizität". *Theologische Realenzyklopädie*. Hg. Gerhard Müller u. a. Bd. 20, Berlin: de Gruyter, 1990. 404–409.
Nirenberg, David. *Communities of Violence. Persecution of Minorities in the Middle Ages*. Princeton, N J: Princeton University Press, 1996.
Ritter, Joachim. „Über das Lachen". *Blätter für deutsche Philosophie* 14 (1940/ 41): 1–21.
Stierle, Karlheinz. „Komik der Handlung, Komik der Sprachhandlung, Komik der Komödie". *Text als Handlung. Grundlegung einer systematischen Literaturwissenschaft*. München: Fink, 2012. 299–330.

Veronika Fuechtner
Freud (1856–1939) und die Literatur: Die Anfänge der psychoanalytischen Erotik des Lesens

> Das Mädchen unterhielt sich auf Tschechisch mit dem Kellner, und während Franz dieser seltsam dunklen Sprachmelodie lauschte, betrachtete er die Wölbung ihrer Oberlippe mit dem verlorenen Blick eines Träumenden. (Seethaler 2012, 56.)

In Robert Seethalers Freud-Roman *Der Trafikant* kommt der siebzehnjährige Franz Huchel aus der oberösterreichischen Provinz nach Wien, um dort in einem Zeitungskiosk zu arbeiten. Einer seiner Kunden ist Sigmund Freud, der in der Nähe wohnt und bei ihm Zeitungen kauft. Die Bekanntschaft mit Freud inspiriert ihn dazu, seine eigenen Träume zu erforschen und erste sexuelle Erfahrungen zu machen. Aber seine Liebe zu der Überlebenskünstlerin Anezka bleibt unerwidert. Nachdem sein Chef verhaftet und ermordet wird, und Freud ins Exil geht, protestiert Franz Huchel schließlich mit einer großen, öffentlichen Geste gegen die nationalsozialistische Gewalt. Was von ihm übrigbleibt, ist eine verblassende rätselhafte Traumnotiz an seinem Zeitungskiosk.

Seethalers Roman konstruiert eine Parallele zwischen intellektueller und sexueller Erweckung, zwischen Huchels Zeitungslektüre, dem Erlernen des psychoanalytischen Lesens und Deutens, und dem Erforschen der Gesichtszüge und Kurven seiner böhmischen Geliebten. Ich werde im Folgenden auf diese Erotik des psychoanalytischen Lesens bei Freud selbst eingehen, und darüber reflektieren, wie die Entwicklung des psychoanalytischen Lesens in der Klinik untrennbar mit dem Lesen von Literatur verbunden ist.

Freuds erste und wichtigste Literaturdeutungen fallen in die Zeit, in der die Psychoanalyse eigentlich zur Psychoanalyse wird – durch das Lesen der Übertragung – der Beziehung zwischen Analytiker*in und Analysand*in. Dieser für die psychoanalytische Praxis zentrale Mechanismus der Übertragung wird nicht nur im psychoanalytischen Behandlungszimmer entwickelt, sondern auch in der Auseinandersetzung mit der Literatur. Indem Freud das Verhältnis zwischen Psychoanalyse und Literatur ausformuliert, wird die Übertragung mittheoretisiert. Die Rollen des „Dichters", des „Lesers" psychoanalytischer wie literarischer Texte, und schließlich des Textes selbst sind eng an Freuds Vorstellungen von Männlichkeit und Weiblichkeit gebunden. Die Beziehung von Psychoanalyse und Literatur ist symbiotisch. In Freuds Reflektionen über die Wirkung verschiedener literarischer Genres, z. B. der Novelle und des Dramas, entspinnt sich eine Rezeptionstheorie, die sich nach Freud wiederum in die Literatur einschreibt. Bis heute werden Übertragungen thematisch und strukturell in literarischen Texten, die der Tradition der Moderne verpflichtet sind, mitgedacht. *Der Trafikant* ist eines der jüngsten, offensichtlicheren Beispiele dafür: die Praxis der Traumdeutung verbindet hier nicht nur die Motive des Romans miteinander, sondern gibt auch – wie viele von Freuds Texten – eine Leseanleitung für den Roman selbst an die Hand.

Psychoanalytisches Lesen und literarisches Schreiben in der Moderne

Es gibt keinen anderen deutschsprachigen Denker, der bis heute das Lesen und Deuten von Literatur international so nachhaltig geprägt hat wie Sigmund Freud. An einer Auseinandersetzung mit der Freudschen Hermeneutik kommt die Literaturwissenschaft nicht vorbei, und sei es, um sie beiseite zu räumen.[1] Ein Beitrag über Freud und die Literatur kann von daher unmöglich das ganze historische und theoretische Ausmaß seiner Werke zur Literatur und ihre Wirkungsgeschichte nachvollziehen. Aber ich möchte vorweg einige Kernthesen zum psychoanalytischen Lesen von Literatur nach Freud benennen, die meinen Ausführungen zum Verhältnis von Psychoanalyse und Literatur zugrunde liegen:

- Psychoanalytisches Lesen ist intertextuell. Es greift auf einen reichen Fundus hauptsächlich europäischer Literatur zurück, auf einen Kanon jüdischer Gelehrsamkeit und auch auf eine spezifisch jüdische Tradition von Textexegese.
- Psychoanalytisches Lesen liest die Beziehung zwischen Autor, Text und Leser mit.
- Im psychoanalytischen Lesen repräsentiert der Text oft das Unbewusste seines Autors. Aber der Text selbst kann auch ein Unbewusstes haben, und

---

1 Um nur einige der vielen wichtigen Ansätze zu nennen, die sich mehr oder weniger kritisch auf Freud beziehen – als Hermeneutik des Verdachts (Paul Ricoeur), als Ethik des Lesens (Jacques Lacan), als kritisches Vokabular der Analyse kapitalistischer Kulturproduktion (Theodor W. Adorno, Walter Benjamin, Max Horkheimer, George Lukács), als sich dem westlichen Logozentrismus entziehendes Diskurssystem (Jacques Derrida), als jüdische Lesetradition (Yosef Hayim Yerushalmi), als Lektüre von kollektivem, kulturellen Gedächtnis (Jan und Aleida Assmann), als Pathologisierung einer politisch notwendigen Undurchsichtigkeit von Texten (Édouard Glissant), als Grundlage feministischer Semiotik (Julia Kristeva) oder als Instrument postkolonialer, feministischer oder queerer Sprachkritik (Frantz Fanon, Hélène Cixous, Judith Butler).

vielleicht eines, das je nach Ansatz eine gewisse Unabhängigkeit von auktorialer Intention genießt.
- Psychoanalytisches Lesen ist eine melancholische Archäologie. Es liest das Schweigen, die Lücken und die Verluste mit. Diese Eigenschaft wurde auch geprägt von der Tatsache, dass die Geschichte der Psychoanalyse selbst eng mit der Geschichte der Shoah und des Exils verbunden ist.
- Psychoanalytisches Lesen begreift literarische Räume mit Metaphern des Industriezeitalters: gegensätzliche Pole wirken aufeinander, Kräfte verdrängen einander, und Spektren tun sich auf.
- Psychoanalytisches Lesen kann den gleichen literarischen Gegenstand politisch subversiv oder konservativ lesen. Und das muss kein Widerspruch sein.

Ich werde auf einige dieser Thesen zum psychoanalytischen Lesen zurückkommen. Zunächst werde ich nun in die Beziehung zwischen literarischer Moderne und Psychoanalyse einführen und dann die Entwicklung der psychoanalytischen Praxis vom Lesen des Körpers zum Lesen der Übertragung skizzieren. Dann werde ich auf die Verbindung der Entwicklung des Übertragungskonzepts mit Freuds Diskussion von Literatur in dieser Zeit eingehen, nämlich *Psychopathische Personen auf der Bühne* (entstanden1905/6, veröffentlicht 1942), *Der Wahn und die Träume in W. Jensens Gradiva* (1907) und *Der Dichter und das Phantasieren* (1908).

Die besondere Beziehung zwischen psychoanalytischer Theoriebildung und dem Lesen und Schreiben von Literatur wurde schon zu Freuds Lebzeiten von Schriftsteller*innen – oft auch sehr kritisch – begleitet. Das hämische Diktum des Sprachkritikers Karl Kraus, dass die Psychoanalyse jene Geisteskrankheit sei, für deren Therapie sie sich halte, hallte in vielen Äußerungen zu dem Thema nach. James Joyce sah die Psychoanalyse als eine Art systemischen Erpressungsversuch, und Vladimir Nabokov sprach vom „psychoanalytischen Gefängnis". Auch Freud sehr wohlgesonnene und mit ihm persönlich bekannte Schriftsteller wie Thomas Mann und Alfred Döblin zeigten sich besorgt über eine mögliche Unvereinbarkeit des psychoanalytischen Lesens mit literarischer Kreativität. Gleichzeitig thematisierte und parodierte ihre Literatur nicht nur die psychoanalytische Praxis, etwa in Professor Krokowskis Séancen im *Zauberberg* oder in Franz Biberkopfs Aufenthalt in der Psychiatrie in *Berlin Alexanderplatz*.[2] Vielmehr betteten Autor*innen der Moderne psychoanalytisches Lesen tief in ihre Texte ein, z. B. in Traumszenarien, in inneren Monologen oder in die Artikulation der Beziehungsdynamik

---

[2] Die Darstellung Krokowskis war inspiriert von dem eklektischen Psychoanalytiker und Schriftsteller Georg Groddeck (und vermutlich auch vom Münchner Analytiker Otto Gross). Groddeck war schon vorher Vorbild für eine andere Analytikerfigur, nämlich Dr. Kastanis in Richard Huelsenbecks Dada-Roman *Doctor Billig am Ende* (1921). Siehe auch Fuechtner 2011.

zwischen Erzähler*innen, Protagonist*innen und Leser*innen. Dem Innenleben literarischer Figuren wurde zwar schon früher in den großen Romanen des Realismus Raum gegeben, wie in Leo Tolstois *Anna Karenina* oder in Theodor Fontanes *Effi Briest*, aber die Literatur der Moderne lieferte ihren Leser*innen gleich auch noch den Deutungsapparat mit. Zum Beispiel Arthur Schnitzler reflektierte und deutete mit seinen stimmungsvoll ausgeleuchteten Szenarien in *Anatol* oder dem drängenden inneren Monolog von *Leutnant Gustl* eine zweifelnde und verzweifelnde Männerwelt der österreichisch-ungarischen Doppelmonarchie. Freud, der Schnitzler als seinen „literarischen Doppelgänger" bezeichnete, analysierte diese Welt in den folgenden Jahren in Fallstudien wie dem Rattenmann oder Schreber, die den Zusammenbruch einer a priori schon brüchigen sprachlichen Legitimationsstruktur männlicher Autorität auf individueller wie gesellschaftlicher Ebene dokumentierten. Rückblickend wählte Robert Musil in seinem Roman *Der Mann ohne Eigenschaften* für diesen Ort und diese Zeit den diesen ganzen psychologischen Komplex mitumfassenden Begriff *Kakanien*. Anders als bei Schnitzler sprengte bei Musil das psychoanalytische Wissen jetzt auch den Rahmen konventioneller Erzähl- und Darstellungsformen.

Wie bei Musil wurde nach dem ersten Weltkrieg von vielen deutschsprachigen Autor*innen die Analyse von internalisierten Strukturen von Macht und Gewalt immer mehr im Zusammenhang mit expliziter Gesellschaftskritik verstanden. Und die vom Realismus geprägten linearen Erzählstrukturen wurden von der literarischen Avantgarde komplett verworfen. Zum Beispiel Walter Mehrings Dada-Essay von 1920 „Enthüllungen. Historischer Endspurt mit Pazifistentoto" liest sich wie ein assoziativer Parcours durch das Unbewusste der Intellektuellendebatten der Weimarer Republik, vor allem zum Kolonialismus und Kapitalismus. In diesem Parcours wird Dada als „zentrales Gehirn" gefeiert, „das die Welt auf sich eingestellt hat." (Mehring 1920, 63) Das Selbstreferentielle der Psychoanalyse wird hier thematisiert und gleichzeitig in den Text eingeschrieben. Eine Fülle von Sprachformen prasselt auf die Leser*innen ein, mal wechselt der Parcours die Sprache, mal fällt die Sprache regelrecht auseinander, und an anderen Stellen fehlt die Sprache völlig und es regiert die Textlücke. Das traumhafte „Dadayama," die „erste Kolonie Dada" wird angepriesen als Schlafmittel, das „deine Träume besser [reguliert] als Psychoanalyse homöopathisch." (74) Die Psychoanalyse wird als esoterische Theorie mit Anspruch auf universelle Deutungshoheit parodiert. Gleichzeitig vollzieht der Text im Aufbrechen des logischen linearen Erzählens das Wissen der Psychoanalyse in seinen fragmentarischen Strukturen und rhythmischen Klängen nach und erforscht so die Mechanismen des Unbewussten:

> Schon nimmt ihr Hirn die steilsten Kurven. Durch Freudparks sexualsymbolisch rund (die Analogen sind den Schutzmitteln des Publikums empfohlen). Hartgummi gegen Kurzschluss.

Und die Dynamos schwitzen Blut. Und Wiesengrün und Atemnot. Und Weltpanorama und Angstgefühl. Dadayama reinigt den Magen von Zwangsvorstellungen! (75)

Nicht nur das angepriesene Dadayama, auch das Lesen seiner Beschreibung soll als eine Art Reinigung der intellektuellen Alltagskost funktionieren, die sich schwer im Magen angesammelt hat und die Psyche belastet. Mit den Metaphern der Stromerzeugung und des Radrennens folgt das lesende Auge auch dem Auf und Ab des Textes.

Im Gegensatz zu dieser sprachlichen Entwicklung der Texte der literarischen Avantgarde blieben Freuds Texte strukturell dem Anspruch linearer wissenschaftlicher Argumentation und realistischen Erzählkonventionen verpflichtet. Aber der Einfluss der literarischen Moderne eröffnete auch in seinen Texten die Möglichkeit, dass das Beschriebene – das Unbewusste – sich in seiner ganzen Anarchie nicht nur diesen Konventionen entzog, sondern auch drohte sie zu übernehmen oder ganz zu sprengen. Diese Möglichkeit wird in vielen Werken Freuds angesprochen, zum Beispiel im Fall Schreber (Freud 1911, 314). Freuds Schlussfolgerungen zu diesem Fall von Paranoia basierten fast ausschließlich auf seiner Interpretation der Autobiographie des Richters Daniel Paul Schreber, *Denkwürdigkeiten eines Nervenkranken* (1903). Von daher kann wie vorher *Gradiva* (1907) oder später *Das Unheimliche* (1919) auch der Fall Schreber als eine Art Literaturanalyse Freuds eingeordnet werden. Der Fall schließt mit der vielzitierten, denkwürdigen, fast beiläufigen Bemerkung, dass die Wahnbilder Schrebers als „dingliche" Darstellungen psychoanalytischer Theorie gedeutet werden könnten, was Schrebers Wahn „eine auffällige Übereinstimmung mit unserer Theorie" verleihe. (Freud 1911, 315)

Die enge Verbindung zwischen den lesbaren Spuren des Seelenapparates und ihrem Gelesenwerden bestimmte von vorneherein das Erkenntnismodell der Psychoanalyse. Literatur und Autobiographie waren nicht nur Vorbild oder Inspiration für die Psychoanalyse. Sie wurden von Freud als paralleles, gleichwertiges Erkenntnismodell positioniert. Schon in seiner ersten explizit psychoanalytischen Studie, den *Studien über die Hysterie*, schrieb Freud, dass seine „Krankengeschichten" sich wie „Novellen" lasen. (Freud und Breuer 1895, 226) Diese ebenfalls vielzitierte Bemerkung war sicher mehr als ein Kokettieren über die außergewöhnliche Lebendigkeit und Zugänglichkeit seiner Wissenschaftssprache, sondern verwies auf die besondere Beziehung zwischen den Wissensmodellen von Literatur und Psychoanalyse. In der Forschungsliteratur wird zum einen kategorisch immer wieder eine Untrennbarkeit der Freudschen Theorie von seiner „kulturellen Matrix" betont. (Timms 1988, 67) Zum anderen wird diese These aber auch kritisch hinterfragt – in wie weit und wie genau geht das „poetische Wissen" der Literatur in die Psychoanalyse ein, aber darin nicht auf, wie es die Literaturwissenschaftlerin Sigrid Weigel mit Walter Benjamin formuliert hat? (Weigel 2010, 131)

Mein Interesse besteht darin, die Anfänge dieses Verhältnisses zu historisieren, damit die Wechselwirkungen in dieser Beziehung genauer auszuleuchten und letztendlich auf seine theoretischen und literarischen Folgen hinzuweisen. Freud entwickelte die theoretischen Grundzüge seiner psychoanalytischen Schule parallel in der psychoanalytischen Praxis und in der Praxis des Lesens von Literatur. Er nutzte Literatur nicht nur explizit als Prüfstein für seine Theorien, sondern das Lesen von Literatur war notwendige Voraussetzung dafür, dass die Psychoanalyse sich als Erkenntnismodell und als eine besondere Form von Wissenschaft definieren konnte. Der amerikanische Theoretiker Perry Meisel, der dafür plädierte, Freuds Texte als Literatur zu lesen, hat bereits gezeigt, dass Freuds Konzept der Übertragung als eine Art Modell des Leseprozesses allgemein gelesen werden kann. (Meisel 2007, 159) Davon ausgehend möchte ich Freuds Erotik dieses Leseprozesses erkunden, insbesondere die Art und Weise, in der Freud besondere Lesegemeinschaften erstehen lässt und in der das psychoanalytische und das literarische Lesen sexualisiert und geschlechtlich unterschiedlich konnotiert wird.

Die Seele als Literatur

Wie Freud las und schrieb veränderte sich im Laufe der Jahrzehnte, so wie sich auch die Psychoanalyse als Erkenntnismodell entwickelte und als Wissenschaft zu etablieren suchte. Die wichtigste Konstante dieser Entwicklung ist – zumindest für die Beziehung der Psychoanalyse zur Literatur –, dass die Psychoanalyse immer eine Art Lektüre und eine Form von Sprachanalyse war. Psychoanalytische Grundbegriffe wurden gleichzeitig in der Klinik und am Text erprobt: vor allem die Unterscheidung zwischen unbewussten und bewussten Bereichen des seelischen Lebens und die drei Hauptmechanismen, in denen das Seelenleben nach Freud lesbar wurde: Verdichtung, Verschiebung und Verdrängung. Nicht nur Freuds Lesen, auch sein Schreiben orientiert sich an literarischen Formen. Die Krankengeschichten zur Hysterie erinnern explizit nicht nur an „Novellen", sondern reflektieren implizit auch Elemente der klassischen Dramenform: die Exposition, den Höhepunkt und die Auflösung.[3]

---

[3] Ein anderes vielzitiertes Beispiel dafür dass Psychoanalyse als Literatur gelesen werden könnte, ist, dass Freud einen Teil seiner letzten Studie *Der Mann Moses und die monotheistische Religion* (1939) ursprünglich als „historischen Roman" konzipierte. Es ist allerdings umstritten,

Nur was genau gelesen und gedeutet wurde, veränderte sich dramatisch im Laufe des ersten Jahrzehnts psychoanalytischer Theoriebildung. Die Entwicklung lässt sich anhand zweier Schriften besonders deutlich nachvollziehen – von den *Studien über die Hysterie* (1895), die Freud noch zusammen mit seinem Arztkollegen Josef Breuer verfasste und in denen hauptsächlich körperliche Symptome gelesen wurden, bis hin zum Fall Dora (1905), indem es zunehmend darum ging, die Beziehung zwischen Freud selbst und seiner Patientin zu lesen. Das Gelesene veränderte sich, da Freud in den sprachlichen Strukturen, die er in der Klinik las, auch literarische Formen las. In seiner Beschäftigung mit Sprache als Literatur rückte die Beziehung zwischen Autor*in, Text und Leser*in in den Vordergrund, eine Beziehung, die sich in der Entwicklung des psychoanalytischen Übertragungskonzepts niederschlug.

Freud beschrieb die *Studien über die Hysterie* als erste Artikulierung der psychoanalytischen Methode. Die „talking cure", wie Breuers Patientin Anna O., die spätere Frauenrechtlerin, Sozialreformerin und Schriftstellerin Bertha Pappenheim, die Psychoanalyse nannte, entstand im gemeinsamen Gespräch. Es ging um die Geschichten, die die Körper von Frauen erzählten. Wie sein Mentor, der französische Psychiater Jean Martin Charcot, verknüpfte Freud hysterische Symptome mit den mündlichen Erzählungen seiner Patientinnen und mit ihren Familiengeschichten und las die Frauenkörper im Kontext eines reichen wissenschaftlichen und künstlerischen Bilderfundus. (Gilman 1993, 366) Unerklärte Lähmungen, Verkrampfungen, Schmerzen, nervöse Ticks und Sprachlosigkeit wurden zu Metaphern für die Stagnation, an der die überwiegend jüdischen, gebildeten, bürgerlichen oder aristokratischen Frauen aufgrund gesellschaftlich eng gesetzter Grenzen, widriger familiärer Konstellationen und mangelnder Entfaltungsmöglichkeiten litten. Nach Freud sprachen ihre Körper das aus, was sonst keinen Ausdruck finden konnte, vor allem verwirrende oder verletzende sexuelle Erfahrungen. Insbesondere die große Ausnahme der hysterischen Fallbeispiele, die scheinbar spontane Analyse der christlichen Alpenwirtstochter Aurélie Oehm-Kronich alias Katharina, liest sich wie eine Kurzgeschichte. Freud tritt in dieser Fallstudie nicht nur als Ich-Erzähler und Figur auf, er scheint auch Einblick in seinen Schreibprozess zu gewähren. Er lässt die Leser*innen zum Beispiel teilhaben an seiner Entscheidung, Katharinas Dialekt beizubehalten. Das heißt, er macht ihnen bewusst, dass sein Schreiben auch eine Art Redigieren und Gestalten seiner eigenen Erinnerung des Geschehenen voraussetzt.

---

in wie weit diese Titelwahl wirklich eine Anlehnung an die Literatur, Ausdruck der mangelnden Belegbarkeit seiner Thesen oder auch Hommage an alttestamentarische Erzählmuster bedeuten könnte (z. B. Yerushalmi 1991).

Freud führt sich selbst im ersten Satz dieser Fallgeschichte wie folgt ein:

> In den Ferien des Jahres 189* machte ich einen Ausflug in die Hohen Tauern, um für eine Weile die Medizin und besonders die Neurosen zu vergessen. Es war mir fast gelungen, als ich eines Tages von der Hauptstraße abwich, um einen abseits gelegenen Berg zu besteigen, der als Aussichtspunkt und wegen seines gut gehaltenen Schutzhauses gerühmt wurde. Nach anstrengender Wanderung oben angelangt, gestärkt und ausgeruht, saß ich dann, in die Betrachtung einer entzückenden Fernsicht versunken, so selbstvergessen da, daß ich es erst nicht auf mich beziehen wollte, als ich die Frage hörte: "Ist der Herr ein Doktor?" (Freud und Breuer 1895, 183)

Der selbstvergessene Wanderer, der mit Blick auf die „Fernsicht" von hinten angesprochen wird, erinnert an die einsame Figur in Caspar David Friedrichs Gemälde *Der Wanderer über dem Nebelmeer* (1818). Freud, der die Kultur der Romantik gut kannte und schätzte, positioniert mit diesem Bild hier die Psychoanalyse als eine Art Weitsicht, als einen Blick, der nicht nur individuelles Leiden lindern kann, wie es im Fall von Katharina dann geschieht, sondern der auch national befreiend wirken könnte, wie der Bezug zu Friedrich und implizit seinen anti-napoleonischen Nationalismus nahelegt. Das Motiv der Bergbesteigung verdeutlicht, dass nur durch abseitige, einsamere und beschwerlichere Umwege ein Überblick über individuelle und kollektive seelische Niederungen erreicht werden kann. Dieses Motiv wie auch die Figur des Wanderers verankern hier die Psychoanalyse nicht nur als deutsche Wissenschaft, sondern verweisen auch auf jüdische Lesetraditionen, z. B. auf den Mann Moses, der die Gesetze Gottes vom Berg holt. Und der Bezug zu Friedrichs Gemälde ließe sich auch als Entgegnung des oft antisemitisch konnotierten christlichen Bildes vom Wanderjuden lesen.

Während therapeutische Suggestion und Berührung in den anderen Fallstudien zur Hysterie noch eingesetzt werden, so „wagt" Freud in seinem Gespräch mit Katharina nicht, die Hypnose „in diese Höhen zu verpflanzen." (Freud und Breuer 1895,185) In diesem Fall ist allein die Selbstvergessenheit Freuds – nicht die seiner Patientin – Vorbedingung des erfolgreichen Seelenlesens. Diese Selbstvergessenheit sollte sich weiterentwickeln in eine Zurückhaltung, die eine erfolgreiche Übertragung von Bindungen auf die Analytiker*innen ermögliche. Analytiker*innen wurden zu einer neutral wirkenden Projektionsfläche, auf der die Gefühle der Analysand*innen sicht- und lesbar werden sollten.

Für Freud war das psychoanalytische Lesen keine Form der Übersetzung, die auf einem einfachen, allgemeingültigen Wörterbuch beruhte, in dem ein Motiv oder eine Form immer einem bestimmten Inhalt entsprach. Das Prinzip der psychoanalytischen Übersetzungsarbeit arbeitete Freud wenige Jahre später in *Die Traumdeutung* (1900) aus. Dort wandte er sich gegen herkömmliche Vorstellungen von einem stabilen symbolischen Verhältnis zwischen Traumbildern und ihrer Bedeutung. Stattdessen setzte Freud die Bildsprache des Traumes in Beziehung zu den sprachlichen Assoziationen, die sich im analytischen Raum entfalteten. Die Traumbilder konnten als Bilderrätsel, als Rebus, gelesen werden. Diese Rebusse entfalteten ihre Bedeutung intertextuell – zusammen gelesen mit dem Tagesgeschehen, mit Erinnerungen und Familiengeschichten, aber auch mit Assoziationen aus der literarischen Welt, z. B. aus Werken Goethes, Heines oder Novalis'. Gegenstand der Analyse war nun nicht mehr die sichtbare, unmittelbare Bildsprache des Körpers wie in den *Studien über die Hysterie*, sondern die nur bruchstückhaft und vermittelt sichtbar werdende Bildsprache der Seele, deren unendliches Netzwerk von Assoziationen sich beliebig lange weiterverfolgen ließ.

Diese Art der Sprachlektüre sollte auch in der klinischen Praxis weitreichende Folgen zeigen. Aber das gemeinsame Lesen dieses assoziativen Netzwerkes stieß an seine Grenzen, solange es im Dienste einer Wahrheitsfindung stand, die sich auf Erlebnisse außerhalb des Behandlungszimmers bezog, und von daher für Freud letztlich nur in der Vermittlung durch seine Analysand*innen nachvollziehbar waren. Die Konzentration auf das Geschehen im Behandlungszimmer war daher für Freud die logische Konsequenz. 1905, mit dem Fall Dora (d.i. Ida Bauer) formulierte Freud diesen neuen Ansatz. Statt körperlicher Symptome oder der gesamten Lebenswelt der Analysand*innen stand nun die analytische Beziehung im Vordergrund: die Übertragung, die Projektionen der Analysand*innen und später auch Gegenübertragung, die Projektionen der Analytiker*innen. Freud beschreibt das Lesen von Übertragungen auch als ein gleichzeitiges Löschen des Gelesenen. Es werden in der Psychoanalyse alle „Regungen, auch die feindseligen, geweckt", „verwertet" und dann „vernichtet." (Freud 1905a, 280) Die Arbeit an der Übertragung wird von Freud hier auch als eine Art dialogische Übersetzungsarbeit beschrieben. Allerdings ist es eine Übersetzungsarbeit, deren Erfolg das Gelesene, die projizierten Gefühle, verändert und dann ausradiert. Letztendlich ist dieses Lesen nicht wiederholbar und der postulierte Endpunkt immer vorläufig, auch wenn Freud immer wieder gerne ein happy end für seine Fallbeispiele als eine Art literarische, fast märchenhafte Erzählkonvention herbei bemüht. Selbst im Fall Dora – Ida Bauer brach die Analyse ab – hängt Freud noch an, dass Bauer dann doch noch geheiratet habe, und zwar einen Mann, der vermutlich in der Analyse bereits eine Rolle gespielt habe. (Freud 1905a, 122)[4]

---

4 Freuds Angaben nach hatte Bauer seine Deutungen in der Behandlung vehement abgelehnt. Freuds „happy end" wird oft als Ausdruck seines Beharrens auf Deutungshoheit gelesen, bzw. auch als Kränkung oder Konfrontation mit seiner eigenen (nicht nur ökonomischen) Abhängigkeit von seinen Analysand*innen. (Gallop 1985, 211).

Einer der zu Recht umstrittensten theoretischen Momente der Freudschen Psychoanalyse ist, dass Freud im Fall Dora mit geradezu brachialer Vehemenz auf seiner Interpretation von Doras Gefühlen beharrte. Er erkannte ihr gegenüber die schwierige Familienkonstellation nicht an, die sie deutlich beschrieb, und unter der sie eindeutig litt. Anders als in den *Studien über die Hysterie* waren familiäre oder gesellschaftliche Ursprünge des seelischen Leidens für Freud nun von eher untergeordnetem Interesse. Der analytische Blick hatte sich von der äußeren Realität auf die innere Realität verschoben, und von dem realen Beziehungsgeflecht der Analysand*innen auf ihre Inszenierung im analytischen Raum. Es war nun wichtig, dass Analysand*innen nicht mehr unter Hypnose, sondern bei vollem Bewusstsein dieses Lesen erlernten. Was zehn Jahre zuvor im Fall Katharina als Selbstvergessenheit Freuds schon angelegt war, wurde jetzt als Grundvoraussetzung für das erfolgreiche Lesen der Übertragung ausformuliert. Es waren nun die Analytiker*innen, die sich in einen anderen Zustand versetzen mussten, so dass ihre Persönlichkeit und ihre Erfahrungen nicht unkontrolliert dieses Lesen beeinflussten. Das Behandlungszimmer wurde zum Phantasieraum, und die Sprache der Phantasie wurde in der Entwicklung der analytischen Beziehung lesbar. Der Literaturwissenschaftler Friedrich Kittler hat die psychoanalytische Couch als eine „reine Hörwelt" beschrieben, in der Analytiker*innen als eine Art „Telefonreceiver" fungierten. In einer unendlichen „Unsinnserfassung" wurde das Unbewusste am anderen Ende des Hörers wiederherzustellen gesucht. (Kittler 1995, 357) Kittler setzte diese Metapher auch ein, um zu veranschaulichen, dass der Psychoanalyse als Aufschreibesystem letztlich mehr an den Buchstaben selbst lag als an ihrer Bedeutung. (355) Aber es waren nicht nur die Laute, sondern auch die Gesprächspausen, die Stille und vor allem das Ungesagte, das Abwesende und das Gefühlte, das in diesem Hörraum bedeutsam wurde, und verlangte, in einer Art und Weise gelesen zu werden, die über das Herstellen von „Indizienketten" hinaus ging. (395) Der Freud-Übersetzer Georges-Arthur Goldschmidt hat in diesem Sinne die Psychoanalyse als eine Sprache beschrieben, die aus der „Sprachlosigkeit der Gründerjahre" heraus entstand, und die auf einmal dem Ausdruck gab, was mit Sprache nicht erfasst werden konnte. (Goldschmidt 2005, 111) Und nicht alles musste nach Freud übersetzt und gedeutet werden: so konnte Unsinn nach Freud zum Beispiel auch einfach nur Lust erzeugen, und eine Traumdeutung in der Analyse musste nicht das ganze Material vollständig ausloten, um produktiv zu sein. (Freud 1905b, 140; Freud 1912, 110)

Wir haben also gerade eine Veränderung des Gegenstandes psychoanalytischer Lektüre nachvollzogen – vom sehr greifbaren Bildhaften der Körpersprache über den nur mittelbar zugänglichem körperlosen Raum der Traumbilder zum Lesen von Beziehungsfiktionen, die in der Analyse gesprochen oder unausgesprochen manifest werden. Auch wenn sich der Schwerpunkt des Lesens auf die analytische Beziehung verlagerte, blieben natürlich auch die Bildsprache des Körpers, das unmittelbar Erfahrbare der Familiengeschichten, und die Bilderrätsel der Träume immer noch Gegenstand des psychoanalytischen Lesens. Aber die Psychoanalyse bewegte sich weit weg vom Anspruch eines vollständigen Lesens. Sie entwickelte sich zu einer Form von Lektüre, der das Subjektive, Situative und Fragmentarische eigen sein sollte. Nach Freud war es ein Lesen, das sich der Fragwürdigkeit seines Anspruches bewusst war, mehr zu wissen als das Objekt seines Wissens. Psychoanalytisches Lesen konnte (und kann) zwar – auch bei Freud – durchaus dogmatische Züge annehmen und eine absolute Deutungshoheit für sich beanspruchen. Doch die Freudsche Grundhaltung, die potentiell Unvollständigkeit, Widersprüchlichkeit und Vorläufigkeit im Lesen zulassen konnte, beeinflusste das Lesen von Literatur grundlegend bis heute.

Literatur-Analyse

Die Entwicklung der Psychoanalyse von der Lektüre *im* Behandlungszimmer zur Lektüre *des* Behandlungszimmers wurde von Freud zusammen gedacht mit der Lektüre von Literatur. Freuds Literaturanalysen spielten eine zentrale Rolle für seine Ausformulierung dieses therapeutischen, psychoanalytischen Lesens. Wie bereits in der Forschungsliteratur vielfach diskutiert wurde, zitierte Freud allgemein in seinen Arbeiten viel Literatur, vor allem aus der Antike, der Weimarer Klassik, aber auch aus der Literatur des Realismus und der Jahrhundertwende. Er berief sich immer wieder auf den damaligen Kanon der Weltliteratur wie Shakespeare, Goethe, Balzac und Heine, um zu zeigen, dass das Wissen der Literatur das Wissen der Psychoanalyse bestätigen und vertiefen konnte, vor allem zu unbewussten Handlungen. Zum Beispiel im Fall Dora bemerkt Freud am Rande, dass Arthur Schnitzler in seinem Versspiel *Paracelsus* dem psychoanalytischen Konzept des Widerstandes ebenfalls „sehr richtigen Ausdruck gegeben" hat. (Freud 1905a, 202)

Aber es ging im Zitieren und Analysieren von Literatur nicht nur darum, die universelle Anwendbarkeit der Psychoanalyse auch für diesen Bereich zu belegen. Es ist kein Zufall, dass genau in der Zeit, in den ersten Jahren des zwanzigsten Jahrhunderts, in der Freud das für die Psychoanalyse zentrale Konzept von Übertragung und Gegenübertragung ausarbeitete, er sich auch explizit der Frage widmete, wie Psychoanalyse als Literaturanalyse funktionieren könnte. Die Literatur bot der Freudschen Psychoanalyse vieles, das sie nicht in anderen Bereichen bekommen konnte, unter anderem das uneingeschränkte Primat der Phantasie, das Infragestellen der Grenze zwischen Gesundheit und Krankheit, ein radikal subjektives und bildhaftes Vokabular für Gefühlswelten und Beziehungen, und letztlich auch ein reiches Instrumentarium, wie Sprache gelesen werden konnte – in die Literatur integrierte Leseanleitungen.[5] Die Psychoanalytiker*innen der ersten Stunde lasen nicht nur die Literatur, sondern auch die Literaturwissenschaft ihrer Zeit, und sie betätigten sich als Literaturwissenschaftler*innen. Nicht nur Freud selbst beschäftigte sich intensiv mit Literatur, sondern auch viele seiner engen Mitarbeiter*innen, z. B., Lou Andreas-Salomé, Eduard Hitschmann, Ernest Jones, C. G. Jung, Otto Rank, Hanns Sachs, Isidor Sadger, Wilhelm Stekel und Viktor Tausk, um nur einige zu nennen.[6]

Freud entwickelte seine Literaturanalyse zu einem Zeitpunkt, in dem die Philologien bereits universitär etabliert waren und der Einfluss Wilhelm Diltheys Wirkung zeigte. (Hermand 1994, 68) Von Freud bewunderte Literaturwissenschaftler wie der jüdische Altphilologe und Philosoph Theodor Gomperz hatten sich vom Positivismus abgewendet, und dachten zunehmend literaturhistorisch oder suchten universelle Motive in den Formen und dem Erleben von Literatur. (Le Rider 2001, 324) Ihre symbiotische Beziehung zur Literatur stellte auch die Psychoanalyse der ersten Jahre des zwanzigsten Jahrhunderts vor die Frage, inwieweit sie eine Geisteswissenschaft im Sinne Diltheys war. 1913 veröffentlichten Rank und Sachs zusammen die Studie *Die Bedeutung der Psychoanalyse für die Geisteswissenschaften*. Sie beriefen sich u. a. auf Diltheys Vorstellung einer natürlichen Symbolsprache, auf die Mythenforschung des Germanisten Wilhelm Müllers und die Sprachforschung des Indologen Max Müllers, um die kulturübergreifende Universalität literarischer Themen und Formen zu belegen. Literatur war letztlich eine „sekundäre Bearbeitung" von primitivem psychischem Material – ein hochentwickelter Ausdruck des Unbewussten, eine Kompromissbildung zwischen seinen Trieben und ihrer Zensur, eine „Bändigung und Veredelung kulturfeindlicher Triebe". (Rank und Sachs 1913, 93) Die Wahl des literarischen Genres hing von den

---

[5] Der Literaturwissenschaftler Steven Marcus sprach in diesem Zusammenhang davon, dass Freud eine neue literarische Gattung entwickelt habe, die ihre eigene Deutung in sich trage. (Marcus 1987, 53) Allerdings lassen sich diese narrativen Strategien aus Freuds *Dora* und anderen seiner frühen Fallstudien auch in Werken wie Gabriele Reuters Roman *Aus guter Familie* (1895) oder Arthur Schnitzlers *Leutnant Gustl* (1900) nachvollziehen. Der Germanist Stefan Goldmann hat dies auch anhand von Texten aus dem neunzehnten Jahrhundert belegt und auf die schon sehr früh enge Wechselbeziehung zwischen Novellen und Krankengeschichten hingewiesen. (Goldmann 2019, 15).

[6] Viktor Tausk beschäftigte sich schon vor seiner Zuwendung zur Psychoanalyse mit Gerhart Hauptmanns Werk. Eduard Hitschmann beruft sich in seiner Auseinandersetzung mit Gottfried Keller ausdrücklich auf Dilthey. Andere wichtige Autoren für die Frühzeit der psychoanalytischen Auseinandersetzung mit Literatur waren z. B. Heinrich von Kleist und Arthur Schnitzler. (Siehe Tausk 1906; Hitschmann 1916; Sadger 1910; Jones 1911; Reik 1913.)

spezifischen Affekten und ihrer Menge ab, die sich in dieser erlaubten Form entladen sollten, also von der „Affektökonomie" des Kunstwerks.

Zur gleichen Zeit schrieb die etablierte Schriftstellerin und angehende Psychoanalytikerin Lou Andreas-Salomé in ihren Wiener Tagebuchnotizen, dass Freud zwar einen wissenschaftlichen Anspruch für die Psychoanalyse erhebe, aber das Uneigentliche *aller* Geisteswissenschaft in ihr bewusst bleiben müsse. (Andreas-Salomé 1983, 54) Die Psychoanalyse sei letztendlich geisteswissenschaftlich, da für sie „im höchsten und entscheidenden Grade" gelte, „daß wir nur *wissen*, was wir *erleben*." (55) Wie Rank und Sachs verband auch Andreas-Salomé das Geisteswissenschaftliche an der Psychoanalyse damit, dass in ihr die Beschäftigung mit dem Unbewussten zentral war. Psychoanalytisches und literarisches Wissen waren letztlich unterschiedlich entwickelte Mittel, das Unbewusste zu lesen. So beschrieb Andreas-Salomé Dichtung als eine Art Zwischenstufe zwischen Träumen und ihrer psychoanalytischen Deutung. Auch Freud sah, wie die französische Philosophin Sarah Kofman konstatiert hat, die Dichtung als Kindheit der Psychoanalyse. (Kofman 1991, 8) Aber Andreas-Salomé verband keine Hierarchie von Wissensformen damit. Ihr Wunsch als Schriftstellerin war, literarische, traumhafte Techniken zu entwickeln, die das Erlebte nicht gleich wie jede andere Erzählung rationalisierten. (Andreas-Salomé 1983, 35–37) Ihre wie auch Ranks und Sachs' Ausführungen zeigen beispielhaft wie in der Frühzeit der Psychoanalyse die Frage ihrer Wissenschaftlichkeit vor allem in der Beschäftigung mit Literatur verhandelt wurde.

Wie in der Wiener Psychologischen Mittwoch-Gesellschaft Freuds, an der auch Andreas-Salomé, Rank und Sachs teilnahmen, fanden auch im zweiten wichtigen Zentrum der frühen psychoanalytischen Theoriebildung, in der Berliner Psychoanalytischen Gesellschaft, regelmäßig Vorträge über Literatur statt. Wie das folgende Beispiel zeigt, wurde auch hier die Literatur nicht nur mit der Psychoanalyse gelesen, sondern auch die Psychoanalyse mit der Literatur. Die russische Psychoanalytikerin Tatjana Rosenthal referierte 1911 über den Roman *Ein gefährliches Alter* der in Berlin lebenden dänischen Schriftstellerin Karin Michaelis. Rosenthal nahm also eine intertextuelle Analyse vor und verband die fiktiven Briefe und Tagebuchzeichnungen einer vierzigjährigen Frau in der Ehekrise mit früheren Romanen der Autorin. Zunächst suchte sie vor allem Freuds sexuelle Entwicklungspsychologie der Frau in Michaelis' Protagonistinnen zu bestätigen. Aber indem Literatur als Biographie gelesen wurde, flossen Michaelis' Vokabular und Bilder in die Terminologie Rosenthals mit ein, z. B. das Motiv des Herbstes für das Klimakterium. (Rosenthal 1911, 283; Zur 2020)

Gerade die Erkenntnis, dass Literatur ein anders geartetes, wenn auch verwandtes Wissen über das Lesen von Biographien vermitteln konnte, gab wichtige Impulse für die Entwicklung der psychoanalytischen Klinik. Die enge Verbindung zwischen dem Lesen und Deuten wechselseitiger Projektionen in der analytischen Situation mit dem Lesen und Deuten von Literatur schrieb sich auch in Freuds psychoanalytisches Vokabular ein, z. B. als er 1905 das neurotische Phantasieren einer idealisierten Familiengeschichte als *Familienroman* bezeichnete. (Freud 1905c, 127) Viele zentrale psychoanalytische Konzepte dieser Frühzeit sind literarisch oder philologisch inspiriert wie der Begriff der Katharsis (Aristoteles), der Ödipus-Komplex (Sophokles) oder die freie Assoziation (Ludwig Börne). (Hörisch 2008, 21; Xu 2018, 74) Es ist nur konsequent, dass die 1912 gegründete psychoanalytische Zeitschrift *Imago* – die *Zeitschrift für Anwendung der Psychoanalyse auf die Geisteswissenschaften* – nach einem zeitgenössischen Roman des Schweizer Schriftstellers Carl Spitteler benannt wurde. (Marcuse 1956, 96) In der gemeinsamen Praxis der Literaturinterpretation der frühen Freudianer wurde die Psychoanalyse als eine Philologie des Unbewussten positioniert. Die wechselseitige Beeinflussung zwischen Psychoanalyse und Literatur – dieses „Interaktionsdrama", wie der Germanist Thomas Anz es formuliert hat – wurde oft auch als Triade verhandelt zwischen Dichter, Analytiker und Neurotiker oder zwischen Dichtung, Psychoanalyse und Wahn. (Anz 2015, 227) In diesen Verhandlungen wurde das „andere" Wissen nicht nur untergeordnet, sondern auch inhaltlich und sprachlich integriert. Damit entstand ein mehrdeutiger, anarchischer Raum innerhalb der Psychoanalyse, von dem aus die Differenzierungen zwischen diesen Wissensformen bis heute immer wieder grundsätzlich in Frage gestellt werden können.

Der Dichter und das Theater der Psychoanalyse

In der Ausarbeitung der psychoanalytischen Theorie war nicht nur die Beschäftigung mit der Literatur zentral, sondern auch die Beschäftigung mit der Figur des „Dichters".[7] Schon 1900 positionierte Freuds *Die Traumdeutung* den Dichter als Träumer.[8] Gleichzeitig zementierte Freud in seinen Texten dieser Zeit auch das

---

[7] Es ist bemerkenswert, dass von wenigen Ausnahmen abgesehen von Männern geschriebene Literatur analysiert wurde, während gleichzeitig viele Frauen, darunter auch Schriftstellerinnen wie Lou Andreas-Salomé, Grete Meisel-Hess oder später Hilda Doolittle, sich persönlich intensiv mit der Psychoanalyse auseinandersetzten und an ihrer Theoriebildung beteiligt waren.

[8] Freud bezieht sich an dieser Stelle auf Gottfried Kellers Bildungsroman *Der grüne Heinrich*, der öfter in psychoanalytischen Schriften auftaucht, wie auch das Genre des Bildungsromans allgemein gerne von der Psychoanalyse aufgegriffen wird, da der Prozess des Erwachsenwerdens ausdrücklich thematisiert und gedeutet wird.

Bild vom Dichter als eine Art Analytiker, wie im schon erwähnten Falle Schnitzlers oder in Bezugnahme auf den britischen Autor John Galsworthy, der in seinem Roman *The Island Pharisees* nach Freud „den Mechanismus der Fehl- und Symptomhandlungen im Sinne der Psychoanalyse [mit Sicherheit] zu verwenden" wisse. (Freud 1901,145) Freud begann anlässlich seiner Behandlung Ida Bauers 1901 die Deutung der analytischen Beziehung als zentrales Element der psychoanalytischen Arbeit zu konzipieren, und skizzierte seine neue Theorie der Übertragung 1905 in *Bruchstück einer Hysterie-Analyse* (Bauer erhielt das Pseudonym Dora). In Folge dieser Neupositionierung thematisierte er das Lesen bzw. Erleben von Literatur in folgenden Texten: *Psychopathische Personen auf der Bühne* (entstanden1905/6, veröffentlicht 1942), *Der Wahn und die Träume in W. Jensens Gradiva* (1907) und *Der Dichter und das Phantasieren* (1908). In allen drei Texten ging es nicht nur darum, den Dichter selbst in die psychoanalytische Interpretation von Literatur mit einzubeziehen, sondern auch die Unterschiede und Gemeinsamkeiten zwischen den Figuren des Dichters und des Analytikers zu erkunden. Zudem loteten sie auch die Beziehung zwischen Dichter und „Leser" aus und etablierten damit ein kommunikatives Modell der Textinterpretation. Dieses Modell entstand in Wechselwirkung mit dem Modell der psychoanalytischen Behandlungsmethode. Letztlich gab Freud in seinen Reflexionen über Literatur seinen Leser*innen bewusst auch ein Modell mit, wie seine eigenen Texte zu lesen seien. Das psychoanalytische Modell der Kommunikation wirkte in diesen Texten also auf mehreren Ebenen, und berührte auch die Beziehung zwischen Freud und seinen Leser*innen – wie wir sehen werden, eine intime, fast therapeutische Beziehung.

In *Psychopathische Personen auf der Bühne* führt Freud aus wie alle drei literarischen Gattungen unterschiedliche Formen von Lustgewinn bieten. Für Freud ist die Lyrik dem Körper am nächsten – er vergleicht sie mit dem Tanz und definiert sie letztendlich als eine rein kathartische Form der Affektentladung: durch die Lyrik könnten „vielfache Empfindungen" ausgetobt werden. Im Epos dagegen überwiege der „Genuß der großen heldenhaften Persönlichkeit in ihren Siegen". Nur im Drama sei es gerade das „Unterliegen" des „Helden", das eine „masochistische Befriedigung" der Zuschauer zulasse. Damit steige die Dramenliteratur von allen Gattungen in ihrem Erlebnis am tiefsten „in die Affektmöglichkeiten" herab. (Freud 1906b, 656) Verschiedene Dramenformen ermöglichten nach Freud unterschiedlich gelagerte Identifikationen mit dem Leiden ihrer Protagonisten, sei es dass sie wie in der antiken Tragödie gegen das Göttliche kämpften oder wie in der Charaktertragödie einfach nur gegeneinander.

William Shakespeares *Hamlet* stellt für Freud den Beginn der modernen Dramenliteratur dar, denn dieses Stück bringe einen psychopathologischen

Prozess auf die Bühne. Hamlet werde im Laufe des Stückes zum Neurotiker, der an einer bewussten und an einer verdrängten Quelle leide. (659) Die zentrale Frage für Freud ist hier, warum das Stück trotzdem allen Zuschauern einen Lustgewinn bereite, obwohl eigentlich nur neurotische Zuschauer aus dem „bewussten Anerkennen" von Verdrängung einen Lustgewinn ziehen könnten. Ein Neurotiker auf der Bühne stoße beim Nichtneurotiker eigentlich auf Widerstand und den Wunsch, die Verdrängung zu wiederholen. (659)

Aus seiner Lektüre von *Hamlet* leitet Freud von daher die drei notwendigen Eigenschaften ab, die es dem modernen Drama ermöglichen, alle Zuschauer anzusprechen (660):
1. Der Held sei kein Neurotiker, sondern werde es erst, denn bei einer fertigen Neurose bleibe einem nur noch nach dem Arzt zu rufen.
2. Das Verdrängte berühre auch bei den Zuhörern Verdrängtes.
3. Das Verdrängte werde nicht deutlich benannt, sondern drücke sich in Gefühlen aus, die es den Zuhörern erlaubten, sich zu identifizieren, „ohne sich Rechenschaft zu geben".

Freud kann sich in seinen Ausführungen einen Seitenhieb auf die zeitgenössische Dramenliteratur wie Hermann Bahrs *Die Andere* nicht verkneifen, die – seiner Meinung nach – diese Regeln nicht immer befolge und damit die Zuhörer ohne jedweden kompensatorischen Lustgewinn einfach nur leiden lasse. (660)

Es ist bemerkenswert an diesem Text wie sehr Freud hier implizit den theatralischen Raum mit dem Behandlungszimmer in Verbindung setzt. Anstatt zwischen „Dichter" und „Schauspieler" zu unterscheiden, benutzt er den Begriff „Dichter-Schauspieler". Das bedeutet, dass die Produktion von Sprache und ihre Vermittlung von Freud in einer Instanz vereint wird, obwohl es um zwei grundverschiedene Positionen (und fast immer auch Personen) geht. Die Position des „Dichter-Schauspielers" ist der des Freudschen Analytikers nicht unähnlich – sie bewegen beide die Affektwelt ihrer Zuhörer*innen. In diesem Kontext ist wichtig, dass Freud nicht von Zu*schauern* oder vom Theaterpublikum schreibt, sondern von *Zuhörern*. Damit wird die visuelle Dimension von Theateraufführungen ausgeblendet. Sie werden als Bühnenliteratur gelesen. Der dramatische Text wirkt als gesprochener Text. Freud begreift das Theater nicht als Gesamtkunstwerk, wie es ab Mitte des neunzehnten Jahrhunderts schon diskutiert wurde. Freuds Vorstellung des Theaters rückt hier in die Nähe der idealen Behandlungssituation, der Psychoanalyse als einer „Kulturtechnik des Zuhörens", in der die Analytiker*innen hinter ihren Analysand*innen sitzen, und die Konzentration auf das Gesprochene und die Gesprächspausen einhergeht mit dem bewussten Abwenden von visuellen Eindrücken. (Macho 2006, 17)

Da Freud in vielerlei Hinsicht dem Drama eine privilegierte Stellung einräumte, ist es bemerkenswert, dass er für seine erste große Studie eines einzelnen literarischen Textes, *Der Wahn und die Träume in W. Jensens Gradiva* (1907), ein anderes Genre wählte, nämlich das der Novelle. Allerdings teilte Freud auch die Wertschätzung der Schriftsteller*innen des Realismus für dieses Genre, die eben auch darauf basierte, dass aufgrund seiner lebhaften Dialoge und thematischen Dichte die Novelle als Schwester des Dramas galt. Auch in Freuds Analyse der Novelle des zeitgenössischen Schriftstellers Wilhelm Jensen spielt das Behandlungszimmer als theatralischer Raum implizit eine wichtige Rolle. In *Gradiva* verfällt der junge Archäologe Norbert Hanold der Wahnvorstellung, eine in einem antiken Relief dargestellte Römerin, die Gradiva, erscheine ihm leibhaftig in den Ruinen von Pompeji. Hanold erkennt letztendlich in der vermeintlichen Erscheinung seine Kindheitsfreundin Zoë Bertgang, und wird durch seine Liebe nicht nur von seinem Wahn sondern auch von seiner akademischen Weltferne geheilt. Freuds Analyse zählt zusammen mit seiner späteren Studie *Das Unheimliche* (1919) über E.T.A. Hoffmanns *Der Sandmann* zu seinen einflussreichsten Literaturinterpretationen. Das Motiv der Psychoanalyse als eine Archäologie des Unbewussten, in der die Trümmer der Erinnerung in Schichten ausgegraben werden konnten, wurde von Freud immer wieder aufgegriffen, und später auch kritisch hinterfragt. (Freud 1929, 295; Bernfeld-Cassirer 1951; Rudnitsky 2003, 19)

Freud nähert sich dem literarischen Text über die Analyse der Träume des Archäologen Hanolds. Darin vergleicht er die Beziehung zwischen den Figuren Gradiva/Bertgang und Hanold mit der analytischen Beziehung. In beiden Situationen findet ein Heilungsprozess statt. Gradiva/Bertgang wird als eine Art Ärztin beschrieben, die durch ihr Lesen und Deuten der Sprache Hanolds diesen von seinen sexuellen Hemmungen und seinen Wahnvorstellungen befreien kann. Indem sie die Mehrdeutigkeit seiner Sprache erkennt und sie in ihrem Umgang mit ihm auch widerspiegelt, löst sie den Heilungsprozess aus. Am Ende lehrt sie ihren Kindheitsfreund, aus seiner entwicklungspsychologischen Stagnation herauszutreten und als Erwachsener lieben zu lernen. Hier betont Freud aber auch den bezeichnenden Unterschied der Position des Analytikers: im Gegensatz zur Freundin ist der Analytiker „ein Fremder gewesen und muss trachten nach der Heilung wieder ein Fremder zu werden". (118) Freuds literarische Analyse steht auch hier im Dienst der Ausformulierung der analytischen Übertragungssituation als zentrales Element psychoanalytischen Lesens. Aber sie breitet auch ein kompliziertes Beziehungsgeflecht des Lesens aus, das weit darüber hinaus geht, Kernelemente psychoanalytischer Theorie einfach nur in der Literatur zu bestätigen.

Dieses Beziehungsgeflecht schließt auch Freuds Leser*innen mit ein. Wie auch in vielen anderen Texten dieser Zeit spricht Freud sie direkt an, und geleitet sie durch seine Lektüre. Immer wieder hält er inne, gibt möglichen Einwänden Raum und begründet sein Vorgehen im imaginierten Zwiegespräch mit seinen Leser*innen. Schon zu Beginn bittet er sie, zunächst einmal sein „Heft aus der Hand zu legen", um Jensens *Gradiva* zu lesen. Mit der Geste des Weglegens gibt er eine Definition von Literaturanalyse mit an die Hand – sie ist ohne Kenntnis des Urtextes nicht lesbar und sie sollte vor allem überprüfbar sein. Indem Freud den Blick auf einen Urtext lenkt, lenkt er auch den Blick auf unterschiedliche Formen des Lesens, das Lesen von Literatur und das Lesen von Literaturanalyse. Beide Formen des Lesens implizieren, wie im Folgenden deutlich wird, die Konstruktion unterschiedlicher Lesegemeinschaften. Denn nach dem verordneten Leseexkurs inszeniert Freud ein gemeinsames Lesen des Textes – er bleibt zwar selbst als „Arzt" und Leser erkennbar, aber für jedes „ich" gibt es fast drei „wir" in seiner Lektüreanleitung. Es ist ein Lesen, das wie Freud zu Beginn erklärt, aus „Neugierde" heraus in einem „Kreise von Männern" beginnt, das heißt aus dem Kreis der Wiener Psychologischen Mittwoch-Gesellschaft heraus. Freud betont hier, dass die Träume in Jensens Text „ihn gleichsam mit vertrauten Zügen angeblickt hätten" und ihn geraderecht zur Analyse „einlüden". Er entwirft das Szenario einer Verführung durch die Literatur. Diese Verführung des Männerkreises durch den Text wird im gemeinschaftlichen Lesen wiederholt. Freuds inszenierter Blick auf Jensens Text und Figuren bleibt männlich. So schaut der Freud des Textes mit Jensen dem „ungewöhnliche[n] und besonders reizvolle[n] Gang" der Gradiva hinterher, der – wie vermutet wird – „die Aufmerksamkeit des Künstlers erregt" hatte und „nun den Blick unseres archäologischen Beschauers" fesselt. (34) Freud übernimmt das Wort „erregen" von Jensen und setzt „fesseln" hinzu. Diese Verben der Lustempfindung konstruieren eine jahrhundertelange Geschichte des männlichen Blicks auf Gradivas Gang, auch über Hanolds Blick hinaus auf die Gegenwart von Freuds Lesegemeinschaft, die „Beschauer" des Textes. Freud selbst beschreibt Hanolds Blick ausdrücklich als fetischistisch. Interessanterweise macht sich dieser Fetischismus nicht an einem Körperteil – dem Frauenfuß – fest, sondern an der „charakteristischen" Gangart der Gradiva. (72) Es ist also eine Bewegung, die hier die männlichen Sinne erregt.

Die fetischistische Beziehung zur Bewegung der Protagonistin, die von Freud konstruiert wird, lässt sich auf die Beziehung zum Text allgemein ausweiten. Die Augen der Leser folgen den Bewegungen und Kurven des Textes wie sie dem Gang der Frau folgen – es wird ein männlicher Leseblick mitgedacht. Dass dieser Blick männlich ist, lässt sich auch daran ablesen, dass Freud eine weibliche Reaktion auf diesen männlichen Blick, einen weiblichen Blick, mitkonzipiert. Hanolds Faszination für den Gang von Frauen verleitet Freud zu der Annahme, dass seine „Tätigkeit" des Beobachtens „ihm manchen unmutigen und manchen ermutigenden Blick der so Beobachteten eintrug". (36) Erinnern wir uns daran, dass Freud eingangs betont, er sei von Jensens Text zur Analyse „eingeladen" worden. Sarah Kofman hat in ihrer genauen Analyse der Lücken in Freuds *Gradiva*-Lektüre angemerkt, dass Freud die Frage Hanolds unerwähnt lässt, ob es einen Unterschied zwischen dem Gang von Männern und dem von Frauen gebe. (Kofman 1991, 106) Kofman liest diese Lücke als Zeichen einer Zensur und Verschiebung Freuds – in Freuds Lektüre ist Hanold besessen von der Differenz zwischen Tod und Leben und nicht von geschlechtlicher Differenz. Doch die Obsession mit geschlechtlicher Differenz bleibt lesbar in der Art und Weise wie Freuds Psychoanalyse Jensens Literatur als passives Objekt männlich-fetischistischer Betrachtung für die männlichen Leser inszeniert.[9]

Neben Freud und seinen Lesern, dem „wir" dieses Textes, gibt es noch eine weitere Figur, die in diese gemeinsame Lektüre einbezogen wird – Wilhelm Jensen, der Autor der Novelle. Freud prüft, ob der „Dichter" recht hat, verteidigt ihn gegen imaginierte Vorwürfe der Unschlüssigkeit oder Unglaubwürdigkeit seiner Erzählung, und macht seine Leser darauf aufmerksam, wie der Dichter seine Handlung konstruiert – wie er „helfend und schlichtend" eingreife (96) oder wie häufig er seinen beiden Hauptpersonen zweideutige Reden in den Mund lege. (111) Nichts in der Schilderung sei „absichtslos". (94) Freud beschreibt, wie die Deutung von Literatur genau das zu „enthüllen" suche, was der Dichter nicht zu zeigen begnüge. Die dargestellten „seelischen Vorgänge" bedürften der „Nachprüfung" durch die Lesegemeinschaft Freuds. (77)

Die Metaphern, die Freud für das Lesen findet, sind hauptsächlich visuell – es gilt, das „Treiben unseres Helden näher ins Auge [zu] fassen". (37) Es geht für Freud in Jensens Text auch darum, was die Protagonisten unterschiedlich sehen, und wie selbst jeder Protagonist bereits alleine unterschiedliche Sichtweisen einnehmen kann. Freuds frühere Ausführungen aus *Psychopathische Personen auf der Bühne* klingen an, wenn Freud erklärt, dass der Dichter „uns" mit seinen Entscheidungen „die ‚Einfühlung' erleichtern" will. (71) Jensens Erzählung wird hier zu einer Art Bühnentext, in der das Publikum sich mit einem „Helden" identifiziert, Figuren „auftreten" (95), und ein Bild vom anderen „verdeckt" werden kann. (77) Gleichzeitig betont Freud wie in *Psychopathische Personen auf der Bühne* das

---

[9] Andreas Mayer hat überzeugend dargestellt, dass es lohnenswert ist, sich kritisch dem Übertragungsverhältnis zu entziehen, das Freud für seine Leser*innen konstruiert, und die Gradiva im Kontext ihres historischen Bilderarchivs zu lesen. (Mayer 2012, 577) Siehe in diesem Zusammenhang auch Diane O'Donoghues Diskussion der verschiedenen Forschungsansätze im Bezug auf die Beziehung zwischen der Freudschen Struktur des Unbewussten und seinem archäologischen Wissenschaftsverständnis und seiner Sammlerpraxis.

Hören dieses Bühnentextes der Seele, z. B. als er neben der Erzählstimme der Novelle auch noch eine kritische Stimme sprechen lässt, die „wir sagen hören", dass der Dichter der Berührung mit der Psychiatrie aus dem Wege gehen solle. (69)

Die Klärung dieser letzten Frage, inwieweit Dichtung und psychoanalytisches Wissen kompatibel sind, ist für Freud zentral. Indem er die Position des Dichters beschreibt, beschreibt Freud auch das Wissensmodell der Psychoanalyse. Der Dichter müsse die Psychoanalyse nicht kennen, er könne sie sogar ablehnen. Trotzdem könne er gleichzeitig seelische Vorgänge psychoanalytisch beschreiben. Der Dichter „erfährt" sein psychoanalytisches Wissen „aus sich", während es die Analytiker in ihrer klinischen Praxis „bei anderen erlernen". (121) Das Wissen des Dichters ist für Freud ein intuitives Wissen, ein Wissen, das unabhängig von intellektuellen Affinitäten besteht. Das Wissen des Dichters, hier Jensen, drückt sich u. a. auch in der „Behandlung" aus, die Zoë Bertgang an dem verwirrten Norbert Hanold vornimmt, und die Freud „in voller Übereinstimmung im Wesen" mit der von ihm und Breuer in den *Studien über die Hysterie* entwickelten „therapeutischen Methode" sieht. (117) Diese Behandlung besteht aus drei Elementen: dem „Bewußtmachen des Verdrängten, dem „Zusammenfallen von Aufklärung und Heilung" und der „Erweckung der Gefühle". (118) Die Heilung durch Liebe ist allerdings ein „Idealfall" in dieser Erzählung, der dem Arzt im Behandlungszimmer verwehrt bleibt. Die aufkommenden Gefühle entstehen dort im Rahmen der Übertragungsarbeit und finden auch in diesem Rahmen ihr Ende. An dieser Stelle dient Freud die Beschäftigung mit der Literatur wieder dazu, die Analyse der Übertragung als zentrales Element der psychoanalytischen Praxis zu etablieren.

Freuds Literaturanalyse geht allerdings noch einen Schritt darüber hinaus, die Übertragungsarbeit für die Klinik zu reflektieren. Es geht Freud zu diesem Zeitpunkt auch um die Beziehung zwischen Lesern und Leserinnen und dem Text als eine Art Übertragungsarbeit. Wie am Ende von *Gradiva* deutlich wird, bedürfen auch die Gefühle, die ein literarischer Text bei seinen Lesern und Leserinnen wecken kann, der analytischen Kontrolle. Freud merkt an, dass sich in einem Traum Hanolds auch sadomasochistische Wunschvorstellungen ausdrücken, bricht aber dann seine Interpretation wie folgt ab: „Aber wir müssen hier innehalten, sonst vergessen wir vielleicht wirklich, dass Hanold und die Gradiva nur Geschöpfe des Dichters sind." (122) Es ist die Möglichkeit der Lust an Aggression eines Mannes gegen eine Frau, die die Trennung zwischen Fiktion und Realität bedroht. Es ist eine Aggression, die das „wir" der männlichen Lesegemeinschaft auf eine Art und Weise betreffen könnte, die in ihr Leben übergreifen könnte, die aus dem Lesen von Literatur ein Traumerlebnis machen würde. Denn das ist der in der frühen Psychoanalyse vielfach postulierte Unterschied zwischen dem Erleben von Kunst und Traum – die Überzeugung im Moment des

Träumens, dass es sich um tatsächlich Erlebtes handelt. Nicht nur der Analytiker muss Selbstvergessenheit kultivieren, auch der männliche Leser von Literatur muss dies beherrschen, um nicht die Kontrolle zu verlieren. Nicht nur in seinen Schriften zur klinischen Praxis verschiebt Freud hier den Schwerpunkt von Katharsis zu Übertragungsarbeit, sondern auch in seiner Analyse von Literatur. Das rein kathartische Miterleben von Literatur steht jetzt letztendlich einer psychoanalytischen Literaturinterpretation im Wege. Denn das psychoanalytische Lesen reflektiert die Wirkung von Literatur auf ihre Leserinnen und Leser und die Projektionen dieser auf das Gelesene bewusst mit. Und damit erfordert dieses Lesen ein „Innehalten" und Distanz. Im psychoanalytischen Lesen wird die Grenze zwischen Lesen und Leben durchlässig und muss immer wieder reflektiert und gegebenenfalls neu gezogen werden.

Ein Jahr nach der Veröffentlichung von *Gradiva*, baute Freud seine Theorien zur Interpretation von Literatur noch weiter aus und knüpfte an seine Überlegungen zu Literatur und Traum an. In seinem kurzen Essay *Der Dichter und das Phantasieren* (1908) ging es vor allem um die besondere Rolle des Dichters für das psychoanalytische Lesen. In *Gradiva* hatte Freud hauptsächlich das Verhältnis zwischen Dichter und Analytiker, d. h. zwischen poetischem und psychoanalytischem Wissen, ausgelotet. In *Der Dichter und das Phantasieren* ging es nun darum, die Parallele zwischen Traum und Literatur zu vertiefen, und damit die Mechanismen der Traumdeutung für die Deutung von Literatur zu reklamieren. Der Dichter wurde jetzt ganz ausdrücklich als Tagträumer begriffen und seine literarische Produktion als Traum.

Anders als bei *Gradiva*, wo sich der Dichter selbst, d. h., Jensen, dem analytischen Blick entzogen hatte, rückte jetzt die Dichterbiographie mit ins Zentrum jedweder literarischen Analyse. (221) Der Text wurde als „Fortsetzung und Ersatz" kindlichen Spielens verstanden. Freud schlug die ihm selbst „dürftig" erscheinende Formel vor, dass ein aktuelles Erlebnis im Dichter Kindheitserinnerungen wecke. Die darin enthaltenen Wunschvorstellungen erfüllten sich nun in der Dichtung. (221) Wie dem Traum und der Phantasie, so wohnt auch der Dichtung ein besonderes Verhältnis zu Zeit inne – von einem gegenwärtigen Anlass aus werde auf eine vergangene Wunscherfüllung zurückgegriffen, die sich nun in der Dichtung einen zukunftsweisenden Ausdruck schaffe: „Also Vergangenes, Gegenwärtiges, Zukünftiges wie an der Schnur des durchlaufenden Wunsches aneinandergereiht". (217) Wie die Phantasie schwebe die Dichtung „gleichsam zwischen drei Zeiten, den drei Zeitmomenten unseres Vorstellens". Auch hier zieht Freud Parallelen zwischen dem literarischen Text und dem psychoanalytischen Behandlungszimmer, in dem sich Phantasietexte entfalten. Denn das Lesen dieser bewusstgewordenen Assoziationen und Erinnerungen kann sich – wie auch das Unbewusste selbst – unmöglich an einer linearen Zeitlichkeit orientieren. In einem seiner letzten und vielleicht einflussreichsten Texte zur analytischen Praxis, *Die endliche und die unendliche Analyse* (1937), lotet Freud das Verhältnis von Vergangenheit, Gegenwart und Zukunft für das Verhältnis zwischen Analytiker*in und Analysand*in aus. Er beschreibt wie Stücke früherer psychologischer Entwicklungsphasen jederzeit neben späteren Stücken fortbestehen könnten: „Manchmal könnte man zweifeln, ob die Drachen der Urzeit wirklich ausgestorben sind." (73) Sie sind nicht nur nicht ausgestorben, ihr feuriger Atem weht nach Freud auch ins Gegenwärtige und Zukünftige hinein. Und das Zukünftige – die Vision des Analytikers von bevorstehenden Krisen und die Hoffnung auf ihre Vermeidung– beeinflusst auch die gemeinsame Vergegenwärtigung des Vergangenen in der psychoanalytischen Behandlung. (75) Das Schweben zwischen den Zeitebenen, ihre psychische Gleichzeitigkeit, betrifft also nicht nur das Gelesene, die Phantasie und die Dichtung, sondern auch die jeweiligen Leseprozesse selbst. Und hier spricht Freud wieder aus seinem Text heraus seine Lesegemeinschaft an und verweist darauf, dass es in seiner Diskussion letztlich auch um die Lektüre seiner eigenen Schriften und die Beziehung zwischen ihm und seinen „Lesern" geht: „Der Fall ist ungefähr derselbe wie bei der Lektüre psychoanalytischer Schriften. Der Leser wird nur bei jenen Stellen ‚aufgeregt', in denen er sich getroffen fühlt, die also die in ihm derzeit wirksamen Konflikte betreffen. Alles andere läßt ihn kalt." (78) Wie in der *Gradiva*-Studie, die damit endet wie eine sadomasochistische literarische Phantasie die männliche Lesegemeinschaft berühren könnte, so stellt Freud sich Jahrzehnte später auch hier eine „Aufregung" des Lesers durch seinen eigenen Text vor. Nicht nur der Akt des Lesens von Literatur, aber auch das Lesen von ihrer Analyse wird mit Lust und Unlust besetzt. Freuds Analyse beansprucht hier die transformative (vielleicht bedrohliche) Kraft der Literatur für sich.

In *Der Dichter und das Phantasieren* suggeriert Freud, dass „der Glückliche" nie phantasiere, nur „der Unbefriedigte". (216) Freuds spätere These von der Kultur als Kompensation von Unlust, als Sublimierungsleistung, klingt in diesem Essay bereits an. Es ist allerdings auch hier schon eine Kompensationsleistung, die hauptsächlich von jungen Männern mit „eigensüchtigen und ehrgeizigen Wünsche[n]" vorgenommen wird, während der Ehrgeiz von Frauen „in der Regel vom Liebesstreben aufgezehrt" wird. (217) Wurde in *Gradiva* eine männliche Lesegemeinschaft von Literatur und Psychoanalyse konstruiert, so ist es in diesem Text die Position des Dichters selbst, die nun explizit männlich besetzt wird.

Gegen Ende seines Essays erinnert Freud an den entscheidenden Unterschied zwischen Psychoanalyse und Literatur, der im unterschiedlichen Erlebnis von Sprache besteht. Die eigentliche „Ars Poetica" des Dichters sei– und hier klingt die Kernthese aus *Psychopathische Personen auf der Bühne* wieder an – die Erzeugung ästhetischer Lust im Leser, die seine potentielle Unlust über die Darstellung von Verdrängtem überwinden könnte. Der Dichter gibt seinen Lesern die Lizenz, der Verführung durch den Text nachzugeben, „unsere eigenen Phantasien nunmehr ohne jeden Vorwurf und ohne Schämen zu genießen". (223) Der literarische Zugang zum Unbewussten eröffnet die Möglichkeit eines frühkindlichen Erlebens einer „wild" und weiblich konnotierten Welt – eine lustvolle Regression ohne Scham, eine, wie Freud schrieb, „Befreiung von Spannungen in unserer Seele". (223) Wie bereits vielfach diskutiert ist Freuds Vorstellung des Unbewussten als wildes, weibliches Terrain im Rahmen der gängigen Kolonialmetaphern der Zeit gedacht. (Anderson 2011; Brickman 2017; Khanna 2003) In dieser Erotik des Lesens von Literatur schwingen auch tiefsitzende aufklärerische und romantische Vorstellungen mit, in denen das weibliche Lesen, insbesondere von Romanliteratur, als sexuelle Beziehung begriffen wurde, die es zu kontrollieren galt. (Schindler 1996; Askey 2013; Tatlock 2012) An dieser Stelle bleibt unausgesprochen, dass im Gegensatz zum literarischen Raum, Freuds psychoanalytischer Behandlungsraum erst einmal eine Menge Unlust bot in der direkten und bewussten Konfrontation mit Verdrängtem.

Wie wir gesehen haben, reflektieren Freuds Studien der frühen Jahren der psychoanalytischen Theoriebildung eine Erotik des Lesens, die geschlechtlich und sexuell unterschiedlich besetzt wird, je nachdem was, mit wem und wie gelesen wird. Während das Lesen und für Freud vor allem Hören von Literatur weiblich besetzt wird und in ihrem Erleben die individuelle Lust überwiegt, wird das psychoanalytische Lesen von Literatur gemeinschaftlich vorgenommen, als Wissenschaft männlich besetzt und ist potentiell mit Unlust und Widerstand verbunden. Die Grenzen zwischen diesen Formen des Lesens wie auch die Grenzen zwischen dem Wissen der Literatur und dem Wissen der Psychoanalyse sind fließend. Das lustvolle Erleben von Literatur kann auch ins analytische Lesen hineinspielen und seine Integrität sogar gefährden. Diese Formen des Lesens von Literatur entfalten sich auch im Lesen der Übertragung im analytischen Behandlungsraum, dem Theater der Seele.

In Freuds Psychoanalyse konnten auch Frauen als Analytikerinnen den männlich-analytischen Leseblick einnehmen. Es ist vielfach darauf hingewiesen worden, dass für diese Frühzeit außergewöhnlich viele Frauen die psychoanalytische Theorie und Praxis mitgestalteten, und dass Freud professionell wie diskursiv den „Einzug für Frauen in Schreibstuben eröffnete". (Kittler 1995, 447) Die Germanistin Dorothee Kimmich hat anhand von Rilkes Beispiel darauf hingewiesen, dass Literatur nach Freud eine Sensibilisierung für die Rolle der Frau bedeutete. (Kimmich 2010, 226) Wenn wir davon ausgehen, dass „Literatur nach Freud" die „Literatur Freuds" ist, so ist auch Freuds Erotik des Lesens ein Teil des schwierigen Erbes der Moderne und damit seines repressiven wie befreienden Potentials. (Rohrwasser 1996, 33) In unzähligen Interpretationen der Freudschen Lektüren von Karen

Horney bis Judith Butler wurde das befreiende Potential politisch genutzt, um die Geschlechterkategorien und -hierarchien zu hinterfragen, die sich bereits gebrochen in ihnen widerspiegeln. Auch viele literarische Texte, die sich auf Freuds Moderne beziehen, transportieren seine Erotik des Lesens. Am Ende von Robert Seethalers Roman *Der Trafikant* findet Franz Huchels Geliebte Anezka nach seiner Verhaftung und vermutlichen Ermordung durch die Nationalsozialisten seine letzten Spuren – die Traumnotizen an seinem Zeitungskiosk. Anezka liest das verblasste Fragment, das mitten im Satz abbricht, steckt es ein, und läuft mit dem Zettel in der Manteltasche vor einem alliierten Fliegerangriff davon ins Ungewisse. Die Passage begreift das psychoanalytische Lesen als eine Archäologie des Verlustes. Wie in Freuds Deutung der Gradiva ist es hier die Geliebte, der die Aufgabe (und vielleicht aus heutiger Warte Last) zufällt, die Fragmente des Mannes zu lesen, zu deuten und wenn auch nicht wieder zusammen zu setzen, doch zumindest für zukünftige Leser*innen zu bewahren.

Literaturverzeichnis

Anderson, Warwick et al. *Unconscious Dominions. Psychoanalysis, Colonial Trauma and Global Sovereignties*. Durham, NC: Duke University Press 2011.
Andreas-Salomé, Lou. *In der Schule bei Freud*. Frankfurt a.M./Berlin: Ullstein, 1983.
Anz, Thomas. „Beziehungskonstellationen zwischen Psychoanalyse und moderner Literatur". *Psychoanalyse* 19.2 (2015): 223–234.
Anz, Thomas und Christine Kanz (Hg.). *Psychoanalyse in der modernen Literatur. Kooperation und Konkurrenz*. Würzburg: Königshausen und Neumann, 1999.
Askey, Jennifer. *Good Girls, Good Germans: Girls Education and Emotional Nationalism in Wilhelminian Germany*. Rochester, NY: Camden House, 2013.
Bernfeld, Suzanne Cassirer. „Freud and Archeology". *American Imago* 8.2 (1951):107–128
Brickmann, Celia. *Race in Psychoanalysis: Aboriginal Populations in the Mind*. New York: Routledge, 2017.
Freud, Sigmund. „Studien über Hysterie". *GW* I (1895). 75–314.
Freud, Sigmund. „Verlesen und Verschreiben". *GW* IV (1901). 118–147.
Freud, Sigmund. „Bruchstück einer Hysterie-Analyse". *GW* V (1905a). 172–224.
Freud, Sigmund. „Der Witz und seine Beziehung zum Unbewussten". *GW* VI (1905b). 5–271.
Freud, Sigmund. „Drei Abhandlungen zur Sexualtheorie". *GW* V (1905c). 29–131.
Freud, Sigmund. „Der Wahn und die Träume in W. Jensens ‚Gradiva'". *GW* VII (1906a). 31–122
Freud, Sigmund. „Psychopathische Personen auf der Bühne". *GW* (1906b). 655–661.
Freud, Sigmund. „Der Dichter und das Phantasieren". *GW* VII (1907). 213–223.
Freud, Sigmund. „Charakter und Analerotik". *GW* VII (1908). 203–209.
Freud, Sigmund. „Psychoanalytische Bemerkungen über einen autobiographisch beschriebenen Fall von Paranoia (Dementia Paranoides)". *GW* VIII (1911). 2140–2316.
Freud, Sigmund. „Die Handhabung der Traumdeutung in der Psychoanalyse". *Zentralblatt für Psychoanalyse* 2.3 (1912): 109–113.

Freud, Sigmund. „Das ozeanische Gefühl". *Psychoanalytische Bewegung* 1.4 (1929): 289–298.
Fuechtner, Veronika. *Berlin Psychoanalytic*. Berkeley: University of California Press, 2011.
Gallop, Jane. *In Dora's Case. Freud-Hysteria-Feminism*. Hg. Charles Bernheimer und Claire Kahane. Ithaca, NY: Cornell University Press, 1985. 200–220.
Gilman, Sander L. „The Image oft he Hysteric". *Hysteria Beyond Freud*. Hg. Sander L. Gilman et al. Berkeley: University of California Press, 1993. 345–452.
Goldmann, Stefan. *Alles Wissen ist Stückwerk*. Giessen: Psychosozial Verlag, 2019.
Goldschmidt, Georges-Arthur. *Als Freud das Meer sah. Freud und die deutsche Sprache*. Frankfurt a.M.: Fischer, 2005.
Hermand, Jost. *Geschichte der Germanistik*. Reinbek: Rowohlt, 1994.
Hörisch, Jochen. „Wissen die Literatur und die Psychoanalyse dasselbe, wenn sie sich aufeinander berufen?". *Sigmund Freud und das Wissen der Literatur*. Hg. Peter Alt und Thomas Anz. Berlin: De Gruyter, 2008. 17–29.
Jones, Ernest. „Das Problem des ‚Gemeinsamen Sterbens', namentlich mit Bezug auf den Selbstmord Heinrich von Kleists". *Zentralblatt für Psychoanalyse* I.12 (1911): 563–567.
Hitschmann, Eduard. „Gottfried Keller". *Imago* 4.5 (1916): 274–316.
Kanz, Christine. „Franziska zu Reventlow". *Psychoanalyse in der literarischen Moderne. Eine Dokumentation. Bd. III Schrifstellerinnen und das Wissen um das Unbewusste*. Hg. Christine Kanz. Marburg: Verlag LiteraturWissenschaft.de, 2011. 63–93.
Khanna, Ranjana. *Dark Continents: Psychoanalysis and Colonialism*. Durham, NC: Duke University Press, 2003.
Kimmich, Dorothee. „Moderne ohne Freud?". *Internationales Archiv für Sozialgeschichte der deutschen Literatur* 34.2 (2010): 222–227.
Kittler, Friedrich. *Aufschreibesysteme 1800/1900*. München: Fink, 1995.
Kofman, Sarah. *Freud and Fiction*. Boston: Northeastern University Press, 1991.
Le Rider, Jacques. „Theodor und Heinrich Gomperz. Altphilologie, Judentum und Wiener Moderne". *Jüdische Intellektuelle und die Philologien in Deutschland 1871–1933*. Hg. Wilfried Barner und Christoph König. Göttingen: Wallstein, 2001. 321–326.
Lüdemann, Susanne. *Mythos und Selbstdarstellung. Zur Poetik der Psychoanalyse*. Baden-Baden: Rombach Wissenschaft, 1994.
Macho, Thomas. „Der Mann im Ohr – Freuds Zukunft". *Süddeutsche Zeitung* 6./7. Mai 2006: 17.
Marcus, Steven. *Freud and the Culture of Psychoanalysis*. Boston: Allen & Unwin, 1984.
Marcuse, Ludwig. „Die Deutsche Literatur im Werke Freuds". *The German Quarterly* 29.2 (1956): 85–96.
Mayer, Andreas. „Gradiva's Gait: Tracing the Figure of a Walking Woman". *Critical Inquiry* 38 (2012): 554–578.
Mehring, Walter. „Enthüllungen". *Dada Almanach*. Hg. Richard Huelsenbeck. Berlin: Erich Reiss Verlag, 1920. 62–71.
Meisel, Perry. *The Literary Freud*. New York: Routledge, 2007.
O'Donoghue, Diane. *On Dangerous Ground: Freud's Visual Cultures of the Unconscious*. New York: Bloomsbury, 2019.
Rank, Otto und Hanns Sachs. *Die Bedeutung der Psychoanalyse für die Geisteswissenschaften*. Wiesbaden: J.F. Bergmann, 1913.
Reik, Theodor. „Die ‚Allmacht der Gedanken' bei Arthur Schnitzler". *Imago* 2.3 (1913): 319–335.
Rohrwasser, Michael. „Vesuv und Mohn". *Freuds pompejanische Muse: Beiträge zu Wilhelm Jensens Novelle „Gradiva"*. Hg. Michael Rohrwasser. Wien: Sonderzahl, 1996. 14–40.

Rosenthal, Tatjana I. „Karin Michaelis: ‚Das gefährliche Alter' im Lichte der Psychoanalyse". *Zentralblatt für Psychoanalyse* 1.7–8 (1911): 277–294.
Rudnitsky, Peter. *Reading Psychoanalysis: Freud, Rank, Ferenczi, Groddeck*. Ithaca, NY: Cornell University Press, 2003.
Sadger, Isidor. *Heinrich von Kleist. Eine pathographisch-psychologische Studie*. Wiesbaden: Bergmann, 1910.
Schindler, Stephan. „The Critic as Pornographer: Male Fantasies of Female Reading in Eighteenth-Century Germany". *Eighteenth-Century Life* 20.3 (1996): 66–80.
Seethaler, Robert. *Der Trafikant*. Zürich, Berlin: Kein und Aber, 2012.
Tatlock, Lynne. *German Writing, American Reading: Women and the Import of Fiction, 1866–1917*. Columbus: Ohio State University Press, 2012.
Tausk, Viktor. *Paraphrase als Kommentar und Kritik zu Gerhart Hauptmanns „Und Pippa tanzt"*. Berlin: Cronbach, 1906.
Timms, Edward. „Freud's Library and his Private Reading". *Freud in Exile: Psychoanalysis and its Vicissitudes*. Hg. Edward Timms und Naomi Segal. New Haven: Yale University Press, 1988.
Xu, Yin. *Von psychologischer Literatur zur literarisierten Psychoanalyse.Studie zum literarischen Einfluss auf die Entstehung der psychoanalytischen Theorie Sigmund Freuds*. Würzburg, Königshausen und Neumann, 2020. (Zitiert als Diss. Freie Universität Berlin, 2018).
Yerushalmi, Yosef Hayim. *Freud's Moses: Judaism Terminable and Interminable*. New Haven: Yale University Press, 1991.
Weigel, Sigrid. „Zwei jüdische Intellektuelle unter ‚schlecht getauften Christen'. Zur kulturgeschichtlichen Deutung von Götterbildern". *Heine und Freud. Die Enden der Literatur und die Anfänge der Kulturwissenschaft*. Hg. Sigrid Weigel. Berlin: Kadmos Kulturverlag, 2010. 123–142.
Zur, Sabina Meier. *Die Rückkehr der Tatjana Rosenthal ins kulturelle Gedächtnis Russlands*. Luzifer-Amor 33.66 (2020): 156–166.

Biographien

Anselm Haverkamp war bis zu seiner Emeritierung Professor of English an der New York University, New York, seither Honorarprofessor für Philosophie an der LMU München. Letzte Bücher: *Latenz: Zur Genese des Ästhetischen als ästhetischer Kategorie* (2021). *Fernahnend – Hölderlin und Keats: Implizite Ästhetik nach Baumgarten* (2021). *Metapher – Mythos – Halbzeug: Metaphorologie nach Blumenberg* (2018).

Claudia Olk ist Lehrstuhlinhaberin für Literaturwissenschaft an der LMU München und Direktorin der Shakespeare Forschungsbibliothek. Zuvor war sie Professorin für Allgemeine und Vergleichende Literaturwissenschaft am Peter Szondi-Institut der Freien Universität Berlin. Ihre Forschungsgebiete liegen in den Bereichen der Ästhetik und Poetik sowie der Literatur des Spätmittelalters und der Frühen Neuzeit sowie der Moderne. Zu ihren Buchpublikationen zählen *Reisen und Erzählen. Studien zur Entwicklung von Fiktionalität in narrativen Reisedarstellungen in der englischen Literatur des Spätmittelalters und der frühen Neuzeit*, *Virginia Woolf and the Aesthetics of Vision* sowie *Shakespeare and Beckett – Restless Echoes*.

Judith Meinschaefer ist Professorin für Galloromanische Sprachwissenschaft an der Freien Universität Berlin, zuvor war sie Professorin für Romanische Sprachwissenschaft an der Universität Würzburg. Die Habilitation erfolgte an der Universität Konstanz, die Promotion in Allgemeiner Sprachwissenschaft an der Ruhr-Universität Bochum. Sie erforscht unter sprachtheoretischer Perspektive die Wortstruktur und ihre Schnittstellen zu Lautung und Bedeutung in den romanischen Sprachen. Ihr objektsprachlicher Fokus liegt neben dem Französischen auch auf dem Spanischen und Italienischen und auf kleineren Sprachen wie dem Okzitanischen. Punktuell forscht sie auch zu asiatischen Sprachen wie dem Chinesischen oder dem Vietnamesischen. Ihr besonderes Interesse gilt dabei immer den methodischen Aspekten des Erkenntnisgewinns und den Möglichkeiten der Modellierung von Erkenntnissen zu Sprachsystem und zu sprachlichem Wissen. Ihre Publikationen umfassen Arbeiten zur Semantik von derivierten Wörtern, zu Fragen von Lexikalisierung und Argumentstruktur, zur sprachtheoretischen Modellierung von morpho-phonologischen Prozessen an Wortgrenzen und zur lautlichen Integration von Lehnwörtern. Sie ist Mitglied des Vorstands des Interdisziplinären Zentrums Europäische Sprachen an der Freien Universität Berlin.

Dr. Natasha Gordinsky ist die Leiterin des Instituts für Hebräische und Vergleichende Literaturwissenschaft an der Universität Haifa. Sie ist Autorin von zwei Monographien: *Kanon und Diskurs: Über Literarisierung jüdischer Erfahrungswelten*, Vandehoeck und Ruprecht 2009 (zusammen mit Susanne Zepp) und *In Three Landscapes: Lea Goldberg's Early Writings*, Magnes University Press 2016 (hebr.). Das Buch erschien 2018 auf Deutsch unter dem Titel: *Ein elend-schönes Land: Gattung und Gedächtnis in Lea Goldbergs hebräischer Literatur*, Vandenhoeck und Ruprecht 2018. Zuletzt erschien von ihr das von ihr mit Ruth Fine, Claudia Olk und Susanne Zepp herausgegebene Buch *Disseminating Jewish Literatures: Knowledge, Research, Curricula*, De Gruyter 2020. Zu ihren Forschungsfeldern gehören die Literaturen in hebräischer, deutscher und russischer Sprache sowie Fragen von Geschichte und Literatur, und Raum und Zeit in der Literatur.

Andrea Krauß ist Professorin am Department of German der New York University. Sie forscht an den Schnittstellen von Literatur, Philosophie und Ästhetik, Literaturtheorie und Methodologie, mit Schwerpunkten im langen 18. Jahrhundert, der Klassischen Moderne, Exilliteratur und Literatur nach 1945. Zu ihren Publikationen zählen *Zerbrechende Tradierung: Zu Kontexten des Schauspiels »Ichundlch« von Else Lasker-Schüler* (Passagen, 2002) und *Lenz unter anderem: Aspekte einer Theorie der Konstellation* (Diaphanes, 2011). Sie hat verschiedene Sonderhefte der *MLN* (*Constellations*, 2011; *Avant-garde revisited: Else Lasker-Schüler*, 2017; mit Bryan Klausmeyer, Johannes Wankhammer: *Scenes of Writing*, 2021) sowie einen Materialienband des *RISS* (mit Elisabeth Strowick, Marcus Coelen: *Uncanny 101*, 2020) herausgeben und arbeitet derzeit an einem Buchprojekt zu Interferenzen zwischen politischer Theorie und Ästhetik im Werk Hannah Arendts.

Philipp Lenhard ist DAAD Professor of History and German an der University of California, Berkeley und Privatdozent am Lehrstuhl für Jüdische Geschichte und Kultur der Ludwig-Maximilians-Universität München. Forschungsschwerpunkte sind die deutsche und europäische jüdische Geschichte vom 18. bis 20. Jahrhundert, Intellectual History und die Geschichte des Antisemitismus. 2014 erschien die mit dem Max-Weber-Preis der Bayerischen Akademie der Wissenschaften ausgezeichnete Dissertationsschrift *Volk oder Religion? Die Entstehung moderner jüdischer Ethnizität in Frankreich und Deutschland, 1782–1848* (Vandenhoeck & Ruprecht), 2019 die Biographie *Friedrich Pollock – die graue Eminenz der Frankfurter Schule* (Suhrkamp). In Kürze wird die Habilitationsschrift *Wahlverwandtschaften. Eine Kulturgeschichte der Freundschaft im deutschen Judentum, 1888–1938* in der Schriftenreihe wissenschaftlicher Abhandlungen des Leo Baeck Instituts (Mohr Siebeck) erscheinen. Derzeit arbeitet Philipp Lenhard an einer Biographie des Instituts für Sozialforschung (C.H. Beck, 2023).

Prof. Dr. Hans-Jürgen Schings ist Emeritus der FU Berlin für Neuere deutsche Literaturgeschichte. Seine Forschungsinteressen richteten sich zunächst auf Barock und Aufklärung (Die patristische und stoische Tradition bei Andreas Gryphius, 1966; Melancholie und Aufklärung, 1977; Poetik des Mitleids von Lessing bis Büchner, 1980; Anthropologie und Literatur im 18. Jahrhundert, Hg., 1994) und konzentrierten sich dann auf Goethezeit und Weimarer Klassik (Die Brüder des Marquis Posa, 1994; Zustimmung zur Welt. Goethe-Sudien, 2011). Gegenwärtig beschäftigen ihn vor allem die Einwirkungen der französischen Revolution auf die deutsche Ideengeschichte (Revolutionsetüden, 2012; Klassik in Zeiten der Revolution, 2016). In Vorbereitung: 1914 gegen 1789. Geschichte einer Weltkriegsformel.

Prof. Dr. Martin von Koppenfels ist Professor für Allgemeine und Vergleichende Literaturwissenschaft mit romanistischem Schwerpunkt an der LMU München. Derzeit leitet er die DFG-Forschungsgruppe „Philologie des Abenteuers". Zu seinen Forschungsinteressen gehören die Erzählforschung, die Gattungstheorie der Lyrik, die interdisziplinäre Emotionsforschung, die Beziehungen zwischen Literatur, Psychoanalyse und Traum, sowie die literarische Übesetzung. Publikationen: *Introducción a la muerte. La poesía neoyorquina de Lorca y el duelo de la lírica moderna* (2007); *Immune Erzähler. Flaubert und die Affektpolitik des modernen Romans* (2007 – Anna Krüger-Preis für Wissenschaftsprosa 2009); *Schwarzer Peter. Der Fall Littell, die Leser und die Täter* (2012). Als Herausgeber: *Handbuch Literatur und Emotionen* (mit Cornelia Zumbusch, 2016); als Herausgeber und Übersetzer: *Spanische und* *hispanoamerikanische Lyrik*, 4 Bde. (mit Susanne Lange, Petra Strien, Horst Weich u. Johanna Schumm, 2022). Martin von Koppenfels ist Mitglied der Berlin-Brandenburgischen Akademie der Wissenschaften.

Barbara Hahn, Professorin (em.) für deutsche Literatur von 1996 bis 2004 an der Princeton University, von 2004 bis 2020 an der Vanderbilt University. Wichtigste Buchpublikationen: Antworten Sie mir! Rahel Levin Varnhagens Briefwechsel (1990), Unter falschem Namen. Von der schwierigen Autorschaft der Frauen (1991); Die Jüdin Pallas Athene. Auch eine Theorie der Moderne (2001); Hannah Arendt: Leidenschaften, Menschen und Bücher (2005); Endlose Nacht. Träume im Jahrhundert der Gewalt (2016). Herausgeberin der Werke von Hannah Arendt: The Modern Challenge to Tradition. Fragmente eines Buchs (mit James McFarland, 2018); Sechs Essays. Die verborgene Tradition (2019); Rahel Varnhagen. Lebensgeschichte einer deutschen Jüdin. The Life of a Jewish Woman (2021), Rahel Levin Varnhagen: Briefwechsel mit Pauline Wiesel (1997), Rahel. Ein Buch des Andenkens für ihre Freunde (2011); Briefwechsel mit Jugendfreundinnen (2021) sowie Margarete Susman: Gesammelte Schriften (2022).

Prof. Dr. Dr. h. c. Erika Fischer-Lichte war von 1996 bis 2022 Professorin für Theaterwissenschaft an der Freien Universität Berlin, zuletzt Direktorin des Internationalen Forschungskollegs "Verflechtungen von Theaterkulturen". Ihre Arbeitsgebiete umfassen Ästhetik und Theorie des Theaters, die Europäische Theatergeschichte, Theater und Gesellschaft. Sie ist Mitglied der Göttinger Akademie der Wissenschaften, der Academia Europaea, der Berlin-Brandenburgischen Akademie der Wissenschaften, der Nationalen Akademie der Wissenschaften Leopoldina und International Honorary Member der American Academy of Arts and Sciences. Zu ihren Publikationen zählen *Tragedy's Endurance. Performances of Greek Tragedies and Cultural Identity in Germany Since 1800* (2017), *Transformative Aesthetics* (mit B. Wihstutz 2017), *Theatrical Speech Acts: Performing Language* (mit T. Jost, S. Jain 2020), *Dramaturgies of Interweaving* (mit T. Jost, C. Weiler 2022).

Prof. Dr. Enno Ruge lehrt Englische Literaturwissenschaft am Department für Anglistik und Amerikanistik der Ludwig-Maximilians-Universität München. Sein Forschungsinteresse gilt unter anderem der Literatur und Kultur der Frühen Neuzeit, der englischsprachigen Venedig-Literatur, der Literatur und Kultur des 1. Weltkriegs und der englischen Landhausliteratur. Zu seinen Publikationen zählen unter anderem die Monographien *The Trumpet of a Prophecy? Studien zur Rezeption Percy Bysshe Shelleys im 'Vormärz'* (1996) und *Stage-Puritans: Zum Verhältnis von Puritanern und Theater im England der Frühen Neuzeit* (2011) sowie die herausgegebenen Bände *Realigning Renaissance Culture: Intrusion and Adjustment in Early Modern Drama* (mit Stephan Laqué, 2004) und *Acts of Crime: Lawlessness on the Early Modern Stage. Essays in Honour of Andreas Höfele* (mit Bettina Boecker, Daniella Jancsó, Stephan Laqué und Gabriela Schmidt; 2015).

Joachim Küpper ist Professor (em.) für Romanische Literaturen und Allgemeine und Vergleichende Literaturwissenschaft an der Freien Universität Berlin; Forschungsschwerpunkte: Romanische Literaturen (Französisch, Spanisch, Italienisch) vom Mittelalter bis zum 20. Jahrhundert; Literaturtheorie; Ästhetik-Theorie; Diskurshistorie; Kulturtheorie. Dissertation über den literarischen Realismus (Balzac und der ‚Effet de réel', 1987), Habilitation über das spanische Barockdrama (Diskurs-Renovatio bei Lope de Vega und

Calderón, 1990). Neueste Buch-Veröffentlichung zu einer Theorie kultureller Dynamik (The Cultural Net, 2018). Komplette Bibliographie unter http://joachimkuepper.com. Küpper ist Mitglied zahlreicher Akademien, u. a. Leopoldina-Deutsche National-Akademie, und American Academy of Arts and Sciences.

Veronika Fuechtner ist Associate Professor of German an der Universität Dartmouth College (USA). Sie lehrt auch an den Fachbereichen Comparative Literature, Jewish Studies, und Women's, Gender and Sexuality Studies. Ihre Forschungsschwerpunkte sind die Geschichte der Psychoanalyse und Sexualwissenschaft, Film und Literatur der Moderne, globale Kultur- und Wissenschaftsgeschichte, sowie Diskurse zu Migration und "race." Sie ist die Autorin von *Berlin Psychoanalytic: Psychoanalysis and Culture in Weimar Republic Germany and Beyond* (2011) und die Mitherausgeberin von *Imagining Germany, Imagining Asia: Essays in Asian-German Studies* (2013) und *A Global History of Sexual Science 1880–1960* (2017). Sie war u. a. Fellow des American Council of Learned Societies, der American Psychoanalytic Association, der Deutschen Schillergesellschaft, des Max Planck Instituts für Wissenschaftsgeschichte, des Berlin Program for Advanced German and European Studies, des National Endowment for the Humanities, und der American Academy in Berlin. Sie ist Beiratsmitglied von *PMLA*.

www.ingramcontent.com/pod-product-compliance
Lightning Source LLC
Chambersburg PA
CBHW060352190426
43201CB00044B/2028